Silvia Kaiser, Bernd Weidtmann

Herausgeber: Bernd Weidtmann

Wirtschaftsbezogene Qualifikationen

Basisqualifikation für Fachwirte und Fachkaufleute

Band 2

1. Auflage

Bestellnummer 19051

Bildungsverlag EINS

Haben Sie Anregungen oder Kritikpunkte zu diesem Produkt?
Dann senden Sie eine E-Mail an 19051_001@bv-1.de
Autoren und Verlag freuen sich auf Ihre Rückmeldung.

Bildnachweis

Umschlagfoto: Fotolia Deutschland GmbH, Berlin (Image Source)

Fotos: Fotolia Deutschland GmbH, Berlin: S. 11 (fovito), S. 174 (pressmaster)

Die in diesem Werk aufgeführten Internetadressen sind auf dem Stand zum Zeitpunkt der Drucklegung. Die ständige Aktualität der Adressen kann von Seiten des Verlages nicht gewährleistet werden. Darüber hinaus übernimmt der Verlag keine Verantwortung für die Inhalte dieser Seiten.

www.bildungsverlag1.de

Bildungsverlag EINS GmbH
Hansestraße 115, 51149 Köln

ISBN 978-3-427-**19051**-6

Vorwort

Die Rahmenlehrpläne für zahlreiche Fortbildungsprüfungen von Fachwirten sehen in der ersten Stufe der Ausbildung die Inhalte von vier Qualifikationsbereichen vor, die unter dem Titel **„Wirtschaftbezogene Qualifikationen“** zusammengefasst sind.

In diesen Fächern werden folgende Prüfungen abgenommen, deren Bestehen für die Zulassung zu den Prüfungen für die „Handlungsorientierten Qualifikationen“ eine zwingende Voraussetzung ist:

1. Volks- und Betriebswirtschaft	60 Minuten
2. Rechnungswesen	90 Minuten
3. Recht und Steuern	60 Minuten
4. Unternehmensführung	90 Minuten

Die meisten Prüfungsteilnehmer bereiten sich anhand von berufsbegleitenden Lehrgängen auf ihre Prüfung vor der IHK vor. Das stellt besondere Anforderungen an ihre Leistungsfähigkeit und setzt eine hohe Motivation und Leistungsbereitschaft voraus.

Verlag und Herausgeber haben sich deshalb entschlossen, ein Lehrwerk zu veröffentlichen, das die Lerninhalte der „Wirtschaftsbezogenen Qualifikationen“ nach dem Rahmenlehrplan in besonderer Weise vermittelt. Großer Wert wurde auf eine verständliche Sprache, zahlreiche Praxisbeispiele, Grafiken, Struktogramme, Übersichten, Merksätze und eine große Anzahl von Wiederholungsfragen jeweils am Ende eines Kapitels gelegt. Die Farbigkeit der Aufmachung und die zahlreichen Elemente sollen dem Nutzer helfen, motivierter und damit leichter durch den Stoff zu finden, Zusammenhänge herzustellen und das in den Seminaren Erfahrene leichter zu vertiefen. Ein am Lehrplan orientiertes Inhaltsverzeichnis und ein umfangreiches Sachwortverzeichnis erleichtert das Auffinden der Lerninhalte.

Herausgeber und Autoren verfügen über eine langjährige berufliche Praxis in der Wirtschaft, als Dozenten von Fortbildungslehrgängen und als Prüfer in Ausschüssen der IHK.

Der vorliegende **Band 2** vermittelt die Inhalte der Module

- **Recht und Steuern** und
- **Unternehmensführung.**

Band 1 dieser Reihe widmet sich den Modulen **Volks- und Betriebswirtschaftslehre** und **Rechnungswesen**. Ferner ist darin das Modul **Lern- und Arbeitstechniken** enthalten, das Inhalt des Rahmenlehrplans, jedoch nicht prüfungsrelevant ist.

Band 3 ist als Übungsband angelegt: Er enthält die Lösungen zu den Wiederholungsfragen, zahlreiche klausurtypische Übungen mit Musterlösungen sowie zu jedem Modul/ Fach eine an den Prüfungsanforderungen orientierte Musterklausur mit Lösungen und Punkten.

Ein Wort noch an unsere vermutlich zahlreichen Leserinnen: Wir wissen, dass der Anteil von Prüfungsteilnehmerinnen kontinuierlich zunimmt. Wenn wir gleichwohl durchgängig die männliche Form im Text gewählt haben, so dient das lediglich dazu, dass unsere Texte durch einen leichteren Textfluss lebendig und lesbar bleiben. Sie als Leserinnen sind selbstverständlich auch dann angesprochen, wenn im Text z. B. von „dem Vorgesetzten“ oder „dem Mitarbeiter“ zu lesen ist.

Wir wünschen allen Leserinnen und Lesern eine erfolgreiche Arbeit mit diesem Buch, vertiefende Erkenntnisse, substanziellen Wissenszuwachs und schließlich eine erfolgreiche Prüfung vor der IHK. Für Anregungen und konstruktive Kritik sind wir dankbar.

Verlag, Herausgeber und Autoren

Inhaltsverzeichnis

Modul 3 – Recht und Steuern

Modul 4 – Unternehmensführung

Modul 3
Recht und Steuern

1 Rechtliche Zusammenhänge

2 Steuern

1 Rechtliche Zusammenhänge

1.1 Grundlagen des BGB

Das BGB (Bürgerliches Gesetzbuch) ist die Rechtsgrundlage für das bürgerliche Recht, das Zivilrecht. Das Zivilrecht regelt die Rechtsbeziehungen zwischen Rechtssubjekten (Personen des Rechtsverkehrs) und Rechtsobjekten (Gegenstände des Rechtsverkehrs).

1.1.1 Rechtssubjekte

Rechtssubjekte sind natürliche und juristische Personen.

Natürliche Personen sind alle Menschen.

Juristische Personen sind Vereinigungen von Personen oder Vermögensmassen mit vom Gesetz anerkannter rechtlicher Selbstständigkeit; die juristische Person besitzt eine eigene Rechtsfähigkeit. Unterschieden werden:

- **juristische Personen des Privatrechts**

  Beispiele:
  - *Gesellschaft mit beschränkter Haftung (GmbH)*
  - *Aktiengesellschaft (AG)*
  - *eingetragener Verein (e. V.)*
  - *eingetragene Genossenschaft (e. G.)*
  - *Stiftungen des Privatrechts (entstehen durch Stiftungsgeschäft und die staatliche Anerkennung), z. B. Konrad-Adenauer-Stiftung*

- **juristische Personen des öffentlichen Rechts**

  Beispiele:
  - *Gebietskörperschaften (Bund, Länder, Gemeinden)*
  - *sonstige Körperschaften (z. B. Industrie- und Handelskammern, Rechtsanwaltskammern)*
  - *Anstalten (z. B. Bundesagentur für Arbeit, Rundfunk- und Fernsehanstalten)*
  - *Stiftungen des öffentlichen Rechts (vom Staat durch Verwaltungsakt errichtet) z. B. Stiftung Warentest, Stiftung Preußischer Kulturbesitz, Berliner Philharmoniker*

1.1.2 Rechtsobjekte

Zu den Rechtsobjekten gehören vor allem die körperlichen Gegenstände (Sachen), aber auch die unkörperlichen Gegenstände (Rechte). Die Rechtsobjekte sind in der Regel den Rechtssubjekten in irgendeiner Weise zugeordnet (z. B. Eigentum). Die Beziehungen von

Personen und Sachen, die sogenannten „dinglichen Rechte", sind in den Rechtsnormen des Sachenrechts (3. Buch des BGB) geregelt.

Sachen

Sachen im Sinne des § 90 BGB sind nur körperliche Gegenstände. Sie müssen abgrenzbar sein, entweder durch eigene körperliche Begrenzung oder durch Fassung in einem Behältnis oder z. B. Grenzsteine. Mangels Abgrenzbarkeit sind freie Luft, fließendes Wasser oder das Meer keine Sachen im Sinne des § 90 BGB. Tiere sind keine Sachen, werden aber rechtlich so behandelt, wenn keine anderen Vorschriften bestehen (§ 90a BGB).

Beispiel: *Beim Tierkauf erfolgt die Anwendung der §§ 929 f. BGB für den Eigentumserwerb.*

Unbewegliche Sachen sind Grundstücke und deren Bestandteile (z. B. Gebäude), aber auch sogenannte „grundstücksgleiche Rechte" wie z. B. Erbbaurecht, Grunddienstbarkeit.

Bestandteile von Sachen

Bestandteile einer Sache sind die Teile einer Sache, die als zu der Hauptsache gehörig – und nicht als selbstständige Sache – angesehen werden.

Beispiele *für Bestandteile (die aber nicht wesentliche Bestandteile sind):*
Motor, Räder und Radio eines Kfz, Einbauküche eines Mieters

Bestandteile teilen das rechtliche Schicksal der Hauptsache (z. B. im Hinblick auf die Eigentumsverhältnisse), dies kann jedoch auch anders vereinbart werden.

Beispiele:
- *Im Kaufvertrag kann wirksam vereinbart werden, dass das Autoradio nicht mit verkauft/mit übereignet wird.*
- *Wenn der Hersteller von Kfz-Motoren unter Eigentumsvorbehalt liefert, bleibt dieser Eigentumsvorbehalt auch bei Verbindung mit dem Kfz bestehen.*

Anders ist jedoch die Rechtslage, wenn es sich um einen **wesentlichen Bestandteil** handelt. Dazu zählen Bestandteile, die nicht getrennt werden können, ohne dass der eine oder andere zerstört oder in seinem Wesen verändert wird (§ 93 BGB). Mit einem Grundstück oder Gebäude verbundene Sachen sind i. d. R wesentliche Bestandteile (§ 94 BGB), nicht aber, wenn sie nur vorübergehend eingebaut wurden (Scheinbestandteile, § 95 BGB).

Beispiele *für wesentliche Bestandteile: Einband eines Buches, Tapeten an der Wand eines Hauses, Fenster eines Hauses, Einbauküche des Eigentümers (rechtlich umstritten), Karosserie eines Pkw*

Wesentliche Bestandteile teilen immer das rechtliche Schicksal der Hauptsache, etwas anderes kann nicht vereinbart werden.

Beispiele:
- *Im Kaufvertrag kann nicht vereinbart werden, dass die Einbauküche des Eigentümers nicht mit verkauft oder mit übereignet wird.*
- *Der Eigentumsvorbehalt eines Fensterlieferanten geht bei Einbau der gelieferten Fenster unter.*

1.1.3 Rechts- und Geschäftsfähigkeit, Rechtsgeschäfte

Sachverhalt

Ein 6-jähriges Kind erbt aufgrund der gesetzlichen Erbfolge das Haus seiner Eltern. Kann es Eigentümer des Hauses sein? Wenn ja, kann es über das Eigentum verfügen?

1.1.3.1 Rechtsfähigkeit

Rechtsfähigkeit ist die Fähigkeit, Träger von Rechten (z. B. Eigentumsrecht) und Pflichten (z. B. Steuerpflicht) zu sein. Rechtsfähig sind alle natürlichen und juristischen Personen.

Die Rechtsfähigkeit geht einher mit der **Parteifähigkeit** (Fähigkeit, in einem Rechtsstreit Kläger oder Beklagter zu sein).

Rechtsfähigkeit natürlicher Personen

Jede natürliche Person, also jeder Mensch, ist rechtsfähig; die Rechtsfähigkeit beginnt mit der Vollendung der Geburt (§ 1 BGB) und endet mit dem Tod. Sonderregelungen gelten für ungeborene Kinder, z. B. der strafrechtliche Schutz in § 218 StGB.

Rechtsfähigkeit juristischer Personen

Auch juristische Personen sind von der Gründung bis zur Auflösung rechts- und damit parteifähig. Die Tatsache, dass eine eigenständige juristische Person besteht, hat weitreichende Konsequenzen:

- Erleichterung des Rechtsverkehrs, z. B. bei Klagen (verklagt wird die Gesellschaft, nicht jeder einzelne Gesellschafter) und Vertragsschlüssen
- Beständigkeit der Gesellschaft beim Tod oder Ausscheiden von Gesellschaftern
- Begrenzung des wirtschaftlichen Risikos der Gesellschafter auf ihre Einlage, da für Verbindlichkeiten der Gesellschaft nur das Gesellschaftsvermögen und nicht das Privatvermögen der Gesellschafter haftet

Teilrechtsfähigkeit von Personengesellschaften

Die offene Handelsgesellschaft (OHG) und die Kommanditgesellschaft (KG) und auch die BGB-Gesellschaft nehmen eine *Zwischenstellung* ein:

Die Gesellschaft als solche ist keine juristische Person und somit grundsätzlich nicht rechtsfähig, dies äußert sich z. B. darin, dass für Verbindlichkeiten der Gesellschaft nicht nur das Gesellschaftsvermögen, sondern auch das Privatvermögen der Gesellschafter haftet. Die Gesellschaft wird jedoch als teilweise rechtsfähig angesehen, sie kann unter ihrem Namen (der Firma) z. B. Verbindlichkeiten eingehen, Eigentum erwerben, vor Gericht klagen und verklagt werden (vgl. § 124 HGB).

1.1.3.2 Geschäftsfähigkeit

Geschäftsfähigkeit ist die Fähigkeit natürlicher Personen, rechtswirksame Willenserklärungen abgeben und somit Rechtsgeschäfte tätigen zu können.

Die Geschäftsfähigkeit geht einher mit der **Prozessfähigkeit** (Fähigkeit, im Zivilprozess selbst zu handeln bzw. dafür selbst einen Vertreter zu bestellen).

Folgende Stufen der Geschäftsfähigkeit werden unterschieden:

Geschäftsunfähig (§ 104 BGB)	Beschränkt geschäftsfähig (§ 106 ff. BGB)	Voll geschäftsfähig
▪ Kinder unter 7 Jahren ▪ dauernd Geisteskranke	Kinder und Jugendliche ab 7 und unter 18 Jahren	alle anderen Personen
Daraus ergeben sich folgende rechtliche Wirkungen:		
Nichtigkeit des Rechtsgeschäftes; § 105 BGB: Der gesetzliche Vertreter muss also für den Geschäftsunfähigen das Rechtsgeschäft vornehmen. Der Geschäftsunfähige kann jedoch als Bote fremde Willenserklärungen übermitteln.	**Schwebende Unwirksamkeit** des Rechtsgeschäftes; § 107 ff. BGB: Das Rechtsgeschäft wird jedoch wirksam ▪ bei Zustimmung des gesetzlichen Vertreters; ▪ ohne Zustimmung bei – Zahlung mit Taschengeld (nicht aber bei Ratenzahlung); – rechtlich lediglich vorteilhaften Geschäften; – Eingehen von Arbeitsverhältnissen der gestatteten Art und deren Abwicklung; – (genehmigter) selbssttändiger Führung eines Erwerbsgeschäftes.	**Wirksamkeit** des Rechtsgeschäftes: Das Rechtsgeschäft ist von Anfang an wirksam.

1.1.3.3 Rechtsgeschäfte

Ein Rechtsgeschäft ist die gewollte Herbeiführung einer ganz bestimmten Rechtsfolge durch Abgabe von einer oder mehreren Willenserklärungen.

Rechtsfolge

Die mit dem Rechtsgeschäft gewollte Rechtsfolge besteht in der Begründung oder Änderung von

- Rechtsbeziehungen zwischen den Rechtssubjekten (z. B. der Abschluss eines Kaufvertrags, die Vereinbarung über ein höheres Gehalt, die Kündigung eines Vertrags) oder
- zwischen Rechtssubjekten und Rechtsobjekten (z. B. die Übereignung eines Autos).

Zum Eintritt der Rechtsfolge sind manchmal noch weitere Tatbestandmerkmale erforderlich; so ist für eine Eigentumsübertragung neben der Einigung i. d. R. auch die Übergabe der Sache erforderlich, für den Vermögensübergang neben dem Testament leider auch der Tod des Erblassers.

1.1.3.4 Willenserklärung

Eine Willenserklärung ist eine rechtlich wirksame Äußerung, durch die die abgebende Person bewusst eine Rechtsfolge herbeiführen will.

Die Abgabe von Willenserklärungen kann auf unterschiedliche Weise erfolgen:

Abgabe von Willenserklärungen			
Ausdrückliche Erklärung		**Schlüssiges Handeln**	**Schweigen/Nichtstun**
mündlich ***Beispiel:*** *„Ich hätte gerne 4 Pfund von den Tomaten!"*	schriftlich ***Beispiel:*** *Bestellung, Kündigung eines Abos*	***Beispiele:*** – *Kopfnicken* – *eine Zeitung nehmen und 1,00 EUR auf die Theke legen* – *Einsteigen in den Bus*	Schweigen oder Nichtstun hat normalerweise keine Bedeutung. Ausnahme: Schweigen kann unter Kaufleuten Zustimmung sein ***Beispiel:*** *Schweigen auf die Zusendung von Ware an Kaufmann bei bestehender Geschäftsbeziehung*

Arten von Rechtsgeschäften

Nach der Anzahl der erforderlichen Willenserklärungen unterscheidet man zwischen ein- und mehrseitigen Rechtsgeschäften. Bei einseitigen Rechtsgeschäften kann man weiter danach unterscheiden, ob die Willenserklärung empfangsbedürftig ist oder nicht.

Beispiel: *Eine Kündigung wird erst wirksam mit dem Zugang beim Arbeitgeber; im Gegensatz dazu wird die Verpflichtung, 50,00 EUR als Belohnung für das Zurückbringen des entflogenen Wellensittichs zu zahlen („Auslobung"), schon rechtswirksam mit ihrer Abgabe, also z. B. dem Aushängen an einem Baum.*

Einseitige Rechtsgeschäfte		Mehrseitige Rechtsgeschäfte
Für das Zustandekommen ist nur eine Willenserklärung erforderlich.		Für das Zustandekommen sind mindestens zwei Willenserklärungen erforderlich.
Beispiele: – *Kündigung* – *Anfechtung* – *Testamentserrichtung* – *Aussetzen einer Belohnung („Auslobung")*		Alle **Verträge** sind mehrseitige Rechtsgeschäfte. ***Beispiele:*** – *Mietvertrag* – *Erbvertrag* – *Gesellschaftsvertrag*
Willenserklärung ist **empfangsbedürftig:** Sie wird wirksam mit Zugang.	Willenserklärung ist **nicht empfangsbedürftig:** Sie wird wirksam mit Abgabe.	Bei mehrseitigen Rechtsgeschäften sind die Willenserklärungen **immer empfangsbedürftig.**
Beispiele: – Kündigung – Anfechtung	***Beispiele:*** – Testamentserrichtung – Auslobung	

Wirksamwerden von empfangsbedürftigen Willenserklärungen

Sachverhalt

Ein Mieter wirft am Abend des 30.09. um 23 Uhr ein Kündigungsschreiben an seinen Vermieter in dessen Briefkasten; der Vermieter ist bis zum 14.10. in Urlaub. Wann wird die Willenserklärung wirksam?

Eine empfangsbedürftige Willenserklärung wird wirksam ...	
bei einem anwesendem Empfänger	bei einem abwesendem Empfänger
– mit Vernehmen der mündlichen Willenserklärung; – mit der Übergabe der schriftlichen Willenserklärung.	mit dem Zugang, d. h. sobald – die Willenserklärung in den Machtbereich des Empfängers gelangt ist **und** – unter normalen Umständen mit dem Zugang der Willenserklärung zu rechnen ist.

Beispiel: *Im o. g. Fall gelangt die Kündigung zwar am 30.09. in den Machtbereich des Empfängers, unter normalen Umständen ist jedoch erst mit dem Zugang am nächsten Morgen zu rechnen. Die Willenserklärung des Mieters wird also am Morgen des 1.10. wirksam, da dann beide Zugangsvoraussetzungen erfüllt sind. Ohne Bedeutung für das Wirksamwerden ist, dass die Kündigung erst nach dem 1.10. gelesen wird.*

Wiederholungsfragen zu Kapitel 1.1

1. *Was versteht man unter Rechtsobjekten, was unter Rechtssubjekten?*
2. *Wie werden die Rechtsobjekte, wie die Rechtssubjekte untergliedert?*
3. *Was ist im 3. Buch des BGB, dem Sachenrecht, geregelt?*
4. *Was versteht man unter Rechtsfähigkeit?*
5. *Wer ist rechtsfähig und wann beginnt bzw. endet die Rechtsfähigkeit?*
6. *Was versteht man unter Geschäftsfähigkeit?*
7. *Wie wird die Geschäftsfähigkeit untergliedert?*
8. *Was versteht man unter einem Rechtsgeschäft?*
9. *Wie werden Rechtsgeschäfte untergliedert?*
10. *Welche Voraussetzungen sind erforderlich, damit eine empfangsbedürftige Willenserklärung wirksam wird?*

1.2 BGB Schuldrecht

1.2.1 Grundlagen des Schuldrechts

Das Schuldrecht ordnet die rechtlichen Beziehungen zwischen Personen; hier sind die Rechte und Pflichten geregelt, die in einem Schuldverhältnis bestehen. Das Schuldrecht ist im 2. Buch des BGB geregelt.

1.2.1.1 Schuldverhältnis

> **§ 241 (1) BGB:** Kraft des Schuldverhältnisses ist der Gläubiger berechtigt, vom Schuldner eine Leistung zu fordern. Die Leistung kann auch in einem Unterlassen bestehen.

Schuldverhältnisse können nach § 305 BGB entstehen

- **durch Rechtsgeschäfte;**

  Beispiele:
  A schließt mit B einen Kaufvertrag über ein Fahrrad für 300,00 EUR. Die X-OHG setzt eine Belohnung für Hinweise auf den Brandstifter aus, der eine Lagerhalle anzündete.

- **kraft Gesetzes;** hier entsteht die Verpflichtung nicht durch ein Rechtsgeschäft, sondern durch die Verwirklichung eines gesetzlich umschriebenen Tatbestandes; wichtige Fälle sind

  – die unerlaubte Handlung nach §§ 823 ff. BGB:
  Beispiel: *Der Monteur der X-OHG lässt einen Hammer aus dem Fenster fallen, der einen vorbeigehenden Fußgänger verletzt; per Gesetz entsteht ein Schuldverhältnis, aus dem der Fußgänger Schadenersatz von der X-OHG verlangen kann.*

  – die ungerechtfertigte Bereicherung nach §§ 812 ff. BGB:
  Beispiel: *Einem Angestellten wird das Gehalt doppelt überwiesen; per Gesetz entsteht ein Schuldverhältnis, aus dem der Arbeitgeber vom Angestellten die Rückzahlung verlangen kann.*

1.2.1.2 Grundprinzip Vertragsfreiheit

Grundprinzips des Schuldrechts ist die Vertragsfreiheit, die aus folgenden Komponenten besteht:

Abschlussfreiheit

Grundsätzlich steht es jeder Person frei, ob und mit wem sie einen Vertrag abschließt. Die Abschlussfreiheit wird jedoch eingeschränkt durch den Abschlusszwang (Kontrahierungszwang), der z. B. für Stromversorgungsunternehmen oder Nahverkehrsbetriebe gilt.

Ist aber ein Vertrag erst geschlossen, gilt das Prinzip der **Vertragstreue** oder – wie die Juristen sagen – „pacta sunt servanda“ (Verträge müssen erfüllt werden).

Formfreiheit

Grundsätzlich sind Vertragsparteien nicht an eine bestimmte Form für den Vertragsschluss gebunden. In Ausnahmefällen ist die Formfreiheit jedoch eingeschränkt, wenn das Gesetz die Einhaltung einer ganz bestimmten Form fordert:

- die **Textform** als schriftliche Niederlegung ohne eigenhändige Unterschrift (z. B. E-Mail, Fax, Kopie) wird gefordert, z. B. für den Widerruf von bestimmten Verbrauchergeschäften (§ 355 BGB);
- die **Schriftform** als schriftliche Niederlegung mit eigenhändiger Unterschrift ist gesetzlich vorgeschrieben, z. B. für Bürgschaftserklärungen von Nicht-Kaufleuten (§ 766 BGB) für den Abschluss von Verbraucherdarlehensverträgen (§ 492 BGB);
- die **handschriftliche Form** des gesamten Dokuments ist erforderlich für ein Testament (§ 2247 BGB);
- die **notarielle Beglaubigung** der Unterschrift, z. B. für die Anmeldungen zur Eintragung ins Handelsregister, Erklärung der Erbschaftsausschlagung (§ 1945 BGB);
- die **notarielle Beurkundung** des gesamten Vertragsinhalts, z. B. für das Schenkungsversprechen (§ 518 BGB) oder Grundstückskaufverträge (§ 311b BGB).

Inhaltsfreiheit

Grundsätzlich können die Vertragsparteien frei über den Inhalt des Vertrages bestimmen. Die Inhaltsfreiheit wird jedoch durch Bestimmungen eingeschränkt, welche oft den Sinn haben, die Allgemeinheit oder die schwächere, unerfahrene Partei zu schützen.

Beispiele *für Einschränkungen der Inhaltsfreiheit:*

- *Verträge, die gegen ein gesetzliches Verbot verstoßen (z. B. Waffengeschäfte) sind nichtig (§ 134 BGB).*
- *Bestimmte Regelungen in Arbeitsverträgen (z. B. Kündigungsfristen, Urlaubstage) unterliegen nicht der freien Vereinbarung.*
- *Werden Vertragsbedingungen in der Form von Allgemeinen Geschäftsbedingungen gestellt, so sind die Regelungen der §§ 305–310 BGB zu beachten, wonach bestimmte AGB-Klauseln unwirksam sind (siehe dazu das folgende Kapitel).*

1.2.1.3 Allgemeine Geschäftsbedingungen (AGB)

Vertragsinhalte können auch durch Allgemeine Geschäftsbedingungen vereinbart werden. Dabei besteht die Gefahr, dass der Verwender von AGB, z. B. der Verkäufer, einseitig für ihn günstige Bestimmungen festlegt; daher stellt das Gesetz in den §§ 305–310 BGB strenge Anforderungen an die Einbeziehung und den Inhalt von AGB.

> **§ 305 (1) BGB: Einbeziehung Allgemeiner Geschäftsbedingungen in den Vertrag**
> Allgemeine Geschäftsbedingungen sind alle für eine Vielzahl von Verträgen vorformulierten Vertragsbedingungen, die eine Vertragspartei (Verwender) der anderen Vertragspartei bei Abschluss eines Vertrags stellt.

Indizien für das Vorliegen von AGB

Indizien für das Vorliegen von AGB:
- Die Klauseln wurden vom Verwender vorformuliert.
- Die Klauseln sollen für eine Vielzahl von Verträgen verwendet werden.

Vertragsbedingungen, die individuell von den Vertragsparteien ausgehandelt wurden **(Individualvereinbarungen)**, sind also keine AGB und unterliegen nicht den Beschränkungen der §§ 305–310 BGB.

Einbeziehung von AGB in den Vertrag

AGB werden nach § 305 (2) BGB nur Bestandteil des Vertrages, wenn folgende Voraussetzungen gegeben sind:

- Der Verwender muss spätestens bei Vertragsschluss ausdrücklich oder per Aushang auf die AGB hingewiesen haben.
- Der Verwender muss der anderen Seite (unaufgefordert) die Möglichkeit geben, in zumutbarer Weise von den AGB Kenntnis zu nehmen (z. B. durch Aushang oder Beifügen der AGB zum Angebot).
- Die andere Partei muss ihr Einverständnis zur Geltung der AGB geben; das Einverständnis kann auch durch schlüssiges Handeln, z. B. den Vertragsschluss erfolgen.

Unwirksamkeit von AGB-Klauseln

Verschiedene Regelungen bestimmen die Unwirksamkeit bestimmter AGB-Klauseln. So sind unwirksam

- **überraschende Klauseln**, mit denen der Vertragspartner nicht zu rechnen braucht (§ 305c BGB);

  ***Beispiele** aus der Rechtsprechung:*
  - *Gehaltsabtretung im Voraus als Forderungssicherung bei Kreditkauf*
  - *Fixterminklausel in Einkaufsbedingungen;*

- Klauseln, die **gegen Treu und Glauben** verstoßen (§ 307 BGB);

  ***Beispiele** aus der Rechtsprechung:*
  - *Vereinbarung eines erweiterten Eigentumsvorbehalts gegenüber Verbrauchern*
  - *Klausel, dass Teillieferungen grundsätzlich zulässig sind;*

- die in den §§ 308 und 309 BGB ausdrücklich genannten Klauseln;

  Beispiele:
  - *Ausschluss des Rücktrittsrechts bei Pflichtverletzungen*
  - *Vereinbarung von Vertragsstrafen*
  - *Abwälzung der Nachbesserungskosten bei Mängeln auf den Käufer.*

Rechtsfolge bei Unwirksamkeit von AGB-Klauseln

Sind AGB ganz oder teilweise nicht Vertragsbestandteil geworden oder unwirksam, so bleibt der Vertrag nach § 306 (1) BGB im Übrigen wirksam. Ist eine AGB-Klausel unwirksam, so tritt an ihre Stelle nach § 306 (2) die entsprechende gesetzliche Bestimmung.

Beispiel: *Der Verkäufer einer neuen Ware hat in seinen AGB die Verjährungsfrist für Ansprüche des Käufers wegen Mängeln auf 6 Monte verkürzt. Nach § 309 Nr. 8b BGB muss eine per AGB verkürzte Verjährungsfrist aber mindestens 1 Jahr betragen. Die Klausel ist damit unwirksam; statt ihrer gilt die gesetzliche Regelung über die Verjährung nach § 438 (2) Nr. 3 BGB (2-jährige Verjährungsfrist).*

Einzelvertragliche Vereinbarungen/(Individualvereinbarungen)

Nach § 305b BGB haben individuelle Vertragsabreden Vorrang vor den Allgemeinen Geschäftsbedingungen.

Beispiel: *Der Verkäufer legt in seinen AGB fest, dass reduzierte Ware vom Umtausch ausgeschlossen ist. Handelt der Käufer aber mit dem Verkäufer aus, dass er bei Nichtgefallen die reduzierte Ware umtauschen kann, so ist die AGB-Klausel ohne Bedeutung.*

Vorgehensweise bei bedenklichen AGB-Klauseln

Einzelne AGB kann der Kunde im Streitfall durch ein Gericht auf ihre Wirksamkeit überprüfen lassen. Damit es gar nicht so weit kommt, ist es besser, bedenkliche oder unliebsame Klauseln schon vor Vertragsschluss zu streichen.

Eine allgemeine Überprüfung von AGB ist nur auf Veranlassung von Verbraucherverbänden, Industrie- und Handelskammern oder Innungen möglich; diese Institutionen können auch einen Anspruch auf zukünftige Unterlassung der AGB-Klausel nach dem Unterlassungsklagengesetz (UKlaG) geltend machen.

1.2.1.4 Zustandekommen von Verträgen

Verträge werden durch zwei im Wesentlichen übereinstimmende Willenserklärungen (Antrag und Annahme) geschlossen.

Antrag und Annahme

Der **Antrag** muss an eine bestimmte Person gerichtet sein. Nicht um einen Antrag handelt es sich daher z. B. bei Katalogen, Schaufenster- oder Regalauslagen und Werbeprospekten. Diese stellen nur eine Aufforderung zur Abgabe eines Antrags dar, eine sogenannte „invitatio ad offerendum“. Der Antrag erfolgt auf diese Weise erst durch den Käufer, wenn er z. B. aufgrund des Katalogs eine Bestellung macht.

Beispiel: *Ein häufiger Irrtum von Verbrauchern besteht darin, anzunehmen, dass der Kaufvertrag über ein „Schnäppchen“ im Schaufenster bereits zustande gekommen ist, wenn sie in das Geschäft gehen und sagen: „Das Angebot nehme ich an!“ – Tatsächlich ist das erst der Antrag, auf den der Verkäufer nicht eingehen muss, z. B. wenn die Ware schon an eine andere Person verkauft wurde.*

Die **Annahme** kann auch durch schlüssiges Handeln (z. B. Zusendung der bestellten Ware) erfolgen, Schweigen bzw. Nichtstun gilt aber in diesem Fall nur ausnahmsweise als Annahme:

Beispiele *hierfür sind:*
- *Schweigen auf die die Zusendung unbestellter Ware an einen Kaufmann bei einer bereits bestehenden Geschäftsbeziehung (§§ 362, 346 HGB),*
- *wenn der Käufer eine Sache auf Probe erhalten hat (§ 455 S. 2 BGB),*
- *vertragliche Vereinbarung, dass Schweigen Annahme bedeutet.*

Der Antrag auf Vertragsschluss ist **verbindlich**, d. h. mit der Annahme – ggf. mit einem simplen „Ja"! – kommt der Vertrag zustande.

Diese Bindung an den Antrag kann jedoch von vornherein **eingeschränkt** sein durch sogenannte Freizeichnungsklauseln wie „unverbindliches Angebot", „Menge freibleibend", „Preis freibleibend" usw.

Zum **Erlöschen** des Antrags kommt es durch:

- Ablehnung des Antrags (§ 146 BGB);
- Überschreiten einer gesetzten Annahmefrist (§ 148 BGB);
- Überschreiten der gesetzlichen Annahmefrist (§ 147 BGB); so kann nach § 147 BGB ein Antrag unter Anwesenden oder am Telefon nur sofort angenommen werden, unter Abwesenden nur bis zu dem Zeitpunkt, in dem der Antragende die Annahme „unter regelmäßigen Umständen erwarten" darf.

  Beispiel: *Schickt ein Händler ein schriftliches Angebot per Brief an einen Kunden, so kann er erwarten, dass innerhalb von einer Woche die Annahme erfolgt (2 × Postlaufzeit plus Bearbeitungszeit).*

- Abänderungen bei der Annahme (§ 150 (2) BGB);
- rechtzeitigen Widerruf des Antrags (§ 130 BGB).

Eine vermeintliche „Annahme" stellt in allen diesen Fällen nur einen **neuen Antrag** dar; § 150 (1), (2) BGB.

Kaufmännisches Bestätigungsschreiben vs. Auftragsbestätigung

Anders als die Auftragsbestätigung, die erst zum Entstehen des Vertrags führt, bestätigt das kaufmännische Bestätigungsschreiben einen unter Kaufleuten mündlich, z. B. am Telefon, bereits zustande gekommenen Vertrag (Grundlage: § 346 HGB Handelsbräuche). Die Begriffe werden in der Praxis häufig verwechselt, so wird sehr häufig mit „Auftragsbestätigung" überschrieben, was rechtlich gesehen ein kaufmännisches Bestätigungsschreiben ist.

Etwaige **Abweichungen** im kaufmännischen Bestätigungsschreiben stellen einen Antrag auf Abänderung des mündlich vereinbarten Vertrags dar. Wenn der Empfänger nicht **unverzüglich widerspricht**, gilt sein Schweigen als Zustimmung zur Abänderung des mündlich Vereinbarten.

1.2.1.5 Grundsatz von Treu und Glauben

> **§ 242 BGB: Leistung nach Treu und Glauben** Der Schuldner ist verpflichtet, die Leistung so zu bewirken, wie Treu und Glauben mit Rücksicht auf die Verkehrssitte es erfordern.

Der Grundsatz von Treu und Glauben verpflichtet zur Rücksichtnahme auf die Bedürfnisse und Interessen des Vertragspartners; er erlegt den Vertragsparteien neben den im Gesetz genannten Hauptpflichten gewisse Nebenpflichten auf wie:

- **Aufklärungspflichten**

  Beispiel: *Bemerkt ein Vertragspartner einen Irrtum der anderen Partei, so muss er ihn darauf hinweisen.*

- **Mitwirkungspflichten**

  Beispiel: *Der Mieter muss den vom Vermieter beauftragten Handwerkern Zugang gestatten.*

- **Allgemeine Schutzpflichten**

  Beispiel: *Vermieter gewerblicher Räume dürfen nicht direkt nebenan an die Konkurrenz vermieten.*

1.2.1.6 Nichtigkeit von Verträgen

Verträge können – wie alle Rechtsgeschäfte – von vornherein nichtig sein, wenn ein **Nichtigkeitsgrund** vorliegt. Es entstehen keine Verpflichtungen, weil das Rechtsgeschäft erst gar nicht zustande gekommen ist.

- **Geschäftsunfähigkeit** (§ 105 BGB)

  Beispiel: *Kaufvertrag mit einem 6-jährigen Kind*

- **Beschränkte Geschäftsfähigkeit**, falls die Zustimmung des gesetzlichen Vertreters fehlt und keine Ausnahme (z. B. Taschengeldkauf) vorliegt (§§ 106 ff. BGB)

  Beispiel: *Vertrag über Ratenkauf mit einem 16-Jährigen*

- **Dissens**, d. h. die Willenserklärungen stimmen nicht überein (§§ 154, 155 BGB)

  Beispiel: *Der Käufer will nur einen Preis akzeptieren, der unter dem vom Verkäufer geforderten Warenpreis liegt.*

- **Formmängel** (§ 125 BGB);

  Beispiel: *Mündliche Bürgschaft eines Privatmanns*

- Verträge, die einen **Verstoß gegen ein gesetzliches Verbot oder die guten Sitten** beinhalten (§§ 134, 138 BGB)

  Beispiele: *Rauschgifthandel; Bürgschaft, die den Bürgen krass überfordert*

- **Scheingeschäfte**, d. h. Geschäfte, deren Inhalt in Wirklichkeit gar nicht gewollt ist (§ 117 BGB)

  Beispiel: *Im notariell beurkundeten Grundstückskaufvertrag wird, um Steuern zu sparen, ein niedrigerer Preis angegeben als derjenige, der tatsächlich gezahlt werden soll.*

- **Scherzgeschäfte**, d. h. offensichtlich nicht ernst gemeinte Willenserklärungen (§ 118 BGB)

  Beispiel: *„100 EUR für ein richtig kühles Bier!"*

1.2.1.7 Anfechtbarkeit von Verträgen

Das Rechtsgeschäft kommt zunächst zustande, kann aber bei Vorliegen eines Anfechtungsgrundes angefochten werden; der Vertrag gilt nach der Anfechtung als nie zustande gekommen (von Anfang an nichtig).

Anfechtungsgrund: Irrtum des Anfechtenden (§§ 119, 120 BGB)

- **Erklärungsirrtum:** Jemand erklärt wegen Versprechens, Verschreibens oder Vergreifens etwas anderes, als er wollte.

  Beispiel: *Ein Händler wollte ein Angebot zu 320,00 EUR abgeben, schreibt aber versehentlich 230,00 EUR.*

- **Inhaltsirrtum:** Jemand erklärt, was er will, irrt jedoch über die Bedeutung des Gesagten.

  Beispiel: *In einer Kölner Kneipe ordert ein Gast einen „halven Hahn" in Erwartung eines Brathähnchens. Ein „halver Hahn" ist jedoch ein Brötchen mit einer besonders dicken Scheibe Käse.*

- Irrtum über die für dieses Geschäft **wesentliche Eigenschaften einer Person**.

  Beispiele: *Kreditwürdigkeit, Alter, Zuverlässigkeit, Unbestraftheit, Sachkunde*

- Irrtum über für dieses Geschäft **wesentliche Eigenschaften einer Sache**; damit sind alle wertbildenden Faktoren wie Material, Herkunft, Alter, Bebaubarkeit, Echtheit, Ertragsfähigkeit, nicht aber der Wert selbst gemeint.

- **Übermittlungsirrtum:** Ein Bote oder eine Übermittlungseinrichtung übermittelt eine falsche Nachricht oder gibt die Nachricht an einen falschen Empfänger weiter.

Die Anfechtung muss **unverzüglich** nach Entdecken des Irrtums durch eine einseitige, empfangsbedürftige Erklärung erfolgen (§ 121 (1) BGB). Unverzüglich bedeutet dabei ohne schuldhaftes Zögern.

Der Anfechtende wird **schadensersatzpflichtig**: Er muss den Anfechtungsgegner so stellen, als wäre von dem Rechtsgeschäft nie die Rede gewesen.

Beispiel: *Als der Käufer mit einem gemieteten Lkw zur Abholung der Ware kommt, erklärt der Verkäufer die Anfechtung des Kaufvertrags wegen Irrtums. Der Verkäufer muss nun die Kosten für den gemieteten Lkw ersetzen.*

Anfechtungsgrund: Beeinflussung des Vertragspartners

Kommt das Rechtsgeschäft nur zustande, weil der Vertragspartner widerrechtlich beeinflusst wurde, so kann der Vertragspartner das Rechtsgeschäft anfechten. Die Beeinflussung kann erfolgen durch eine

- **arglistige Täuschung**

  Beispiel: *Ein Autohändler hat dem Kunden wider besseren Wissens oder „ins Blaue hinein" die Unfallfreiheit eines Kfz zugesichert.*

- **widerrechtliche Drohung**

  Beispiel: *A hat dem B nur deswegen ein wertvolles Kunstwerk unter Preis verkauft, weil B ihm gedroht hatte, bei Nichtunterzeichnung des Kaufvertrags eine von A begangene Steuerhinterziehung anzuzeigen.*

Die Anfechtung muss in diesen Fällen **innerhalb eines Jahres** nach Entdecken der Täuschung bzw. nach Aufhören der Zwangslage erfolgen. Hier wird nicht der Anfechtende schadensersatzpflichtig, sondern derjenige, der die Täuschung bzw. Drohung verübte.

1.2.1.8 Verjährung von Ansprüchen

Sachverhalt

Als der Verkäufer die Kaufpreiszahlung am 17. Juli des Jahres 2011 anmahnt, beruft sich der Käufer darauf, dass die ursprünglich am 1. Juni des Jahres 2007 fällige Forderung verjährt sei. Was bedeutet das?

Wesen der Verjährung

Die Verjährung ist der Ablauf einer gesetzlich festgelegten Frist; danach hat der Schuldner ein dauerndes Leistungsverweigerungsrecht (§ 214 (1) BGB).

Verjähren kann jeder Anspruch. Ein Anspruch ist nach § 194 (1) BGB das Recht, von einem anderen ein Tun oder Unterlassen zu verlangen.

Der Anspruch ist nach Ablauf der Frist nicht mehr erzwingbar; er erlischt aber nicht, daraus folgt:

- Wenn trotz Verjährung geleistet, z. B. gezahlt wurde, kann der Schuldner die Zahlung nach § 214 (2) BGB nicht mehr zurückfordern;
- Trotz Verjährung ist eine Klage möglich. Der Schuldner kann sich aber im Gerichtsverfahren auf die Verjährung berufen. Er trägt die **Einrede der Verjährung** vor, was bedeutet, dass das Gericht ihn nicht zur Leistung (z. B. Zahlung) verurteilen kann. Tut er dies nicht, darf das Gericht die Verjährung nicht berücksichtigen und der Schuldner kann trotz Verjährung zur Leistung verurteilt werden.

Regelmäßige Verjährungsfrist

Die regelmäßige Verjährungsfrist beträgt nach § 195 BGB **3 Jahre**. Sie gilt grundsätzlich für alle Ansprüche (z. B. für Ansprüche auf Zahlung des Kaufpreises), falls nicht eine Sonderregelung per Gesetz oder vertraglicher Vereinbarung besteht.

Die regelmäßige Verjährungsfrist beginnt mit dem Schluss des Jahres, in dem der Anspruch entstanden bzw. fällig ist und der Gläubiger über die Person des Schuldners und die anspruchsbegründenden Umstände Kenntnis erlangt bzw. erlangen müsste.

Dies ist in der Regel kein Problem, wenn es z. B. um den Anspruch auf Zahlung aus einem Kaufvertrag geht, da die Person des Schuldners (Käufer) ebenso wie die anspruchsbegründenden Umstände (Vertragsschluss) bekannt sind.

Anders kann es aber z. B. bei Schadensersatzansprüchen aussehen: Wird z. B. jemand im Jahr 2001 von einem unbekannten Täter verletzt, so ist weder der Schuldner bekannt, noch ist der Kostenersatz für Folgeschäden, welche erst z. B. im Jahr 2006 anfallen, fällig, obwohl er schon in 2001 entstanden ist. Aus diesem Grunde bestimmt § 199 (2) BGB Höchstfristen, um die unendliche Durchsetzbarkeit von Ansprüchen einzuschränken.

Besondere Verjährungsfristen

Es gibt so viele besondere Verjährungsfristen, dass manche Stimmen behaupten, die regelmäßige Verjährungsfrist sei eigentlich die Ausnahme. Daher sollen hier nur einige wichtige besondere Verjährungsfristen aufgeführt werden. Wird in der Sonderregel kein besonderer Beginn der Verjährungsfrist angegeben, beginnt sie nach § 200 BGB mit dem Datum der Entstehung des Anspruchs.

<table>
<tr><th colspan="3">Besondere Verjährungsfristen</th></tr>
<tr><th>Ansprüche</th><th>Verjährungsfrist</th><th>Beginn</th></tr>
<tr><td>… auf Übertragung von Eigentum an einem Grundstück und Ansprüche auf die Gegenleistung (z. B. Anspruch auf Zahlung des Grundstückskaufpreises)</td><td>10 Jahre
§ 196 BGB</td><td rowspan="2">mit Entstehung bzw. Fälligkeit des Anspruchs (§ 200 BGB)</td></tr>
<tr><td>… auf Herausgabe des Eigentums (z. B. der Anspruch auf Herausgabe eines gestohlenen Gegenstandes)</td><td>30 Jahre
§ 197 (1) Nr. 1 BGB</td></tr>
<tr><td>… aus rechtskräftigen Urteilen bzw. sonstigen vollstreckbaren Titeln („titulierte Ansprüche“) (z. B. Urteil auf Zahlung, Vollstreckungsbescheid im gerichtlichen Mahnverfahren)</td><td>30 Jahre
§ 197 (1) Nr. 3 ff. BGB</td><td>mit Rechtskraft der Entscheidung bzw. Errichtung des Titels</td></tr>
<tr><td>… wegen Sachmängeln (z. B. Anspruch auf Nacherfüllung)</td><td>2 Jahre
§ 438 (1) BGB</td><td>mit Ablieferung der Sache</td></tr>
</table>

Neubeginn der Verjährung

Folgende Sachverhalte lösen nach § 212 BGB einen Neubeginn der Verjährungsfrist aus:

- **Anerkennung des Anspruchs** durch den Schuldner. Die Anerkennung muss nicht ausdrücklich erfolgen, es genügt jede Bezugnahme auf den Anspruch wie z. B. Zahlung eines Teilbetrags, Bitte um Stundung, Zinszahlung, Leistung von Sicherheiten, Richtigstellung des Zahlungsbetrages u. Ä.

  Beispiel: *Die Kaufpreiszahlung war fällig am 20.11.2008; der Verkäufer schickt dem Käufer am 19.10. 2011 einen Mahnbrief. Am 28.11.2011 erhält der Verkäufer vom Käufer folgendes Schreiben: „Bezugnehmend auf Ihr Schreiben muss ich Ihnen leider mitteilen, dass Ihre Forderung verjährt ist …“.*
  Anders als der Käufer annimmt, verjährt die Forderung erst mit dem Ablauf des 31.12.2011. Sein Schreiben ist jedoch eine Anerkennung des Anspruchs; die Verjährungsfrist von 3 Jahren beginnt mit der Anerkennung am 28.11.2011 neu zu laufen, d. h. die Verjährungsfrist endet erst am 28.11.2014.

- **Beantragung oder Vornahme von Vollstreckungshandlungen** wie z. B. Antrag auf Sachpfändung oder auf Gehaltspfändung.

Bei Klageeinreichung oder gerichtlichem Mahnbescheid kommt es nicht zu einem Neubeginn der Verjährung (dies war nur vor der Schuldrechtsreform so). Wenn aber aus der Klage ein Urteil oder aus dem Mahnbescheid ein Vollstreckungsbescheid resultiert, wird die ursprüngliche Verjährungsfrist durch die besondere Verjährungsfrist bei titulierten Ansprüchen (30 Jahre) ersetzt.

Hemmung der Verjährung

Die Hemmung der Verjährung bewirkt die Verlängerung der Verjährungsfrist um den Zeitraum, in dem die Verjährung gehemmt ist. Die Rechtsgrundlagen finden sich in §§ 203 ff. BGB.

Die Verjährung wird gehemmt durch

- **schwebende Verhandlungen** zwischen den Vertragsparteien über den Anspruch oder die anspruchsbegründenden Umstände (§ 203 BGB);
- **Rechtsverfolgungsmaßnahmen** des Gläubigers (§ 204 (1) BGB);

  Beispiele:
  - *Klageerhebung*
  - *Zustellung eines gerichtlichen Mahnbescheids*
    Die weit verbreitete Ansicht, zur Hemmung der Verjährung sei es ausreichend, den Schuldner in Form eines eingeschriebenen Briefes zu mahnen, ist falsch!
  - *Anmeldung des Anspruchs zur Insolvenztabelle*
  - *Antrag auf selbstständiges Beweisverfahren*
- vertraglich vereinbarte **Leistungsverweigerungsrechte des Schuldners** wie z. B. die Gewährung eines Zahlungsaufschubs (Stundung) (§ 205 BGB). Häufig tritt der Schuldner an den Gläubiger heran und bittet darum, ihm einen Zahlungsaufschub zu gewähren. Wird dieser gewährt, verlängert sich die Verjährungsfrist entsprechend (Hemmung). In der Bitte um Stundung liegt zugleich eine Anerkennung des Anspruchs, was zusätzlich zum Neubeginn der Verjährung führt.
- **höhere Gewalt**, die den Gläubiger an der Rechtsverfolgung hindert (§ 206 BGB), z. B. Naturkatastrophen, schwere Erkrankung des Gläubigers.

1.2.1.9 Gerichtsbarkeit und Gerichtsstand

Arten der Gerichtsbarkeit

Die deutsche Gerichtsbarkeit (Judikative) als eine der drei Säulen der Staatsgewalt ist in verschiedene Gerichtsbarkeiten eingeteilt:

Verfassungsgerichtsbarkeit	Im Rahmen der Verfassungsgerichtsbarkeit geht es um die Kontrolle der Staatsgewalten und die Konkretisierung und Fortentwicklung des Verfassungsrechts.
ordentliche Gerichtsbarkeit	Der ordentlichen Gerichtsbarkeit zugewiesen sind alle bürgerlichen Rechtsstreitigkeiten (Zivilgerichtsbarkeit) und Strafsachen (Strafgerichtsbarkeit).
besondere Gerichtsbarkeit	Die besondere Gerichtsbarkeit umfasst ▪ die Arbeitsgerichtsbarkeit, welche zuständig ist bei Streitigkeiten zwischen Arbeitnehmern und Arbeitgebern und Tarifpartnern, ▪ die Finanzgerichtsbarkeit, bei der Klagen gegen Finanzbehörden wegen Steuer- und Abgabeangelegenheiten vorgetragen werden, ▪ die Sozialgerichtsbarkeit, die Entscheidungen in sozialrechtlichen Fragen trifft, z. B. bei Streitigkeiten zwischen Bürgern und Sozialversicherungsträgern, ▪ die Verwaltungsgerichtsbarkeit, die Entscheidungen über öffentlich-rechtliche Streitigkeiten zwischen Bürgern und Behörden oder zwischen Behörden verhandelt.

Gerichtsstand

Welches Gericht im Einzelfall die Gerichtsbarkeit auszuüben hat, bestimmt sich nach zwei Gesichtspunkten:

Zum einen nach der sogenannten **sachlichen Zuständigkeit**, die bestimmt, welches Gericht in der **1. Instanz** zuständig ist. So sind in Zivilsachen die Amtsgerichte der 1. Instanz bei Streitwerten bis 5.000,00 EUR, ebenso bei Wohnraummietsachen und Familiensachen zuständig. Außerdem sind die Amtsgerichte zuständig für das gerichtliche Mahn- und Zwangsvollstreckungsverfahren. Die Landgerichte sind in 1. Instanz bei Streitwerten über 5.000,00 EUR und z. B. bei Klagen aufgrund des UWG zuständig.

Zum anderen nach dem Gerichtsstand, welcher die **örtliche Zuständigkeit** aufgrund der Zivilprozessordnung (ZPO) bestimmt.

Allgemeiner Gerichtsstand

Der allgemeine Gerichtsstand wird bei einer natürlichen Person durch deren Wohnsitz, bei einer juristischen Person durch den Sitz der Verwaltung bestimmt (§§ 13, 17 ZPO).

Besonderer Gerichtsstand

Dies sind für bestimmte Klagen im Gesetz ausdrücklich vorgesehene Gerichtsstände; für den Kläger besteht hier die Möglichkeit, zwischen dem allgemeinen und dem besonderen Gerichtsstand zu wählen.

Beispiele:
- *Ort der Niederlassung als besonderer Gerichtsstand für Klagen, die auf den Geschäftsbetrieb der Niederlassung Bezug haben (§ 21 ZPO);*
- *Erfüllungsort als besonderer Gerichtsstand für Streitigkeiten aus einem Vertragsverhältnis (§ 29 ZPO);*
- *Ort, wo die unerlaubte Handlung begangen wurde, als besonderer Gerichtsstand für Klagen aus unerlaubten Handlungen (§ 32 ZPO).*

Ausschließlicher Gerichtsstand

Für bestimmte Klagen hat der Gesetzgeber bestimmt, dass nur ein Gerichtsstand ausschließlich gegeben ist, der sogenannte ausschließliche Gerichtsstand.

Beispiele:
- *In Mietsachen ist ausschließlich das Gericht zuständig, in dessen Bezirk sich die Räume befinden (§ 29a ZPO).*
- *Für Klagen gegen einen Verbraucher aus Haustürgeschäften ist ausschließlich das Gericht zuständig, in dessen Bezirk der Verbraucher seinen Wohnsitz hat (§ 29c ZPO).*

Gerichtsstandsvereinbarungen

Gerichtsstandsvereinbarungen sind grundsätzlich nicht bei ausschließlichen Gerichtsständen möglich; ansonsten können vom Gesetz abweichende Gerichtsstandsvereinbarungen zwischen den Vertragspartnern nur getroffen werden, wenn die Parteien Kaufleute oder juristische Personen des öffentlichen Rechts sind (§ 38 ZPO).

1.2.2 Produkthaftung

Sachverhalt

Verbraucher V kauft in einem Elektromarkt ein nagelneues Markennotebook. Das Notebook funktioniert zunächst einwandfrei. Nach einer Woche kommt es allerdings während der Benutzung zu einer Verpuffung und einem Brand. Der Grund: Die Akkus weisen einen Produktionsfehler auf. V erleidet Verbrennungen an den Händen; seine Schreibtischplatte weist Brandflecken auf und das Notebook ist irreparabel zerstört.

1.2.2.1 Wesen und Bedeutung der Produkthaftung

Die Mängelhaftung des Vertragspartners (im beschriebenen Fall der Elektromarkt) beschränkt sich bei Produktionsfehlern durch den Hersteller auf den Ersatz der mangelhaften Ware (hier das zerstörte Notebook), ein Schadensersatz für die Folgeschäden kommt mangels Verschulden nicht in Frage. Mit dem Hersteller, den ein Verschulden trifft, besteht jedoch kein Vertrag, aus dem der Schadenersatz hergeleitet werden könnte.

Jedoch sieht das **Produkthaftungsgesetz (ProdHaftG)** eine Haftung des Herstellers vor.

Unter Produkthaftung nach dem ProdHaftG versteht man die Haftung des Herstellers für Schäden, die als Folge eines Fehlers seiner Produkte entstehen.

1.2.2.2 Voraussetzungen für die Haftung des Herstellers

Es muss sch um einen (Folge-)Schaden an Leben, Körper bzw. Gesundheit oder Eigentum handeln. Die Produkthaftung deckt nicht die Schäden am Produkt selbst.

Der Schaden muss durch ein fehlerhaftes Produkt entstanden sein, wobei der Fehler in einem Konstruktions-, Produktions-, Instruktions- oder Produktbeobachtungsfehler bestehen kann (Beweislast liegt beim Geschädigten; § 1 (4) ProdHaftG).

Nach dem ProdHaftG haftet der Hersteller des Produktes. Die Bestimmung des Herstellers ist jedoch sehr weit gefasst: So haftet nach § 4 ProdHaftG z. B. auch der Händler anonymer Produkte oder ein Händler, der Produkte fremdfertigen lässt und mit seinem Label versieht (sogenannter Quasi-Hersteller, z. B. bei Handelsmarken).

1.2.2.3 Umfang der Haftung

Ersetzt werden nach den §§ 5 ff. ProdHaftG Vermögensschäden, die als Folge von Personen- oder Sachschäden eingetreten sind. Nicht ersetzt werden hingegen reine Vermögensschäden.

- **Personenschäden** umfassen auch Schmerzensgeld; die Haftungshöchstgrenze bei Personenschäden beträgt 85 Mio. EUR.
- **Sachschäden** sind nur zu ersetzen für Schäden an anderen Sachen als dem Produkt selbst. Die beschädigte Sache muss gewöhnlich für den Privatgebrauch bestimmt sein und vom Geschädigten auch hauptsächlich für private Zwecke verwendet worden sein. Die Selbstbeteiligung bei Sachschäden beträgt 500,00 EUR.

1.2.2.4 Ausschluss der Haftung

Grundsätzlich haftet der Hersteller auch ohne Verschulden. Die Haftung des Herstellers ist nach § 1 (2) u. (3) ProdHaftG jedoch ausgeschlossen, wenn

- er das Produkt nicht in den Verkehr gebracht hat (z. B., wenn es ihm gestohlen wurde);
- der Fehler, der den Schaden verursacht hat, erst nach dem Inverkehrbringen entstanden ist;
- er das Produkt nicht im Rahmen seiner beruflichen Tätigkeit hergestellt oder vertrieben hat;
- der Fehler auf der Berücksichtigung zwingender Rechtsvorschriften beruht;
- der Fehler nach dem Stand der Wissenschaft und Technik zum Zeitpunkt des Inverkehrbringens nicht erkannt werden konnte;
- er Hersteller eines fehlerfreien Teilproduktes ist und der Fehler erst durch die Konstruktion des Endproduktes oder Anleitungen zum Endprodukt verursacht wurde.

1.2.3 Kaufvertrag

1.2.3.1 Abschluss des Kaufvertrags

Der Kaufvertrag wird, wie jeder andere Vertrag auch, durch zwei übereinstimmende Willenserklärungen (Antrag und Annahme) geschlossen. Der Antrag kann dabei sowohl vom Käufer ausgehen (Beispiel: Bestellung) als auch vom Verkäufer (Beispiel: Angebotsschreiben). Eine bestimmte Form ist nur in bestimmten Fällen erforderlich, z. B. notarielle Beurkundung beim Grundstückskauf; § 311b BGB.

1.2.3.2 Verpflichtung und Erfüllung

Sachverhalt

Ein Käufer (K) schließt mit einem Verkäufer (V) einen Kaufvertrag ab.
Einige Wochen später liefert der Verkäufer die Ware, 2 Wochen darauf zahlt der Käufer bar.

- Wie viele Rechtsgeschäfte wurden insgesamt getätigt?
- Welche unterschiedlichen Folgen haben die Rechtsgeschäfte?

§ 433 BGB: Kaufvertrag

(1) Durch den Kaufvertrag wird der Verkäufer einer Sache verpflichtet, dem Käufer die Sache zu übergeben und das Eigentum an der Sache zu verschaffen. Der Verkäufer hat dem Käufer die Sache frei von Sach- und Rechtsmängeln zu verschaffen.

(2) Der Käufer ist verpflichtet, dem Verkäufer den vereinbarten Kaufpreis zu zahlen und die gekaufte Sache abzunehmen.

§ 929 BGB: Einigung und Übergabe

Zur Übertragung des Eigentums an einer beweglichen Sache ist erforderlich, dass der Eigentümer die Sache dem Erwerber übergibt und beide darüber einig sind, dass das Eigentum übergehen soll. Ist der Erwerber im Besitz der Sache, so genügt die Einigung über den Übergang des Eigentums.

Wie aus den vorstehenden Gesetzestexten zu entnehmen ist, sind beide Parteien des Kaufvertrags sowohl Schuldner als auch Gläubiger. Bei jedem Kaufvertrag gibt es also immer zwei Schuldner und zwei Gläubiger:

- Der Verkäufer schuldet die mangelfreie Ware, die Übergabe und die Verschaffung des Eigentums.
- Der Käufer schuldet die Annahme der Ware und die Zahlung des Kaufpreises.

Durch den Kaufvertragsschluss entstehen Verpflichtungen:

Der Kaufvertrag ist – wie grundsätzlich alle Verträge des Schuldrechts im BGB – nur ein **Verpflichtungsgeschäft**, bei dem aber zum Zeitpunkt des Vertrages noch kein Eigentum übergeht.

Dies geschieht erst im Rahmen des **Erfüllungsgeschäfts**, wenn also der Verkäufer die Ware und der Käufer das Geld übergibt und übereignet und somit die Verpflichtungen erfüllt werden. Es handelt sich im obigen Sachverhalt also um drei Rechtsgeschäfte und sechs Willenerklärungen.

Verpflichtungsgeschäft und Erfüllungsgeschäft sind also streng voneinander zu trennen und haben unabhängig voneinander Bestand. So ist das Erfüllungsgeschäft, die Übereignung, auch dann wirksam, wenn der Kaufvertrag unwirksam ist, z. B. wegen Anfechtung. Dieses Prinzip der deutschen Rechtsordnung nennt man **Abstraktionsprinzip**.

1.2.3.3 Verbrauchsgüterkauf

Der Verbrauchsgüterkauf ist nach § 474 (1) BGB der Kauf einer beweglichen Sache, bei dem der Käufer Verbraucher und der Verkäufer Unternehmer ist.

Unternehmer ist nach § 14 BGB eine natürliche oder juristische Person oder eine rechtsfähige Personengesellschaft, die bei Abschluss eines Rechtsgeschäfts in Ausübung ihrer gewerblichen oder selbstständigen beruflichen Tätigkeit handelt.

Verbraucher ist nach § 13 BGB jede natürliche Person, die ein Rechtsgeschäft zu einem Zweck abschließt, der weder ihrer gewerblichen noch ihrer selbstständigen beruflichen Tätigkeit zugerechnet werden kann.

Kein Verbrauchsgüterkauf liegt demnach z. B. vor bei Kaufverträgen
- über Immobilien,
- zwischen Unternehmern,
- bei denen der Verkäufer kein Unternehmer ist (z. B. Verkauf von „privat" bei ebay).

Beim Verbrauchsgüterkauf finden ergänzende Bestimmungen zum Schutz des Verbrauchers Anwendung, insbesondere im Bereich der Mängelhaftung.

1.2.3.4 Zusendung unbestellter Ware an Verbraucher

Sachverhalt

K erhält – obwohl nicht bestellt – ein Paket mit Fußballgedenkmünzen zugesandt. Im beiliegenden Schreiben heißt es: „Rücksendung innerhalb von 14 Tagen möglich. Bei nicht innerhalb der Frist erfolgter Rücksendung gilt das Angebot als angenommen und der Kaufpreis wird fällig."

Wenn ein Unternehmer einem **Verbraucher** unbestellte Ware zusendet, schließt § 241a BGB sowohl vertragliche Ansprüche (hier: die Zahlung des Kaufpreises) als auch gesetzliche Ansprüche (z. B. auf Herausgabe der Ware, Schadensersatz bei Beschädigungen) aus.

Dies gilt jedoch nicht, wenn der Verbraucher erkennen konnte, dass die Ware eigentlich nicht für ihn bestimmt war („Irrläufer") oder dass die Zusendung nur erfolgte, weil der Unternehmer irrtümlich von einer Bestellung ausging.

1.2.3.5 Mängelhaftung (Gewährleistung)

Voraussetzungen für die Haftung des Verkäufers

Grundsätzliche Voraussetzung für die Mängelhaftung des Verkäufers ist, dass ein Sach- oder Rechtsmangel vorliegt.

Unter einem **Sachmangel** ist nach § 434 BGB zu verstehen:

- eine Abweichung von der vertraglich vereinbarten Beschaffenheit bzw. Eignung für eine bestimmte Verwendung;

  Beispiel: *Ein „für die Verwendung im Badezimmer geeigneter" Schrank quillt durch die bestehende Feuchtigkeit auf.*

- eine Abweichung von der üblichen Beschaffenheit bzw. Eignung (bei fehlender Vereinbarung).

  Beispiel: *Ein Kratzer auf der Tischplatte des gekauften Tisches.*

Diese Abweichung muss schon beim **Gefahrübergang** (d. h. der Ablieferung) vorhanden sein, die Beweislast dafür liegt beim Käufer.

Beim **Verbrauchsgüterkauf** gelten jedoch folgenden Besonderheiten:

- Tritt der Mangel in den ersten sechs Monaten auf, muss der Verkäufer beweisen, dass die Ware bei Gefahrübergang mangelfrei war, und nicht der Käufer, dass die Ware bei Gefahrübergang einen Mangel hatte (sogenannte **Beweislastumkehr**).
- Auch bei Schickschulden ist der Gefahrübergang nach § 474 (2) BGB erst beim Verbraucher. Mängel, die während des Transports entstehen, liegen also schon bei Gefahrübergang vor.

Daneben versteht das Gesetz unter einem Sachmangel
- Montagefehler des Verkäufers,
- Montagefehler des Käufers aufgrund einer fehlerhaften Anleitung,
- die Lieferung einer anderen Sache als der gekauften oder einer zu geringen Menge.

Ein **Rechtsmangel** liegt nach § 435 BGB vor, wenn die verkaufte Sache nicht frei ist von Rechten, die Dritte gegen Käufer geltend machen können, so z. B. ein Eigentumsrecht, ein Mietrecht, ein Vorkaufsrecht oder ein Urheberrecht.

Beispiel: *Ein Einzelhändler wird am Weiterverkauf der vom Hersteller bezogenen Thermoskannen durch Designrechte Dritter gehindert.*

Ansprüche bei der Mängelhaftung

Nacherfüllung als vorrangiger Anspruch

Sachverhalt

Der Ausziehmechanismus des gelieferten Tisches klemmt heftig. Der Kunde verlangt Abholung und Rückzahlung des Kaufpreises.

Bei Mängeln muss der Käufer dem Verkäufer zunächst die Möglichkeit zur **Nacherfüllung** geben.

Dabei hat der Käufer gem. § 439 (1) BGB das **Wahlrecht** zwischen
- Mangelbeseitigung (= Nachbesserung der Sache)
- Lieferung einer mangelfreien Sache (= Ersatzlieferung einer gleichen Sache)

Der Verkäufer darf nach § 439 (3) BGB die vom Käufer gewählte Nacherfüllungsart berechtigt verweigern bei:

- **Unmöglichkeit** der Ersatzlieferung

  Beispiel: *Der Käufer verlangt Ersatzlieferung bei mangelhaftem Einzelstück, z. B. einer Antiquität.*

- **unverhältnismäßig hohem Aufwand**

  Beispiel: *Der Käufer verlangt Nachbesserung bei geringwertiger Massenware, z. B. einem Kopfhörer für 10,00 EUR. Die Nachbesserung würde ein Vielfaches des Preises kosten.*

Dem Käufer steht dann nur die jeweils andere Nacherfüllungsart zu; der Verkäufer darf auch diese aus den o. g. Gründen verweigern.

Verweigert der Verkäufer berechtigterweise beide Nacherfüllungsarten, kann der Käufer **Minderung** oder – beim Vorliegen weiterer Voraussetzungen – **Rücktritt** oder **Schadensersatz** geltend machen.

Dies gilt auch für folgende Fälle:

- Die Nacherfüllung ist nicht innerhalb einer angemessenen Frist ausgeführt worden. Verbraucher müssen nicht einmal ausdrücklich eine Frist gesetzt haben. Es reicht, dass sie die Nacherfüllung verlangt haben und eine angemessene Frist erfolglos verstrichen ist.

- Die Nacherfüllung ist fehlgeschlagen. Als „fehlgeschlagen" ist eine Nachbesserung i. d. R. nach zwei erfolglosen Versuchen anzusehen.

Die **Kosten der Nacherfüllung** muss nach § 439 (2) BGB der Verkäufer tragen. Andere Vereinbarungen sind per AGB und beim Verbrauchsgüterkauf nicht möglich.

Erhält der Käufer eine Ersatzlieferung, so kann der Verkäufer nach § 439 (4) BGB die mangelhafte Sache zurückverlangen.

Ersatzlieferung vs. Umtausch

Sachverhalt

Ein Kunde hat eine wegen Lagerräumung reduzierte Ware gekauft. Als diese Mängel aufweist, bringt der Kunde sie nach 4 Wochen in den Laden zurück und verlangt „Umtausch oder Geld zurück". Der Verkäufer verweist auf den Aushang an der Kasse „Umtausch nur innerhalb von 14 Tagen gegen Gutschein. Kein Umtausch reduzierter Ware".

Wie ist die Rechtslage? Die folgende Übersicht verschafft Klarheit:

Nachlieferung	Umtausch
gesetzlicher Anspruch des Käufers beim Vorliegen von Sachmängeln:	**Kulanz** des Verkäufers, wenn Käufer aus subjektiven Gründen andere Ware haben will:
▪ Anspruch besteht auch bei Sonderangeboten ▪ innerhalb der gesetzlichen Verjährungsfristen ▪ falls Nachlieferung und auch Nachbesserung nicht möglich: Geld zurück	▪ bei Sonderangeboten: im Ermessen des Händlers ▪ Frist: im Ermessen des Händlers ▪ falls Umtausch nicht möglich: im Ermessen des Händlers, z. B. auch Gutschein

Der Aushang an der Kasse im dargestellten Sachverhalt bezieht sich nur auf den Umtausch aus subjektiven Gründen, z. B. wegen Nichtgefallens. Der Kunde, der „Umtausch" verlangt, möchte aber rechtlich gesehen keinen Umtausch, sondern eine Ersatzlieferung. Das ist sein gesetzlicher Anspruch wegen des Mangels. Insofern kann er auch bei reduzierter Ware Ersatz verlangen. Eine Ausnahme läge vor, wenn die Ware genau wegen dieses Mangels reduziert worden wäre und der Käufer dies wusste.

Rücktritt/Minderung

Bei Mängeln kann der Käufer nach §§ 440, 323, 326 (5) BGB vom Kaufvertrag zurücktreten, falls ein erheblicher Mangel vorliegt. Mit der Erklärung des Rücktritts wird der Kaufvertrag zu einem Rückgewährschuldverhältnis, d. h. die empfangenen Leistungen, also Ware und Geld (nicht Gutschein!), sind zurückzugeben.

Ebenso kann der Kunde nach § 441 BGB den Kaufpreis mindern; dies ist auch bei unerheblichen Mängeln möglich. Nach Erklärung der Minderung ist der vereinbarte Kaufpreis im Verhältnis des Werts der Sache mit und ohne Mängel herabzusetzen.

Sowohl Rücktritt als auch Minderung sind **nachrangige Rechte**, d. h. zunächst muss dem Verkäufer eine Möglichkeit zur Nacherfüllung gewährt worden sein. Erst nach erfolglosem Ablauf einer angemessenen Nacherfüllungsfrist oder wenn die Nacherfüllung fehlgeschlagen ist bzw. verweigert wurde, kommt ein Rücktritt oder eine Minderung in Frage.

Schadensersatz

Schadensersatz kann nach § 440 BGB neben oder statt Minderung bzw. Rücktritt verlangt werden. Zusatzvoraussetzung ist jedoch, dass der Mangel vom Verkäufer zu vertreten ist. Dies ist der Fall, wenn der Verkäufer

- den Mangel selbst verursacht hat, weil er z. B. die Ware für den Transport nicht richtig befestigt hat;

- den Mangel kannte bzw. kennen musste, z. B. durch Hinweise von anderen Kunden;
- bestimmte Eigenschaften garantiert hat.

Auch der Anspruch auf Schadensersatz ist ein nachrangiger Anspruch des Käufers, d. h. zunächst muss dem Verkäufer i. d. R. eine Möglichkeit zur Nacherfüllung gewährt worden sein.

Verjährung der Ansprüche bei Mängeln

Nach § 438 BGB verjähren die Ansprüche bei Mängeln nach folgenden Fristen:

Verjährung der Ansprüche bei Mängeln		
beim Kauf beweglicher Sachen	beim Kauf von Bauwerken und Bauteilen	bei arglistig verschwiegenen Mängeln
2 Jahre ab Ablieferung	5 Jahre	regelmäßige Verjährungsfrist: 3 Jahre ab Schluss des Jahres, in dem der Mangel bekannt wurde

Bauwerke sind mit dem Erdboden fest verbundene unbewegliche Sachen, z. B. Gebäude und deren An- oder Umbauten. **Bauteile** sind Sachen, die zur Herstellung von Bauwerken verwendet werden, z. B. Zement, Holz, Fenster, Heizung, Bodenbelag, Installationen.

Eine vertragliche Verkürzung der Verjährungsfrist („Erleichterung der Verjährung") ist nach § 475 (2) BGB beim Verbrauchsgüterkauf nur bei gebrauchten Sachen möglich; die Frist muss aber mindestens ein Jahr betragen.

Außerhalb des Verbrauchsgüterkaufs (z. B. Privatverkauf oder Kauf zwischen Unternehmern) ist per Individualvereinbarung eine uneingeschränkte Verkürzung möglich, geschieht sie jedoch per AGB für neue Sachen, muss die Frist mindestens ein Jahr betragen.

Rügefrist beim zweiseitigen Handelskauf

Auch beim zweiseitigen Handelskauf gelten die Verjährungsfristen des § 438 BGB, also im Normalfall zwei Jahre. Während jedoch der nichtkaufmännische Käufer irgendwann innerhalb der zweijährigen Verjährungsfrist prüfen und Mängel rügen kann – besser jedoch früher wegen der Beweislastumkehr innerhalb der ersten 6 Monate –, ist der Kaufmann nach § 377 HGB verpflichtet, erhaltene Ware **unverzüglich**, d. h. ohne schuldhaftes Zögern zu prüfen und bei der Prüfung entdeckte Mängel unverzüglich beim Verkäufer zu rügen. Versteckte Mängel, die erst später zu Tage treten, sind unverzüglich nach deren Entdecken zu rügen.

Ausschluss der Mängelhaftung per Gesetz

Gesetzlich ist die Haftung des Verkäufers ausgeschlossen, z. B.

- für die Mängel, die der Käufer bei Vertragsabschluss kennt bzw. die ihm infolge grober Fahrlässigkeit unbekannt geblieben sind (§ 442 BGB);
- beim zweiseitigen Handelskauf, wenn der Käufer der Prüf- bzw. Rügepflicht nicht nachkommt (§ 377 HGB).

Vertragliche Beschränkung der Mängelhaftung

Beim Verbrauchsgüterkauf ist nach § 475 BGB die einzig mögliche vertragliche Einschränkung die Verkürzung der Gewährleistungsfrist bei gebrauchten Sachen auf ein

Jahr. Ansonsten kann der Verkäufer nur dem Verbraucher bestehende Mängel bekannt machen; dies führt zu einem Haftungsausschluss per Gesetz (§ 442 BGB).

Außerhalb des Verbrauchsgüterkaufs, z. B. beim Privatverkauf oder Verkauf zwischen Unternehmern, ist jegliche Haftungseinschränkung möglich. Erfolgt diese jedoch per AGB, so ist bei neuen Sachen § 309 Nr. 8b BGB zu beachten. Danach ist beispielsweise eine Beschränkung der Ansprüche auf *eine* der Nacherfüllungsarten (z. B. Reparatur) zwar möglich, aber nur, falls die Klausel dem Käufer bei deren Fehlschlagen ausdrücklich das Recht auf Minderung oder Rücktritt vorbehält.

Vertragliche Haftungsbeschränkungen, auch Kürzungen der Verjährung, sind gemäß § 444 BGB grundsätzlich unwirksam
- für eine Beschaffenheit bzw. Eigenschaft, die vom Verkäufer garantiert wurde;
- bei arglistigem Verschweigen des Mangels.

Rückgriffrechte des Verkäufers auf seinen Lieferanten

Beim Verbrauchsgüterkauf kann der Händler gegenüber dem Verbraucher die Mängelhaftung kaum einschränken. Andererseits können die Rechte des Händlers als Käufer bei seinem Lieferer vertraglich stark eingeschränkt sein. Aus diesem Grund sieht das Gesetz in §§ 478, 479 BGB besondere Rückgriffsrechte des Händlers auf seinen Lieferer vor (sogenannter „Unternehmerregress"):

- Der Händler kann alle berechtigten Aufwendungen zur Mängelbeseitigung aus dem Verbrauchsgüterkauf beim Lieferanten geltend machen.
- Auch hier gilt die Vermutung, dass der Mangel bei Gefahrübergang auf den Unternehmer vorhanden war, falls er sich innerhalb von sechs Monaten ab Gefahrübergang auf den Verbraucher zeigt (Beweislastumkehr).
- Die Ansprüche des Händlers verjähren erst frühestens zwei Monate nach Erfüllung der Verbraucheransprüche.

Dieselben Rechte gelten für alle Zwischenhändler in der Lieferantenkette.

Garantie

Sachverhalt

Der Kunde reklamiert beim Händler eine schadhafte Waschmaschine. Der Händler verweist den Kunden darauf, dass nicht er hafte, sondern der Hersteller, da dieser eine Garantie gewährt.

Der Unterschied zwischen Gewährleistung und Garantie wird durch folgende Übersicht dargestellt:

Gewährleistung	Garantie (§ 443 BGB)
gesetzlich vorgeschriebene Haftung des Verkäufers Beachte: Diese gesetzlichen Rechte des Käufers gegenüber dem Verkäufer bestehen unabhängig von einer Garantie (§ 443 (1) BGB).	**zusätzliche, freiwillige Haftung** des Verkäufers oder eines Dritten (z. B. Hersteller) für eine bestimmte Beschaffenheit („Beschaffenheitsgarantie") oder dafür, dass die Sache für eine bestimmte Dauer eine bestimmte Beschaffenheit behält („Haltbarkeitsgarantie").

1.2.4 Weitere Vertragsarten

1.2.4.1 Fernabsatzgeschäfte

Unter „Fernabsatzverträgen" versteht das Gesetz Verträge, die unter ausschließlicher Nutzung von Fernkommunikationsmitteln wie Briefen, Katalogen, Telefonanrufen, E-Mails, Rundfunk, Telediensten und Mediendiensten (Internet) zustande kommen.

Für den Kunden ist bei Fernabsatzverträgen problematisch, dass er die Ware bzw. Dienstleistung vor Vertragsschluss keiner näheren Prüfung unterziehen kann und die Informationsbeschaffung schwieriger ist als beim persönlichen Kontakt, was eine spätere Rechtsverfolgung unter Bezugnahme auf diese Informationen erschwert. Kernpunkte des Verbraucherschutzes sind bei Fernabsatzsituationen daher umfangreiche **Informationspflichten** des Unternehmers und das **Widerrufsrecht** des Verbrauchers.

Damit die Regelungen über Fernabsatzgeschäfte Anwendung finden, muss es sich um einen Fernabsatzvertrag zwischen einem **Unternehmer** und einem **Verbraucher** handeln, der unter ausschließlicher Verwendung von Fernkommunikationsmitteln geschlossen wurde. Fälle, in denen sich z. B. der Kunde im Geschäft beraten lässt und anschließend nur noch die Bestellung abgibt, fallen nicht unter die Regelungen der § 312b ff. BGB. Ebenso muss ein für den Fernabsatz organisiertes System vorliegen. Ein Händler, der normalerweise seine Verträge im Ladengeschäft abschließt und nur gelegentlich z. B. Bestellungen per Mail entgegennimmt, unterliegt nicht den Regelungen der §§ 312b ff. BGB.

Grundsätzlich nicht anwendbar sind die Bestimmungen z. B. auf Versicherungsverträge, Grundstücksgeschäfte, Lieferung von Lebensmitteln (vgl. § 312b (3) BGB).

Informationspflichten nach § 312c (1) BGB

Gemäß § 312c (1) BGB i. V. m. Art. 246 EGBGB muss der Verbraucher vor Abgabe seiner Vertragserklärung Informationen haben über

- Identität und Anschrift des Unternehmers,
- wesentliche Warenmerkmale,
- Preis- und Zahlungsmodalitäten,
- Widerrufs- und Rückgaberecht.

Die Informationen muss der Unternehmer dem Verbraucher alsbald nach Vertragsschluss, bei Waren spätestens bis zur Lieferung, in Textform zur Verfügung stellen.

Widerrufs- und Rückgaberecht des Verbrauchers

Dem Verbraucher steht bei Fernabsatzverträgen nach § 312d BGB ein 14-tägiges **Widerrufsrecht** gemäß § 355 BGB zu. Die Widerrufsfrist beginnt nicht vor Erfüllung der o. g. Informationspflichten und dem etwaigen Wareneingang beim Empfänger.

Das Widerrufsrecht erlischt spätestens sechs Monate nach Vertragsschluss bzw. Wareneingang. Es erlischt nicht, wenn der Verbraucher nicht ordnungsgemäß belehrt wurde (§ 355 (3) BGB).

Das Widerrufsrecht ist ausgeschlossen bei Fernabsatzverträgen über bestimmte Vertragsgegenstände, z. B.

- bei Waren, die auf den Kunden speziell zugeschnitten sind,
- bei vom Verbraucher entsiegelten Audio-/Videoaufzeichnungen,
- bei Lieferung von Zeitungen, Zeitschriften und Illustrierten.

Der Widerruf kann durch Erklärung in Textform oder Rücksendung der Ware vorgenommen werden, die rechtzeitige Absendung genügt zur Fristwahrung. Die Rücksendekosten können dem Verbraucher vertraglich nur auferlegt werden, wenn der Wert der zurückzusendenden Sache nicht höher als 40,00 EUR ist.

Zusätzliche Pflichten bei elektronischem Geschäftsverkehr

Während der Begriff „Fernabsatzvertrag“ jede Form des Vertragsschlusses unter physisch abwesenden Personen umfasst (z. B. auch Katalogbestellungen), fallen unter § 312g BGB nur Verträge, die unter Einsatz von elektronischen Kommunikationsmitteln (sog. „Tele- oder Mediendiensten“ wie z. B. per Internet, Teleshopping) zustande kommen.

Beim Einsatz elektronischer Kommunikationsmittel ergeben sich zusätzliche Pflichten. So muss der Unternehmer dem Kunden z. B.

- technische Mittel zur Erkennung und Korrektur von Eingabefehlern vor der Bestellungsabgabe zur Verfügung stellen;
- rechtzeitig vor der Bestellung die in Art. 246 § 3 EGBGB bestimmten Informationen, z. B. über die einzelnen technischen Schritte, die zum Vertragsschluss führen, klar und verständlich mitteilen;
- den Zugang der Bestellung unverzüglich elektronisch bestätigen, dabei genügt die Abrufbarkeit;
- die Möglichkeit verschaffen, die Vertragsbestimmungen bei Vertragsschluss abzurufen und abzuspeichern.

Diese Pflichten gelten - im Gegensatz zu den Informationspflichten nach § 312c (1) BGB - unabhängig davon, ob der Kunde Verbraucher oder selbst Unternehmer ist.

1.2.4.2 Miet- und Pachtvertrag

Wesen des Miet- und Pachtvertrags

Ein Mietvertrag ist nach § 535 ff. BGB ein Dauerschuldverhältnis, das die entgeltliche Gebrauchsüberlassung einer Sache zum Gegenstand hat. Der Vermieter wird durch den Mietvertrag verpflichtet, dem Mieter den Gebrauch der Mietsache während der Mietzeit zu gewähren; der Mieter ist dagegen verpflichtet, dem Vermieter den vereinbarten Mietzins zu zahlen.

Als Mietsachen kommen Wohnräume, Geschäftsräume sowie sonstige bewegliche Sachen (z. B. Pkw, DVD, Fahrräder, Werkzeuge) in Betracht. Für das Mietverhältnis über Wohnräume gelten die besonderen Regelungen der §§ 549 ff. BGB.

Bei einem **Pachtvertrag** ist der Verpächter darüber hinaus verpflichtet, dem Pächter auch die „Früchte“ des Pachtgegenstandes (z. B. Erträge einer Gaststätte, Feldfrüchte) zu überlassen. Auf den Pachtvertrag finden gem. § 581 (2) BGB – mit einigen Abweichungen – die Mietvorschriften entsprechend Anwendung.

Zustandekommen des Mietvertrags

Der Mietvertrag kann formfrei, d. h. auch durch schlüssiges Handeln (z. B. Handschlag) geschlossen werden.
Handelt es sich bei Räumen, Grundstücken jedoch um einen befristeten Vertrag über mehr als ein Jahr, so ist nach § 566 i. V. m. § 580 BGB die Schriftform erforderlich. Die Nichtbeachtung der Schriftform hat keine Nichtigkeit des Vertrages zur Folge, der Mietvertrag gilt dann nach § 550 BGB als auf unbestimmte Zeit geschlossen.

Bei Veräußerung des Mietobjektes bleibt der Mietvertrag bestehen („Kauf bricht nicht Miete"), der Erwerber übernimmt nach § 566 BGB alle Rechten und Pflichten des bestehenden Vertrages.

Pflichten des Vermieters

Nach § 535 BGB obliegt dem Vermieter neben der Gebrauchsgewährung – z. B. durch Übergabe aller Schlüssel – auch die Überlassung der Mietsache in vertragsgemäßen Zustand und die Instandhaltung dieses Zustands durch die Behebung von – insbesondere infolge von Abnutzung, Alterung, Witterungseinflüssen entstandenen – Mängeln.

Die Instandhaltungspflicht des Vermieters kann vertraglich auf den Mieter umgelegt werden, individuell kann hier – in den Grenzen von Treu und Glauben bzw. Sittenwidrigkeit – alles frei vereinbart werden. Beschränkungen ergeben sich jedoch dann, wenn der Mieter formularmäßig, z. B. bei dem üblichen Gebrauch vorformulierter Standardmietverträge, verpflichtet werden soll.

Üblich ist eine vertragliche Verpflichtung des Mieters zur Beseitigung von durch den normalen Mietgebrauch entstandenen Abnutzungsspuren („Schönheitsreparaturen"), wie z. B. Tapezieren und Anstreichen von Wänden, Decken, Heizkörpern und -rohren, Innentüren, Fenstern und Außentüren von innen.

Rechte bzw. Ansprüche des Mieters

Kommt der Vermieter der Pflicht zur Gebrauchsgewährung oder zur Überlassung/Erhaltung in vertragsgemäßem Zustand nicht nach, ergeben sich folgende Rechte bzw. Ansprüche des Mieters:

- **Mietminderung** für den Zeitraum, in dem die Tauglichkeit zum vertragsgemäßen Gebrauch wegen eines Mangels nicht gegeben oder vermindert ist (§ 536 BGB);
- **Schadensersatz wegen Nichterfüllung**, wenn der Mangel aufgrund eines vom Vermieter zu vertretenden Umstandes entstanden ist oder der Vermieter mit der Beseitigung eines Mangels im Verzug ist, z. B. Ersatz der Kosten für die Unterbringung in einem Hotel (§ 536a (1) BGB);
- **Ersatz der Aufwendungen für die Mängelbeseitigung** durch den Mieter, falls der Vermieter mit der Beseitigung in Verzug ist (§ 536a (2) BGB);
- **Außerordentliches Kündigungsrecht** nach erfolglosem Ablauf einer Frist für die Mängelbeseitigung oder – ohne Fristsetzung – wenn bei Wohnräumen die Nutzung mit erheblichen Gesundheitsgefahren verbunden ist (§§ 543, 569 (1) BGB).

Der Mieter wiederum ist verpflichtet, dem Vermieter Mängel oder drohende Gefahr, z. B. einen Schaden am Dach, unverzüglich anzuzeigen; ein schuldhaftes Unterlassen führt zu Schadensersatzansprüchen gegen den Mieter. Konnte der Vermieter wegen der unterlassenen Anzeige keine Abhilfe schaffen, stehen dem Mieter gemäß § 536c BGB auch die o. g. Rechte nicht zu.

Pflichten des Mieters (Mietzinszahlung)

Die Höhe des Mietzinses unterliegt zwar grundsätzlich der freien Vereinbarung, Grenzen ergeben sich aber bei der Wohnraummiete durch § 5 Wirtschaftsstrafgesetz, wonach u. U. eine Mietpreisüberhöhung vorliegt, wenn die ortsübliche Vergleichsmiete um mindestens 20 % überschritten wird, und nach § 291 Strafgesetzbuch, wonach u. U. Mietwucher gegeben ist, wenn die ortsübliche Vergleichsmiete um mehr als 50 % überschritten wird.

Die **Betriebskosten**, z. B. die Kosten für Wasserversorgung, Entwässerung, Heizung, Straßenreinigung, Müllabfuhr, Grundsteuer, Sach- und Haftpflichtversicherungen, hat nach gesetzlicher Regelung der Vermieter zu tragen, diese Nebenkosten werden aber i. d. R. vertraglich auf den Mieter abgewälzt.

Nach § 556b BGB ist die Miete spätestens am 3. Werktag der einzelnen Zeitabschnitte, nach denen sie bemessen ist (i. d. R. sind das Monate), fällig. Da für die Zahlung eine bestimmte Zeit nach dem Kalender bestimmt ist, kommt der Mieter auch ohne Mahnung in Verzug und der Vermieter kann neben der Erfüllung den Ersatz des Verzugsschadens verlangen.

Eine fristlose Kündigung wegen Zahlungsverzugs ist nach § 543 (2) BGB möglich, wenn der Mieter an zwei aufeinander folgenden Terminen mit der Entrichtung der gesamten Miete oder eines nicht unerheblichen Teils in Verzug ist oder wenn die Rückstände über einen längeren als zweimonatigen Zeitraum insgesamt die Höhe von mindestens zwei Monatsmieten erreichen. Bei Wohnraummietverhältnissen wird die Kündigung unwirksam, wenn die Rückstände kurzfristig ausgeglichen werden (§ 569 (3) BGB).

Zur **Sicherung** der Forderungen aus dem Mietverhältnis hat der Vermieter nach den §§ 562 ff. BGB ein **gesetzliches Pfandrecht**, wonach er die Entfernung der dem Pfandrecht unterliegenden Sachen verhindern kann; beim Auszug des Mieters darf er die Sachen sogar in Besitz nehmen und durch Verkauf verwerten.

In der Regel wird die Leistung weiterer Sicherheiten vereinbart, z. B. eine Bürgschaft oder die Zahlung einer Kaution. Diese dürfen nach § 551 BGB bei Wohnraummiete insgesamt das Dreifache des monatlichen Mietzinses nicht übersteigen; eine Kaution kann in drei Raten gezahlt werden und ist getrennt vom Vermögen des Vermieters zum üblichen Zinssatz anzulegen (§ 551 BGB).

Erhöhungen der vertraglich vereinbarten Miete sind nach § 558 BGB vom Vermieter als Anpassung an die ortsübliche Vergleichsmiete und nach § 559 BGB als Umlage der Kosten für eine Modernisierungsmaßnahme durchsetzbar; dann hat der Mieter jedoch ein Sonderkündigungsrecht (§ 561 BGB).

Daneben können Änderungen der Miethöhe nach § 557b BGB von vornherein vertraglich als Indexmiete vereinbart werden, bei der sich die Miete im gleichen Verhältnis wie die vertraglich vereinbarte Bezugsgröße (z. B. Preisindex für die Lebenshaltungskosten) verändert, oder nach § 557a BGB als Staffelmiete, bei der sich die Miete an einem jeweils im Voraus bestimmten Termin um einen bestimmten Betrag erhöht.

Beendigung bei Mietverhältnissen auf unbestimmte Zeit durch ordentliche Kündigung

Ein Mietverhältnis, bei dem nicht von vornherein ein Vertragsende vereinbart wurde, läuft auf unbestimmte Zeit. Es endet normalerweise dadurch, dass es von einer der Vertragsparteien unter Einhaltung einer **Kündigungsfrist** (das ist die Frist zwischen Erklärung der Kündigung und Ende des Mietverhältnisses) durch eine Kündigung in Schriftform gekündigt wird (sog. „ordentliche" Kündigung). Die ordentliche Kündigung ist bei Zeitmietverträgen ausgeschlossen.

Bei Wohnraummiete beträgt die Kündigungsfrist für den Mieter unabhängig von der Dauer des Mietverhältnisses immer drei Monate; für den Vermieter verlängert sich die gesetzliche Kündigungsfrist bei ordentlicher Kündigung mit zunehmender Mietdauer (§ 573c BGB). Das Kündigungsschreiben muss dem Vertragspartner spätestens am 3. des Monats zugehen.

Beispiel: *Geht die Kündigung dem Vermieter bis spätestens am 3. Juli zu, so endet das Mietverhältnis zum 30. September. Eine erst am 4. Juli zugehende Kündigung verschiebt die Beendigung des Mietverhältnisses auf den 31. Oktober.*

Kündigt der Vermieter, so braucht er gemäß § 573 BGB bei Mietverhältnissen über Wohnraum einen Kündigungsgrund, ein „berechtigtes Interesse" wie z. B. schuldhafte, nicht unerhebliche Pflichtverletzungen des Mieters trotz Abmahnung oder Eigenbedarf des Vermieters.

Beendigung durch außerordentliche Kündigung

Sowohl unbefristete als auch befristete Mietverhältnisse können bei Vorliegen eines wichtigen Grundes außerordentlich und fristlos gekündigt werden, wenn das Verhalten einer Vertragspartei dazu führt, dass eine Fortsetzung des Vertragsverhältnisses für die andere Partei unzumutbar ist. Hier muss i. d. R. eine erfolglose Abmahnung vorangegangen sein (§ 543 BGB).

Beispiel: *nachhaltige Störung des Hausfriedens durch laufende erhebliche Ruhestörung*

Gewerbliche Mietverträge

Für Räume, die zu anderen Zwecken als zu Wohnzwecken bestimmt sind, gelten die Schutzvorschriften, die bei Wohnraummiete vorgesehen sind, nicht bzw. die bestehenden Rechte des Mieters können weitgehend vertraglich ausgeschlossen werden.

Unterschiede im Vergleich zur Wohnraummiete ergeben sich z. B. in folgenden Bereichen:

Kündigung

- Eine Schriftform ist nicht erforderlich.
- Auch hier ist eine ordentliche Kündigung im Rahmen von Zeitmietverträgen nicht möglich, ansonsten besteht jedoch kein Kündigungsschutz per Gesetz. Eine ordentliche Kündigung ist z. B. ohne Angabe von Kündigungsgründen und ohne Nachweis eines berechtigten Interesses möglich.

- Kündigungsfristen sind frei vereinbar; besteht keine Vereinbarung über Kündigungsfristen, so ist gemäß § 580a (2) BGB für beide Seiten die Kündigung spätestens am 3. Werktag des Kalendervierteljahres für den Ablauf des nächsten Kalendervierteljahres möglich.

  Beispiele:
  - *Zugang der Kündigung am 3. Januar*
  - *Ablauf des Mietverhältnisses zum 30.Juni*

Kaution als Sicherheit

- Die Kautionshöhe ist frei vereinbar; Ratenzahlung kann nur bei Vereinbarung verlangt werden.
- Die Verzinsung kann vertraglich ausgeschlossen werden.

Mieterhöhungen

- Mieterhöhungen sind bis zur Wuchergrenze frei vereinbar; Wucher liegt erst vor, wenn die Marktmiete um 100 % überschritten wurde.
- Die für Wohnraum nur eingeschränkten Mieterhöhungsmöglichkeiten, z. B. die Anpassung an die ortsübliche Vergleichsmiete, gelten hier nicht. Häufig wird eine Mieterhöhung im Wege einer Änderungskündigung durchgeführt, das ist eine fristgerechte Kündigung des Mietverhältnisses, verbunden mit dem Angebot auf Abschluss eines neuen Mietvertrages mit höherer Miete.

Nebenkosten

Auch hier muss vertraglich vereinbart werden, dass der Mieter Nebenkosten zu tragen hat, da sie sonst gem. § 535 (1) BGB vom Vermieter zu tragen sind. Im Gegensatz zu Wohnraummietverhältnissen können die Parteien aber frei vereinbaren, welche Nebenkosten der Mieter zu tragen hat (z. B. auch Verwaltungskosten), und wie diese Kosten abgerechnet und umgelegt werden.

Mängelhaftung

Das Mietminderungsrecht bei Mängeln kann vertraglich ausgeschlossen werden; so müsste der Mieter auch dann die volle Miete zahlen, wenn z. B. die Heizung über einen längeren Zeitraum nicht richtig funktioniert. Ein zu weit gehender formularmäßiger Haftungsausschluss kann aber gegen Treu und Glauben verstoßen (§ 307 BGB) und daher unwirksam sein.

1.2.4.3 Dienstvertrag

Der Dienstvertrag ist nach § 611 BGB ein schuldrechtlicher Vertrag, durch den der eine Teil zur Leistung der versprochenen Dienste und der andere Teil zur Entrichtung der vereinbarten Vergütung verpflichtet wird.

Geschuldet wird vom Dienstverpflichteten die Leistung, in Abgrenzung zum Werkvertrag jedoch nicht der Erfolg. Der Dienstvertrag verlangt vom Dienstverpflichteten lediglich ein vertragsgemäßes „Bemühen". Typische Dienstverträge sind Arztverträge, Mandatsverträge mit Rechtsanwälten, Unterrichtsverträge, Telekommunikationsverträge (z. B. Mobilfunk-Verträge), Versicherungsverträge.
Der **Arbeitsvertrag** ist eine Unterform des Dienstvertrags mit der Besonderheit, dass der Tätige nicht selbstständig tätig ist, er ist angestellter Arbeitnehmer. In diesem Zusammenhang grenzt sich der Dienstvertrag vom Werkvertrag durch die Gestaltung als Dauerschuldverhältnis ab.

Beispiel: *Während der Rechtsanwalt mit seinem Mandanten einen Dienstvertrag abschließt, steht die Rechtsanwaltsgehilfin in einem Arbeitsverhältnis.*

Der Arbeitsvertrag beinhaltet außerdem tiefergehende gegenseitige Rechte und Pflichten als der Dienstvertrag. Dazu gehören vor allem die Entgeltfortzahlung, die Gewährung von Urlaub, Weisungsabhängigkeit, Fürsorge- und Treuepflichten. Daher gelten neben den Vorschriften über den Dienstvertrag die Sondervorschriften des Arbeitsrechts, z. B. das Kündigungsschutzgesetz.

1.2.4.4 Werkvertrag

Ein Werkvertrag liegt nach § 631 BGB vor, wenn sich jemand („ Unternehmer") zur Herstellung eines individuellen Werkes, d. h. zur Herbeiführung eines bestimmten Arbeitsergebnisses („Erfolg") für den Kunden („Besteller") verpflichtet.

Das „Werk" kann dabei die Herstellung einer Sache, z. B. die Änderung eines Anzugs des Bestellers, sein oder die Herbeiführung „unkörperlicher" Arbeitsergebnisse, z. B. die Reparatur eines Kfz oder das Gutachten durch einen Anwalt. Geschuldet wird ein **Erfolg**.

Beispiel: *Während vom Arzt im Rahmen eines Dienstvertrages verständlicherweise nur das Bemühen, nicht aber der Erfolg verlangt werden kann, kann beim Werkvertrag vom Uhrmacher der Erfolg einer Reparatur verlangt werden.*

Anzuwendende gesetzliche Regelungen beim Werkvertrag

Gesetzliche Regelungen bei der Erstellung eines Werkes nach § 651 BGB		
Erstellung nicht körperlicher Werke	Herstellung von Sachen	
	unbeweglich	beweglich
Beispiel: *Reparatur eines PKW*	***Beispiel:*** *Errichtung eines Gebäudes*	***Beispiel:*** *Anfertigung eines Anzuges*
Werkvertragsrecht		**Kaufvertragsrecht**

Pflichten des Unternehmers

Der Unternehmer schuldet nach den §§ 631, 633 BGB die mangelfreie, rechtzeitige Herstellung eines Werkes.

Ein **Werkmangel** liegt nach § 633 (2) BGB vor,

- wenn das Werk nicht die vereinbarte Beschaffenheit hat,
- wenn sich das Werk nicht für die vertraglich vereinbarte, mangels Vereinbarung nicht für die gewöhnliche Verwendung eignet,
- wenn der Unternehmer ein anderes als das bestellte Werk oder eine zu geringe Menge hergestellt hat.

Ein Rechtsmangel liegt entsprechend § 633 (3) BGB vor, wenn Dritte in Bezug auf das Werk Rechte geltend machen können, z. B. Urheberrechte.

Die Regelungen über die **Mängelhaftung** beim Werkvertrag entsprechen ihrer Struktur nach den beim Kaufvertragsrecht dargestellten Regelungen, d. h. der Besteller kann zunächst Nacherfüllung verlangen, nach erfolglosem Ablauf einer Frist für die Nacherfüllung Rücktritt, Minderung, Schadensersatz.

Es sind jedoch folgende Besonderheiten zu beachten:

- die Art der Nacherfüllung (Mangelbeseitigung oder Neuherstellung) richtet sich nach der Wahl des Unternehmers;
- nach erfolglosem Fristablauf für die Nacherfüllung hat der Besteller neben den anderen o. g. Rechten nach § 634 BGB das Recht, den Mangel selbst zu beheben bzw. beheben zu lassen und vom Unternehmer nach § 637 BGB den Ersatz für die Aufwendungen der Mängelbeseitigungskosten zu verlangen („Selbstvornahme").

Die **Verjährungsfristen** beim Werkvertrag hängen nach § 634a BGB von der Art des erstellten Werks ab:

Art des Werks	Verjährungsfrist
Arbeiten an einer Sache (Herstellung, Veränderung, auch Reparatur einer Sache, soweit nicht Bauwerk)	2 Jahre ab Abnahme Bei arglistigem Verschweigen regelmäßige Verjährungsfrist: 3 Jahre
Arbeiten an einem Bauwerk (Herstellung, Veränderung) und entsprechende Planung/Überwachung	5 Jahre ab Abnahme
Werke, die in „einem anderen Erfolg als der Herstellung oder Veränderung einer Sache bestehen" (unkörperliche Arbeitsprodukte wie z. B. Transportleistung, Gutachtenerstellung u. Ä.)	3 Jahre ab Schluss des Jahres, in dem Kenntnis vom Mangel erlangt wurde bzw. werden musste (regelmäßige Verjährungsfrist)

Pflichten des Bestellers

Der Besteller ist nach §§ 631, 640 BGB zur Abnahme des Werkes und zur Zahlung des vereinbarten Werklohns verpflichtet.

Ist das Werk vertragsgemäß ohne wesentliche Mängel hergestellt, ist der Besteller zur Abnahme verpflichtet, d. h. er muss das Werk als vertragsgemäß anerkennen und – soweit möglich – körperlich entgegennehmen. Mit der Abnahme beginnt die Verjährungsfrist für die Mängelansprüche.

Mit der Abnahme wird auch die Vergütung fällig. Der Besteller ist nicht zur Vorleistung verpflichtet, der Unternehmer kann jedoch Abschlagszahlungen auf erbrachte Teilleistungen verlangen, z. B. entsprechend dem Baufortschritt.

Ist eine Mängelbeseitigung erforderlich, kann der Besteller nach § 641 (3) BGB einen angemessenen Teil der Vergütung, das ist i. d. R. das Doppelte der für die Mängelbeseitigung anfallenden Kosten, zurückbehalten.

Falls erforderlich, ist der Besteller nach § 642 BGB auch zur Mitwirkung verpflichtet, z. B. zur Anprobe für einen Maßanzug.

Kostenvoranschlag

Nur wenn der Unternehmer ausdrücklich eine Gewähr für den Kostenvoranschlag – im Gesetz „Kostenanschlag“ – übernommen hat **(verbindlicher Kostenvoranschlag)**, muss das Werk zum vereinbarten Preis hergestellt werden.

Wurde vom Unternehmer nicht ausdrücklich eine Gewähr übernommen **(unverbindlicher Kostenvoranschlag)**, so kann der Unternehmer die Mehrkosten verlangen, falls er eine drohende, wesentliche Überschreitung (10–20 %) dem Besteller unverzüglich angezeigt hat, sodass dieser entscheiden kann, ob er den Vertrag kündigen will.

Kostenvoranschläge sind nach § 632 (3) BGB nicht zu vergüten, es sei denn, dies ist – individualvertraglich, nicht per AGB – vereinbart worden.

Kündigung des Werkvertrags

Während der Unternehmer nach § 643 BGB nur wegen unterlassener Mitwirkung des Bestellers kündigen kann, kann der Besteller jederzeit auch ohne Angabe von Gründen kündigen, er muss dann nach § 649 BGB aber die volle Vergütung abzüglich der vom Unternehmer ersparten Aufwendungen zahlen, z. B. für nun nicht mehr benötigtes Material. Außerdem kann der Besteller nach den §§ 650, 645 BGB wegen wesentlicher Überschreitung des Kostenvoranschlags kündigen; er muss dann nur für die bis dahin geleistete Arbeit zahlen.

Sicherung der Forderungen des Unternehmers

Zur Sicherung der Forderungen aus dem Werkvertrag kommen je nach den Umständen unterschiedliche Möglichkeiten in Frage.

Nach Werkvertragsrecht steht dem Unternehmer per Gesetz ein **Unternehmerpfandrecht** zu, d. h. er kann nach § 647 BGB die Sache zurückbehalten und ggf. versteigern lassen. Das Unternehmerpfandrecht besteht an allen beweglichen Sachen, an denen der Unternehmer den Besitz erlangt hat.

Beispiel: *Solange der Kunde seine Reparaturrechnung nicht bezahlt, kann der Kfz-Betrieb die Herausgabe des Pkw gegenüber dem Kunden verweigern.*

Besteht das Werk jedoch in der **Herstellung** einer beweglichen Sache, ist Kaufvertragsrecht anzuwenden. Hier kommt zur Sicherung ein Zurückbehaltungsrecht (§§ 273, 320 BGB) oder ein Eigentumsvorbehalt (§ 449 BGB) in Frage.

Beispiel: *ein vom Schneider hergestellter Maßanzug*

Der Unternehmer eines **Bauwerks** kann für seine Forderung jederzeit je nach Baufortschritt die Eintragung einer **Sicherungshypothek** zu Lasten des Grundstücks, an dem die Bauarbeiten durchgeführt werden, verlangen. Dies sichert ihm einen Rang für den Fall einer wegen Zahlungsverzugs erforderlichen Zwangsversteigerung. Möglich ist die Sicherungshypothek jedoch nur, wenn der Auftraggeber auch gleichzeitig der Grundstückseigentümer ist. Die Sicherung der Forderungen von Bauhandwerkern, die als Subunternehmer für einen Generalunternehmer tätig werden, ist hierdurch nicht möglich.

Jeder Bauhandwerker – auch der Subunternehmer – kann jedoch gemäß § 648a BGB in Höhe der Vergütung plus Nebenforderungen, welche mit 10 % des Vergütungsanspruchs anzusetzen sind, eine **Sicherheitsleistung** verlangen, z. B. in Form eines hinterlegten Geldbetrags. Praktisch kommt hauptsächlich die Sicherheit durch eines Bankbürgschaft vor. Hat der Unternehmer erfolglos eine angemessene Frist (i. d. R. genügen 7–10 Tage) zur Leistung dieser Sicherheit gesetzt, kann er nach § 648a (5) BGB die Leistung verweigern oder den Vertrag kündigen.

1.2.4.5 Darlehensvertrag

Bei einem Darlehensvertrag verpflichtet sich ein Darlehensgeber entweder Geld (Gelddarlehen: §§ 488–498 BGB) oder vertretbare Sachen (Sachdarlehen: §§ 607–609 BGB) einem Darlehensnehmer auf Zeit zu überlassen. Der Darlehensnehmer ist verpflichtet, nach Ablauf der Zeit eine Sache gleicher Art und Güte zurückzugeben.

Im Gegensatz zum Darlehensvertrag ist bei einer **Leihe** die Rückgabe derselben Sache geschuldet. Sachdarlehen haben nur eine geringe praktische Bedeutung, daher wird hier nur das Gelddarlehen (Kredit) näher behandelt.

Bei einem Gelddarlehen verpflichtet sich der Darlehensgeber, dem Darlehensnehmer einen Geldbetrag in vereinbarter Höhe zur Verfügung zu stellen. Der Darlehensnehmer ist verpflichtet, einen Zins zu entrichten, vertraglich kann allerdings auch Unentgeltlichkeit vereinbart werden. Ferner hat der Darlehensnehmer den Geldbetrag bei Fälligkeit zurückzuzahlen und – sofern vereinbart – Sicherheiten zu bestellen (§ 488 BGB).

Mit dem Ende des Darlehensverhältnisses wird die Rückzahlung spätestens fällig, wenn nicht andere Vereinbarungen (z. B. Rückzahlung in Form von Teilbeträgen während der Laufzeit des Vertrags) getroffen wurden.

Kündigung

Das Darlehensverhältnis endet mit dem Ablauf der Zeit, für die es eingegangen ist, ansonsten mit einer Kündigung (§ 488 (3) BGB). Dazu bestehen unterschiedliche Möglichkeiten:

- Die **ordentliche Kündigng** ist bei einem Darlehensvertrag mit einem veränderlichen („variablen“) Marktzinssatz nach § 489 (2) BGB jederzeit unter Einhaltung einer Kündigungsfrist von 3 Monaten möglich. Wurde jedoch vereinbart, dass die Zinsen während einer bestimmten Dauer (Zinsbindungsfrist) unverändert bleiben sollen, so ist die ordentliche Kündigung ausgeschlossen, solange die Zinsbindung dauert, es sei denn, es sind seit dem vollständigen Empfang des Darlehens bereits 10 Jahre vergangen (§ 489 (1) BGB).

- Eine **außerordentliche Kündigung** seitens des Darlehensgebers ist nach § 490 (1) BGB möglich, wenn die Rückzahlung gefährdet ist, weil sich die Vermögensverhältnisse des Darlehensnehmers oder die Werthaltigkeit der Sicherheiten verschlechtert haben oder zu verschlechtern drohen.
- Der **Darlehensnehmer** kann ein grundpfandrechtlich gesichertes Festzinsdarlehen nach § 490 (2) BGB außerordentlich kündigen, wenn ein berechtigtes Interesse besteht (z. B. Arbeitslosigkeit). Er muss dem Darlehensgeber für dessen Zinsverlust dann eine sogenannte „Vorfälligkeitsentschädigung" zahlen.

1.2.4.6 Finanzierungsverträge mit Verbrauchern

Finanzierungsmittel, die ein Unternehmen einem Verbraucher zur Finanzierung eines Kaufvertrages zur Verfügung stellt, sind Verbraucherdarlehen und sogenannte „Finanzierungshilfen", wie z. B. Teilzahlung (Ratenzahlung) und Zahlungsaufschub.

Verbraucherdarlehen

Für Verbraucherdarlehen nach § 491 BGB, d. h. **entgeltliche** Darlehen zwischen Unternehmern und Verbrauchern, gelten neben den o. g. Regelungen zum Darlehensvertrag einige Spezialregelungen:

- Für den Vertragsschluss ist nach § 492 (1) BGB die **Schriftform** erforderlich; der Verbraucher muss davon eine Vertragsabschrift erhalten.
- Der Vertrag muss nach § 492 (2) BGB **Mindestangaben** enthalten, über die der Verbraucher schon vor Vertragsschluss in Textform zu unterrichten ist, wie z. B.
  - den Nettodarlehensbetrag (= Höchstbetrag, auf den der Darlehensnehmer Anspruch hat),
  - den Gesamtbetrag inkl. Tilgung, Zinsen, sonstiger Kosten,
  - die Auszahlungsbedingungen,
  - Sicherheiten,
  - ein etwaiges Widerrufsrecht,
  - den Sollzinssatz,
  - alle sonstigen Kosten,
  - den effektiven Jahreszins (Effektivzinssatz).
- Der Verbraucher hat nach § 495 BGB ein **Widerrufsrecht** gemäß § 355 BGB, über das er belehrt werden muss.

Ein Verstoß gegen die Formvorschriften oder das Fehlen einer der vorgeschriebenen inhaltlichen Angaben führen zur Nichtigkeit des Vertrages. Hat der Verbraucher das Darlehen dennoch in Anspruch genommen, kommt der Vertrag zustande. Nicht angegebene Kosten und Sicherheiten können dann jedoch nicht gefordert werden. Fehlt eine der Zinssatzangaben, ist nach § 494 BGB höchstens der gesetzliche Zinssatz zu entrichten.

Die Vorschriften gelten gemäß § 491(2) BGB nicht bei Darlehensverträgen

- mit einem Nettodarlehensbetrag bis 200,00 EUR;
- zwischen Arbeitgeber und Arbeitnehmer zu einem marktüblichem Zinssatz.

Teilzahlung (Ratenzahlung) und Zahlungsaufschub

Die oben erläuterten Sonderregelungen zu Schriftformerfordernis, erforderlichen Inhaltsbestandteilen, Widerrufsrecht gelten auch für Teilzahlungsverträge und Zahlungsaufschub. Auch hier muss eine Entgeltlichkeit, d. h. der Preisaufschlag für die Teilzahlung, angegeben sein, damit die Vorschriften angewandt werden.

Beim Verbraucher-Teilzahlungsvertrag ist zusätzlich § 498 BGB zu beachten. Danach kann der Darlehensgeber beim Zahlungsverzug des Verbrauchers die Teilzahlungsabrede nur unter folgenden Voraussetzungen außerordentlich kündigen, was zur Gesamtfälligkeit des Darlehens führt:

- Der Darlehnsnehmer muss mit mindestens zwei ganzen oder teilweisen Teilzahlungen **und** mindestens 10 % – bei Laufzeiten über drei Jahre 5 % – des Nennbetrags in Verzug sein,
- und dem Darlehnsnehmer muss erfolglos eine zweiwöchige Frist zur Zahlung gesetzt worden sein mit der Erklärung, dass bei Nichtzahlung innerhalb der Frist die gesamte Restschuld verlangt werde.

Leasing

Auch das Leasing stellt ein Finanzierungskonzept dar; es bietet den Vorteil, einen Gegenstand nutzen zu können, ohne sofort die finanziellen Mittel dafür aufbringen zu müssen.

Bei einem Leasingvertrag handelt es sich um ein miet- oder pachtähnliches Vertragsverhältnis, bei dem einem Leasingnehmer ein von ihm gewünschtes Leasingobjekt (z. B. ein Kfz) von einem Leasinggeber zur Nutzung gegen Entgelt zur Verfügung gestellt wird.

Leasinggeber kann der Hersteller selbst sein, meist handelt es sich aber um ein vom Hersteller unabhängiges Leasingunternehmen, das das gewünschte Leasingobjekt für den Leasingnehmer beim Hersteller beschafft und finanziert.

Der Leasinggeber ist verpflichtet, dem Leasingnehmer das Leasingobjekt vertragsgemäß zur Verfügung zu stellen; im Gegenzug ist der Leasingnehmer zur Zahlung der Leasingraten verpflichtet, die die Anschaffungskosten für das Leasingobjekt, die Finanzierungs- und Verwaltungskosten zuzüglich eines Gewinnzuschlags des Leasinggebers decken.

Leasingverträge haben einen ähnlichen Charakter wie Mietverträge, deren Regelungen auch herangezogen werden, da spezielle gesetzliche Regelungen zum Leasing nicht existieren. Von der Miete unterscheidet sich Leasing z. B. dadurch, dass der Leasingnehmer die Sachgefahr trägt, d. h. er haftet für Untergang, Beschädigung und Verlust der Sache auch ohne Verschulden. Er trägt auch die Preisgefahr, d. h. die Pflicht zur Zahlung der Leasingraten bleibt auch bei Schäden, Verlust oder Zerstörung bestehen. Eine Vollkaskoversicherung mildert dieses Risiko. Der Leasinggeber schließt i. d. R. auch seine Vermieterhaftung für Sach- und Rechtsmängel im Rahmen Allgemeiner Geschäftsbedingungen aus.

Beim **Finanzierungsleasing** besteht eine feste Grundmietzeit über einen längeren Zeitraum (i. d. R. zwei bis sechs Jahre), innerhalb dessen eine Kündigung durch den Leasingnehmer ausgeschlossen ist. Die Vertragsdauer umfasst den wesentlichen Teil der Lebensdauer des Vermögensgegenstands; der gesamte Aufwand des Leasinggebers wird während der Vertragslaufzeit durch die Leasingraten voll abgedeckt („Vollamortisation"). Nach Ablauf der Vertragslaufzeit steht dem Leasingnehmer üblicherweise eine vertraglich eingeräumte Kaufoption zum Restbuchwert zu, dadurch kann der Leasinggeber zusätzlichen Veräußerungserlös erzielen. Der Leasinggeber überwälzt das Investitionsrisiko auf den Leasingnehmer, welcher ebenso Maßnahmen zur Werterhaltung (z. B. Wartung, Versicherung) trägt; der Leasinggeber trägt nur das Kreditrisiko.

Beim **Operate Leasing** besteht nur eine sehr kurze Grundmietzeit oder keine feste Grundzeit mit jederzeitigem Kündigungsrecht. Die Vollamortisation der Aufwendungen soll durch das Überlassen an mehrere Leasingnehmer erreicht werden. Der Leasinggeber trägt das volle Investitions-, Überalterungs- und Kreditrisiko, ebenso zusätzliche Dienstleistungen wie Wartung und Reparatur.

1.2.5 Leistungsstörungen und Haftung

Der Schuldner hat eine mangelfreie Leistung zur rechten Zeit am rechten Ort zu erbringen.

Verletzt der Schuldner eine dieser Vertragspflichten, so liegt eine **Leistungsstörung** vor. Dies ist z. B. der Fall, wenn der Schuldner die Leistung, zu der er aufgrund des Schuldverhältnisses verpflichtet ist, nicht mehr erbringen kann **(Unmöglichkeit der Leistung)**. Ist die Leistung zwar möglich, wird aber trotz Fälligkeit nicht erbracht, liegt ein **Schuldnerverzug** vor; wenn der Gläubiger die Leistung nicht annimmt, ein **Gläubigerverzug**.

Von **Schlechtleistung** spricht man, wenn die Leistung zwar erbracht wird, aber **Mängel** aufweist. Im Gegensatz zu den anderen Leistungsstörungen, welche bei jeder Vertragsart vorkommen können, sind Mängel besondere Störungen bei Kauf- und Werkverträgen. Daher wurde die Mängelhaftung im Rahmen der Unterkapitel 1.2.3 Kaufvertrag und im Kapitel 1.2.4 im Abschnitt Werkvertrag behandelt.

1.2.5.1 Leistung am rechten Ort

Der Erfüllungsort (Leistungsort) ist der Ort, an dem Schuldner rechtzeitig das zur Leistung Erforderliche tun muss.

Bedeutung des Erfüllungsortes

Vom Erfüllungsort hängt u. a. ab,
- wo der Schuldner seine Leistungshandlung zu erbringen hat;
- auf wessen Gefahr der Transport erfolgt („Gefahrübergang");
- wer bei fehlender Vereinbarung die Transportkosten trägt;
- wo die Leistung einzuklagen ist („Gerichtsstand"), siehe hierzu Kap. 1.2.1.9.

Bestimmung des Erfüllungsortes

Der Erfüllungsort wird bestimmt

- durch Vereinbarung der Vertragsparteien, z. B. die AGB-Klausel „Erfüllungsort ist der Sitz des ...";
- sonstige Umstände, aus denen sich der Erfüllungsort ergibt, wie z. B.
  - die Natur des Schuldverhältnisses (z. B. Dachreparatur, Einbauküche)
  - die Verkehrssitte (z. B. Barverkauf im Laden).
- Ansonsten ist Leistungsort nach § 269 BGB der Sitz des jeweiligen Schuldners.

  Beispiel: *Der Lieferant hat seinen Sitz in Hamburg, sein Kunde in Köln. Leistungsort für die Warenlieferung ist der Sitz des Warenschuldners, also Hamburg.*

Begriffe „Holschuld" – „Bringschuld" – „Schickschuld"

Eine Übersicht über die drei Begriffe und die damit verbundenen Pflichten vermittelt die folgende Übersicht.

Begriff	Davon spricht man, wenn der Erfüllungsort ...	Schuldner hat Erforderliches getan mit ...
Holschuld	... beim Schuldner ist. ⇨ Schuldner muss für Bereitstellung sorgen	... Bereitstellung
Schickschuld (= Versendungskauf)	... beim Schuldner ist **und** eine Versendungsvereinbarung vorliegt. ⇨ Schuldner muss für Absendung sorgen	... Übergabe an die Transportperson
Bringschuld	... beim Gläubiger ist. ⇨ Schuldner muss für Ankommen sorgen	... Übergabe an den Gläubiger an dessen Sitz

Gefahrübergang

Sachverhalt

Als die von einem Kölner Käufer bei einem Händler in Hamburg bestellte Ware nicht zum vereinbarten Termin ankommt, steht zu befürchten, dass sie auf dem Postweg verloren gegangen ist. Muss der Händler nochmals liefern bzw. muss der Käufer zahlen, obwohl er keine Ware erhalten hat?

Mit „Gefahr" wird im BGB das Risiko eines zufälligen, d. h. weder vom Schuldner noch vom Gläubiger zu vertretenden Untergangs bzw. einer zufälligen Verschlechterung der Leistung in einem Schuldverhältnis bezeichnet.

Es geht dabei zum einen um die Frage, ob der Schuldner erneut leisten muss („Leistungsgefahr"), zum anderen darum, ob der Gläubiger trotz Untergangs der Leistung die Gegenleistung erbringen muss („Gegenleistungsgefahr").

Der Zeitpunkt, in dem das Risiko des Untergangs oder der Verschlechterung der Leistung auf den anderen Vertragspartner übergeht, wird als „Gefahrübergang" bezeichnet.

Für die **Warenschuld** beim Kaufvertrag sieht die Regelung wie folgt aus: Die Gefahr geht auf den Käufer über bei der

- Holschuld ⇨ mit Übergabe der Ware im Laden des Verkäufers, § 446 BGB;
- Bringschuld ⇨ mit Übergabe der Ware an den Käufer an dessen Sitz, § 446 BGB;
- Schickschuld ⇨ mit der Übergabe der Ware an die Transportperson, § 447 BGB.

Abweichung beim Verbrauchsgüterkauf: Wird hierbei die Ware versandt, reist diese immer auf Gefahr des Verkäufers, selbst wenn nur eine Schickschuld vereinbart wurde (siehe § 474 (2) BGB). Abweichende Vereinbarungen wie z. B. *„unversicherter Versand nur auf Gefahr des Käufers"* sind beim Verbrauchsgüterkauf unwirksam.

Bei **Geldschulden** gilt die Sonderregel des § 270 BGB, wonach der Gläubiger Geld auf seine Gefahr an den Schuldner übermitteln muss. Geht das Geld unterwegs verloren, d. h. kommt die Überweisung oder der Scheck nicht an, muss der Gläubiger im Zweifel erneut zahlen.

Transportkosten

Normalerweise wird durch eine vertragliche Vereinbarung bestimmt, wer die Transportkosten trägt; typische Klauseln sind „ab Werk" (der Käufer trägt die Transportkosten oder „frei Haus" (der Verkäufer trägt die Transportkosten).

Liegt keine Vereinbarung vor, bestimmt sich nach dem Erfüllungsort, welche Partei den Transport der Ware bezahlt. So werden die Transportkosten – mangels anderer Vereinbarungen – getragen

- bei einer Holschuld vom Käufer,
- bei einer Bringschuld vom Verkäufer und
- bei einer Schickschuld vom Verkäufer bis zur Übergabe an das Transportunternehmen; ab der Übergabe trägt der Käufer die Transportkosten.

Nicht zulässig ist nach § 269 (3) BGB der umgekehrte Schluss von der Transportkostenvereinbarung auf den Erfüllungsort.

Beispiel: *Die Ware soll an den Kunden versandt werden, über den Erfüllungsort werden keine Vereinbarungen getroffen; es liegt also eine Schickschuld vor. Auch durch die Vereinbarung „frei Haus" wird daraus keine Bringschuld, dafür müsste zusätzlich eine Vereinbarung wie „Erfüllungsort beim Käufer" getroffen worden sein.*

1.2.5.2 Leistung zur rechten Zeit

Die Fälligkeit gibt an, wann die Leistung fällig, d. h. einklagbar ist. Verzug kann nicht vor Fälligkeit eintreten, ebenso kann die Verjährung nicht vor Fälligkeit beginnen.

Ist die Fälligkeit der Leistung weder vertraglich bestimmt noch aus den Umständen zu entnehmen (z. B. bei einer Hochzeitstorte), kann der Gläubiger sie nach § 271 BGB **sofort** verlangen.

<table>
<tr><th colspan="4">Fälligkeitstermin vorhanden</th><th>Fälligkeitstermin weder vereinbart noch aus den Umständen zu entnehmen</th></tr>
<tr><td colspan="3">Fälligkeitstermin genau bestimmt oder ab einem Ereignis, das der Leistung vorauszugehen hat, genau berechenbar (§ 286 (2) BGB)</td><td>nicht genau bestimmter Fälligkeitstermin</td><td rowspan="3">Nach § 271 BGB: Fälligkeit sofort, d. h. so schnell, wie der Schuldner objektiv gesehen leisten kann.</td></tr>
<tr><td colspan="2">Fixgeschäft, d. h. das Geschäft steht und fällt mit der Termineinhaltung</td><td>Termingeschäft</td><td rowspan="2"></td></tr>
<tr><td>durch den Zusatz „fix“ erkennbar</td><td>durch die Umstände erkennbar (Zweckkauf)</td><td></td></tr>
<tr><td>Beispiel:
„15.04.2011 fix“</td><td>Beispiel:
Hochzeitstorte</td><td>Beispiele:
„15.04.2011“
„14 Tage nach Abruf“</td><td>Beispiele:
„ca. 15.04.2011“
„ca. 38. KW“</td><td></td></tr>
<tr><td colspan="3">Verzugseintritt ohne Mahnung</td><td colspan="2">Verzugseintritt mit Mahnung</td></tr>
<tr><td colspan="2">Rücktritt ohne Nachfrist</td><td colspan="3">Rücktritt nach Ablauf einer Nachfrist</td></tr>
</table>

Grundsätzlich kann die Leistung nach § 188 (1) BGB zwar am Fälligkeitstag bis 24:00 Uhr erbracht werden, nach dem Grundsatz von Treu und Glauben muss sie aber zu einer „üblichen Zeit“ erfolgen; unter Kaufleuten versteht man nach § 358 HGB darunter die gewöhnliche Geschäftszeit.

1.2.5.3 Schadensersatz und Rücktritt bei Pflichtverletzungen

Als Rechtsfolge bei Pflichtverletzungen sieht das Gesetz (teilweise neben anderen Rechten) Schadensersatz und Rücktritt vor.

Schadensarten

Ein Schaden ist jede Einbuße, die ein Rechtssubjekt an seinen Lebensgütern erleidet.

Folgende Schadensarten werden vom Gesetz unterschieden

<table>
<tr><th colspan="3">Schadensarten</th></tr>
<tr><td colspan="2">Vermögensschäden/materielle Schäden
(= jeder in Geld bewertbare Vermögensnachteil)</td><td>Nichtvermögensschäden
= immaterielle Schäden</td></tr>
<tr><td>Vermögensschäden, die auftreten als Folge einer Verletzung der in § 823 (1) BGB genannten „absoluten“ Rechte</td><td>reine Vermögensschäden</td><td>Schmerzensgeld</td></tr>
</table>

Schadensarten		
Beispiele: *Arztkosten, Verdienstausfall, Reparaturkosten, Reinigungskosten, Minderwert*	***Beispiele:*** *Mehrkosten für einen anderweitigen Kauf wegen Lieferverspätung, Zinsentgang bei verspäteter Zahlung*	***Beispiele:*** *Schmerzen, Narben, Schock, verletzte Ehre*

Schadensersatzarten

Anspruchsnormen wie z. B. § 823 (1) BGB sehen nur vor, **dass** ein Anspruch auf Schadensersatz besteht; **welcher Art** der Schadensersatz ist, ist in den §§ 249 ff. BGB geregelt:

Naturalrestitution (Wiederherstellung des ursprünglichen Zustands)

Grundsätzlich hat der zum Schadensersatz Verpflichtete den Zustand wieder herzustellen, der ohne das schädigende Ereignis bestehen würde (sog. „Naturalrestitution"); § 249 (1) BGB.

Beispiele: *Reparatur, Reinigung, Heilung, Widerruf der Ehrenkränkung*

Bei Sach- oder Personenschaden kann der Geschädigte dabei nach § 249 (2) BGB wählen zwischen

- einer Wiederherstellung durch den Schädiger oder
- dem dazu erforderlichen Geldbetrag.

Wenn die Wiederherstellung nicht möglich ist, kann der Geschädigte nach § 251 BGB bei Sach- oder Personenschäden statt der Wiederherstellung einen Ersatz in Geld verlangen, z. B. für die Neubeschaffung einer beschädigten Sache.

Zusätzlich zur Wiederherstellung kommt ein Geldersatz als Ausgleich des Minderwerts in Frage, wenn die Wiederherstellung allein nicht ausreichend ist.

Ersatz des entgangenen Gewinns

Gem. § 252 BGB umfasst der zu ersetzende Schaden auch den entgangenen Gewinn, d.h. alle Vermögensvorteile, die dem Geschädigten durch die Schädigung entgehen, wie z. B. auch Verdienstausfall, Nutzungsausfall für Fahrzeuge u. Ä.

Der entgangene Gewinn kann nach § 252 BGB nicht nur **konkret** als Nachweis einer tatsächlich ausbleibenden Vermögensmehrung ermittelt werden, sondern auch **abstrakt** durch den Nachweis des bei gewöhnlichem Lauf der Dinge zu erwartenden – nun aber ausbleibenden – Durchschnittsgewinns.

Ersatz immaterieller Schäden

Grundsätzlich gewährt das Gesetz auch bei immateriellen Schäden nur eine Naturalrestitution, z. B. einen Widerruf bei einer Beleidigung.

Ersatz des immateriellen Schadens in Geld („Schmerzensgeld") kann nach § 253 (1) BGB nur in den vom Gesetz bestimmten Ausnahmefällen verlangt werden. Der wichtigste diese Ausnahmefälle ist die Verletzung des Körpers, der Gesundheit, der Freiheit oder der sexuellen Selbstbestimmung (§ 253 (2) BGB).

Minderung bei Mitverschulden
Ein Mitverschulden bei der Schadensentstehung, z. B. das Fahren eines Pkw, ohne angeschnallt zu sein, oder die unterlassene Schadensabwendung, z. B. das Nichtaufsuchen eines Arztes, kann nach § 254 BGB die Höhe des Schadensersatzes mindern.

Voraussetzung für vertragliche Schadensersatzansprüche

Grundsätzliche Voraussetzung für vertragliche Schadensersatzansprüche ist zum einen die Verletzung einer vertraglichen Pflicht, z. B. eine nicht rechtzeitige Lieferung (Lieferungsverzug).

Hinzu kommt, das der Schuldner diese Pflichtverletzung zu vertreten hat, was i. d. R. bedeutet, dass ein Verschulden vorliegt. Das kann Fahrlässigkeit sein, darunter ist nach § 276 BGB das Außerachtlassen der erforderlichen Sorgfalt zu verstehen, oder Vorsatz. Dabei wird grundsätzlich davon ausgegangen, dass der Schuldner die Pflichtverletzung zu vertreten hat, daher muss der Schuldner nach § 280 (1) Satz 2 BGB das Gegenteil beweisen, um der Haftung zu entgehen, d. h. er muss sich **exkulpieren**.

Rücktritt bei Pflichtverletzungen

Als Rechtsfolge bei einer Verletzung der Vertragspflichten sieht das Gesetz neben dem Schadensersatz den Rücktritt vor.

Grundsätzliche Voraussetzung für einen Rücktritt ist die Verletzung einer vertraglichen Pflicht, z. B. die nicht rechtzeitige Lieferung. Im Gegensatz zum Schadensersatzanspruch ist das Recht zum Rücktritt nicht verschuldensabhängig, i. d. R. ist jedoch eine Nachfrist erforderlich.

Beispiel: *Vereinbart war, dass die Ware „am 15.12. fix" geliefert wird. Wegen eines plötzlich einsetzenden Eisregens ist dies dem Verkäufer nicht möglich. Obwohl ihn kein Verschulden trifft, kann der Käufer zurücktreten. Eine Nachfrist ist hier wegen des Fixgeschäftes nicht erforderlich.*

Rechtsfolgen
Liegen die Voraussetzungen für einen Rücktritt vor, so erfolgt dieser durch eine einseitige empfangsbedürftige Erklärung. Damit erlöschen die gegenseitigen Leistungspflichten und es entsteht zwischen den Parteien ein „Rückgewährschuldverhältnis", d. h. beide Seiten haben die bereits empfangenen Leistungen Zug um Zug einander zurückzugewähren. Bei einem Kaufvertrag muss der Käufer die Ware, der Verkäufer den gezahlten Kaufpreis, zurückgeben. Kann die Leistung nicht zurückgewährt werden – z. B. bei einer gewährten Dienstleistung –, ist der Wert zu vergüten.

1.2.5.4 Unmöglichkeit der Leistung

Sachverhalt

Der verkaufte Gebrauchtwagen wird noch beim Verkäufer durch einen Brand vernichtet. Was wird aus der Leistungspflicht des Verkäufers? Muss der Verkäufer Schadensersatz an den Käufer leisten, und muss der Käufer trotzdem den Kaufpreis zahlen?

Unmöglichkeit der Leistung als Voraussetzung

Wenn der Schuldner die Leistung, zu der er aufgrund des Schuldverhältnisses verpflichtet ist, nicht mehr erbringen kann, liegt Unmöglichkeit vor. Das Gesetz unterscheidet:

- **objektive Unmöglichkeit**, bei der niemand in der Lage ist, die geschuldete Leistung zu erbringen;

  Beispiel: *Der geschuldete Gebrauchtwagen wird bei einem Brand vernichtet.*

- **subjektive Unmöglichkeit**, bei der nur der Schuldner nicht in der Lage ist, die Leistung zu erbringen;

  Beispiel: *Der geschuldete Gebrauchtwagen wird dem Verkäufer gestohlen, der Dieb könnte zumindest theoretisch die Leistung noch erbringen.*

Der Unmöglichkeit **gleichgestellt** sind die Fälle,

- in denen der erforderliche **Aufwand unverhältnismäßig groß** wäre („faktische Unmöglichkeit“);

  Beispiel: *Der geschuldete Ring liegt auf dem Meeresgrund.*

- in denen eine persönlich zu erbringende **Leistung unzumutbar** ist.

  Beispiel: *Eine Sängerin verweigert den Auftritt, da ihr Kind am selben Tag schwer verunglückt ist.*

Rechtsfolgen bei Unmöglichkeit

- Der Schuldner – im Sachverhalt der Verkäufer – wird nach § 275 BGB von seiner Leistungspflicht frei, denn eine unmögliche Leistung kann man nicht erbringen. Dies gilt unabhängig davon, ob der Schuldner die Unmöglichkeit zu vertreten hat, also wenn z. B. der Verkäufer des Wagens im Eingangsfall den Brand verschuldet hat.
- Hat der Schuldner jedoch die Unmöglichkeit verschuldet, kann der Gläubiger nach §§ 280 (1), 283 BGB Schadensersatz statt der Leistung verlangen.
- Der Schuldner verliert nach § 326 (1) BGB den Anspruch auf die Gegenleistung, so muss z. B. der Käufer den Kaufpreis für die untergegangene Ware nicht zahlen.
- Die Leistungspflicht des Gläubigers entfällt allerdings nicht, wenn der Gläubiger selbst die Unmöglichkeit zu vertreten hat oder wenn die Unmöglichkeit erst nach Übergang der Gefahr auf den Schuldner eintritt.

  Beispiel: *Bei einer Schickschuld wird die Ware beim Transport durch einen von einem Dritten verursachten Unfall zerstört.*

1.2.5.5 Leistungsstörung Schuldnerverzug

Sachverhalte

1. Vereinbart wurde im Kaufvertrag, dass die Ware am 15.12. beim Käufer anzuliefern ist. Die Lieferung erfolgt jedoch nicht zum vereinbarten Termin. Welche Rechte hat der Käufer?
2. Vereinbart wurde im Kaufvertrag „Lieferung am 1.07., Zahlung einen Monat nach Lieferung“. Bei Fälligkeit erfolgt jedoch keine Zahlung – welche Rechte hat der Verkäufer?

Erfüllung und Schadensersatz neben der Leistung

Bei der Pflichtverletzung einer verspäteten Leistung kann der Gläubiger nach den §§ 280 (1), (2) u. 286 BGB vom Schuldner neben der Erfüllung den Schadensersatz neben der Leistung („Verzugsschaden“) verlangen.

Voraussetzungen dafür sind:

- schuldhafte Nichterbringung einer fälligen Leistung; dabei wird von einem Verschulden des Schuldners ausgegangen, es sei denn, der Schuldner kann sich mit einen Entschuldigungsgrund „exkulpieren“.

  ***Beispiel** zu Fall 1): Ein plötzlich einsetzender Eisregen machte die termingerechte Anlieferung unmöglich.*

  - Verzugseintritt gem. § 286 BGB:
    i. d. R. mit Mahnungszugang beim Schuldner;
  - ohne Mahnung, wenn die Fälligkeit vertraglich nach Kalender bestimmt ist *(**Beispiel:** „Lieferung am 15.12.“)* oder bestimmbar ist *(**Beispiel:** „Zahlung 1 Monat nach Lieferung“);*
  - ohne Mahnung bei endgültiger und ernsthafter Leistungsverweigerung durch den Schuldner („Selbstinverzugsetzung“).
  - Nur bei **Entgeltforderungen** (= Forderung, die als Gegenleistung für eine Leistung geschuldet wird) tritt nach § 286 (3) BGB Verzug ohne Mahnung spätestens mit dem Ablauf von 30 Tagen (also am 31. Tag) nach Rechnung **und** Fälligkeit ein. Ist der Schuldner Verbraucher, muss er allerdings vorher in der Rechnung auf diese Rechtsfolge hingewiesen worden sein.

Der **Verzugsschaden** umfasst alle Kosten, die aufgrund des Verzugs entstanden sind, z. B. Mahnkosten, Rechtsanwaltskosten, Hotelkosten bis zur Fertigstellung der gemieteten Wohnung. Zu beachten ist, dass die Kosten für ein Mahnschreiben, das den Verzugseintritt erst herbeiführt, noch kein Verzugsschaden und daher nicht ersatzfähig sind.

Außerdem ist beim **Zahlungsverzug** die Geldschuld ab Verzugseintritt zu verzinsen. Bei Geschäften zwischen Unternehmern liegt der gesetzliche Zinssatz p. a. bei 8 Prozentpunkten über dem Basiszinssatz, ist ein Verbraucher beteiligt, bei 5 Prozentpunkten über dem Basiszinssatz. Der Basiszinssatz ist veränderlich und wird in Deutschland seit dem 1. Januar 2002 jeweils am 1. Januar und 1. Juli eines jeden Jahres von der Deutschen Bundebank festgelegt bzw. berechnet. Siehe hierzu z. B. auch www.basiszinssatz.info. Er liegt gegenwärtig (Stand 2. Halbjahr 2012) bei 0,12 %. Dieser Basiszins würde also gegenwärtig zu einem Verzugszins von 5,12 % bzw. 8,12 % p. a. führen. Sind konkret höhere Verzugszinsen angefallen (z. B. durch eine Kreditaufnahme), sind diese zu ersetzen.

Rücktritt oder Schadensersatz statt der Leistung

Bei der Pflichtverletzung einer verspäteten Leistung kann der Gläubiger nach § 323 (1) BGB bzw. § 280 (1), (3) sowie § 281 BGB auch zurücktreten oder unter Ablehnung der Leistung einen Schadensersatz statt der Leistung verlangen.

In beiden Fällen ist es jedoch erforderlich, dass dem Schuldner eine **angemessene Nachfrist** zur Leistung gesetzt wurde, die erfolglos abgelaufen ist. Die Nachfrist kann jedoch bei ernsthafter Leistungsverweigerung oder wenn ein Fixgeschäft vorliegt entfallen.

Typischer Schadensersatz statt der Leistung sind die Mehrkosten für einen anderweitigen Kauf, den sogenannten **Deckungskauf.**

1.2.5.6 Leistungsstörung Gläubigerverzug („Annahmeverzug“)

Sachverhalt

Drei Tage vor der Neueröffnung einer Versicherungsagentur soll die komplette EDV-Ausstattung für die Büros angeliefert werden. Da entgegen der Vereinbarung die bauseits zu erbringende Verkabelung noch nicht erfolgt ist, kann nicht installiert werden. Da ebenso der Innenausbau noch nicht abgeschlossen ist, muss die EDV-Anlage wieder mitgenommen werden. Welche Rechte kann der Verkäufer geltend machen?

Ein Gläubigerverzug (= Annahmeverzug) liegt vor, wenn eine angebotene, ordnungsgemäße Leistung zur rechten Zeit, am rechten Ort durch einen leistungsfähigen Schuldner vom Gläubiger nicht angenommen wird.

Voraussetzungen des Gläubigerverzugs

- **Nichtannahme der Leistung**
  Das Gesetz versteht dabei unter Nichtannahme auch, wenn der Gläubiger die erforderliche Mitwirkung (z. B. Abholung) unterlässt oder zwar zur Annahme bereit ist, aber nicht zur Erbringung der Gegenleistung.
- **Angebot der Leistung**
  Grundsätzlich erforderlich ist ein tatsächliches Angebot der Leistung, d. h. dass der Gläubiger nur noch zuzugreifen braucht. Ein wörtliches Angebot genügt jedoch, falls der Gläubiger mitwirken (z. B. die Ware abholen) muss.
- **Ordnungsmäßigkeit der Leistung**
  Die Nichtannahme einer unvollständigen, falschen, mangelhaften, nicht zur rechten Zeit oder nicht am Leistungsort erbrachten Leistung begründet keinen Annahmeverzug.
- **Leistungsfähigkeit des Verkäufers**
  Annahmeverzug kann nur eintreten, wenn der Verkäufer zur Leistung überhaupt in der Lage ist; liegt bereits Unmöglichkeit oder Lieferverzug vor, so kann kein Annahmeverzug eintreten (§ 297 BGB).

Entschuldigungsgründe des Gläubigers für die Nichtannahme sind i. d. R. irrelevant, da ein Verschulden für den Gläubigerverzug nicht erforderlich ist.

Rechtsfolgen des Gläubigerverzugs

Hinterlegung/Selbsthilfeverkauf
Der Schuldner kann aus dem Vertrag gemäß § 433 (2) BGB vom Gläubiger die Annahme und Zahlung verlangen. Bis dahin kann der Schuldner die Ware auf Kosten und Gefahr des Gläubigers hinterlegen; beim Handelskauf nach § 373 HGB „in sicherer Weise“, also auch in seinem eigenen Lager, beim bürgerlichen Kauf nach § 372 BGB nur an einem öffentlichen Ort (i. d. R. beim Amtsgericht) und falls es sich um hinterlegungsfähige Sachen, z. B. Geld oder Wertpapiere, handelt.

Der Schuldner hat außerdem ein Recht auf den sogenannten **Selbsthilfeverkauf**, das ist i. d. R. eine öffentliche Versteigerung auf Kosten des Gläubigers gem. § 373 HGB bzw. § 383 ff. BGB. Der Selbsthilfeverkauf ist jedoch erst nach Androhung zulässig, es sei denn, es handelt sich um einen „Notverkauf“, z. B. bei verderblicher Ware.

Ersatz der Mehraufwendungen
Der Gläubiger muss dem Schuldner nach § 304 BGB die durch den Annahmeverzug verursachten Mehraufwendungen wie Lagerkosten und die Kosten des erfolglosen Angebots, z. B. zusätzliche Transportkosten, ersetzen.

Schadensersatz
Grundsätzlich ist die Annahme nur eine Obliegenheit, deren Erfüllung nicht verlangt werden kann; der Gläubigerverzug führt daher nicht zu einem Schadensersatzanspruch.

In Ausnahmefällen, wie z. B. dem Kaufvertrag, ist die Annahme der Leistung jedoch eine Hauptpflicht, daher kommt der Käufer bei Nichtannahme nach den §§ 293 ff. BGB nicht nur in Gläubigerverzug, sondern nach § 284 ff. BGB auch in Schuldnerverzug. Aus Letzterem kann Schadensersatz verlangt werden.

1.2.5.7 Haftung aus unerlaubter Handlung

Sachverhalt

Ein Kunde verletzt sich im Laden eines Händlers schwer, als er an einem Nagel in der Dekoration hängen bleibt. Welche Ansprüche hat der Kunde gegen den Händler?

Schadensersatzansprüche sieht das Gesetz nicht nur bei der Verletzung vertraglicher Pflichten vor, sondern auch als Rechtsfolge einer unerlaubten Handlung nach den §§ 823 ff. BGB, die als **Delikthaftung** bezeichnet wird.

Anders als bei den o. g. Folgen aus Vertragsverletzungen setzt eine Haftung aus unerlaubter Handlung kein Vertragsverhältnis voraus.

Voraussetzungen

- Der Schädiger muss nach § 823 (1) BGB ein **absolutes Recht** verletzt haben oder nach § 823 (2) BGB gegen ein Schutzgesetz (z. B. StVO) verstoßen haben.

  Beispiele: *Zu den absoluten Rechten zählt man das Eigentum, das Leben, die Gesundheit, die Freiheit und einige sonstige Rechte wie z. B. Urheberrechte, Persönlichkeitsrechte, den berechtigten Besitz sowie das Recht am eingerichteten und ausgeübten Gewerbebetrieb.*

  Nicht unter die absoluten Rechte fällt das Vermögen, daher sind reine Vermögensschäden (z. B. ein entgangener Gewinn) nicht ersatzfähig. Anders liegt der Fall bei Vermögensschäden, die als Folge der Verletzung eines absoluten Rechts entstehen, z. B. Behandlungskosten nach Körperverletzung.

- Der Schaden muss durch ein Tun oder Unterlassen des Schadensersatzpflichtigen verursacht worden sein. Es muss also eine **Kausalität** bestehen. Dabei scheiden jedoch solche Kausalverläufe aus, die dem Schädiger billigerweise nicht mehr zugerechnet werden können.

  Beispiel: *Verletzung beim Streit mit Mitpatienten während eines Krankenhausaufenthalts nach einem Verkehrsunfall*

- Die Handlung muss **rechtswidrig** gewesen sein. Grundsätzlich ist jede Verletzung der Rechte anderer rechtswidrig, es sei denn, dass ein Rechtfertigungsgrund wie Amtsausübung (z. B. bei der Tätigkeit eines Gerichtsvollziehers), Notwehr (z. B. die Verletzung eines Angreifers), Notstand (z. B. der Aufbruch der Wohnungstür bei Wohnungsbrand) oder Einwilligung (z. B. bei einer Operation) vorliegt.

- Grundsätzlich kann Schadensersatz nur beansprucht werden, wenn ein **Verschulden**, also Fahrlässigkeit (Außerachtlassen der erforderlichen Sorgfalt, § 276 BGB) oder Vorsatz vorliegt.

  Nur ausnahmsweise sieht das Gesetz eine verschuldensunabhängige Haftung vor, die sogenannte **Gefährdungshaftung.**

  Beispiele: *Haftung des Tierhalters nach § 833 BGB; außerhalb des Deliktsrechts die Haftung des Verkäufers auf Nacherfüllung, die Produkthaftung nach dem ProdHaftG, die Haftung des Kfz-Halters nach § 7StVO*

Die deliktische Haftung ist auch möglich, wenn ein Vertragsverhältnis besteht.

Beispiel: *Im Eingangsfall hat der Kunde daher sowohl einen Anspruch aus der Verletzung vertraglicher Nebenpflichten aus §§ 280 ff. BGB, als auch aus der Verletzung eines absoluten Rechts nach § 823 (1) BGB.*

Rechtsfolge

Der Schädiger hat den durch die schädigende Handlung entstandenen Schaden zu ersetzen; dazu gehören sowohl die Vermögensschäden, z. B. der Wertersatz für beschädigte Sachen oder Behandlungskosten, als auch die Nichtvermögensschäden, wie z. B. Schmerzengeld, welche durch die Verletzung der absoluten Rechte entstanden sind.

Wiederholungsfragen zu Kapitel 1.2:

1. *Was ist im 2. Buch des BGB (Schuldrecht) geregelt?*
2. *Was versteht man unter einem Schuldverhältnis?*
3. *Wodurch entstehen Schuldverhältnisse?*
4. *Aus welchen Komponenten besteht die Vertragsfreiheit?*
5. *Nennen Sie Beispiele für Einschränkungen der Vertragsfreiheit.*
6. *Welche unterschiedlichen gesetzlichen Formerfordernisse gibt es?*
7. *Wann liegen Allgemeine Geschäftsbedingungen vor?*
8. *Welche Voraussetzungen müssen gegeben sein, damit AGB Vertragsbestandteil werden?*
9. *Welche Arten von AGB-Klauseln sind unwirksam?*
10. *Welche Rechtsfolge ergibt sich, wenn AGB-Klauseln unwirksam sind?*
11. *Wie kommt ein Vertrag zustande?*
12. *Wodurch kommt es zum Erlöschen des Antrags auf Abschluss eines Vertrages?*
13. *Unterscheiden Sie „Kaufmännisches Bestätigungsschreiben" und „Auftragsbestätigung".*
14. *Erläutern Sie, was man unter dem Grundsatz von „Treu und Glauben" versteht.*

15. *Aus welchen Gründen kann ein Vertrag von vornherein nichtig sein?*
16. *Aus welchen Gründen kann ein zustande gekommener Vertrag angefochten werden?*
17. *Was versteht man unter „Verjährung"?*
18. *Wie lang ist die regelmäßige Verjährungsfrist und wann beginnt sie?*
19. *Nennen Sie Beispiele für besondere Verjährungsfristen.*
20. *Wodurch beginnt die Verjährungsfrist neu zu laufen?*
21. *Was bewirkt eine Hemmung der Verjährung und wodurch kommt es dazu?*
22. *Was gibt der Gerichtsstand an?*
23. *Was versteht man unter der „Produkthaftung"?*
24. *Inwieweit ist der Haftungsumfang der Produkthaftung eingeschränkt bei Personenschäden/bei Sachschäden?*
25. *Unterscheiden Sie Verpflichtungs- und Erfüllungsgeschäft bei einem Kaufvertrag.*
26. *Welche Pflichten haben die Vertragsparteien bei einem Kaufvertrag?*
27. *Was versteht man unter einem „Verbrauchsgüterkauf"?*
28. *Was versteht man unter einem „Sachmangel"/einem „Rechtsmangel"?*
29. *Die Nacherfüllung ist im Rahmen der Gewährleistung ein „vorrangiger" Anspruch – erläutern Sie dies.*
30. *Unterscheiden Sie „Ersatzlieferung" und „Umtausch".*
31. *Wann verjähren die Ansprüche des Käufers bei Mängeln an der Ware?*
32. *In welchen Fällen ist die Mängelhaftung per Gesetz ausgeschlossen?*
33. *Unterscheiden Sie „Gewährleistung" und „Garantie".*
34. *Was versteht man unter einem „Fernabsatzgeschäft"?*
35. *Erläutern Sie das Widerrufsrecht bei Fernabsatzverträgen.*
36. *Welche Pflichten haben die Vertragsparteien bei einem Mietvertrag?*
37. *Unterscheiden Sie Dienstvertrag und Werkvertrag.*
38. *Wie werden die Forderungen des Werkunternehmers gesichert?*
39. *Welche Pflichten haben die Vertragsparteien bei einem Darlehensvertrag?*
40. *Was versteht man unter „Leasing"?*
41. *Welche Leistungsstörungen gibt es bei Schuldverhältnissen?*
42. *Was versteht man unter dem Erfüllungsort und wodurch wird er bestimmt?*
43. *Grenzen Sie Holschuld, Schickschuld und Bringschuld voneinander ab.*
44. *Welche Arten von Schäden werden unterschieden?*
45. *Welche Arten von Unmöglichkeit gibt es?*
46. *Erläutern Sie die Rechtsfolgen bei Unmöglichkeit der Leistung.*

47. *Wodurch tritt Schuldnerverzug ein?*
48. *Erläutern Sie die Rechtsfolgen bei Schuldnerverzug.*
49. *Wann liegt Gläubigerverzug vor?*
50. *Was versteht man unter „Delikthaftung"?*

1.3 BGB Sachenrecht

Das Sachenrecht behandelt die Beziehungen zwischen Personen und Sachen (= körperliche Gegenstände).

Gesetzliche Grundlagen des Sachenrechts finden sich
- im 3. Buch des BGB (Sachenrecht: §§ 854–1296),
- in grundlegenden Definitionen im Allgemeinen Teil des BGB (§§ 90 ff. BGB),
- in Nebengesetzen (z. B. Wohnungseigentumsgesetz).

1.3.1 Eigentum und Besitz

1.3.1.1 Begriffsunterscheidung

Eigentum	Besitz
Eigentum ist die rechtliche Herrschaft über eine Sache. ***Beispiele:*** *Der Pkw-Vermietung gehört der Pkw, sie ist als Eigentümer im Kfz-Brief eingetragen. Der Erwerber einer Uhr ist der Eigentümer.*	*Besitz ist die tatsächliche Herrschaft über eine Sache. Besitzer ist, wer die Sache tatsächlich hat.* ***Beispiele:*** *Der Mieter ist der Besitzer des gemieteten Pkw. Aber auch der Dieb ist der Besitzer der gestohlenen Uhr.*

1.3.1.2 Herrschaftsrechte an Sachen

Das **Eigentumsrecht** ist das umfassendste Herrschaftsrecht an Sachen.

§ 903 BGB: Befugnisse des Eigentümers
Der Eigentümer einer Sache kann, soweit nicht das Gesetz oder Rechte Dritter entgegenstehen, mit der Sache nach Belieben verfahren und andere von jeder Einwirkung ausschließen.

Aus dem Eigentumsrecht lassen sich u.a. folgende **Ansprüche** des Eigentümers ableiten:
- Herausgabeanspruch nach § 985 BGB,
- Beseitigungs- und Unterlassungsanspruch bei Störungen nach § 1004 BGB,
- Schadensersatzanspruch bei Schädigung nach § 823 (1) BGB.

Eingeschränkte Herrschaftsrechte an Sachen sind Nutzungsrechte wie die **Grunddienstbarkeit**, die das Recht zur Nutzung eines Grundstücks in einzelnen Beziehungen umfasst, z. B. das Wegerecht.

Beim **Nießbrauch** erhält der Nießbraucher nicht nur ein Nutzungsrecht auf einzelne Teile der Sache, sondern er kann die Sache umfassend nutzen und die „Früchte" hieraus ziehen, also z. B. die Immobilie selbst bewohnen oder auch vermieten.

Bei einer **Reallast** ist der Grundstückseigentümer verpflichtet, wiederkehrende Leistungen an Dritte zu erbringen; infrage kommen nicht nur Geldleistungen (z. B. Rente), sondern auch Naturalien (z. B. Holzlieferung) und Dienstleistungen (z. B. Pflege). Wenn der Eigentümer die Leistungen nicht mehr erbringen kann, kann der Berechtigte das Grundstück zur Zwangsvollstreckung bringen und sich aus dem Erlös befriedigen.

Durch die Eintragung der Nutzungsrechte ins Grundbuch, Abteilung II, sind sie mit dem Grundstück verbunden und wirken damit auch gegenüber zukünftigen Eigentümern.

1.3.1.3 Übertragung des Eigentums per Rechtsgeschäft

Einigung und Übergabe

Das Eigentum an einer beweglichen Sache wird nach § 929, S. 1 BGB im Regelfall übertragen

- durch **Einigung** über den Eigentumsübergang zwischen dem Eigentümer und dem Erwerber **und**
- durch **Übergabe** der Sache; bei Grundstücken erfolgt anstelle der Übergabe der Eintrag ins Grundbuch.

Einigung ohne Übergabe

Das Gesetz sieht aber auch vor, dass die Übergabe entfallen und eine Einigung genügen kann, wenn

- der Erwerber bereits im Besitz der Sache ist (§ 929, S. 2 BGB);

  Beispiel: *Der Entleiher möchte die entliehene Sache kaufen.*

- der Veräußerer (noch) im Besitz bleiben will (§ 930 BGB).

  Beispiel: *A verkauft sein Fahrrad, möchte es aber noch eine Woche nutzen; die Übergabe wird durch die Vereinbarung eines Leihvertrages ersetzt.*

  Beispiel *Sicherungsübereignung: B finanziert den Kaufpreis eines Neuwagens durch einen Bankkredit; als Kreditsicherheit wird der Wagen an die Bank sicherungsübereignet, wobei die Übergabe durch die Vereinbarung ersetzt wird, dass B im Besitz des Wagens bleiben soll.*

Einigung mit einem Nichteigentümer

Ebenso ist es möglich, Eigentum von einem anderen als dem Eigentümer zu erwerben, z. B. wenn

- der Veräußerer vom Eigentümer dazu ermächtigt war (§ 185 BGB);
- der Erwerber den Veräußerer gutgläubig für den Eigentümer gehalten hat (§ 932 BGB).

  Beispiel: *A leiht sich das Fahrrad des B und veräußert es an den ahnungslosen C.*

Dieser gutgläubige Erwerb ist aber nur möglich, wenn die Sache nicht „abhanden gekommen", d. h. gestohlen oder verloren gegangen war (§ 935 BGB).

Beispiel: *Hätte A das Fahrrad des B gestohlen, könnte C trotz Gutgläubigkeit kein Eigentum an dem Rad erwerben.*

1.3.1.4 Erwerb des Eigentums per Tathandlung

Der Eigentumserwerb ist hierbei kein Rechtsgeschäft, er erfolgt durch eine tatsächliche Handlung und ist sogar möglich bei abhanden gekommenen Sachen.

Beispiel: *A entwendet Baumaterial und verwendet es zum Bau eines Hauses auf seinem Grundstück; A wird durch die Verbindung des Baumaterials mit dem Grundstück nach § 946 BGB Eigentümer.*

Verbindung beweglicher Sachen mit einem Grundstück nach § 946 BGB	Verbindung beweglicher Sachen miteinander nach § 947 BGB	Verarbeitung von Sachen zu neuer Sache nach § 950 BGB
Bewegliche Sachen werden zu einem wesentlichen Bestandteil eines Grundstücks.	Bewegliche Sachen werden wesentliche Bestandteile einer anderen Sache.	Verarbeitung zu einer neuer Sache
Beispiele: – *Errichtung Haus* – *Einbau Aufzug in Haus*	***Beispiele:*** – *Maschinenbau* – *Anbringung von Beschlägen in der Möbelproduktion*	***Beispiele:*** *Herstellung von Brot, Papier, Spanplatten u. Ä. aus Rohstoffen*
Rechtsfolge: Eigentümer des Grundstücks wird der Eigentümer der mit dem Grundstück verbundenen Sache.	Rechtsfolge: ▪ Bisherige Eigentümer werden Miteigentümer der Sache (Bruchteilseigentum). ▪ Falls einer Eigentümer der Hauptsache ist, wird er Alleineigentümer.	Rechtsfolge: Hersteller wird Eigentümer der neuen Sache. Hersteller = derjenige, in dessen Interesse bzw. Namen die Verarbeitung erfolgt.

1.3.1.5 Eigentumsvorbehalt

Der einfache Eigentumsvorbehalt beinhaltet nach § 449 BGB die Vereinbarung, dass der Verkäufer bis zur vollständigen Bezahlung Eigentümer der Ware bleibt.

Grundsätzlich geht nach § 929 BGB das Eigentum mit Einigung und Übergabe über, die Bedingung, dass zuvor bezahlt sein muss, erwähnt das Gesetz nicht. Daher muss ein Eigentumsvorbehalt spätestens vor der Übergabe (meist schon beim Kaufvertragsabschluss) ausdrücklich z. B. per AGB oder per Individualvereinbarung vereinbart werden.

Bedeutung des Eigentumsvorbehalts

Sachverhalt

Händler Marx hat an die Comtec-Software OHG am 01.06. d. J. Büroeinrichtungen im Wert von 100.000 EUR geliefert, zahlbar 14 Tage nach Lieferung. Am 01.08. ist noch nicht gezahlt worden.

	ohne Eigentumsvorbehalt	mit Eigentumsvorbehalt
Ansprüche auf die Ware bei Nichtzahlung	Schuldrechtlicher Anspruch nach § 346 BGB auf Rückgabe nach erfolgtem Rücktritt (relatives Recht, nur gegenüber dem Vertragspartner)	
	kein Anspruch aus § 985, da der Verkäufer kein Eigentümer mehr ist	zusätzlich sachenrechtlicher Anspruch auf Herausgabe des Eigentums nach § 985 BGB (= absolutes Recht, das gegenüber jedermann wirkt)
Pfändung der Ware durch Dritte	keine Möglichkeit	Widerspruch als Eigentümer
Insolvenz des Schuldners	Sache geht in die Insolvenzmasse ein; Anspruch auf Rückgabe wird zu „normaler" Insolvenzforderung auf Geld (Erfolgsquote ca. 5 %)	Sache geht nicht in Insolvenzmasse ein; Aussonderung und Rückgabe der Ware an den Eigentümer

Problematik des einfachen Eigentumsvorbehalts

Der einfache Eigentumsvorbehalt geht unter

- bei Weiterverkauf an einen Dritten mit Ermächtigung nach § 185 BGB,
- bei Weiterverkauf an einen gutgläubigen Dritten nach § 932 BGB,
- wenn die gelieferte Sache wesentlicher Bestandteil eines Hauses oder Grundstücks wird (§ 946 i. V. m. §§ 93, 94 BGB),
- bei Verbindung oder Verarbeitung der gelieferten Ware nach den §§ 947 ff. BGB.

Aufgrund der Problematik des einfachen Eigentumsvorbehalts haben sich in der Wirtschaft verschiede Sonderformen des Eigentumsvorbehalts herausgebildet. Diese Sonderformen können auch per AGB vereinbart werden, falls die andere Seite Kaufmann ist.

Sonderform „Erweiterter Eigentumsvorbehalt"

Beim erweiterten Eigentumsvorbehalt behält sich der Verkäufer sein Eigentum auch an den schon bezahlten Waren vor, bis alle Waren bezahlt sind.

Formulierungsbeispiel: *„Der Verkäufer bleibt Eigentümer der Ware bis zur vollen Bezahlung seiner sämtlichen, auch zukünftig entstehenden Forderungen aus der Geschäftsverbindung."*

Bei Insolvenz des Käufers führt der erweiterte Eigentumsvorbehalt zur Absonderung der bereits bezahlten Waren: sie gehen nicht in die Masse ein, sondern werden vorweg verwertet und der Erlös geht an den Vorbehaltsverkäufer (siehe hierzu auch Kapitel 1.3.3).

Sind jedoch **alle** Waren bereits verkauft oder verarbeitet, greift auch der erweiterte Eigentumsvorbehalt nicht.

Sonderform „Verarbeitungsklausel"

Der Lieferant macht sich durch die Verarbeitungsklausel zum Hersteller i. S. d. § 950 BGB. Er wird dadurch Eigentümer der neu hergestellten Sache („Wer durch Verarbeitung ... eine neue bewegliche Sache herstellt, erwirbt das Eigentum an der neuen Sache."; § 950 BGB).

Formulierungsbeispiel: *„Eine etwaige Verarbeitung der gelieferten Rohstoffe erfolgt durch den Käufer **für den Lieferanten**."*

Bei Insolvenz des Käufers führt die Verarbeitungsklausel zur Absonderung der mit den gelieferten Rohstoffen hergestellten Ware.

Die Verarbeitungsklausel ist sinnlos bei Sachen, die wesentliche Bestandteile von Grundstücken werden (§ 946 BGB ist nicht dispositiv).

Beispiel: *Ein Baustofflieferant liefert Baustoffe, die zum Bau eines Hauses verwendet werden; trotz etwaiger Verarbeitungsklausel würde der Grundstückseigentümer in diesem Fall Eigentümer der Baustoffe nach § 946 BGB.*

Sonderform „Verlängerter Eigentumsvorbehalt"

Beim verlängerten Eigentumsvorbehalt werden vom Käufer (z. B. Händler) diejenigen Forderungen an den Verkäufer (z. B. Lieferant) im Voraus abgetreten, die der Käufer durch die Weiterveräußerung der Waren erwerben wird.

Formulierungsbeispiel: *„Veräußert der Käufer die von uns gelieferte Ware, so tritt er schon jetzt die ihm aus der Veräußerung zustehenden Forderungen gegen den Abnehmer an uns ab. Vereinnahmte Beträge gelten als Inkasso für uns."*

Der Verkäufer verliert zwar das Eigentum an der Sache, ihm steht aber die Forderung gegen den Abnehmer der Ware zu.

1.3.2 Finanzierungssicherheiten

Sachverhalt

Ein Händler möchte einen Bankkredit aufnehmen; neben einer Bürgschaft seiner Ehefrau verlangt die Bank auch „dingliche Sicherheiten". Wie kann der Händler z. B. den Firmen-Lkw, das Firmengrundstück und einige Wertpapiere dafür nutzen?

1.3.2.1 Pfandrechte an beweglichen Sachen und Sicherungsübereignung

Pfandrechte

Ein Pfandrecht ist ein dingliches Recht, das dem Gläubiger die Befugnis einräumt, unter bestimmten Voraussetzungen Befriedigung aus der verpfändeten Sache zu suchen („Realkredit").

Wie im Kapitel Schuldrecht beschrieben, besteht z. B. per Gesetz ein Pfandrecht beim Werkvertrag oder Mietvertrag (§ 562 BGB). So hat eine Kfz-Reparaturwerkstatt ein Werkunternehmerpfandrecht an einem zur Reparatur abgegebenen Pkw des Kunden, falls dieser die Reparatur nicht zahlen kann.

Ein Pfandrecht kann auch vertraglich vereinbart werden („Verpfändung"). Dazu ist es immer erforderlich, dass der Schuldner dem Gläubiger die Sache übergibt.

Beispiel: *A bringt ein Schmuckstück ins Pfandhaus und erhält dafür einen Kredit von 200,00 EUR. Zahlt A den Kredit nicht zurück, kann das Pfandhaus das Schmuckstück verwerten, d. h. in einer Zwangsversteigerung zu Geld machen.*

Als Pfand eignen sich vor allem Sachen, die besonders wertvoll sind und ein geringes Volumen haben, z. B. Wertpapiere, Edelmetalle, Schmuck und dergleichen. Außerdem muss der Eigentümer für die Zeit der Pfandhingabe auf diese Gegenstände verzichten können, sie also nicht in Gebrauch haben.

Sicherungsübereignung

Da eine Verpfändung ohne Besitzübergang an den Sicherungsnehmer nicht möglich ist, wurde sie im Geschäftsleben weitgehend von der Sicherungsübereignung verdrängt.

Bei der Sicherungsübereignung wird an den Gläubiger eine Sache zur Sicherung übereignet, die fehlende Übergabe wird nach § 930 BGB durch die Vereinbarung ersetzt, dass der Schuldner die Sache weiter in Besitz behalten kann („Besitzkonstitut").

Vergleich Verpfändung/Sicherungsübereignung	
Verpfändung	**Sicherungsübereignung**
▪ Gläubiger wird Besitzer ▪ Schuldner bleibt Eigentümer	▪ Gläubiger wird Eigentümer ▪ Schuldner bleibt Besitzer
Nachteile (gegenüber der Sicherungsübereignung) ▪ Gläubiger: Lagerung ▪ Schuldner: kann Sicherungsgut nicht nutzen	**Vorteile** (gegenüber der Verpfändung) ▪ Für den Gläubiger ist keine Lagerung erforderlich. ▪ Für Gläubiger **und** Schuldner: Der Schuldner kann das Sicherungsgut zur Umsatzerzielung nutzen (wichtig für die Darlehenstilgung). **Nachteile:** (Gefahren für den Gläubiger) ▪ höherer Wertverlust durch Gebrauch (Abnutzung) ▪ Verlust des Sicherungsgutes durch Unfälle, Brand, Diebstahl u. Ä. ▪ gutgläubiger Erwerb des Sicherungsguts durch Dritte = Verlust des Eigentums ▪ Sicherungsgut war schon an anderen Gläubiger übereignet

Sowohl bei einer Verpfändung als auch bei einer Sicherungsübereignung darf der Gläubiger sofort bei Fälligkeit und Nichtzahlung das Sicherungsgut verwerten, ein Vollstreckungstitel ist nicht erforderlich.
Im Fall der Insolvenz des Schuldners besteht ein Recht auf Absonderung: Das Sicherungsgut geht nicht in die Insolvenzmasse ein, es wird abgesondert und vorweg verwertet, d. h. zu Geld gemacht, und der Erlös geht in Höhe der gesicherten Forderung an den Gläubiger.

1.3.2.2 Pfandrechte an Immobilien (Grundpfandrechte)

Sachverhalt

Der Händler Herting lässt zur Sicherung eines Bankkredits zugunsten seiner Bank die Belastung seines Firmengrundstücks mit einer Hypothek oder Grundschuld ins Grundbuch eintragen.

Wesen der Grundpfandrechte

Bei den Grundpfandrechten wird das Grundstück des Schuldners zugunsten des Gläubigers mit einem **dinglichen Verwertungsrecht** belastet. Der Gläubiger wird berechtigt, sich aus dem Grundstück zu befriedigen, d. h. er kann das Grundstück (incl. seiner wesentlichen Bestandteile und Zubehör) im Wege einer Zwangsversteigerung zu Geld machen. Grundpfandrechte werden in Abteilung III des **Grundbuchs** eingetragen.

Rang der Grundpfandrechte

Nach dem Rang des Grundpfandrechtes richtet sich, in welcher Reihenfolge die Gläubiger bei einer Zwangsversteigerung ihr Geld bekommen: Jeder vorrangige Gläubiger wird bei einer Zwangsversteigerung zunächst möglichst voll befriedigt. Der Rang richtet sich nach der zeitlicher Reihenfolge der Eintragung; bei der **Löschung** eines Grundpfandrechtes rücken die Nachrangigen auf.

Unterschied Grundschuld/Hypothek

Sachverhalt

Das Grundbuch weist in Abteilung III (Grundpfandrechte) bezüglich des Firmengrundstücks von Händler Herting folgende Belastungen aus:

1. „100.000,00 EUR Hypothek zugunsten der Sparkasse Köln für ein Darlehen, verzinslich mit ... Der Grundstückseigentümer ist der sofortigen Zwangsvollstreckung unterworfen. ..."
2. „120.000,00 EUR Grundschuld zugunsten der Volksbank Bonn, verzinslich mit ... Der Grundstückseigentümer ist der sofortigen Zwangsvollstreckung unterworfen. ..."

Welche Unterschiede bestehen zwischen diesen beiden Grundpfandrechten?

Wenn man genau hinschaut, wird beim Vergleich der Formulierungen der eingetragenen Grundpfandrechte der wesentliche Unterschied bereits deutlich: Die Hypothek ist an das

Bestehen einer bestimmten Forderung gebunden, die Grundschuld hingegen nicht. Daraus ergeben sich eine Reihe von Konsequenzen:

Hypothek	Grundschuld
Der Gläubiger wird berechtigt, sich **wegen einer bestimmten Forderung** aus dem Grundstück zu befriedigen (§ 1113 BGB). ▪ Die Hypothek ist an das Bestehen und an die Höhe einer bestimmten Forderung gegen den Schuldner gebunden („akzessorisches" Grundpfandrecht). ▪ Für die Bestellung einer Hypothek muss ein Schuldverhältnis (Grundgeschäft, z. B. ein Darlehensvertrag), *vorhanden* sein. ▪ Die Hypothek entsteht mit der Eintragung ins Grundbuch **und** Auszahlung des Darlehens.	Der Gläubiger wird berechtigt, sich **in Höhe einer Geldsumme** aus dem Grundstück zu befriedigen (§ 1191 BGB). ▪ Die Grundschuld ist nicht an das Bestehen einer bestimmten Forderung gegen den Schuldner gebunden („abstraktes" Grundpfandrecht). ▪ Für die Bestellung einer Grundschuld muss kein Schuldverhältnis (Grundgeschäft) vorhanden sein. ▪ Die Grundschuld entsteht mit der Eintragung ins Grundbuch.
Nur möglich für die Sicherung tatsächlich in Anspruch genommener Kredite.	Auch möglich für die Sicherung eingeräumter, aber noch nicht in Anspruch genommener Kredite.
Nach Abzahlung des Darlehens wird die Hypothek (falls sie nicht gelöscht wird) automatisch zur Eigentümergrundschuld, eine Verwendung dieser Hypothek für weitere Kredite des Gläubigers ist nicht möglich.	Nach Abzahlung des Darlehens bleibt die Grundschuld zugunsten des Gläubigers zunächst bestehen, folgende Möglichkeiten bestehen: ▪ Verwendung zur Sicherung weiterer Kredite dieses Gläubigers; ▪ Löschung (nachrangige Gläubiger rücken auf); ▪ Umwandlung in eine Eigentümergrundschuld; durch diese wird dem Eigentümer eine bestimmte Rangstelle im Grundbuch eingeräumt.
Kann **nicht** von vornherein als „Eigentümerhypothek" bestellt werden.	Kann von vornherein als sogenannte Eigentümergrundschuld bestellt werden, der damit verbundene Rang kann bei späterer Kreditbeschaffung an einen Gläubiger abgetreten werden.

Vorteile der Absicherung durch Grundpfandrechte

Sachverhalt

Kreditgeber A und Kreditgeber B wollen in das Grundstück eines Schuldners in Form einer Zwangsversteigerung zwangsvollstrecken, der Kredit des B ist durch eine Grundschuld oder Hypothek abgesichert. Welche Vorteile hat er gegenüber A?

B hat gegenüber A erhebliche Vorteile durch die dingliche Absicherung seines Kredits:

- Vorrang der eingetragenen Gläubiger vor den nicht eingetragenen Gläubigern.

- Den zur Zwangsvollstreckung notwendigen Vollstreckungstitel erhält der Gläubiger üblicherweise schon im Voraus bei der Bestellung der Grundschuld/Hypothek in Form vertraglicher „Unterwerfungsklauseln“. Durch diese unterwirft sich der Schuldner der sofortigen Zwangsvollstreckung; wird die Unterwerfungsklausel auch ins Grundbuch aufgenommen, gilt sie auch gegen nachfolgende Eigentümer.
- Im Falle der Schuldner-Insolvenz kommt es zur Absonderung der Forderung: Das Grundstück als Sicherungsgut geht nicht in Insolvenzmasse ein, sondern wird vorweg verwertet und der Erlös geht in Höhe der gesicherten Forderung an den Gläubiger.

1.3.2.3 Finanzierungssicherheiten durch dritte Personen

Im Gegensatz zu den Realkrediten erfolgt bei den **Personalkrediten** keine dingliche Sicherung, sondern hier dient vielmehr die Bonität weiterer Personen als Sicherheit.

Bürgschaft

Durch einen Bürgschaftsvertrag verpflichtet sich ein Bürge gegenüber einem Gläubiger (Kreditgeber), für die Erfüllung der Verbindlichkeiten eines Dritten (Hauptschuldner) einzustehen.

Beispiel: *A nimmt einen Kredit zur Finanzierung seines Neuwagens bei der Bank B auf, A's Arbeitgeber unterzeichnet einen Bürgschaftsvertrag mit der Bank.*

Der Bürgschaftsvertrag verlangt nach § 766 BGB die **Schriftform**, ein Kaufmann kann jedoch nach § 350 HGB formlos bürgen, wenn die Bürgschaft für ihn ein Handelsgeschäft ist.

Ausfallbürgschaft
Der Bürge hat grundsätzlich nach § 771 BGB das Recht der „Einrede der Vorausklage“, d. h. er kann die Befriedigung des Gläubigers verweigern, solange der Gläubiger nicht eine Zwangsvollstreckung gegen den Hauptschuldner erfolglos versucht hat.

Selbstschuldnerische Bürgschaft
Da dies für die meisten Kreditgeber lästig und wohl auch mit hohen Kosten verbunden ist, verlangen sie heutzutage generell eine selbstschuldnerische Bürgschaft. Dies wird erreicht, indem der Bürge bereits im Vertrag gemäß § 773 BGB ausdrücklich auf das Recht der Einrede der Vorausklage verzichtet. In einem späteren Prozess kann er diese Einrede dann nicht mehr geltend machen.

Bürgschaften eines Kaufmanns sind per Gesetz grundsätzlich selbstschuldnerische Bürgschaften (§ 349 HGB), sie können jedoch vertraglich als Ausfallbürgschaft vereinbart werden.

Abtretung von Forderungen („Zessionskredit“)

Beim Zessionskredit überträgt der Schuldner (Kreditnehmer) einem Gläubiger (Kreditgeber) vertraglich Forderungen, die er gegen Dritte („Drittschuldner“) hat.

Kommt der Kreditnehmer mit der Tilgung des Kredits in Verzug, kann der Kreditgeber auf die ihm abgetretene Forderung zurückgreifen.

Grundsätzlich kann jegliche Art von Forderung abgetreten werden; z. B. Forderungen aus Kauf-, Miet- oder Pachtverträgen oder Ansprüche aus Lebensversicherungen; es können auch zukünftige Forderungen im Voraus abgetreten werden.

Nach dem Stand der Information des Drittschuldners werden folgende Versionen unterschieden:

- Die **stille Zession**, bei der die Forderungen abgetreten werden, ohne dass der Drittschuldner davon erfährt. Er leistet mit befreiender Wirkung an den Kreditnehmer, der diese Beträge weiterleitet an seinen Kreditgeber.
- Bei der **offenen Zession** kann hingegen der Drittschuldner schuldbefreiend nur an den Kreditgeber leisten. Voraussetzung ist natürlich, dass ihm die Zession und die Rechtsfolgen erklärt werden.

1.3.3 Grundlagen des Insolvenzrechts

1.3.3.1 Wesen, Ziele und Arten des Insolvenzverfahrens

Wesen des Insolvenzverfahrens

Bei einem Insolvenzverfahren handelt es sich um ein Gesamtvollstreckungsverfahren in das Vermögen eines Schuldners durch die Verwertung des gesamten Vermögens mit Ausnahme der unpfändbaren Gegenstände („Insolvenzmasse"). Vollstreckungshandlungen einzelner Gläubiger sind während des Verfahrens unzulässig.

Das Insolvenzverfahren ist in der **Insolvenzordnung (InsO)** geregelt.

Ziel des Insolvenzverfahrens

Ziel des Insolvenzverfahrens ist eine **gleichmäßige Befriedigung** der Gläubiger. Es gibt kein Prioritätsprinzip, wonach bestimmte Gläubiger bevorzugt befriedigt würden. Mit der Insolvenzrechtsreform vom 01.01.1999 wurden die Konkursvorrechte innerhalb der Forderungen abgeschafft, z. B. die Bevorrechtigung von Arbeitnehmern und Fiskus.

Besser gestellt sind jedoch Gläubiger mit dinglichen Sicherheiten, z. B. mit Eigentumsvorbehalt oder Sicherungsübereignung, da diese als unpfändbare Gegenstände nicht in die Insolvenzmasse eingehen.

Ziel des Verfahrens ist bei **natürlichen Personen** als Schuldner außerdem eine Befreiung von den durch die Insolvenz nicht erfüllten Schulden **(Restschuldbefreiung).**

Arten von Insolvenzverfahren

Das **Regelinsolvenzverfahren** ist durchzuführen für

- juristische Personen;
- für natürliche Personen,
  - die zum Zeitpunkt des Insolvenzantrags selbstständig tätig sind oder
  - die selbstständig tätig waren, wenn aus dieser Tätigkeit noch Forderungen aus Arbeitsverhältnissen bestehen (z. B. Forderungen ehemaliger Arbeitnehmer, von Sozialversicherungsträgern oder von Finanzämtern) oder
  - die selbstständig tätig waren, wenn mehr als 19 Gläubiger vorhanden sind.

Das **Verbraucherinsolvenzverfahren (Privatinsolvenz)** ist ein vereinfachtes Verfahren. Es steht natürlichen Personen offen, d. h. Verbrauchern und außerdem ehemaligen

Selbstständigen und Kleingewerbetreibenden, sofern diese weniger als 20 Gläubiger und keine Verbindlichkeiten aus Beschäftigungsverhältnissen mit Arbeitnehmern haben (§ 304 InsO).

1.3.3.2 Ablauf des Regelinsolvenzverfahrens

Antrag und Entscheidung über Eröffnung des Insolvenzverfahrens (§§ 13 ff. InsO)

Der Antrag auf Eröffnung des Insolvenzverfahrens kann vom Schuldner und jedem Gläubiger beim Insolvenzgericht gestellt werden. Insolvenzgericht ist das Amtsgericht am Ort des allgemeinen Gerichtsstands, also am Wohn- oder Verwaltungssitz des Schuldners, bzw. am Ort des Mittelpunkts der selbstständigen wirtschaftlichen Tätigkeit.

Es muss nach §§ 16ff. InsO ein **Insolvenzgrund** gegeben sein. Dazu zählen:

- Zahlungsunfähigkeit, d. h. fällige Forderungen können nicht erfüllt werden. Indizien dafür sind Erklärungen des Schuldners, nicht zahlen zu können, die Einstellung des Betriebs des Schuldners, Nichtzahlung von Arbeitnehmergehältern und Telefon- oder Stromkosten, Flucht des Schuldners vor Gläubigern und Steuer- und Sozialversicherungsrückstände.
- Drohende Zahlungsunfähigkeit, d. h. fällige Forderungen können mit hoher Wahrscheinlichkeit nicht erfüllt werden. Da die Feststellung anhand eines vom Schuldner aufzustellenden Finanzplans erfolgt – das ist ein Vergleich der voraussichtlichen Verbindlichkeiten mit den voraussichtlichen Einnahmen –, kann hier nur der Schuldner einen Eröffnungsantrag stellen.
- Überschuldung bei juristischen Personen, d. h. das Vermögen des Schuldners deckt die bestehenden Verbindlichkeiten nicht mehr. Faktisch bedeutet das, es gibt kein Eigenkapital mehr.

Zur **Abweisung des** Insolvenzantrags durch das Insolvenzgericht kommt es,

- wenn kein Insolvenzgrund vorliegt;
- wenn das Schuldnervermögen die Verfahrenskosten – das sind die Kosten für das Gerichtsverfahren, den Insolvenzverwalter und die Verwertung der Masse – nicht deckt („Ablehnung mangels Masse"); Gesellschaften werden in diesem Fall aus dem Handelsregister gelöscht. Bei natürlichen Personen als Schuldner muss eine die Kosten des Verfahrens deckende Masse nicht vorhanden sein, falls die Stundung der Verfahrenskosten beantragt wurde.

Eröffnung des Insolvenzverfahrens

Die Eröffnung des Verfahrens führt zur Beschlagnahme der Insolvenzmasse. Weitere Verfügungen des Schuldners („Gemeinschuldner") sind damit unzulässig. Zur Erhaltung der Haftungsmasse können bis zur Entscheidung über den Insolvenzantrag Verfügungsverbote über das gesamte Vermögen oder einzelne Vermögensgegenstände des Schuldners angeordnet werden.

Bei Eröffnung des Insolvenzverfahrens wird durch das Insolvenzgericht ein Insolvenzverwalter eingesetzt, ein Termin für die erste Gläubigerversammlung festgelegt und bestimmt, bis wann die Gläubiger Aus- und Absonderungsrechte anzeigen müssen.

Außerdem wird ein Termin bestimmt, zu dem die Gläubiger ihre Forderungen beim Insolvenzverwalter zur Insolvenztabelle angemeldet haben müssen.

Im sog. Prüftermin werden die angemeldeten Forderungen geprüft. Eine angemeldete Forderung gilt für das weitere Insolvenzverfahren als festgestellt, wenn weder der Insolvenzverwalter noch ein Insolvenzgläubiger widersprechen. Für bestrittene Forderungen kann der Gläubiger versuchen, den Widerspruch z. B. durch Änderung der Höhe oder durch Nachweise der Forderung zu beseitigen, ansonsten muss die Feststellung außerhalb des Insolvenzverfahrens in einem besonderen Rechtsstreit betrieben werden.

Feststellung und Verteilung der Insolvenzmasse durch den Insolvenzverwalter

Die Feststellung und Verteilung der Insolvenzmasse folgt einem genau festgelegten Verfahren. Die folgende Tabelle gibt einen Überblick:

<table>
<tr><td colspan="2">1. Schritt: Feststellung der vorhandenen Vermögenswerte</td></tr>
<tr><td colspan="2">2. Schritt: „Bereinigung“ der festgestellten Vermögenswerte</td></tr>
<tr><td></td><td>Aussonderung von fremdem Eigentum und Rückgabe an den Eigentümer

Beispiele: geleaste Maschine, unter Eigentumsvorbehalt gekaufte Ware</td></tr>
<tr><td></td><td>Absonderung von mit dinglichen Rechten belasteten Gegenständen; sie gehen nicht in die Masse ein, sondern werden vorweg zu Geld gemacht und die Gläubiger als Inhaber der dinglichen Rechte aus dem Erlös befriedigt.

Beispiele: ein Grundstück, das mit einer Hypothek/Grundschuld belastet ist; ein Pkw, der an eine Bank sicherungsübereignet wurde; verpfändete Wertgegenstände</td></tr>
<tr><td></td><td>Aufrechnung mit Schulden, die Gläubiger gegenüber dem Gemeinschuldner haben

Beispiel: Ein Warenlieferant schuldet dem Gemeinschuldner noch eine Rückzahlung, weil der Gemeinschuldner wegen Mängeln von einem Kaufvertrag zurückgetreten war.</td></tr>
<tr><td colspan="2">Rest = Insolvenzmasse, welche verwertet, d. h. zu Geld gemacht wird</td></tr>
<tr><td colspan="2">3. Schritt: Die Insolvenzmasse wird verwertet, d. h. per Zwangsversteigerung zu Geld gemacht und an die Gläubiger in folgender Reihenfolge verteilt:</td></tr>
<tr><td></td><td>Befriedigung der Masseverbindlichkeiten, d. h.
▪ der Massekosten (= Kosten des Insolvenzverfahrens)
Beispiel: Gerichtskosten, Insolvenzverwalter
▪ der Masseschulden, d. h. der Verbindlichkeiten, die erst nach der Insolvenzeröffnung durch die Handlungen des Insolvenzverwalters entstanden sind
Beispiel: Miete, Löhne, Einkäufe</td></tr>
<tr><td></td><td>Rest für sonstige Insolvenzforderungen, das sind alle übrigen Forderungen („Tabellenforderungen“) gemäß der festzustellenden Insolvenzquote.</td></tr>
</table>

Die Tabellenforderungen werden gleichmäßig anhand der Insolvenzquote befriedigt.

Beispiel: *Die Summe der Tabellenforderungen beträgt 200.000,00 EUR, nach Befriedigung der Masseverbindlichkeiten stehen jedoch nur noch 10.000,00 EUR zur Ausschüttung zur Verfügung. Die Quote beträgt damit 5 %, d. h. jeder der Tabellengläubiger erhält 5 % seiner angemeldeten Forderung.*

Hinsichtlich der nicht befriedigten Forderungen kann sich der Gläubiger eine vollstreckbare Ausfertigung des Tabellenauszugs durch das Gericht ausstellen lassen und mit dieser als Vollstreckungstitel nach Abschluss des Insolvenzverfahrens gegen den Gemeinschuldner zwangsvollstrecken.

Für natürliche Personen besteht gem. § 286 InsO die Möglichkeit, die persönliche Haftung nach Abschluss des Verfahrens dadurch zu vermeiden, dass sie beim Gericht erfolgreich die Restschuldbefreiung beantragen.

1.3.3.3 Verbraucherinsolvenzverfahren („Privatinsolvenz")

Wesen und Ziele

Beim Verbraucherinsolvenzverfahren nach § 304 InsO handelt es sich um ein vereinfachtes Insolvenzverfahren, das natürlichen Personen offensteht. Dabei kann es sich handeln um Verbraucher oder um ehemalige Selbstständige und Kleingewerbetreibende, sofern diese weniger als 20 Gläubiger haben und bei ihnen keine Verbindlichkeiten aus Beschäftigungsverhältnissen mit Arbeitnehmern vorliegen.

Ziel der Privatinsolvenz ist es, hoch verschuldeten Privatpersonen nach einer gewissen Zeit einen Neuanfang zu ermöglichen, indem der Schuldner nach Ablauf der „Wohlverhaltensperiode" und Abschluss des Insolvenzverfahrens von der Pflicht zur Tilgung der restlichen Schulden befreit wird (sog. Restschuldbefreiung).

Ablauf der Privatinsolvenz

Der Ablauf des Insolvenzverfahrens bei der Privatinsolvenz lässt sich im Wesentlichen in folgende Schritte gliedern:

1. Schritt: Versuch der außergerichtlichen Einigung
Im ersten Schritt muss der Schuldner versuchen, sich außergerichtlich mit den Gläubigern über eine Rückzahlung der Schulden zu einigen. Zur Beratung im Verbraucherinsolvenzverfahren berechtigt sind Anwälte und behördlich anerkannt Beratungsstellen, z. B. Schuldnerberatungsstellen der Kommunen oder zertifizierte Verbraucherzentralen. Die Inanspruchnahme dieser Stellen ist sinnvoll, da nur sie eine Bescheinigung über das Scheitern des Einigungsversuchs als Voraussetzung für den Insolvenzantrag ausstellen können.

In einem sogenannten **Schuldenbereinigungsplan** werden alle Einnahmen und Ausgaben des Schuldners aufgelistet und ein Vorschlag zur Schuldentilgung unterbreitet.

Gelingt die Einigung zwischen Schuldner und Gläubigern, ist das Verfahren beendet und die Abwicklung der Verbindlichkeiten erfolgt nach dem Schuldenbereinigungsplan.

Wird der Schuldenbereinigungsplan jedoch auch nur von einem der Gläubiger abgelehnt, gilt er als gescheitert; sobald die sachkundige Stelle das Scheitern des Schuldenbereinigungsplans bescheinigt, kann die Eröffnung des Insolvenzverfahrens beim zuständigen Insolvenzgericht beantragt werden. Da das Scheitern der Einigung Voraussetzung für das Insolvenzverfahren ist, wird in der Praxis im Schuldenbereinigungsplan häufig bewusst ein „Null-Plan" vorgelegt, d. h. die vorgeschlagene Anzahl und Höhe der Raten wird mit 0,00 EUR angegeben.

2. Schritt: Gerichtliches Schuldenbereinigungsverfahren

Antrag auf Insolvenzeröffnung

Der Antrag beim Insolvenzgericht muss enthalten:

- Bescheinigung über den gescheiterten Versuch einer außergerichtlichen Einigung innerhalb der letzten 6 Monate,
- Verzeichnis der Gläubiger/Verbindlichkeiten,
- Verzeichnis des Vermögens des Schuldners,
- Schuldenbereinigungsplan,
- Antrag auf Restschuldbefreiung (oder Erklärung, dass diese nicht beantragt werden soll).

Außerdem sollte ein Antrag auf Stundung der Kosten für das Insolvenzverfahren beigefügt sein, damit ein etwaiges Insolvenzverfahren nicht mangels Masse abgewiesen werden muss.

Gerichtlicher Einigungsversuch

Bevor das Insolvenzverfahren eröffnet wird, prüft das Gericht, ob die Durchführung eines gerichtlichen Schuldenbereinigungsplans Aussicht auf Erfolg hat. Ist dies der Fall, stellt das Gericht den Gläubigern den Schuldenbereinigungsplan und das Vermögensverzeichnis zu und fordert sie binnen Monatsfrist zu einer Stellungsnahme auf. Stimmen mehr als die Hälfte der Gläubiger zu **und** beträgt die Gesamtsumme der Forderungen **dieser** Gläubiger mehr als die Hälfte der Summe aller Forderungen, so gilt der Plan als angenommen.

Verbraucherinsolvenzverfahren (Privatinsolvenz)

Scheitert auch der gerichtliche Einigungsversuch wegen Ablehnung durch mehr als die Hälfte der Gläubiger, wird das Verbraucherinsolvenzverfahren eröffnet, welches ein im Vergleich zum Regelinsolvenzverfahren wesentlich vereinfachtes Verfahren ist. Es wird ein Treuhänder eingesetzt, der die Insolvenztabelle erstellt, das pfändbare Vermögen des Schuldners verwertet und den Erlös nach Abzug der Verfahrenskosten an die Gläubiger ausschüttet.

Restschuldbefreiung und Wohlverhaltensperiode

Ist das Insolvenzverfahren abgeschlossen und sind noch Restforderungen offen, was die Regel sein dürfte, besteht für Schuldner, die natürliche Personen sind, die Möglichkeit, von den im Insolvenzverfahren nicht erfüllten Schulden befreit zu werden **(Restschuldbefreiung).** In der Regel wird die Privatinsolvenz überhaupt durchgeführt, um im Anschluss daran eine Restschuldbefreiung zu erlangen.

Die Restschuldbefreiung kann aber auch in Zusammenhang mit einem Regelinsolvenzverfahren natürlicher Personen erfolgen.

Der Restschuldbefreiung geht eine **„Wohlverhaltensphase“** mit einer sechs Jahre dauernden Periode ab der Eröffnung des Insolvenzverfahrens voraus. Während dieser Zeit

- muss der Schuldner den pfändbaren Teil seines Einkommens an den Treuhänder abtreten und darf keine Zahlungen mehr an einzelne Gläubiger vornehmen, (denn der Treuhänder schüttet das Geld gemäß der in der Insolvenztabelle festgelegten Quote an die Gläubiger aus);

- muss der Schuldner sich um Arbeit bemühen und jede zumutbare Arbeit annehmen;
- muss der Schuldner auf Verlangen des Treuhänders Auskunft über Erwerbstätigkeit, Einkommen und Vermögen geben.

Nach Ablauf der Wohlverhaltensphase kann der Schuldner die Restschuldbefreiung beantragen.

Das Gericht versagt auf Antrag der Gläubiger die Restschuldbefreiung, wenn einer der in § 290 InsO genannten Versagungsgründe vorliegt:

- rechtskräftige Verurteilung des Schuldners aufgrund einer Insolvenzstraftat;
- Falschangaben über wirtschaftliche Verhältnisse des Schuldners, um z. B. Kredite zu erhalten oder Zahlungen auszusetzen;
- Verschwendung von Vermögen;
- Verletzung von Auskunfts- und Mitwirkungspflichten;
- Restschuldbefreiung (oder deren Versagung) innerhalb der letzten zehn Jahre.

Ausgenommen von der Restschuldbefreiung sind z. B. Geldstrafen, die gestundeten Kosten des Insolvenzverfahrens und Verbindlichkeiten aus einer vorsätzlich unerlaubten Handlung.

Die am 07.04.2011 beim 8. Deutschen Insolvenzrechtstag vorgestellte **Insolvenzrechtsreform** sieht vor, das Verfahren der Restschuldbefreiung von sechs auf drei Jahre zu verkürzen, falls in dieser Zeit die Verfahrenskosten und ein bestimmter Anteil der Schulden, z. B. ein Viertel, beglichen wird.

Wiederholungsfragen zu Kapitel 1.3

1. *Unterscheiden Sie Eigentum und Besitz.*
2. *Wie vollzieht sich der Eigentumserwerb im Normalfall?*
3. *Unter welchen Voraussetzungen ist es möglich, Eigentum vom Nichteigentümer zu erwerben?*
4. *Erläutern Sie die Möglichkeiten, Eigentum per Tathandlung zu erwerben.*
5. *Was versteht man unter dem einfachen Eigentumsvorbehalt und in welchen Fällen geht er unter?*
6. *Was versteht man unter einem „erweiterten" Eigentumsvorbehalt?*
7. *Grenzen Sie Verpfändung und Sicherungsübereignung im Hinblick auf die Eigentums- und Besitzverhältnisse voneinander ab.*
8. *Welche Nachteile hat die Verpfändung im Vergleich zur Sicherungsübereignung für den Gläubiger und für den Schuldner?*
9. *Welche Vorteile hat die Sicherungsübereignung im Vergleich zur Verpfändung?*
10. *Worin besteht der grundsätzliche Unterschied zwischen einer Hypothek und einer Grundschuld?*

11. *Grenzen Sie Realkredite und Personalkredite voneinander ab.*
12. *Was versteht man unter einer Bürgschaft?*
13. *Grenzen Sie Ausfallbürgschaft und selbstschuldnerische Bürgschaft voneinander ab.*
14. *Was versteht man unter einem Zessionskredit?*
15. *Worin besteht das Wesen des Insolvenzverfahrens?*
16. *Wem steht das Regelinsolvenzverfahren offen, wem das Verbraucherinsolvenzverfahren?*
17. *Für den Antrag auf Eröffnung des Insolvenzverfahrens muss ein Insolvenzgrund gegeben sein. Welche Insolvenzgründe gibt es?*
18. *Was versteht man unter „Aussonderung" im Insolvenzverfahren?*
19. *Schildern Sie ganz kurz die einzelnen Schritte beim Privatinsolvenzverfahren.*

1.4 Handelsgesetzbuch

1.4.1 Kaufmannseigenschaft

Sachverhalt

Kioskbesitzer K. möchte bei seinem Lieferanten ranzige Schokolade reklamieren. Gilt für ihn § 377 HGB, wonach er die Ware unverzüglich nach der Lieferung hätte prüfen und rügen müssen?

Das Handelsgesetzbuch ist das „Sonderprivatrecht der Kaufleute", ein Kaufmann ist also eine Person oder Gesellschaft, für den bzw. die das HGB gilt. Daher wird zu Beginn des HGB geregelt, wer Kaufmann ist.

1.4.1.1 Istkaufmann – Kannkaufmann

§ 1 HGB

(1) Kaufmann im Sinne dieses Gesetzbuchs ist, wer ein Handelsgewerbe betreibt.

(2) Handelsgewerbe ist jeder Gewerbebetrieb, es sei denn, dass das Unternehmen nach Art oder Umfang einen in kaufmännischer Weise eingerichteten Geschäftsbetrieb nicht erfordert.

Sofern ein Unternehmen keinen nach Art oder Umfang in kaufmännischer Weise eingerichteten Geschäftsbetrieb erfordert, spricht man von einem Kleingewerbe.

Unter **Gewerbe** versteht man jede erlaubte, auf Gewinn ausgerichtete, auf gewisse Dauer angelegte, selbstständige Tätigkeit mit Ausnahme der freien Berufe. Dazu zählen z. B. Ärzte, Künstler, Rechtsanwälte, Steuerberater und Architekten.

Istkaufmann ist man also durch das Betreiben eines Gewerbes, welches nicht Kleingewerbe ist. Die Eintragung in das Handelsregister ist zwar Pflicht, aber für die

Kaufmannseigenschaft ohne Belang, da sie nur kundtut, dass die Kaufmannseigenschaft vorliegt. Sie hat nur eine deklaratorische, d. h. eine rechtsbezeugende Wirkung.

Ob ein Gewerbebetrieb einen in kaufmännischer Weise eingerichteten Geschäftsbetrieb erfordert, hängt von der Art und dem Umfang der Geschäftstätigkeit ab. In der Praxis haben sich u. a. folgende Beurteilungskriterien herausgebildet:

- Vielzahl von Erzeugnissen und Leistungen
- weiträumige, evtl. internationale Tätigkeit
- Umfangreiche Lagerhaltung
- Größe und Organisation des Betriebes
- Zahl der Betriebsstätten
- hohes Umsatzvolumen
- Zahl und Funktion der Beschäftigten

Kleingewerbetreibende werden nach § 2 HGB erst durch die freiwillige Eintragung in das Handelsregister zum Kaufmann. Sie werden deshalb als **Kannkaufmann** bezeichnet. Die Eintragung ist also konstitutiv, d. h. rechtserzeugend.

1.4.1.2 Handelsgesellschaften

Nach § 6 (1) HGB ist jede Handelsgesellschaft Kaufmann. Zu den Handelsgesellschaften gehören OHG, KG, GmbH, AG und KGaA, nicht jedoch die Gesellschaft bürgerlichen Rechts (GbR).

Dabei sind Kapitalgesellschaften, also GmbH, AG und KGaA gemäß § 6 (2) HGB auch dann Kaufmann, wenn die Voraussetzungen des § 1 (2) HGB nicht vorliegen, d. h. insbesondere wenn sie kein Gewerbe betreiben. Die Kapitalgesellschaft ist Kaufmann kraft ihrer Rechtsform **(Formkaufmann)**. Ihre Eintragung in das Handelsregister hat rechtserzeugende Wirkung.

Beispiele: *„Steuerberatungs-GmbH“, „Städtische Theaterbetriebs-GmbH“*

1.4.1.3 Scheinkaufmann

Die Rechtsprechung hat den Grundsatz entwickelt, dass jemand, der durch sein Auftreten im Geschäftsverkehr den Eindruck erweckt (Rechtsschein), er sei Kaufmann, die ihn belastenden Folgen der Kaufmannseigenschaft gegen sich gelten lassen muss. Obwohl er also kein Kaufmann ist, haftet er z. B. gegenüber gutgläubigen Dritten wie ein solcher. Die Vorschriften des Handelsrechts werden nur gegen, nicht aber für den Scheinkaufmann angewandt. Der Scheinkaufmann ist gesetzlich nicht geregelt, resultiert aber aus den Geboten von Treu und Glauben.

1.4.2 Firma des Kaufmanns

Umgangssprachlich wird mit dem Begriff „Firma“ meist ein Unternehmen, ein Betrieb oder eine Arbeitsstelle bezeichnet.

Das Handelsrecht versteht jedoch nach § 17 HGB unter dem Begriff Firma den Namen eines Kaufmanns, unter dem er seine Geschäfte betreibt.

Zur Führung einer Firma sind nach deutschem Handelsrecht nur Kaufleute berechtigt. Freiberufler und Kleingewerbetreibende treten im Geschäftsleben dagegen unter ihrem bürgerlichen Namen auf oder führen eine firmenähnliche Geschäftsbezeichnung (z. B. Hotel zur Post, Video-Center), auch die GbR kann lediglich eine Geschäftsbezeichnung führen.

Firmenarten sind
- Namensfirma, z. B. „Henkel KGaA“, „Manfred Mann e. K.“;
- Sachfirma, z. B. „Vermögensanlage GmbH”;
- Phantasiefirma, z. B. „Schlaraffenland AG“;
- Kombination, z. B. „Meier Kosmetik GmbH“.

Bei der Firmierung sind verschiedene **Firmengrundsätze** zu beachten. Dazu gehören u. a.:

- **Firmenzusatz:**
  Die Firma muss einen Zusatz enthalten, der die Rechtsform oder eine allgemein verständliche Abkürzung angibt, z. B. „e. K.“, „OHG“, „GmbH“ oder „AG“.

- **Firmenwahrheit und -klarheit** (§ 18 HGB):
  Für Außenstehende muss erkennbar sein, wer Firmeninhaber ist und welche Art von Unternehmung vorliegt. Außenstehende dürfen nicht über wesentliche geschäftliche Verhältnisse, insbesondere Art und Umfang irregeführt werden.

  Beispiel: *Ein Betreiber eines kleinen Gemüsegeschäfts darf sich nicht „Import-Export International“ nennen.*

- **Firmenöffentlichkeit:**
  Jeder Kaufmann muss seine Firma nach § 29 HGB in das Handelsregister eintragen lassen. Auf jedem Geschäftsbrief des Kaufmanns muss gemäß § 37a HGB die Firma mit Rechtsformzusatz, Ort der Handelsniederlassung, Registergericht und Nummer, unter der die Firma ins Handelsregister eingetragen ist, genannt werden.

- **Firmenausschließlichkeit** (§ 30 HGB):
  Jede Firma muss sich von anderen eingetragenen Firmen in derselben Gemeinde unterscheiden.

Das Registergericht kann von Amts wegen dafür sorgen, dass eine unzulässige Firma nicht weiterverwendet wird. Dafür steht ihm nach § 37 Abs. 1 HGB die Möglichkeit offen, ein Ordnungsgeld für den Fall anzudrohen, dass die Firma nicht zügig gelöscht wird.

1.4.3 Handelsregister

Das Handelsregister ist ein amtliches Verzeichnis aller Kaufleute eines Amtsgerichtsbezirks.

Das Handelsregister wird beim Registergericht des jeweiligen Amtsgerichtes geführt und kann von jedermann eingesehen werden. Es ist in zwei Abteilungen untergliedert:
- in **Abteilung A** werden Einzelunternehmen und Personengesellschaften eingetragen;
- in **Abteilung B** werden die Kapitalgesellschaften eingetragen.

1.4.3.1 Funktionen des Handelsregisters

Sinn des Handelsregisters ist es, die wichtigsten Rechtsverhältnisse, z. B. Firma, Inhaber, Gesellschafter, Kapital, Geschäftsführer oder Prokura, offenkundig zu machen. Damit hat es eine Publizitätsfunktion, es kann von jedermann ohne Nachweis eines berechtigten Interesses eingesehen werden. Daneben hat es eine Beweisfunktion und – aufgrund der Prüfung der einzutragenden Tatsachen – eine Kontrollfunktion.

1.4.3.2 Eintragung

Die Eintragung wird **auf Antrag des Kaufmanns** vorgenommen. Der Inhaber muss dafür persönlich beim Registergericht erscheinen oder den Antrag schriftlich – mit notariell beglaubigter Unterschrift – stellen.

Eintragungspflichtige Tatsachen sind z. B.:

- die Kaufmannseigenschaft des Istkaufmanns (der Kannkaufmann lässt sich freiwillig eintragen),
- Geschäftssitz und dessen Verlegungen, Zweigniederlassungen,
- Firma und deren Änderungen,
- Erteilung einer Prokura,
- Insolvenzverfahren.

Dritte müssen nach § 15 HGB Eintragungen, z. B. Widerruf der Prokura oder Ausscheiden eines Gesellschafters, gegen sich gelten lassen, auch wenn sie ihnen nicht bekannt waren.

Grundsätzlich tut die Eintragung nur bereits bestehende Tatsachen kund („deklaratorische" bzw. „rechtsbezeugende" Wirkung der Eintragung).

Beispiel: *Prokurist wird jemand bereits mit der Bestellung durch den Geschäftsinhaber, die Eintragung tut dies nur kund.*

In einigen Fällen jedoch werden die Tatsachen erst mit der Eintragung wirksam („konstitutive" bzw. „rechtserzeugende" Wirkung der Eintragung).

Beispiele: *Kleingewerbetreibende werden erst durch die Eintragung (Kann-)Kaufmann; eine GmbH entsteht erst durch ihre Eintragung.*

1.4.3.3 Bekanntmachung

Die Handelsregistereintragungen werden im Bundesanzeiger, in mindestens einer Tageszeitung des Amtsgerichtsbezirkes und unter www.handelsregister.de bekannt gemacht.

Die Eintragung und Bekanntmachung hat nach § 15 HGB in Bezug auf eintragungspflichtige Tatsachen für den Rechtsverkehr große Bedeutung:

- Solange eine eintragungspflichtige Tatsache nicht eingetragen und bekannt gemacht worden ist, kann sie einem Dritten, der die Tatsache nicht kannte, nicht entgegengehalten werden („negative Publizität" des Handelsregisters).

  Beispiel: *Der Prokurist Müller wird wegen Unregelmäßigkeiten entlassen. Bevor das Erlöschen der Prokura amtlich ist, kauft Müller einen Geschäftswagen und verschwindet mit diesem. Das Unternehmen muss den Wagen bezahlen.*

- Ist eine eintragungspflichtige Tatsache eingetragen und bekannt gemacht worden, kann sie einem Dritten entgegengehalten werden, auch wenn er sie nicht kannte.

  Beispiel: *Wäre im o. g. Beispiel das Erlöschen der Prokura bereits bekannt gemacht worden, hätte sich der Geschäftsinhaber darauf berufen können und nicht bezahlen müssen.*

- War die Bekanntmachung fehlerhaft – selbst wenn die Eintragung richtig war –, so kann sich ein Dritter, der die Unrichtigkeit nicht kannte, auf die unrichtig bekannt gemachte Tatsache berufen („positive Publizität" des Handelsregisters).

  Beispiel: *Wurde im o. g. Beispiel durch ein Versehen des Amtsgerichts nicht das Erlöschen der Prokura von Müller, sondern der Prokura des zweiten Prokuristen Möller bekannt gemacht, so könnte sich der Verkäufer des Geschäftswagens darauf berufen.*

1.4.4 Geschäftsführung und Vertretung

Geschäftsführungsbefugnis und Vertretungsmacht bilden ein Begriffspaar:

- Die **Geschäftsführungsbefugnis** bestimmt das rechtliche Dürfen im Innenverhältnis, d. h. im Verhältnis der Gesellschafter untereinander.
- Die **Vertretungsmacht** bestimmt dagegen das rechtliche Können im Außenverhältnis, z. B. gegenüber Kunden, Lieferanten und Banken.

  Beispiel: *Eine OHG besteht aus den Gesellschaftern A, B und C. Während des Urlaubs von A und B beschließt C, das Firmengrundstück durch den Kauf eines Nachbargrundstücks zu erweitern. Im Innenverhältnis ist nach § 116 (2) HGB für den Kaufentschluss als außergewöhnliches Geschäft der Beschluss aller Gesellschafter erforderlich, C überschreitet also seine Geschäftsführungsbefugnis. Trotzdem kann C im Außenverhältnis den Kaufvertrag abschließen und die Gesellschaft wirksam verpflichten, da sich seine Vertretungsmacht nach § 126 BGB auch auf außergewöhnliche Geschäfte erstreckt.*

Der Umfang der Geschäftsführungsbefugnis kann vertraglich abgeändert werden, der Umfang der Vertretungsmacht jedoch nicht.

1.4.4.1 Unselbstständige Hilfspersonen des Kaufmanns

Unselbstständige, d. h. angestellte Hilfspersonen des Kaufmanns, sind der **Handlungsbevollmächtigte** und der **Prokurist.**

Ihre Rechte und Pflichten gegenüber dem Kaufmann werden durch das Arbeitsrecht bestimmt. Ihre Befugnisse nach außen als **Stellvertreter** des Kaufmanns werden grundsätzlich durch die Regelungen für die Stellvertretung bzw. Vollmacht in den §§ 164 ff. BGB bestimmt.

Es gelten jedoch zusätzliche Regelungen des HGB hinsichtlich Erteilung, Umfang und Widerruf. So ist z. B. der Umfang der HGB-Vollmachten, d. h. das Außenverhältnis zu Dritten, gesetzlich festgelegt. Der Geschäftspartner kann dadurch sicher sein, dass der Vertreter auch in diesem gesetzlich vorgegebenen Rahmen handeln darf, da Einschränkungen im Verhältnis zu Dritten ungültig sind.

Handlungsbevollmächtigte im Handelsrecht

Die **Erteilung** der Handlungsvollmachten des Handelsrechts

- erfolgt per ausdrücklicher Erklärung oder Duldung;
- geschieht durch den Kaufmann oder seine Stellvertreter (z. B. den Prokuristen oder jeweils „höhere" Handlungsbevollmächtigten, sie kann nicht per Handelsregistereintrag bekannt gemacht werden).

Nichtkaufleute können keine HGB-Handlungsvollmacht erteilen.

Je nach Umfang der Handlungsvollmacht unterscheidet man zwischen Einzelvollmacht, Artvollmacht und Generalvollmacht.

Arten von Handlungsvollmachten im Handelsrecht (§§ 54 – 58 HGB)	
Art der Vollmacht	**Ermächtigt zu ...**
Einzelvollmacht	... einer einzigen Handlung; ***Beispiel:*** *Ein Angestellter wird beauftragt, an den Lieferer eine Bestellung aufzugeben.*
Artvollmacht	... dauernder Ausführung einer bestimmten Handlungsart; ***Beispiel:*** *Ein Angestellter erledigt wöchentlich die im Unternehmen anfallenden Bestellungen.*
Generalvollmacht	... allen gewöhnlichen Geschäften eines derartigen Unternehmens. Eine besondere Befugnis braucht der Generalbevollmächtigte aber für ▪ die Veräußerung/Belastung von Grundstücken ▪ die Aufnahme von Darlehen ▪ die Prozessführung (§ 54 (2) HGB).

Die **Ladenvollmacht** nach § 56 HGB ist eine Sonderform der Artvollmacht: Der Ladenangestellte gilt für alle Verkäufe/Empfangnahmen als ermächtigt, die gewöhnlich in einem derartigen Laden geschehen.

Prokura

Die Prokura ist die umfassendste Vertretungsmacht im Handelsrecht.

Hinsichtlich Erteilung, Widerruf und Umfang im Außenverhältnis sind folgende Besonderheiten zu beachten:

Erteilung der Prokura

- Die Prokura kann nur ausdrücklich, nie durch Duldung und nur durch den Geschäftsinhaber erteilt werden. Dieser muss zudem Kaufmann im Sinne des HGB sein.
- Die Prokuraerteilung ist nach den §§ 48, 53 HGB in das Handelsregister einzutragen, sie ist jedoch schon wirksam ab Ernennung. Die Eintragung hat nur deklaratorische Wirkung.
- Unterschriften des Prokuristen müssen auf die Prokura hinweisen, z. B. durch den Zusatz „ppa", d. h. per Prokura.

Umfang der Prokura

Während die Generalvollmacht zu allen gewöhnlichen Geschäften eines derartigen Unternehmens ermächtigt, umfasst die Prokura nach § 49 HGB die Ermächtigung zu allen „gerichtlichen und außergerichtlichen“, d. h. zu allen gewöhnlichen und außergewöhnlichen Handlungen, die der Betrieb (irgend-)eines Handelsgewerbes mit sich bringt.

Dieser gesetzlich festgelegte Umfang ist im Außenverhältnis nicht beschränkbar.

Beispiel: *Auch gegen die Anweisung des Unternehmensinhabers kann der Prokurist ein untersagtes Geschäft abschließen und das Unternehmen damit rechtswirksam verpflichten.*

Nicht in diesen Rahmen einbezogen sind jedoch **Grundlagengeschäfte**, die den Betrieb als solchen betreffen oder dem Inhaber höchstpersönlich vorbehalten sind, wie:
- Einstellung oder Veräußerung des Geschäftsbetriebes,
- Änderung der Firma,
- Aufnahme von Gesellschaftern,
- Beantragung der Insolvenz,
- Vornahme von Anmeldungen zum Handelsregister,
- Erteilung von Prokura,
- Veräußerung und Belastung von Grundstücken (mit besonderer Erlaubnis aber möglich),
- Unterzeichnung des Jahresabschlusses.

Widerruf der Prokura

- Der Widerruf der Prokura ist nach § 53 (3) HGB in das Handelsregister einzutragen.
- Die Eintragung ist nur „deklaratorisch“, d. h. sie tut den auch ohne Eintragung wirksamen Widerruf nur kund.
- Dritte brauchen den Widerruf nach § 15 HGB nicht gegen sich gelten zu lassen, wenn er nicht eingetragen war. Andererseits muss ein Dritter den Widerruf auch bei Unkenntnis gegen sich gelten lassen, falls er eingetragen war.

1.4.4.2 Selbstständige Hilfspersonen des Kaufmanns

Im Bereich des betrieblichen Absatzes spielen neben kaufmännischen Angestellten, z. B. fest angestellten Reisenden, auch **selbstständige** Vermittler wie Handelsvertreter, Kommissionär und Makler eine Rolle, welche als Vergütung eine **Provision** erhalten.

	Handelsvertreter	Handelsmakler	Kommissionär
	§§ 84 ff. HGB	§§ 93 ff. HGB	§§ 383 ff. HGB; bei Handelsgeschäften auch §§ 343–372 HGB
	Die Vorschriften finden auch dann Anwendung, wenn es sich um Kleingewerbe ohne Eintragung ins Handelsregister handelt, also wenn keine Kaufmannseigenschaft vorliegt (bei nichtkaufmännischen Kommissionären die §§ 348–350 HGB jedoch nicht!).		
wesentliche Merkmale	▪ Vermittlung oder Abschluss von Verträgen ▪ ständig für einen anderen tätig	▪ Vermittlung von bestimmten Verträgen ▪ nicht ständig für eine bestimmte Person tätig	Kauf oder Verkauf von Waren oder Wertpapieren im eigenen Namen, jedoch für Rechnung eines anderen, des Kommitenten

	Handelsvertreter	Handelsmakler	Kommissionär
Beispiele	– *Einkaufs- oder Verkaufsvertreter* – *Versicherungsvertreter*	– *Warenmakler, Börsenmakler, Finanzmakler, Versicherungsmakler, Schiffsmakler; § 93 (2) HGB* *Vermittler anderer Geschäfte (z. B. Immobilienmakler, Ehevermittler) fallen unter §§ 652 ff. BGB („Zivilmakler")*	– *Kommissionär im Kunst- und Gebrauchtwagenhandel* – *An- und Verkauf von Wertpapieren durch Banken als Kommissionäre*

Wiederholungsfragen Kapitel 1.4

1. *Wer ist Istkaufmann nach HGB?*
2. *Was versteht man unter einem „Gewerbe"?*
3. *Kann ein kleingewerbetreibender Kaufmann i. S. d. HGB sein? Erläutern Sie Ihre Antwort.*
4. *Wer ist Formkaufmann nach HGB und welche Besonderheit gilt hier bezüglich der Kaufmannseigenschaft?*
5. *Was versteht man unter einem „Scheinkaufmann" und wie wird er von der Rechtssprechung behandelt?*
6. *Was versteht das Handelsrecht unter der Firma eines Kaufmanns?*
7. *Welche Grundsätze sind bei der Firmierung zu beachten?*
8. *Ergänzen Sie: „Das Handelsregister ist ein…".*
9. *Unterscheiden Sie „deklaratorische" und „konstitutive" Wirkung von Handelsregistereinträgen.*
10. *Unterscheiden Sie Geschäftsführungsbefugnis und Vertretungsmacht.*
11. *Worin unterscheidet sich die Handlungsvollmacht von der Prokura im Hinblick auf die Erteilung?*
12. *Worin unterscheidet sich die Generalvollmacht von der Prokura im Hinblick auf den Umfang?*
13. *Unterscheiden Sie Handelsvertreter, Handelsmakler und Kommissionär.*

1.5 Arbeitsrecht

Das Arbeitsrecht regelt die rechtlichen Beziehungen zwischen Arbeitgebern und Arbeitnehmern einerseits sowie zwischen den Vertretern von Arbeitnehmern (Gewerkschaften) und den Vertretern von Arbeitgebern (Arbeitgeberverbände) andererseits.

Das Arbeitsrecht ist überwiegend Privatrecht, teilweise aber auch öffentliches Recht. So sind z. B. die Beamten und Richter keine Arbeitnehmer im Sinne des privaten Rechts, sondern unterliegen vielmehr dem Beamtenrecht, das dem öffentlichen Recht zuzuordnen ist.

Ein einheitliches Arbeitsgesetzbuch existiert nicht. Vielmehr sind Vorschriften in zahlreichen Gesetzen und Verordnungen zu finden.

Individuelles Arbeitsrecht	Kollektives Arbeitsrecht	Arbeitsschutzrecht
Das individuelle Arbeitsrecht regelt die Beziehungen zwischen Arbeitgebern und Arbeitnehmern. Dazu zählt die Ausgestaltung der zwischen den Parteien ausgehandelten Verträge, z. B. ein Arbeitsvertrag oder ein Ausbildungsvertrag.	Das kollektive Arbeitsrecht regelt die Beziehungen zwischen Arbeitgebern oder Arbeitgeberverbänden einerseits und Zusammenschlüssen der Arbeitnehmer (Gewerkschaften oder Betriebsräte) andererseits. Dazu zählen Tarifverträge und Betriebsvereinbarungen.	Das Arbeitsschutzrecht regelt den Schutz aller Arbeitnehmer vor ungerechtfertigten Maßnahmen des Arbeitgebers, die Abwendung von Gefahren, die von der Arbeit ausgehen können, sowie den besonderen Schutz bestimmter Personengruppen. Beispiele dafür sind der technische Arbeitsschutz oder der Schwerbehindertenschutz. Das Arbeitsschutzrecht ist öffentliches Recht, als solches ist es zwingendes Recht und unterliegt keinen Möglichkeiten der vertraglichen Veränderung. Da das Arbeitsschutzrecht sich insbesondere auf die Beziehungen zwischen dem einzelnen Arbeitnehmer und dem Arbeitgeber auswirkt, gehört es zum individuellen Arbeitsrecht.
wesentliche Rechtsquellen: ▪ Bürgerliches Gesetzbuch (BGB) ▪ Handelsgesetzbuch (HGB) ▪ Berufsbildungsgesetz (BBiG) ▪ Handwerksordnung (HwO) ▪ Nachweisgesetz (NachwG) ▪ Entgeltfortzahlungsgesetz (EntgFG)	wesentliche Rechtsquellen: ▪ Grundgesetz (GG) ▪ Betriebsverfassungsgesetz (BVerfG) ▪ Personalvertretungsgesetz (PersVG) ▪ Gesetz über die Mitbestimmung der Arbeitnehmer (MitbestG) ▪ Montanmitbestimmungsgesetz (MoMitbestG) ▪ Tarifvertragsgesetz (TVG)	wesentliche Rechtsquellen: ▪ Arbeitsschutzgesetz (ArbSchG) ▪ Arbeitssicherheitsgesetz (ASiG) ▪ Arbeitszeitgesetz (ArbZG) ▪ Arbeitnehmerentsendegesetz (AEntG) ▪ Arbeitnehmerüberlassungsgesetz (AÜG) ▪ Arbeitsplatzschutzgesetz (ArbPlSchG) ▪ Allgemeines Gleichbehandlungsgesetz (AGG) ▪ Bundesurlaubsgesetz (BUrlG) ▪ Jugendarbeitsschutzgesetz (JArbSchG) ▪ Kündigungsschutzgesetz (KSchG) ▪ Neuntes Sozialgesetzbuch (SGB IX) (für Schwerbehinderte)

Im Arbeitsrecht wirkt – wie gesehen – eine Vielzahl von Rechtsquellen auf ein Arbeitsverhältnis ein. Das Verhältnis dieser Rechtsquellen zueinander ist dabei mitunter widersprüchlich, weil unterschiedliche Inhalte kodifiziert sind. Hinzu kommt, dass neben diese große Vielzahl von Rechtsquellen die aktuelle Rechtsprechung tritt.

Das Verhältnis der einzelnen Rechtsquellen zueinander ergibt sich aus folgender Rangfolge:

- Der **Vertrag** über die Arbeitsweise der Europäischen Union („Lissabon-Vertrag") enthält eine Reihe von zwingenden Normen, die sogar die nationale Gesetzgebung dominieren, z. B. das Verbot der Diskriminierung aufgrund der Staatsangehörigkeit oder die Freizügigkeit der Arbeitnehmer innerhalb der EU (Art. 45 AEUV).
- Die Verfassungen der einzelnen Länder der EU stehen auf der nächsten Stufe. Normen des **Grundgesetzes** in Deutschland können von anderen nationalen Rechtsnormen nicht „ausgehebelt" werden. So sieht das GG zum in Art. 9 (3) die Koalitionsfreiheit vor, auf der die Tarifautonomie basiert.
- Die **Bundes- und ggf. Ländergesetze** enthalten die für ein Arbeitsverhältnis zu beachtenden Mindeststandards.
- Auf der nächsten Stufe stehen die im Rahmen von **Tarifverträgen** formulierten Arbeitsbedingungen, die für alle von den Tarifparteien vertretenen Arbeitnehmer und Arbeitgeber gelten.
- Sofern in einem Betrieb ein Betriebsrat existiert, bestehen **Betriebsvereinbarungen,** die unterhalb der tariflichen Regelungen angesiedelt sind und für alle Arbeitnehmer eines Betriebes gelten.
- **Allgemeine Arbeitsbedingungen** sind hingegen keine Normen, sondern vom Arbeitgeber formulierte Arbeitsvertragsbedingungen. Sie sind damit quasi Allgemeine Geschäftsbedingungen und unterliegen der AGB-Kontrolle nach § 310 (4) BGB.
- Der **Arbeitsvertrag** selbst bestimmt das Verhältnis zwischen einem Arbeitnehmer und seinem Arbeitgeber und definiert u. a. Stellenbezeichnung und -aufgaben, Befugnisse, Befristungen und Entgelt. Sofern Formulararbeitsverträge vorliegen, beschreiben diese lediglich gesetzliche oder tarifvertragliche Regelungen. Es gibt jedoch auch Sondervereinbarungen, die für den einzelnen Arbeitnehmer günstiger sein können.
- Der Arbeitsvertrag begründet in der Regel ein Dauerschuldverhältnis, dessen konkrete Ausgestaltung in der täglichen Arbeit durch formalisierte Regeln bestimmt wird. Diese Regeln sind z. T. kodifiziert, z. B. in Verhaltensanweisungen gegenüber Kunden, z. T. existieren diese Regeln ungeschrieben als Regeln der sozialen Gemeinschaft (z. B. Kleiderordnung). Zusammengefasst werden können diese betrieblichen Regeln als **„betriebliche Übung"**.

Vorrangprinzip

Hinsichtlich der zwingenden Normen (Gesetze, Verordnungen, Tarifverträge) gilt das Vorrangprinzip: Die jeweils ranghöhere Norm gilt immer vor der rangniederen Rechtsnorm. Damit wird erreicht, dass im Arbeitsrecht bestimmte Mindeststandards zwingend festgelegt werden.

Günstigkeitsprinzip

Nach dem Günstigkeitsprinzip darf eine Vereinbarung oder Vorschrift nur dann für einen Arbeitnehmer gelten, wenn es auf der nächsthöheren Stufe keine für ihn günstigere Regelung gibt. Dies ermöglicht den handelnden Parteien einen weitgehenden Gestaltungsspielraum, ohne elementare Rechte der Arbeitnehmer zu verletzen

Beispiel: *Das Bundesurlaubsgesetz sieht als Mindesturlaub 24 Werktage pro Jahr vor, wobei der Samstag auch als Werktag gilt. Der Manteltarifvertrag der metallverarbeitenden Industrie in Nordrhein-Westfalen sieht für alle Arbeitnehmer 30 Werktage vor. Eine Betriebsvereinbarung, die einen geringeren Jahresurlaub vereinbaren würde, wäre nichtig. Über den Arbeitsvertrag könnte ein Arbeitgeber mit einem Mitarbeiter einen höheren Jahresurlaub vereinbaren, keinesfalls jedoch einen geringeren.*

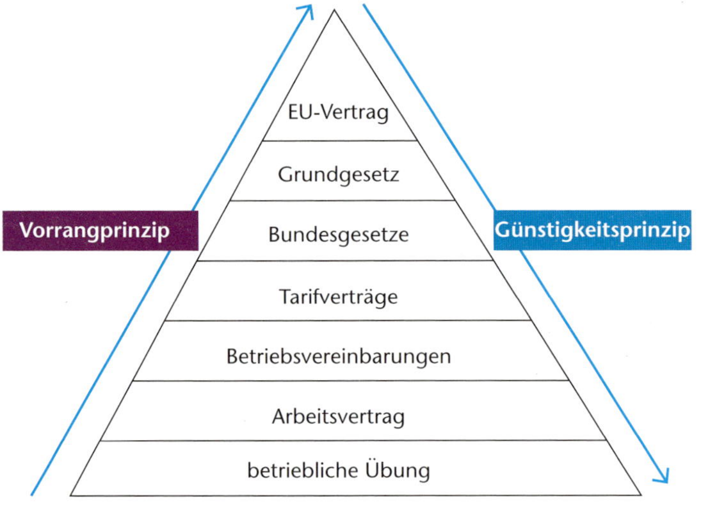

1.5.1 Arbeitsvertragsrecht

Der Arbeitsvertrag, vielfach auch Anstellungsvertrag genannt, ist ein privatrechtlicher Vertrag zur Begründung eines Schuldverhältnisses über die entgeltliche und persönliche Erbringung einer Dienstleistung zwischen Arbeitgeber und Arbeitnehmer.

Der Arbeitsvertrag definiert sämtliche Bedingungen für das zukünftige Arbeitsverhältnis zwischen Arbeitgeber und Arbeitnehmer und begründet ein zukünftiges Arbeitsverhältnis. Er ist eine Unterart des nach § 611 ff. BGB geregelten Dienstvertrags. Sofern der Arbeitgeber Standardarbeitsverträge verwendet, handelt es sich grundsätzlich um Allgemeine Geschäftsbedingungen, die nach dem AGB-Recht nach §§ 305 ff. BGB zu behandeln sind.

Wie oben bereits erwähnt, ist der Arbeitsvertrag in ein komplexes System arbeitsrechtlicher Regulierungen eingebunden, die insofern beachtet werden müssen, als sie zwingend günstigere Bedingungen für den Arbeitnehmer formulieren.

Während es sich jedoch bei dem Dienstverhältnis im Sinne des § 611 BGB grundsätzlich um ein Verhältnis zwischen gleich starken Partnern handelt, ist das Arbeitsverhältnis durch verschiedene Besonderheiten gekennzeichnet.

Merkmale des Arbeitsverhältnisses:

- Es handelt sich um ein **Dauerschuldverhältnis**, das täglich neu erfüllt werden muss.
- Es besteht eine starke **wirtschaftliche Abhängigkeit** des Arbeitnehmers von seinem Arbeitgeber.
- Der Arbeitnehmer unterliegt hinsichtlich der konkreten Erfüllung des Arbeitsvertrages dem **Direktions- und Weisungsrecht** des Arbeitgebers, der letztlich bestimmen kann, was, wie, wann und wo der Arbeitnehmer zu leisten hat.

Arbeitnehmer

Arbeitnehmer sind natürliche Personen, die im rechtlichen Rahmen eines Arbeitsverhältnisses aufgrund eines privatrechtlichen Vertrags verpflichtet sind, ihre Arbeitskraft unselbstständig und weisungsgebunden gegen Entgelt zur Verfügung zu stellen und die vereinbarten Leistungen zu erbringen. Dazu zählen Arbeiter, Angestellte und Auszubildende.

Wesentliche Merkmale eines Arbeitnehmers:

- Er ist dauerhaft persönlich abhängig.
- Er erbringt unselbstständige Arbeit (auch im Sinne des Einkommensteuerrechts).
- Er erbringt diese Dienste fremdbestimmt, eingebunden in die Organisation des Arbeitgebers.
- Er ist wirtschaftlich abhängig.

Keine Arbeitnehmer im Sinne des privaten Arbeitsrechts sind aus einsichtigen Gründen:

- Ehegatten und Kinder, soweit sie familientypische Arbeit verrichten,
- Arbeitslose und Rentner,
- Strafgefangene (Arbeitsleistung im Rahmen eines öffentlich-rechtlichen Gewaltverhältnisses),
- Gewerbetreibende und Freiberufler,
- Vorstandsmitglieder von juristischen Personen,
- Beamte, Richter und Soldaten (öffentlich-rechtliches Dienstverhältnis).

Sobald allerdings eine dieser Personen unter Beachtung der gesetzlichen Regelungen einen Arbeitsvertrag abschließt, wird sie automatisch zum Arbeitnehmer.

Beispiele: *Die Ehefrau eines Architekten arbeitet im Büro ihres Mannes. Der Rentner arbeitet als Supervisor in einem Parkhaus. Eine 16-jährige Schülerin arbeitet an der Kasse eines Supermarktes.*

Arbeitnehmerähnliche Personen gehören nicht direkt zu den Arbeitnehmern. Sie sind

- selbstständige Unternehmer wie Heimarbeiter oder freie Mitarbeiter;
- wirtschaftlich von ihrem Auftraggeber abhängig;
- nicht in die Organisation eingebunden und haben die Möglichkeit der freien Zeiteinteilung.

Beispiel: *Fahrer eines Tiefkühlkostdirektvertriebs, die als selbstständige Unternehmer unterwegs sind.*

Typische arbeitnehmerähnliche Personenkreise sind

- Heimarbeiter,
- Hausgewerbetreibende,
- selbstständige Handelsvertreter als Einfirmen-Vertreter, die während der letzten sechs Monate durchschnittlich nicht mehr als 1.000,00 EUR monatlich verdient haben,
- bestimmte freie Mitarbeiter.

Es ist unmittelbar einsichtig, dass diese wirtschaftlich abhängigen Personen des sozialen Schutzes bedürfen. Zahlreiche Arbeitgeber bringen immer häufiger Menschen aus regulären Arbeitsverhältnissen wegen der hohen Personalnebenkosten in selbstständige Dienstverhältnisse. Deshalb muss in Zweifelsfällen das Vorliegen der Scheinselbstständigkeit geprüft werden, denn dieses ist eine nicht korrekte Umgehung der Sozialversicherungspflicht. Zur Feststellung, ob eine sozialversicherungspflichtige Beschäftigung vorliegt, können die betreffenden Personen bei der Deutschen Rentenversicherung schriftlich im Wege des Anfrageverfahrens eine **Entscheidung** einholen.

Arbeitgeber

Arbeitgeber ist jeder, der mindestens einen Arbeitnehmer beschäftigt. Wer Arbeitgeber ist, bestimmt sich danach, mit wem der Arbeitsvertrag geschlossen wurde.

Arbeitgeber können folglich sein

- natürliche Personen, z. B. die berufstätige Ehefrau, die eine Kinderfrau engagiert; der Architekt, der einen Statiker beschäftigt; der Einzelkaufmann, der eine Buchhalterin einstellt,
- juristische Personen des Privatrechts, wie die AG, die GmbH oder die Genossenschaft,
- rechtsfähige Personenverbunde, wie eine OHG oder KG, auch die GbR aufgrund eines Urteils des BGH,
- öffentlich-rechtliche Körperschaften, wie Kommunen, Länder oder der Bund.

Je nach besonderer Konstruktion des Arbeitsvertrages, z. B. in einem Arbeitsverhältnis, bei dem der Arbeitnehmer zwar von einem Arbeitgeber angestellt wird, die Arbeit jedoch für den Vertragspartner des Arbeitgebers erbringt, z. B. bei einem Leiharbeitsverhältnis nach dem Arbeitnehmerüberlassungsgesetz, kommt es zu einer *Aufspaltung der Arbeitgeberstellung*.

Scharf vom Begriff des Arbeitgebers abzugrenzen sind die Begriffe Unternehmen und Betrieb. Dabei handelt es sich um betriebswirtschaftliche Begriffe; sie spielen im Arbeitsrecht keine Rolle.

Abschluss des Arbeitsvertrags

Der Arbeitsvertrag ist ein zweiseitig verpflichtendes Rechtsgeschäft, das durch zwei übereinstimmende Willenserklärungen zustande kommt.

Voraussetzungen des gültigen Arbeitsvertrages

Zunächst sind die Voraussetzungen zu prüfen, die zum Abschluss eines gültigen Arbeitsvertrags führen:

Beide Parteien müssen geschäftsfähig sein. Zum Abschluss eines Arbeits- oder Ausbildungsvertrags mit Minderjährigen bedarf es der Zustimmung oder Einwilligung des gesetzlichen Vertreters.

Hinsichtlich Abschluss, Inhalt und Form des Arbeitsvertrags sind die beteiligten Personen grundsätzlich frei, sofern andere zwingenden Rechtsquellen dies nicht verhindern:

Abschlussfreiheit	Der Freiheit zum Abschluss eines Arbeitsvertrags könnte auf Arbeitgeberseite der Betriebsrat unter bestimmten Voraussetzungen eine Grenze ziehen. ***Beispiel:*** *Der Betriebsrat widerspricht der Einstellung eines neuen Mitarbeiters, weil zu befürchten ist, dass dieser den Betriebsfrieden nachhaltig stören wird, weil er einer extremen politischen Gruppierung angehört, oder er widerspricht der Einstellung, weil die verhandelte Entlohnung weit unter Tarif liegt.*
Formfreiheit	Grundsätzlich gilt auch für den Abschluss von Arbeitsverträgen, das keine besondere Form verlangt wird. Der Arbeitsvertrag kann deshalb auch mündlich abgeschlossen werden. Allerdings schreibt § 2 des Nachweisgesetzes vor, dass der Arbeitgeber innerhalb von einem Monat eine Niederschrift der wesentlichen Vertragsbestimmungen anzufertigen, diese zu unterschreiben und dem Arbeitnehmer auszuhändigen hat. Gleichwohl hat eine Verletzung dieser Pflicht keine Auswirkung auf die Gültigkeit des geschlossenen Vertrags. Tarifverträge können vorschreiben, dass Arbeitsverträge zum Schutz der Arbeitnehmer schriftlich abzuschließen sind (Beweismittel).
Inhaltsfreiheit	Hinsichtlich der Inhalte des Arbeitsvertrages gilt ebenfalls wieder eine grundsätzliche Gestaltungsfreiheit. Allerdings wird diese in Bezug auf schlechtere Arbeitsbedingungen begrenzt durch sämtliche zwingenden Vorschriften des Arbeitsschutzrechts, durch Tarifverträge und Betriebsvereinbarungen sowie durch die Vorschriften über das AGB-Recht nach § 305 BGB, sofern es sich um Standard-Arbeitsverträge handelt. Grundsätzlich werden folgende **Inhalte** in Arbeitsverträgen geregelt: ▪ Beginn und ggf. Dauer des Arbeitsverhältnisses bei Zeitverträgen ▪ Dauer der Probezeit ▪ Bezeichnung der Tätigkeit ▪ möglichst genaue Beschreibung des Aufgabengebietes ▪ Vertretungsregelungen ▪ Zeichnungsbefugnisse ▪ Bezugnahme auf die Anwendung von Tarifverträgen auf den Arbeitsvertrag ▪ Art und Höhe der Entlohnung (Stundenlohn, Gehalt) ▪ weitere Vergütungen, wie Urlaubsgeld, Provisionen, Zulagen etc. ▪ Dauer des Jahresurlaubs, sofern positiv vom Tarif abweichend ▪ Kündigungsfristen, sofern positiv vom Gesetz abweichend

Nichtigkeit und Anfechtbarkeit und ihre Folgen

Gesetzwidrige, sittenwidrige Klauseln und Lohndumping nach §§ 134, 138 BGB sowie Schein- bzw. Scherzklauseln führen zur Nichtigkeit des Arbeitsvertrages.

Sachverhalt

- Der Kaufmann K bietet dem ehemaligen Strafgefangenen S an, für 50 % des tariflichen Lohns bei ihm zu arbeiten, weil er weiß, dass S gegenwärtig wegen seiner Vergangenheit keine Arbeit bekommt. S nimmt das Angebot an und arbeitet ein Jahr lang für den geringen Lohn, bis er etwas Besseres findet.
- Eine Sekretärin soll sich im Arbeitsvertrag verpflichten, wichtigen Kunden abends Gesellschaft zu leisten. Weil sie gegenwärtig keine Arbeit findet, nimmt sie das Angebot an.

Wegen der üblichen Gründe (Irrtum, Übermittlungsfehler oder widerrechtliche Drohung) sind auch Arbeitsverträge anfechtbar.

Sachverhalt

Der eingestellte Lkw-Fahrer hat schon ein prall gefülltes Punktekonto in Flensburg. Im Personalfragebogen hat er angegeben, dass er seit Jahren ohne Anzeigen oder Bußgelder Auto fahre. Bei dem ersten Überfahren einer roten Ampel nach einem halben Jahr reichen die drei Punkte aus, um das Fass zum Überlaufen zu bringen und dem Lkw-Fahrer den Führerschein zu entziehen.

Sofern der Vertrag nichtig ist, aber ein faktisches Arbeitsverhältnis dennoch entstanden ist, kann dieses sofort beendet werden. Im Gegensatz zu § 139 BGB, der bei Teilnichtigkeit eines Vertrages die Nichtigkeit des ganzen Vertrages in Abrede stellt, gilt dies beim Arbeitsvertrag nicht, sondern es ist von einem Fortbestand des Arbeitsverhältnisses auszugehen.

Beispiel: *Die Sekretärin im oben beschriebenen Fall kann bei der ersten Gelegenheit unter Angabe der Erklärung der Nichtigkeit ohne Frist das Arbeitsverhältnis beenden und u. U. sogar Schadensersatz wegen sexueller Belästigung verlangen. Oder aber sie beruft sich auf die Teilnichtigkeit der benannten Klausel und verweigert die abendlichen Begleitaktionen. Der Arbeitgeber dürfte hier nicht kündigen. Etwas anders ist die Sachlage bei dem ehemaligen Strafgefangenen. Er hat bereits ein Jahr zu dem halben Lohn gearbeitet. Er kann die Nichtigkeit erklären, gleichzeitig aber für das geleistete Jahr die Differenz zum Tariflohn verlangen.*

Die Rechtsfolge der Anfechtung ist im Zweifel die fristlose Kündigung, die wie ein Rücktritt vom Vertrag wirkt. Allerdings hat das Arbeitsverhältnis, d. h. die Konkretisierung des Arbeitsvertrags, bis zur fristlosen Kündigung stattgefunden. Man nennt das ein „faktisches Arbeitsverhältnis“. Eine Kündigung von Anfang an ist nicht möglich. Die Vertragsparteien haben sich das zu gewähren, was sie bis zum Zeitpunkt des Austritts schuldig sind: Der Arbeitgeber den restlichen Lohn, der Arbeitnehmer einen Vorschuss.

Beispiel: *Für den Lkw-Fahrer dürfte die Tour hier zu Ende sein. Unrichtige Angaben im Personalfragebogen, die wesentlich für die Erfüllung der Aufgabe sind, oder wissentlich falsche Angaben im Vorstellungsgespräch, gelten als Täuschung und damit als Grund für eine fristlose Kündigung. Das Arbeitsverhältnis ist von dem Moment der fristlosen Kündigung an beendet.*

1.5.1.1 Arten von Arbeitsverträgen

Die wirtschaftlichen Gegebenheiten haben in der Arbeitswelt zu zahlreichen Arten von Arbeitsverträgen geführt. Hier eine Übersicht:

Normales Arbeitsverhältnis	Die normale Version eines Arbeitsvertrags begründet ein unbefristetes Vollzeitarbeitsverhältnis mit Bedingungen, die in vollem Umfang den tariflichen Bedingungen entsprechen.
Befristetes Arbeitsverhältnis	Das Arbeitsverhältnis gilt als für eine bestimmte Zeit geschlossen. Grund sind Vertretungen für Krankheit oder Schwangerschaft oder Unklarheit über die wirtschaftlichen Aussichten.
Teilzeit-arbeitsverhältnis	Das Arbeitsverhältnis verpflichtet den Arbeitnehmer, nur an einem Bruchteil der tariflichen Wochenarbeitszeit zu arbeiten. Die Lage der Arbeitszeit kann unterschiedlich geregelt sein.
Minijob-Arbeitsverhältnis	Der Arbeitnehmer arbeitet monatlich für ein Entgelt, das 400,00 EUR im Monat nicht überschreitet.
Berufsaus-bildungsvertrag	Inhalt dieses Vertrags ist vorwiegend die Ausbildung eines Auszubildenden nach dem BBiG, nicht jedoch eine definierte Arbeitsleistung (s. u.).
Praktikumsvertrag	Inhalt des Vertrags ist, dass der Arbeitnehmer eine bestimmte Tätigkeit zu Ausbildungszwecken in einem Betrieb übernimmt. Die Tätigkeit kann entlohnt werden, dann ist sie sozialversicherungspflichtig, oder sie kann unentgeltlich sein, dann besteht lediglich Unfallversicherungspflicht.
Leiharbeits-verhältnis	Inhalt des Vertrags ist, dass Arbeitnehmer mit seiner Zustimmung von dem Arbeitgeber (Verleiher), der mit ihm im eigenen Namen einen Arbeitsvertrag geschlossen hat, an einen anderen Arbeitgeber (Entleiher) zur Erbringung von Arbeitsleistung überlassen (ausgeliehen) wird.

1.5.1.2 Rechte und Pflichten aus dem Arbeitsvertrag

Der Arbeitsvertrag ist als eine Form des Dienstvertrags ein schuldrechtlicher Vertrag. Wie in jedem schuldrechtlichen Vertrag ergeben sich daraus Rechte und Pflichten, die wie folgt geregelt sind.

§ 611 BGB: Vertragstypische Pflichten beim Dienstvertrag

(1) Durch den Dienstvertrag wird derjenige, welcher Dienste zusagt, zur Leistung der versprochenen Dienste, der andere Teil zur Gewährung der vereinbarten Vergütung verpflichtet.

Aus den Pflichten einer Partei lassen sich die Rechte der jeweils anderen Partei ableiten.

Pflichten des Arbeitnehmers

Arbeitspflicht

- Die Arbeitspflicht ist die Hauptleistung des Arbeitnehmers. Er hat seine Arbeit nach § 613 im Zweifel persönlich zu leisten, es sei denn, im Arbeitsvertrag ist etwas anderes vereinbart. Der Arbeitnehmer kann also nicht einfach eine Vertretung schicken, wenn er verhindert ist. Andererseits braucht er sich aber auch nicht um eine Vertretung bemühen, wenn er krank oder anderweitig verhindert ist.

- Der Arbeitspflicht werden durch einige Sondergesetze Grenzen gezogen, z. B. durch das Mutterschutzgesetz oder das Arbeitsschutzgesetz. Ferner werden Grenzen gesetzt durch gültige Tarifverträge und Betriebsvereinbarungen.
- Inhalt, Ort und Umfang der Tätigkeit richten sich grundsätzlich nach dem vereinbarten Arbeitsvertrag und der ggf. beigefügten Stellenbeschreibung. Im Detail unterliegt der Arbeitnehmer in der täglichen Arbeitspraxis dem Direktions- und Weisungsrecht des Arbeitgebers. Bei einem Leiharbeitsverhältnis gelten die besonderen Vorschriften des Arbeitnehmerüberlassungsgesetzes.
- Der Arbeitnehmer verstößt gegen seine Arbeitspflichten, wenn er zulässige Anweisungen des Arbeitgebers nicht erfüllt. Die Betonung liegt hier auf zulässig.

Sachverhalt

In eine Getränkevertrieb ist in einem besonders heißen Sommer eine Menge los. Der Vertrieb kommt nicht mit der Auslieferung nach. Die Geschäftsleitung weist die Mitarbeiter der Buchhaltung an, mit gemieteten Fahrzeugen Auslieferungen vorzunehmen.

Der Arbeitnehmer ist grundsätzlich nur verpflichtet, die im Arbeitsvertrag vereinbarte Arbeitsleistung zu erbringen. In Notfällen und Ausnahmesituationen ist jedoch der Begriff der Arbeitspflicht weit auszulegen. Hier dürfte die Geschäftsleitung nicht die Buchhalter beauftragen, da Personal zum befristeten Einsatz auf dem Arbeitsmarkt kurzfristig beschafft werden kann. Sollte es allerdings z. B. im Betrieb brennen oder in anderen Krisensituationen kurzfristig keine Hilfe von außen möglich sein, ist jeder Arbeitnehmer aus seiner Treuepflicht heraus verpflichtet, grundsätzlich andere und auch untergeordnete Tätigkeiten zu verrichten.

- Die Zuweisung einer niedriger bezahlten Arbeit ist dagegen grundsätzlich unzulässig. Ohne eine entsprechende Öffnungsklausel im Arbeitsvertrag muss der Arbeitgeber die Zustimmung des Arbeitnehmers einholen, ersatzweise muss er eine Änderungskündigung aussprechen.
- Anders als beim Werkvertrag, bei dem ein Erfolg geschuldet wird, wird beim Dienstvertrag nur das pflichtgemäße Bemühen geschuldet. Der Arbeitnehmer ist also nur verpflichtet, im Rahmen seiner Fähigkeiten zu arbeiten. Würde allerdings ein Bilanzbuchhalter ständig falsche Bilanzen erzeugen oder ein Mitarbeiter an der Werkbank regelmäßig eine hohe Fehlerquote produzieren, kann der Arbeitgeber im Wege der Abmahnung den Mitarbeiter auffordern, sorgfältiger zu arbeiten; im Wiederholungsfall kann er je nach Ursache der Schlechtleistung verhaltens- oder personenbedingt kündigen. Dabei trifft ihn allerdings eine Nachweislast über die Schlechtleistung.

Treuepflicht

Die Treuepflicht ist eine Nebenpflicht aus dem Arbeitsvertrag, unter der eine Reihe von allgemeinen, z. T. selbstverständlichen Pflichten zusammengefasst sind. Diese allgemeinen Nebenpflichten lassen sich aus dem BGB-Grundsatz von Treu und Glauben ableiten. Danach hat der Arbeitnehmer alles zu unterlassen, was die Interessen und die geschäftliche Situation des Arbeitsgebers beinträchtigen könnte. Grundsätzlich gilt dabei, dass die Anforderungen an die Treuepflicht des Mitarbeiters umso höher sind, je höher die Stellung des Mitarbeiters im Unternehmen ist. Es dürfte unmittelbar einleuchten, dass ein

Arbeiter sich in einer Gastwirtschaft ungestraft lautstark und kritisch über seinen Arbeitgeber auslassen kann. Für einen Prokuristen wäre das hingegen eine grobe Verletzung des Vertrauens und damit seiner Treuepflicht.

Im Detail werden folgende allgemeine Pflichten unter der Treuepflicht verstanden:
- Pflicht zur Abwehr von Schäden vom Unternehmen, z. B. Anzeige drohender Gefahren
- Pflicht zur Verschwiegenheit, vor allem über Betriebsgeheimnisse
- Verbot der Annahme von Schmiergeldern
- Wettbewerbsverbot und Verbot der Abwerbung von Kunden
- Pflicht zur Erhaltung des Betriebsfriedens

Die Treuepflicht beginnt bereits bei der Anbahnung eines Arbeitsverhältnisses und reicht entgegen landläufiger Meinung über die Dauer des Arbeitsverhältnisses hinaus.

Beispiele: *Ein Chemiker, der sich bei einem Chemieunternehmen bewirbt, erhält im Vorstellungsgespräch Informationen über bevorstehende Forschungsprojekte. Selbst wenn der Arbeitsvertag nicht zustande kommt, darf er diese Informationen nicht verwenden.*
Ein ehemaliger Mitarbeiter im Vertrieb ist zur Konkurrenz gewechselt und wirbt nun Kunden seines früheren Arbeitgebers ab auf der Basis von Informationen, die er durch sein früheres Arbeitsverhältnis erlangt hat. Das verstößt gegen die Treuepflicht und ist justitiabel.

Vertragspflichten über das Beschäftigungsende hinaus

Am Ende des Arbeitsverhältnisses gehört es zu den Pflichten des Arbeitnehmers, dem Arbeitgeber alle Arbeitsmittel und Geschäftsunterlagen zurückzugeben sowie weiterhin über Geschäfts- und Betriebsgeheimnisse zu schweigen. Der Arbeitgeber hat dem Mitarbeiter notwendige versicherungs- und steuerrechtlich relevante Unterlagen sowie ein Arbeitszeugnis auszuhändigen. Außerdem hat er für den Arbeitnehmer wichtigen Unterlagen bis zum Ende der gesetzlich vorgeschriebenen Verjährungsfristen aufzubewahren.

Inwiefern der Arbeitnehmer nach dem Ende des Arbeitsverhältnisses einem Konkurrenz- oder Wettbewerbsverbot unterliegt, ist abhängig davon, ob dies in seinem Arbeitsvertrag gegen Zahlung einer entsprechenden Entschädigung nach dem Ausscheiden vereinbart wurde. Ansonsten ist der Arbeitnehmer frei in seiner Wahl des nächsten Arbeitgebers.

Haftung des Arbeitnehmers

Grundsätzlich ist die Haftung des Arbeitnehmers aus dem Arbeitsvertrag gegenüber anderen schuldrechtlichen Verträgen erheblich reduziert, denn sonst müsste er für alle Schäden aufkommen, die sich aus seiner Tätigkeit ergeben. Ein Arbeitsvertrag ist jedoch kein Kaufvertrag oder Mietvertrag, weil gerade beim Arbeitsvertrag neben der Leistung des Arbeitnehmers eine Reihe von anderen Faktoren den Erfolg der Arbeit ausmachen, z. B. bestehende Arbeitsanweisungen, ablaufende Prozesse, Kollegen, Vorgesetzte, zur Verfügung stehende Arbeitsmittel oder Kunden und Lieferanten des Unternehmens.
Grundvoraussetzung für eine Haftung ist deshalb eine **schuldhafte Pflichtverletzung** des Arbeitnehmers. Hierbei gilt eine Beweislastumkehr nach § 619a BGB, d. h. der Arbeitgeber muss die Pflichtverletzung nachweisen. Die Haftungsbeschränkung gilt zunächst unabhängig davon, ob es sich um eine sogenannte„gefahrgeneigte“ Arbeit handelt oder nicht. Die Fürsorgepflicht der Arbeitgeber beinhaltet auch die Begrenzung des Haftungsrisikos für Arbeitnehmer durch den Abschluss einer entsprechenden Versicherung bei gefahrgeneigten Tätigkeiten. Typische gefahrgeneigte Tätigkeiten dürften z. B. vorliegen bei Fensterputzern, Gerüstarbeitern, Lkw-Fahrern, im Handwerk oder in der industriellen Holz- und Metallverarbeitung.

Ein sogenannter innerbetrieblicher Schadensausgleich soll die Fälle regeln, in denen der Arbeitnehmer im Rahmen seiner Arbeitsleistung dem Arbeitgeber, einem anderen Arbeitnehmer oder einer betriebsfremden Person einen Schaden zufügt. Damit ist der Ausgleich von Schäden und Schadensersatzpflichten im Verhältnis zwischen Arbeitgeber und Arbeitnehmer gemeint. Entscheidend für den Umfang der Haftung des Arbeitnehmers ist der Grad des Verschuldens. Dabei gelten folgende Kategorien:
- leichte Fahrlässigkeit
- mittlere (normale) Fahrlässigkeit
- grobe Fahrlässigkeit
- Vorsatz

Fahrlässig handelt, wer die im Verkehr erforderliche Sorgfalt verletzt (§ 276 BGB).
Vorsatz ist das Wissen und Wollen des rechtswidrigen Erfolges.

In welche Kategorie des Verschuldens der verursachte Schaden fällt, ist allerdings von den gesamten Umständen des Einzelfalls. Einige Fälle sind jedoch eindeutig.

Beispiele:
Leichte Fahrlässigkeit: *Ein Fahrer raucht am Steuer und lässt die Zigarette fallen. Bei dem Versuch, sie aufzuheben, verursacht er einen Unfall. Eine Buchhalterin vertippt sich, ein Verkäufer verrechnet sich.*
Mittlere (normale) Fahrlässigkeit: *Auffahrunfall oder normale Vorfahrtsverletzung, nennenswerte Geschwindigkeitsübertretung, nicht vollständiges Verzurren einer Lkw-Ladung.*
Grobe Fahrlässigkeit: *Ein Fernfahrer führt sein Fahrzeug unter starkem Alkoholeinfluss oder er betankt sein Fahrzeug statt mit Diesel mit Benzin oder er fährt bei Rot über die Ampel.*

Folgende generelle Haftungsregeln gelten:

Art des Verschuldens	Umfang der Haftung
kein Verschulden oder leichte Fahrlässigkeit	Der Arbeitnehmer haftet nicht.
mittlere Fahrlässigkeit	Es erfolgt eine Haftungsteilung zwischen Arbeitgeber und Arbeitnehmer nach Maßgabe des Einzelfalls. Die Quote des Arbeitnehmers ist dabei abhängig vom Grad des Verschuldens, der Gefahrgeneigtheit, der Tätigkeit, der Schadenshöhe, der Organisation, der Stellung des Arbeitnehmers im Betrieb und der Dauer seiner Betriebszugehörigkeit.
grobe Fahrlässigkeit	Der Arbeitnehmer haftet uneingeschränkt.
Vorsatz	

Eine besondere Rolle kommt der sogenannten „Mankoabrede“ zu. Darunter ist eine Fehlgeldentschädigung zu verstehen, bei der ein Arbeitnehmer für einen Fehlbestand in der Kasse oder bei den Waren einzustehen hat. Ohne eine solche Vereinbarung im Arbeitsvertrag haftet ein Arbeitnehmer nur, wenn eine schuldhafte Verletzung des Arbeitsvertrags oder eine unerlaubte Handlung vorliegt. Der Arbeitgeber muss auch hier die Voraussetzungen beweisen. Die Lösung wird hier häufig durch ein zusätzliches, aber einbehaltenes Entgelt gefunden.

Pflichten des Arbeitgebers

Entgeltzahlungspflicht

Die Hauptpflicht des Arbeitgebers aus § 611 ist die Zahlung der vereinbarten Vergütung. Im Normalfall ergibt sich die Vergütung aus dem Arbeitsvertrag und den zugrundeliegenden Tarifverträgen.

Ist eine Vereinbarung über die Vergütung nicht geschlossen worden, so gilt nach § 612 BGB eine Vergütung als stillschweigend vereinbart, wenn die Dienstleistung den Umständen nach nur gegen eine Vergütung zu erwarten ist. Ist die Höhe der Vergütung nicht bestimmt, so ist bei dem Bestehen einer orts- und branchenüblichen Höhe (z. B. gemäß einem zutreffenden Tarifvertrag) der Vergütung eine solche als vereinbart anzusehen.

Beispiel: *Eine Nachbarschaftshilfe für ein paar Stunden, die regelmäßig und gegenseitig erfolgt, wird keinen Vergütungsanspruch nach sich ziehen können. Wenn ein Landwirt einen 18-jährigen Nachbarssohn über mehrere Wochen mit täglich 5 Stunden als Erntehelfer anstellt, wird eine Vergütung am Ende der Zeit fällig sein und sich nach den üblichen Tarifen zu richten haben.*

Nach § 107 (1) der Gewerbeordnung ist das Arbeitsentgelt in Euro zu berechnen und auszuzahlen. Ein Teil des Arbeitsentgelts können Sachbezüge als sogenannte geldwerte Vorteile sein, jedoch muss mindestens der nicht pfändbare Teil des Arbeitsentgelts in Euro ausgezahlt werden.

Die Höhe des Entgelts kann zwischen Arbeitgeber und Arbeitnehmer grundsätzlich frei vereinbart werden, es sei denn, dass der Arbeitsvertrag der Tarifbindung unterliegt. In diesem Fall sind die tarifvertraglichen Vereinbarungen zu beachten. Folgende Formen der Vergütung sind denkbar:

Entgeltformen	
Lohn	**Zeitlohn** wird gezahlt als Stundenlohn, Wochenlohn oder Monatslohn. **Leistungslohn** wird gezahlt als Akkordlohn in Form des Zeit- oder Stückakkords sowie in Form von Leistungsprämien. Der Leistungslohn ist bei einigen Personengruppen untersagt (z. B. werdende Mütter und Jugendliche).
Gehalt	Das Gehalt ist ein auf den Monat festgelegtes Entgelt, das unabhängig von der Anzahl der Arbeitstage in immer gleicher Höhe gezahlt wird.
Sonderzuwendungen	Zu den Sonderzuwendungen zählen ▪ Urlaubsgeld, ▪ Weihnachtsgeld, ▪ Gratifikationen. Der Anspruch auf Sonderzahlungen ergibt sich entweder aus Manteltarifverträgen oder Betriebsvereinbarungen, dann besteht seitens der Arbeitnehmer ein Rechtsanspruch auf diese Zahlungen. Anders sieht es mit jedes Jahr auf Neue gezahlten freiwilligen Zuwendungen in Form des 13. Monatsgehalts, des Weihnachtsgelds oder einer Gewinnbeteiligung aus. Der Arbeitgeber kann hierfür grundsätzlich einen Rechtsanspruch des Arbeitnehmers auf die Leistung für die Zukunft ausschließen. Tut er das nicht, entsteht ein Rechtanspruch des Arbeitnehmers durch Gewohnheitsrecht.

Entgeltformen	
Zulagen/ Zuschläge	**Tantiemen** stellen eine Art der Erfolgsbeteiligung dar und werden häufig mit Führungskräften vereinbart. **Prämien** werden bei Erreichen eines vorgegebenen Sollwerts gezahlt, das können sein: Zeitprämien für die Unterschreitung eines geplanten Fertigungstermins, Anwesenheitsprämien bei Unterschreitung einer festgelegten Anzahl von Fehltagen oder Qualitätsprämien bei Erreichen bestimmter Qualitätsstandards. **Vergütung aufgrund von Zielvereinbarung** wird bei Erreichen der zwischen Mitarbeiter und Vorgesetztem vereinbarten Ziele gezahlt. Sie stellt oft einen erheblichen Teil der Gesamtvergütung dar. Der Anspruch muss im Arbeitsvertrag festgelegt sein. **Erschwerniszulage und Funktionszulage** können bei besonders schweren und besonderen Tätigkeiten vereinbart werden, z. B. bei der Arbeit an einem Hochofen. **Außertarifliche Zulagen** sollen das tarifvertraglich festgelegte Arbeitsentgelt erhöhen (AT-Zulagen).
Naturalvergütung / Sachbezüge	Zusätzlich zur Vergütung in Geld kann der Arbeitnehmer für seine Arbeit auch durch eine Gegenleistung durch andere geldwerte Vorteile entlohnt werden. Dazu zählen ▪ Gewährung von Produkten des Unternehmens mit Personalrabatt, ▪ Gewährung von Wohnraum, Kost und Logis, ▪ Überlassung eines Pkw, wenn dieser vom Arbeitnehmer auch für Fahrten zwischen Wohnung und Arbeitsstätte sowie zu sonstigen privaten Zwecken genutzt werden darf. Geldwerte Vorteile in Form von Sachbezügen oder Naturalvergütung hat der Arbeitgeber in der Entgeltabrechnung als fiktives Bruttoentgelt anzusetzen und zu versteuern. Arbeitnehmer, die Dienstflüge unternehmen, die vom Arbeitgeber bezahlt werden, können auf einem persönlichen Konto der Fluggesellschaft **Bonusmeilen** (z. B. Miles-and-More) sammeln. Sie haben jedoch kein Recht, diese Bonusmeilen für eigene private Zwecke zu nutzen. Diese stehen dem Arbeitgeber zu. Überlässt dieser sie dem Arbeitnehmer, ist es ein geldwerter Vorteil.

Lohnerhöhungen oder **freiwillige Sonderzahlungen**: Hierbei hat der Arbeitgeber den arbeitsrechtlichen Gleichbehandlungsgrundsatz zu beachten. Eine unterschiedliche Behandlung von Arbeitnehmern setzt voraus, dass es hierfür sachliche Gründe gibt.

Mindestlohn: Die Höhe des Lohns darf einen ggf. in dieser Branche existierenden Mindestlohn nicht unterschreiten.

Erfüllungsort für die Entgeltzahlung ist, sofern nichts anderes vereinbart ist, der Sitz des Betriebes, in dem der Arbeitnehmer arbeitet (Holschuld). Das Entgelt ist also im Zweifel bar auszuzahlen. In den meisten Verträgen wird jedoch eine bargeldlose Zahlung vereinbart. Dann ist die Entgeltzahlung geleistet mit der Gutschrift auf dem Konto des Arbeitnehmers. Hat der Arbeitnehmer vergessen, seine neue Bankverbindung mitzuteilen, muss ihm der Betrag so schnell wie möglich erneut überwiesen werden. Die Übertragung in den nächsten Monat ist nicht zulässig. Ebenso muss eine irrtümlich zu gering ausgefallene Überweisung umgehend korrigiert werden; bei Bagatellbeträgen kann die Übertragung in den Folgemonat nur vorgenommen werden, wenn der Arbeitnehmer ausdrücklich zustimmt.

Fälligkeit: Das Entgelt ist nach § 614 nach der Leistung der Dienste zu entrichten. Ist die Vergütung nach Zeitabschnitten bemessen, so ist sie nach dem Ablauf der einzelnen Zeitabschnitte zu entrichten. In der Regel bedeutet dies, dass das Entgelt spätestens zum Ende des Monats auf dem Konto des Arbeitnehmers zu sein hat.

Lohn- und Gehaltsabrechnung: Der Arbeitgeber hat über die Berechnung des Bruttoentgelts, der Abzüge, des Nettoentgelts sowie des Überweisungsbetrags eine Entgeltabrechnung zu erstellen und diese dem Arbeitnehmer auszuhändigen. Auf Verlangen hat er diese Abrechnung zu erläutern. Wenn statt eines festen Gehaltes die tatsächlich geleistete Arbeitszeit vergütet wird, muss der Arbeitgeber gewährleisten, dass diese korrekt erfasst wird.

Pflicht zur Entgeltzahlung ohne Arbeitsleistung

Arbeitsausfall: Nach § 615 BGB kann der Arbeitnehmer die vereinbarte Vergütung auch dann verlangen, wenn der Arbeitgeber den Arbeitnehmer zeitweise nicht beschäftigen kann, denn der Arbeitgeber trägt das Risiko des Arbeitsausfalls, z. B. durch Schwankungen der Nachfrage, Mängel in der Organisation, fehlendes Gerät oder Stromausfall.

Annahmeverzug des Arbeitgebers: Nimmt der Arbeitgeber die vom Arbeitnehmer angebotene Arbeitsleistung nicht an, gerät er in Annahmeverzug und hat dem Arbeitnehmer die für diese Zeit vereinbarte Vergütung zu zahlen, ohne dass der Arbeitnehmer zur Nachleistung verpflichtet ist.

Erholungsurlaub: Nach § 11 Bundesurlaubsgesetz ist für die Zeit des Urlaubs eine Vergütung zu zahlen, die sich nach dem durchschnittlichen Arbeitsverdienst bemisst, das der Arbeitnehmer in den letzten dreizehn Wochen vor dem Beginn des Urlaubs erhalten hat, mit Ausnahme des zusätzlich für Überstunden gezahlten Arbeitsverdienstes.

Gesetzliche Feiertage: Nach dem Entgeltfortzahlungsgesetz haben Arbeitnehmer gemäß § 2 EntgFG für Arbeitszeit, die infolge eines gesetzlichen Feiertags ausfällt, Anspruch auf das Arbeitsentgelt, das ohne den Arbeitsausfall vom Arbeitgeber zu zahlen gewesen wäre.

Krankheitsfall: Wird ein Arbeitnehmer, dessen Arbeitsverhältnis mindestens vier Wochen ununterbrochen besteht, durch Arbeitsunfähigkeit infolge Krankheit an seiner Arbeitsleistung verhindert, ohne dass ihn ein Verschulden trifft, hat er nach § 3 EntgFG Anspruch auf Entgeltfortzahlung durch den Arbeitgeber für längstens sechs Wochen. Bei Unfällen ist zu prüfen, ob ein Verschulden des Arbeitnehmers vorliegt. Dies ist z. B. bei Verletzungen aufgrund von Extremsport oder Schlägereien der Fall.

Nach Ablauf der sechs Wochen Lohnfortzahlung durch den Arbeitgeber besteht in der Regel ein Anspruch gegen die Krankenkasse auf Zahlung von Krankengeld. Der Arbeitnehmer ist verpflichtet, dem Arbeitgeber die Arbeitsunfähigkeit und deren voraussichtliche Dauer unverzüglich mitzuteilen. Dauert die Arbeitsunfähigkeit länger als drei Kalendertage, hat der Arbeitnehmer eine ärztliche Bescheinigung über das Bestehen der Arbeitsunfähigkeit sowie deren voraussichtliche Dauer spätestens an dem darauffolgenden Arbeitstag vorzulegen.

Beschäftigungspflicht

Der Arbeitgeber hat die Pflicht, den Arbeitnehmer angemessen im Rahmen des vereinbarten Arbeitsvertrages zu beschäftigen. Desgleichen muss sich der Arbeitgeber an die vereinbarten Arbeitszeiten halten, sofern der Arbeitsvertrag nicht ausdrücklich flexible Arbeitszeiten zulässt. Aber selbst bei flexiblen Arbeitszeiten ist eine rechtzeitige Abstimmung über die Dienstzeiten erforderlich.

Kann der Arbeitnehmer aus gesundheitlichen Gründen seine ursprünglich vereinbarte Tätigkeit nicht mehr ausüben, so ist ihm im Rahmen der betrieblichen Möglichkeiten eine andere Arbeit im Unternehmen anzubieten.

Fürsorgepflicht

Die Fürsorgepflicht des Arbeitgebers bezeichnet die Pflicht, für das Wohlergehen der ihm anvertrauten Arbeitnehmer Sorge zu tragen.

Die Fürsorgepflicht ist eine Nebenpflicht aus dem Arbeitsverhältnis und ergibt sich aus § 241 (2) sowie §§ 617–619 BGB. Zur Fürsorgepflicht gehört vor allem das Treffen von Vorkehrungen zum Schutz des Arbeitnehmers, um Gefahren für Leben und Gesundheit von ihm abzuwenden. Dazu gehören im Detail zahlreiche Gesetze, die im Abschnitt 1.5.4 behandelt werden. Das Minimum ist die in § 618 BGB kodifizierte Pflicht zur Einhaltung der im Betrieb geltenden arbeitsschutzrechtlichen Normen.

Daneben hat sich der Arbeitgeber im Rahmen seiner Möglichkeiten um den Schutz anderer Rechtsgüter des Arbeitnehmers zu kümmern. Dazu zählen im Wesentlichen das Eigentum, die Ehre und die Gleichbehandlung. Aktuelle Probleme, für deren Lösung der Arbeitgeber Sorge tragen muss, ergeben sich aus dem demografischen Wandel und der zunehmenden Notwendigkeit der Integration von Mitarbeitern mit Migrationshintergrund.

Arbeitnehmer haben nach § 823 BGB bei einem körperlichen Schaden und einem Verstoß gegen derartige Bestimmungen einen Schadensersatzanspruch gegenüber dem Arbeitgeber.

1.5.1.3 Beendigung des Arbeitsverhältnisses

Das Arbeitsverhältnis wird durch folgende Umstände oder Sachverhalte beendet:

- Tod des Arbeitnehmers, nicht jedoch zwangsläufig durch den Tod des Arbeitgebers
- Geschäftsaufgabe, Liquidation des Unternehmens
- Ablauf einer Befristung
- Aufhebungsvertrag
- Kündigung

§ 620 BGB: Beendigung des Arbeitsverhältnisses

(1) Das Dienstverhältnis endigt mit dem Ablauf der Zeit, für die es eingegangen ist.

(2) Ist die Dauer des Dienstverhältnisses weder bestimmt noch aus der Beschaffenheit oder dem Zwecke der Dienste zu entnehmen, so kann jeder Teil das Dienstverhältnis nach Maßgabe der §§ 621 bis 623 kündigen.

(3) Für Arbeitsverträge, die auf bestimmte Zeit abgeschlossen werden, gilt das Teilzeit- und Befristungsgesetz.

Ablauf einer Befristung

Ein befristetes Arbeitsverhältnis liegt vor, wenn es nach einem kalendermäßig vereinbarten Zeitraum oder nach Wegfall eines bestimmten Grundes endet.

Das Teilzeit- und Befristungsgesetz (TzBfG) regelt neben den Bestimmungen zur Teilzeitarbeit auch die Voraussetzungen und die Durchführung für einen befristeten Arbeitsvertrag. Danach stellt sich die Frage, wann eine Befristung überhaupt zulässig ist.

Befristung mit einem sachlichen Grund

Befristete Arbeitsverträge sind grundsätzlich nur zulässig, wenn sie durch einen sachlichen Grund gerechtfertigt sind oder das Gesetz eine Befristung ohne sachliche Gründe zulässt. Ein sachlicher Grund liegt insbesondere vor, wenn

- der betriebliche Bedarf an der Arbeitsleistung nur vorübergehend besteht;
- die Befristung im Anschluss an eine Ausbildung oder ein Studium erfolgt, um den Übergang des Arbeitnehmers in eine Anschlussbeschäftigung zu erleichtern;
- der Arbeitnehmer zur Vertretung eines anderen Arbeitnehmers beschäftigt wird;
- die Eigenart der Arbeitsleistung die Befristung rechtfertigt;
- die Befristung zur Erprobung erfolgt;
- in der Person des Arbeitnehmers liegende Gründe die Befristung rechtfertigen;
- der Arbeitnehmer aus Haushaltsmitteln vergütet wird, die haushaltsrechtlich für eine befristete Beschäftigung bestimmt sind und er entsprechend beschäftigt wird, oder
- die Befristung auf einem gerichtlichen Vergleich beruht.

Die Befristung eines Arbeitsvertrags bedarf zu ihrer Wirksamkeit immer der Schriftform. Ist die Befristung rechtsunwirksam, so gilt der befristete Arbeitsvertrag als auf unbestimmte Zeit geschlossen.

Die Befristung aus sachlichem Grund gilt so lange, wie der festgelegte Grund die Befristung rechtfertigt. Man spricht daher auch von einer Zweckbefristung. Der Grund ist eindeutig schriftlich festzuhalten.

Befristung ohne sachlichen Grund

Eine Befristung ohne Vorliegen eines sachlichen Grundes ist bis zur Dauer von zwei Jahren zulässig; bis zu dieser Gesamtdauer von zwei Jahren ist auch die höchstens dreimalige Verlängerung eines kalendermäßig befristeten Arbeitsvertrags zulässig. Der Arbeitgeber braucht hierfür keine Begründung gegenüber dem Arbeitnehmer. Hierbei ist allerdings zu beachten, dass mit diesem Arbeitgeber in den letzten drei Jahren zuvor kein Arbeitsvertrag bestand.

Bei einer zulässigen Verlängerung ändert sich nur die Laufzeit des Arbeitsvertrages. Die anderen Vertragsbestandteile (Tätigkeitsbeschreibung, Vergütung, Urlaub usw.) ändern sich nicht.

Will der Arbeitnehmer geltend machen, dass die Befristung eines Arbeitsvertrags rechtsunwirksam ist, muss er nach § 17 TzBfG innerhalb von drei Wochen nach dem vereinbarten Ende des befristeten Arbeitsvertrags vor dem Arbeitsgericht eine Klage auf Festanstellung erheben.

Kettenarbeitsvertrag

Hierbei handelt es sich um ein Arbeitsverhältnis zwischen einem Arbeitgeber und seinem Arbeitnehmer, das auf mehreren befristeten Arbeitsverträgen basiert, die in der Weise aneinander „gekettet" werden, dass mit Fristablauf eines Arbeitsvertrags die Frist des nächsten Arbeitsvertrags beginnt. Solche Arbeitsverträge sind grundsätzlich unzulässig, da mit ihnen der Kündigungsschutz ausgehebelt werden soll. Sie dürfen nur dann abgeschlossen werden, wenn es für die Befristung des jeweils nächsten Arbeitsvertrags jedes Mal einen sachlichen Grund gibt.

Beispiel: *Erster Vertrag für ein Projekt A, zweiter Vertrag für Vertretung einer Schwangeren, dritter Vertrag für Vertretung eines kranken Mitarbeiters, vierter Vertrag für Projekt B.*

Liegt kein sachlicher Grund für die Befristung des Vertrags vor, gilt der Arbeitsvertrag als unbefristet geschlossen. Der Arbeitnehmer kann dann erfolgreich auf Festeinstellung klagen.

Befristung bei Neugründung von Unternehmen

Neu gegründete Unternehmen dürfen in den ersten vier Jahren nach der Gründung die kalendermäßige Befristung eines Arbeitsvertrags ohne Vorliegen eines sachlichen Grundes bis zur Dauer von vier Jahren vornehmen. Dies gilt nur für Neugründungen, nicht für die Umstrukturierung von Unternehmen oder Konzernen.

Befristung für ältere Arbeitnehmer

Um älteren Arbeitssuchenden bessere Chancen auf dem Arbeitsmarkt zu ermöglichen, erlaubt das Gesetz für potenzielle Arbeitnehmer ab 52 Jahren die Befristung ohne Vorliegen eines sachlichen Grundes bis zu einer Dauer von fünf Jahren, wenn der Arbeitnehmer bei Beginn des befristeten Arbeitsverhältnisses mindestens vier Monate beschäftigungslos war.

Aufhebungsvertrag

Ein Aufhebungsvertrag ist eine schuldrechtliche Vereinbarung zwischen Arbeitgeber und Arbeitnehmer, in der beide übereinkommen, das Arbeitsverhältnis zu einem vereinbarten Zeitpunkt zu beenden.

Die Aufhebungsvereinbarung regelt die rechtlichen Beziehungen zur Beendigung des Arbeitsverhältnisses, es ist eine Auflösung des Arbeitsverhältnisses in gegenseitigem Einvernehmen.

Der Aufhebungsvertrag bedarf nach § 623 der Schriftform, beide Parteien müssen unterschreiben.

Als Inhalte sollten mindestens enthalten sein

- die Vertragspartner,
- das Datum des letzten Arbeitstages,
- Nebenabreden, wie z. B. die Zahlung einer Abfindung,
- ggf. die Gründe, die zur Auflösung führen.

Wie bei vielen anderen Verträgen gilt grundsätzlich die Vertragsfreiheit, d. h. die Parteien können Inhalte und Umstände frei verhandeln. Die Initiative dazu kann auch vom

Arbeitnehmer ausgehen. Vielfach wird ein Aufhebungsvertrag abgeschlossen anstelle einer Kündigung oder nach einer bereits ausgesprochenen Kündigung.

Fristen müssen nicht eingehalten werden, insofern kann ein Aufhebungsvertrag sehr kurzfristig wirken. Der Betriebsrat hat bei einem Aufhebungsvertrag kein Mitspracherecht. Ziel eines Aufhebungsvertrags ist regelmäßig die Vermeidung von nachfolgenden Rechtstreitigkeiten, z. B. einer Kündigungsschutzklage.

Aus diesem Grunde kann der Aufhebungsvertrag angefochten werden, wenn es Umstände gibt, die den Arbeitnehmer eher unfreiwillig dazu gebracht haben, den Vertrag zu unterzeichnen. Dazu gehören insbesondere die Tatbestände des Irrtums, der Täuschung und der Drohung.

Beispiele: *Der Arbeitgeber droht mit einer außerordentlichen (fristlosen) Kündigung, mit einer Strafanzeige oder einer hohen Schadenersatzforderung. Der Arbeitgeber lässt den Arbeitnehmer den Aufhebungsvertrag mit Blankodatum bereits bei Abschluss des Arbeitsvertrags unterzeichnen. Der Arbeitgeber setzt den Arbeitnehmer extrem unter Zeitdruck. Die näheren Umstände sind im Klagefall zu prüfen.*

Kündigung

Die Kündigung ist eine einseitige, empfangsbedürftige Willenserklärung, die auf die Beendigung eines Dauerschuldverhältnisses mit Wirkung für die Zukunft gerichtet ist.

Wirksamkeit

Die Kündigung wird wirksam mit Zugang beim jeweiligen Empfänger. Der Zugang der Kündigung ist vom Kündigenden zu beweisen, sofern der Gekündigte den Zugang bestreitet. Deshalb ist zu empfehlen, sich nach Übergabe der Kündigung eine Empfangsquittung aushändigen zu lassen oder die Kündigung durch einen Boten überbringen zu lassen (ebenfalls mit Bestätigung des Erhalts). Einer Übergabe des Kündigungsschreibens steht der Einwurf des Schreibens als Einwurf-Einschreiben in den Hausbriefkasten gleich, d. h. es muss derart in den Einflussbereich des Empfängers gelangt sein, dass dieser unter normalen Umständen vom Inhalt Kenntnis erlangen kann.

Zu ihrer Wirksamkeit bedarf die Kündigung nach § 623 BGB der Schriftform, nicht jedoch der Angabe von Gründen. Dies gilt lediglich gegenüber Auszubildenden und werdenden Müttern. Die elektronische Form ist ausgeschlossen. Die Kündigung kann als Beendigungskündigung oder Änderungskündigung ausgesprochen werden (s. u.).

Mitwirkung des Betriebsrates

Sofern in dem Betrieb ein Betriebsrat existiert, bedarf sowohl die ordentliche als auch die außerordentliche Kündigung der Anhörung des Betriebsrats.

Eine ohne Anhörung des Betriebsrats ausgesprochene Kündigung ist nichtig.

Der Betriebsrat kann einer ordentlichen Kündigung innerhalb von einer Woche, einer außerordentlichen Kündigung unverzüglich, spätestens jedoch innerhalb von drei Tagen schriftlich unter Angabe von Gründen widersprechen. Der Anhörungsbogen an den Betriebsrat muss alle relevanten Informationen als Entscheidungsgrundlage enthalten. Sofern der Betriebsrat bei einer ordentlichen Kündigung widerspricht, hat der

Arbeitnehmer ein Recht auf Weiterbeschäftigung bis zur Entscheidung des Arbeitsgerichts im Rahmen eines Kündigungsschutzprozesses.

Zu unterscheiden sind

- die ordentliche Kündigung; sie erfolgt unter Einhaltung der gesetzlichen, vertraglichen oder tarifvertraglichen Kündigungsfrist;
- die außerordentliche (fristlose) Kündigung; sie kann erfolgen, wenn ein wichtiger Grund vorliegt.

Ordentliche Kündigung
Die ordentliche Kündigung wird fristgemäß ausgesprochen. Die Frist beginnt mit Zugang der Kündigung. Neben den vertraglich vereinbarten Kündigungsfristen sind tarifliche und gesetzliche Kündigungsfristen zu beachten. Die gesetzlichen Kündigungsfristen sind im § 622 BGB geregelt: Nach Abs. 1 kann das Arbeitsverhältnis eines Arbeitnehmers mit einer Frist von vier Wochen zum 15. oder zum Ende eines Kalendermonats gekündigt werden.

Im Absatz 2 sind verlängerte Kündigungsfristen geregelt. Danach richtet sich die Kündigungsfrist durch den Arbeitgeber nach der Dauer des Arbeitsverhältnisses.

Dauer des Beschäftigungsverhältnisses	Kündigungsfrist (jeweils zum Monatsende)
2 Jahre	1 Monat
5 Jahre	2 Monate
8 Jahre	3 Monate
10 Jahre	4 Monate
12 Jahre	5 Monate
15 Jahre	6 Monate
20 Jahre	7 Monate

- Die gesetzliche Kündigungsfrist kann durch den Arbeitsvertrag grundsätzlich nicht zum Nachteil des Arbeitnehmers gekürzt werden.
- Eine vertragliche Verlängerung der Kündigungsfrist ist möglich. Gleichfalls möglich ist eine vertragliche Vereinbarung, dass die verlängerten Kündigungsfristen auch für den Arbeitnehmer gelten sollen.
- Bei einer vereinbarten Probezeit von längstens sechs Monaten kann mit einer Kündigungszeit von zwei Wochen gekündigt werden.
- Bei einem einzelvertraglichen Hinweis auf einen Tarifvertrag, bei Aushilfstätigkeiten und bei Kleinunternehmen sind nach § 622 (3)–(5) Ausnahmen von den oben genannten Mindestkündigungsfristen möglich.

- Sofern ein Arbeitnehmer oder Arbeitgeber es sich vor Beginn des Arbeitsverhältnisses anders überlegt, kann er vor Dienstantritt mit den genannten Fristen kündigen, denn es ist grundsätzlich nicht davon auszugehen, dass die Vertragsparteien eine Mindestbeschäftigungsdauer gewollt haben.

Änderungskündigung

Im Normalfall zielt eine ordentliche Kündigung auf eine Beendigung des Arbeitsverhältnisses. Sie kann jedoch auch darauf abzielen, die Bedingungen des abgeschlossenen Arbeitsvertrages zu ändern. Dann handelt es sich um eine Änderungskündigung.

Eine Änderungskündigung im Arbeitsrecht ist die Kündigung des Arbeitsverhältnisses, verbunden mit dem Angebot, das Arbeitsverhältnis unter veränderten Vertragsbedingungen fortzusetzen.

Die Änderungskündigung ist ausdrücklich im § 2 des Kündigungsschutzgesetzes geregelt (s. S. 104 f.).

Beispiele: *Der Arbeitgeber muss aus wirtschaftlichen Gründen das Entgelt kürzen. Mitarbeiter sollen an einen Arbeitsplatz innerhalb des Betriebes oder an einen anderen Standort versetzt werden.*

Lehnt der Empfänger der Änderungskündigung das darin enthaltene Angebot zur Fortsetzung des Arbeitsverhältnisses unter den geänderten Bedingungen ausdrücklich ab oder erklärt er sich nicht innerhalb der Zeit der Gültigkeit des Angebots, wird das Arbeitsverhältnis beendet. Die Regeln für den Kündigungsschutz gelten auch für eine Änderungskündigung.

Auch der Arbeitnehmer kann dem Arbeitgeber per Änderungskündigung ein Angebot für veränderte Bedingungen machen.

Außerordentliche Kündigung

Die außerordentliche Kündigung ist eine Kündigung aus wichtigem Grund. Der Grund muss so wichtig sein, dass ein Abwarten der Frist für eine ordentliche Kündigung dem Kündigenden (Arbeitgeber oder Arbeitnehmer) nicht zugemutet werden kann. Der Kündigende hat nach § 626 (2) BGB deshalb nur zwei Wochen Zeit, um nach Kenntnisnahme des Grundes oder der Gründe die außerordentliche Kündigung auszusprechen. Das Kündigungsschreiben muss dem Kündigungsadressaten vor Ablauf dieser Frist zugestellt worden sein. Der Gekündigte kann verlangen, dass ihm der Kündigungsgrund unverzüglich mitgeteilt wird.

Sachverhalt

Ein Arbeitgeber hat einen Mitarbeiter am 12. März bei einem Diebstahl erwischt. Soll die Kündigung wirksam sein, muss die Kündigung dem Mitarbeiter vor dem 25. März zugehen.

Für eine wirksame außerordentliche Kündigung müssen ein gravierender Verstoß gegen die arbeitsvertraglichen Pflichten und die Unzumutbarkeit der Fortführung des Arbeitsverhältnisses nach Abwägung der beiderseitigen Interessen vorliegen. Ob und inwieweit ein Fehlverhalten eine außerordentliche Kündigung rechtfertigt, bleibt immer der Einzelfallprüfung vorbehalten und muss vor dem Arbeitsgericht bewiesen werden.

Wichtige **Gründe aus** Sicht **des Arbeitgebers** können sein:
- strafbare Handlungen, wie Diebstahl oder Körperverletzung,
- Arbeitsverweigerung oder mutwillige Zerstörung von Arbeitsgeräten,
- grobe Beleidigungen von Vorgesetzten und Kollegen sowie rassistische Äußerungen,
- sexuelle Belästigung am Arbeitsplatz,
- Vornahme vorsätzlicher falscher Spesenabrechnung,
- eigenmächtiger Urlaubsantritt (Selbstbeurlaubung),
- gravierender Verstoß gegen ein Wettbewerbsverbot.

Wichtige **Gründe aus der** Sicht **des Arbeitnehmers** können sein:
- wiederholte sexuelle Belästigung am Arbeitsplatz,
- grobe Beleidigungen und Tätlichkeiten sowie rassistische Attacken,
- grobe oder nachhaltige Verletzung der Arbeitsschutz- und Unfallverhütungsvorschriften.

Eine außerordentliche Kündigung wegen Zahlungsverzug des Arbeitgebers setzt einen hohen Gehaltsrückstand und vorherige Mahnungen voraus.

Allgemeiner Kündigungsschutz nach dem Kündigungsschutzgesetz

Anwendungsbereich: Ob das Kündigungsschutzgesetz auf ein Arbeitsverhältnis Anwendung findet, hängt von der Größe des Betriebs und vom Beginn des Arbeitsverhältnisses ab.

- Bestand das Arbeitsverhältnis am 01.01.2004 oder danach, findet das Kündigungsschutzgesetz Anwendung, wenn in dem Betrieb in der Regel mehr als zehn Arbeitnehmer (ausschließlich der Auszubildenden) beschäftigt sind.

- Bestand das Arbeitsverhältnis vor dem 01.01.2004, findet das Kündigungsschutzgesetz Anwendung, wenn in dem Betrieb am 31.12.2003 in der Regel mehr als fünf Arbeitnehmer (ausschließlich der Auszubildenden) beschäftigt waren, die zum Zeitpunkt der Kündigung des Arbeitsverhältnisses noch im Betrieb beschäftigt sind. Arbeitnehmer, die nach dem 31.12.2003 neu eingestellt worden sind, werden hierbei nicht mitgezählt. Als Arbeitnehmer wird voll gezählt, wer regelmäßig mehr als 30 Stunden in der Woche beschäftigt ist. Arbeitnehmer, die weniger arbeiten, werden nur anteilig berücksichtigt: bis einschließlich 20 Stunden = 0,5 Arbeitnehmer; bis einschließlich 30 Stunden = 0,75 Arbeitnehmer.

Die zweite wichtige Voraussetzung für die Anwendung des KSchG ist, dass das Arbeitsverhältnis des Arbeitnehmers zum Zeitpunkt der Kündigung in dem Betrieb oder Unternehmen ununterbrochen länger als sechs Monate bestanden hat (Wartezeit).

Das Kündigungsschutzgesetz schützt Arbeitnehmer vor sozial nicht gerechtfertigten Kündigungen.
Nach § 1 KSchG ist eine Kündigung grundsätzlich nur dann sozial gerechtfertigt und damit rechtswirksam, wenn sie durch Gründe, die in der Person oder in dem Verhalten des Arbeitnehmers liegen, oder durch dringende betriebliche Erfordernisse, die einer Weiterbeschäftigung des Arbeitnehmers in diesem Betrieb entgegenstehen, bedingt ist.

Kündigungsgründe nach § 1 KSchG	
Gründe in der Person des Arbeitnehmers	Gründe in der Person des Arbeitnehmers sind u. a. Krankheit oder mangelnde Eignung sowie eine dauerhafte Unfähigkeit zur Erbringung der Arbeitsleistung. ***Beispiel:*** *Der Lkw-Fahrer verliert seinen Führerschein. Eine medizinische Hilfskraft ist dauerhaft infektiös erkrankt. Ein Model wird übergewichtig.* Ein erkrankter Arbeitnehmer genießt entgegen landläufiger Meinung nicht allein wegen der Krankheit einen besonderen Schutz. Die Gründe in der Person müssen erheblich sein. Nicht jedes Nachlassen der Fähigkeiten oder Kräfte kann ein Grund dafür sein, eine Kündigung sozial zu rechtfertigen. Das Gesetz verlangt, dass die Interessen beider Partner des Arbeitsvertrages gegeneinander umfassend abgewogen werden. ***Beispiel:*** *Eine Sekretärin büßt ihre Hörfähigkeit zu 100 % ein, kann aber an einem anderen Arbeitsplatz als Buchhalterin weiterbeschäftigt werden.*
Gründe im Verhalten des Arbeitnehmers	Gründe im Verhalten des Arbeitnehmers sind nachhaltige Pflichtverletzungen des Arbeitsvertrags. ***Beispiele:*** *Unpünktlichkeit, nachlässige Arbeitsleistung, Nichtbeachtung erteilter Anweisungen oder betrieblicher Vorschriften (z. B. Rauchverbot).* Einmalige und geringfügige Vertragsverstöße können eine verhaltensbedingte Kündigung nicht rechtfertigen. Bei der verhaltensbedingten Kündigung ist deshalb eine vorherige **Abmahnung** erforderlich (s. S. 106), es sei denn, es handelt sich um ein krasses Fehlverhalten, das eine fristlose Kündigung rechtfertigen könnte.
betriebsbedingte Gründe	Eine betriebsbedingte Kündigung ist dann gerechtfertigt, wenn das Unternehmen wegen inner- oder außerbetrieblicher Ursachen bestimmte Arbeiten nicht mehr im Betrieb durchführen lassen kann und deshalb eine oder mehrere Stellen im Betrieb überflüssig werden. ***Beispiele:*** *Rationalisierungsmaßnahmen, saisonal oder konjunkturell bedingte Einbrüche bei den Aufträgen, Betriebszusammenlegungen oder -verlagerungen.* Der Arbeitgeber muss die Situation nachvollziehbar darlegen und beweisen. Er muss auch beweisen, dass eine anderweitige Beschäftigung der betroffenen Arbeitnehmer im Unternehmen nicht möglich ist. Inhaltlich bleibt die unternehmerische Entscheidung der Maßnahme vor dem Arbeitsgericht unbestritten. Die betriebsbedingte Kündigung ist jedoch dann sozial nicht gerechtfertigt, wenn der Arbeitgeber bei der Auswahl des Arbeitnehmers soziale Gesichtspunkte nicht oder nicht ausreichend berücksichtigt hat. Dazu gehören regelmäßig die Betriebszugehörigkeit, das Lebensalter, die Unterhaltspflichten oder eine Schwerbehinderung. Eine soziale Auswahlpflicht entfällt für die Mitarbeiter, bei denen die Weiterbeschäftigung wegen hervorgehobener Kenntnisse, Fähigkeiten und Leistungen oder zur Sicherung einer ausgewogenen Personalstruktur im betrieblichen Interesse liegt. Das Lebensalter darf bei der Sozialauswahl nicht zu stark berücksichtigt werden, sonst liegt eine unzulässige Benachteiligung der jüngeren Mitarbeiter vor.

Der Arbeitnehmer muss Kündigungsschutzklage erheben, wenn er geltend machen will, dass die Kündigung rechtsunwirksam ist.

Abmahnung

Die Abmahnung ist eine vom Arbeitgeber ausgesprochene förmliche Missbilligung wegen der Verletzung arbeitsvertraglicher Pflichten durch den Arbeitnehmer, verbunden mit der Nennung arbeitsrechtlicher Konsequenzen im Wiederholungsfall.

Die Rechtsprechung hat strenge Voraussetzungen an die Wirksamkeit einer Abmahnung gestellt, weil sie die Vorstufe zu eine verhaltensbedingten Kündigung ist und sie dem Arbeitnehmer die Gelegenheit geben soll, sein Verhalten zu ändern:

- Das **Fehlverhalten** des Arbeitnehmers muss konkret beschrieben sein, im Idealfall unter Angabe des Orts, der Zeit und der genauen Beschreibung des Sachverhalts und der beteiligten Personen. Wird der Sachverhalt nicht zutreffend beschrieben, ist die Abmahnung unwirksam. Die Abmahnung kann auch mehrere Situationen beschreiben, in denen eine Fehlverhalten des Mitarbeiters festzustellen war. Sobald aber nur eine Pflichtverletzung unzutreffend oder ungenau bezeichnet ist, ist die Abmahnung insgesamt unwirksam.
- Die Abmahnung muss eine klare Aussage dazu machen, was die arbeitsrechtliche Konsequenz ist, mit der der Mitarbeiter im Wiederholungsfall zu rechnen hat, sonst ist sie ebenfalls unwirksam.
- Aus Gründen der Beweissicherung für einen potenziellen Arbeitsgerichtsprozess ist es sinnvoll, die Abmahnung schriftlich zu erteilen.
- Eine Frist für die Abmahnung nach Feststellung des Fehlverhaltens ist nicht vorgeschrieben. Die Abmahnung ist aber wirkungslos, wenn der Arbeitgeber zu lange damit wartet.
- Eine Anhörung des Mitarbeiters ist nicht erforderlich, bietet sich aber an, um die Basis für die Begründung der Abmahnung zu sichern.
- Eine Abmahnung unterliegt grundsätzlich nicht der Mitbestimmung des Betriebsrats.
- Es bedarf nicht mehrerer Abmahnungen für eine ständiges Fehlverhalten eines Mitarbeiters. Eine Abmahnung reicht aus.

Beispiel: *Ein Mitarbeiter kommt innerhalb von zwei Wochen dreimal mehr als eine Stunde verspätet zur Arbeit. Nach dem dritten Mal erhält er eine Abmahnung. Vier Wochen nach der Abmahnung kommt der Mitarbeiter wieder zweimal zu spät. Nun hat der Arbeitgeber das Recht, eine ordentliche Kündigung auszusprechen.*

Besonderer Kündigungsschutz

Neben dem allgemeinen Kündigungsschutz hat der Gesetzgeber eine Reihe von weiteren Kündigungsschutzvorschriften für bestimmte Personenkreise formuliert, die die Kündigung entweder ganz ausschließen oder erschweren.

Kündigungsschutz für Personen in besonderen Situationen	▪ Verbot der Kündigung von werdenden Müttern bis vier Monate nach der Entbindung nach dem Mutterschutzgesetz (§ 9 MSchG) ▪ Kündigung von Schwerbehinderten nur mit Zustimmung des Integrationsamtes nach dem 9. Buch des Sozialgesetzbuches (§ 95 SGB IX) ▪ Verbot der ordentlichen Kündigung von Auszubildenden nach Ende der Probezeit nach dem Berufsbildungsgesetz (§ 22 BBiG) ▪ Verbot der ordentlichen Kündigung während der Elternzeit nach dem Bundeselterngeld- und Elternzeitgesetz (§ 18 BEEG) ▪ Verbot der ordentlichen Kündigung während der Ableistung von Wehr- oder Zivildienst nach dem Arbeitsplatzschutzgesetz (§ 2 ArbPlSchG)
Kündigungsschutz für Personen in besonderen Funktionen	▪ Verbot der ordentlichen Kündigung von Betriebsratsmitgliedern, Wahlvorstandsmitgliedern und Wahlbewerbern zum Betriebsrat nach dem Kündigungsschutzgesetz (§ 15 KSchG) ▪ außerordentliche Kündigung dieses Personenkreises nur mit Zustimmung des Betriebsrats nach dem Betriebsverfassungsgesetz (§ 103 BetrVG) ▪ Verbot der ordentlichen Kündigung von Personalratsmitgliedern, Wahlvorstandsmitgliedern und Wahlbewerbern nach dem jeweiligen Personalvertretungsgesetz (PerVG) ▪ Verbot der ordentlichen Kündigung von Mitgliedern von Jugend- und Auszubildendenvertretungen nach dem Betriebsverfassungsgesetz oder dem jeweiligen Personalvertretungsgesetz ▪ Verbot der ordentlichen Kündigung von Schwerbehindertenvertretern nach dem 9. Sozialgesetzbuch (§ 96 SGB IX) ▪ Verbot der ordentlichen Kündigung von Datenschutzbeauftragten nach dem Bundesdatenschutzgesetz (§ 4f (3) BDSG)

1.5.1.4 Besonderheiten des Berufsausbildungsvertrages

Der Ausbildungsvertrag ist ein Vertrag zwischen einem Auszubildenden und einem Ausbildungsbetrieb. Ausbildungsverträge dürfen nur solche Betriebe abschließen, denen von der zuständigen Stelle die Ausbildungseignung zugesprochen wurde.

Rechtsgrundlage für jeden Ausbildungsvertrag ist das Berufsbildungsgesetz (BBiG). Für die Ausbildung zuständig sind die Kammern als sogenannte zuständige Stellen (z. B. Industrie- und Handelskammer, Handwerkskammer oder Landwirtschaftskammer).

Der Berufsausbildungsvertrag selbst bedarf keiner besonderen Form, er kann sogar mündlich abgeschlossen werden. Da es sich um einen Vertrag handelt, muss der Auszubildende selbst geschäftsfähig sein. Ist er das nicht, benötigt er die Zustimmung oder Genehmigung seines gesetzlichen Vertreters. Obwohl also grundsätzlich formfrei abschließbar, ist der Ausbildende jedoch nach § 11 BBiG verpflichtet, die wesentlichen Inhalte des Vertrags noch vor Beginn der Ausbildung schriftlich niederzulegen. Diese Niederschrift ist vom Ausbildenden, vom Auszubildenden und ggf. seinem gesetzlichen Vertreter zu unterzeichnen und dem Auszubildenden auszuhändigen. Außerdem ist die Eintragung in das Verzeichnis der Ausbildungsverhältnisse der zuständigen Kammer erforderlich.

Der **Inhalt der Niederschrift** des Berufsausbildungsvertrages muss nach § 11 BBiG folgende Inhalte haben:
- Namen und Anschriften der Vertragspartner
- Ziel der Ausbildung sowie sachliche und zeitliche Gliederung der Ausbildung

- Beginn und Dauer der Ausbildung
- Dauer der Probezeit (mindestens einen Monat, maximal vier Monate)
- Ort der Ausbildung
- Ausbildungsmaßnahmen außerhalb des Betriebes
- Zahlung und Höhe der Ausbildungsvergütung
- Dauer der regelmäßigen Arbeitszeit
- Dauer des Urlaubs
- Voraussetzungen unter denen der Vertrag gekündigt werden kann
- sonstige Vereinbarungen
- Unterschriften aller Vertragspartner

Das Ausbildungsverhältnis beginnt mit einer Probezeit von einem bis max. vier Monaten, in der beide Seiten jederzeit fristlos kündigen können. Danach kann das Ausbildungsverhältnis nur vom Ausbildenden aus wichtigem Grund fristlos oder vom Auszubildenden mit einer vierwöchigen Frist bei Aufgabe der Berufsausbildung gekündigt werden.

Der Ausbildungsvertrag sieht folgende Pflichten vor.

Pflichten des Ausbildenden (Rechte des Auszubildenden)	Pflichten des Auszubildenden (Rechte des Auszubildenden)
▪ Vermittlung der notwendigen Fertigkeiten nach dem Ausbildungsrahmenplan ▪ kostenlose Überlassung von Ausbildungsmitteln ▪ Beachtung von Jugendarbeitsschutz und Unfallschutzvorschriften ▪ Freistellung für Berufsschule und andere Ausbildungsmaßnahmen ▪ Verfügbarkeit geeigneter Ausbilder und Ausbildungsstätten ▪ Ermöglichung ärztlicher Untersuchungen (Erst- und Nachuntersuchung) ▪ Zahlung der Ausbildungsvergütung ▪ Gewährung des Urlaubs ▪ Ausstellung eines Zeugnisses	▪ Aneignung von Fertigkeiten und Kenntnissen ▪ pflegliche Behandlung von Maschinen und Einrichtungen ▪ Besuch der Berufsschule ▪ sorgfältige Ausführung übertragener Arbeiten ▪ Führung von Ausbildungsnachweisen ▪ Wahrung von Betriebsgeheimnissen ▪ Beachtung der Betriebsordnung ▪ Befolgung von Weisungen der Ausbilder und Mitarbeiter des Betriebs, die im Rahmen der Ausbildung erteilt werden ▪ Teilnahme an Ausbildungsmaßnahmen, für die eine Freistellung erfolgt

Der Ausbildungsvertrag endet

- grundsätzlich mit Ablauf der vertraglich festgelegten Ausbildungszeit;
- mit Bestehen der Abschlussprüfung, wenn diese vor Ablauf der Ausbildungszeit stattfindet;
- nach Ablauf der vertraglichen Ausbildungszeit, wenn der Auszubildende die Abschlussprüfung nicht besteht. In diesem Fall verlängert sich das Ausbildungsverhältnis auf sein Verlangen hin bis zur nächstmöglichen Wiederholungsprüfung, höchstens jedoch um ein Jahr;
- bei Tod des Auszubildenden, seinem Umzug oder bei Geschäftsaufgabe des Ausbildenden;
- im gegenseitigen Einvernehmen (Aufhebungsvertrag).

1.5.2 Betriebsverfassungsgesetz

Um die Mitarbeiter eines Betriebes in die Gestaltung der Arbeitsbedingungen einzubeziehen, hat der Gesetzgeber im Betriebsverfassungsgesetz (BetrVG) die Wahl von Betriebsräten vorgesehen.

Der Betriebsrat ist die gewählte Interessenvertretung der Arbeitnehmer eines Betriebes.

Grundgedanke des BetrVG ist es, die Belegschaft über deren gewählte Vertretung an betrieblichen Entscheidungen des Arbeitgebers zu beteiligen, soweit es um Belange geht, die in besonderer Weise die Arbeitnehmer betreffen.

1.5.2.1 Wahl des Betriebsrats

Voraussetzungen § 1 BetrVG	Die Wahl des Betriebsrats ist möglich in Betrieben mit mindestens fünf ständigen wahlberechtigten Arbeitnehmern.
Aktives Wahlrecht § 7 BetrVG	Wahlberechtigt sind alle Arbeiter und Angestellten bzw. Auszubildenden, die am Wahltag das 18. Lebensjahr vollendet haben, unabhängig von der Dauer der Betriebszugehörigkeit und der Staatsangehörigkeit. Wahlberechtigt sind auch Leiharbeiter, wenn sie länger als drei Monate in dem Betrieb eingesetzt sind, in dem gewählt wird.
Passives Wahlrecht § 8 BetrVG	Wählbar sind alle wahlberechtigten (also volljährigen) Personen, die dem Betrieb mindestens sechs Monate angehören.
Betriebsratswahl §§ 13 ff. BetrVG	Der Betriebsrat wird alle vier Jahre in der Zeit vom 01.03. bis 31.05. gewählt. Die Wahl wird organisiert und durchgeführt vom Wahlvorstand. Er besteht in der Regel aus drei wahlberechtigten Arbeitnehmern. In größeren Betrieben kann die Anzahl erhöht werden. Die Wahl ist ▪ unmittelbar, d. h. jede wahlberechtigte Person gibt ihre Stimme persönlich ab; ▪ geheim, d. h. die Wahl erfolgt schriftlich und ohne Zuordnungsmöglichkeit der abgegebenen Stimmen.
Größe des Betriebsrats	Die Mitgliederzahl richtet sich nach der Anzahl der wahlberechtigten Arbeitnehmer im Betrieb: 5 – 20 Arbeitnehmer: 1 Person (= Betriebsobmann) 21 – 50 Arbeitnehmer: 3 Mitglieder 51 – 100 Arbeitnehmer: 5 Mitglieder 101 – 200 Arbeitnehmer: 7 Mitglieder Größere Betriebe haben entsprechend mehr Betriebsratsmitglieder. Ein Betriebsrat mit mehreren Mitgliedern wählt aus seiner Mitte einen Betriebsratsvorsitzenden.
Amtszeit § 21 BetrVG	Die regelmäßige Amtszeit des Betriebsrats beträgt 4 Jahre.

Gesamtbetriebsrat	In größeren Unternehmen mit mehreren Betrieben (und damit auch mehreren Betriebsräten) wird ein Gesamtbetriebsrat gebildet. Jeder Betriebsrat entsendet je nach Größe einen bzw. zwei Vertreter. Der Gesamtbetriebsrat ist für Fragen zuständig, die das gesamte Unternehmen betreffen (z. B. für den Sozialplan). ***Beispiel:*** *In einem Warenhausunternehmen mit 50 Filialen (= Betrieben) in Deutschland können 50 Betriebsräte bestehen, aber der Geschäftsleitung gegenüber steht ein Gesamtbetriebsrat für das ganze Unternehmen. Er würde in diesem Fall aus 50 Mitgliedern bestehen und mehrere Male im Jahr tagen.*
Konzernbetriebsrat	In Konzernen, d. h. einem Zusammenschluss rechtlich selbstständiger Unternehmen unter einer einheitlicher Leitung, kann ein Konzernbetriebsrat errichtet werden. Jeder Betriebsrat oder Gesamtbetriebsrat entsendet einen bzw. zwei Vertreter. Der Konzernbetriebsrat ist dem Gesamtbetriebsrat nicht übergeordnet.

1.5.2.2 Jugend- und Auszubildendenvertretung

Die Jugend- und Auszubildendenvertretung (JAV) ist die gewählte Vertretung der Jugendlichen und Auszubildenden in einem Betrieb. Sie vertritt die Interessen dieses Personenkreises.

Die JAV kümmert sich um Fragen der Berufsbildung und überwacht die Einhaltung der Schutzbestimmungen für Jugendliche.

Eine JAV kann gebildet werden in Betrieben mit mindestens fünf wahlberechtigten Arbeitnehmern.

- **Aktives Wahlrecht:** Wahlberechtigt sind alle Arbeiter und Angestellten, die am Wahltag das 18. Lebensjahr noch nicht vollendet haben, sowie alle Auszubildenden, die am Wahltag das 25. Lebensjahr noch nicht vollendet haben.
- **Passives Wahlrecht:** Wählbar sind alle Arbeitnehmer des Betriebes, die das 25. Lebensjahr noch nicht vollendet haben.

Die Wahlen finden alle zwei Jahre statt.

1.5.2.3 Allgemeine Aufgaben des Betriebsrats

Nach § 80 BetrVG soll der Betriebsrat im Rahmen seiner allgemeinen Aufgaben

- sich der Belange der Arbeitnehmer annehmen und Maßnahmen im Sinne der Arbeitnehmer beantragen und deren Anregungen aufgreifen;
- die Beschäftigung der Arbeitnehmer im Betrieb fördern und sichern;
- darüber wachen, dass die zugunsten der Arbeitnehmer geltenden Normen eingehalten werden;
- Maßnahmen des Arbeitsschutzes und des betrieblichen Umweltschutzes fördern;
- sich um benachteiligte Arbeitnehmer kümmern;
- die Eingliederung Schwerbehinderter, ausländischer und älterer Arbeitnehmer fördern;

- die Gleichberechtigung der Geschlechter und die Vereinbarkeit von Familie und Beruf vorantreiben;
- die Wahl einer Jugend- und Auszubildendenvertretung vorbereiten und durchführen.

1.5.2.4 Beteiligungsrechte des Betriebsrats

Die Beteiligungsrechte sind abgestuft. Sie beginnen bei reinen Informationsrechten, in deren Rahmen der BR auf die mehr oder weniger großzügige Bereitschaft des Arbeitgebers angewiesen ist, Informationen abzugeben, und sie steigern sich dann bis zu den Rechten im Rahmen der erzwingbaren Mitbestimmung, in deren Zusammenhang der Arbeitgeber auf die Zustimmung des BR angewiesen ist.

Informationsrechte u. a. §§ 80, 89, 90, 92, 96, 99, 111 BVerfG	Der Betriebsrat hat das Recht, über betriebliche Vorgänge, vor allem über wirtschaftliche Angelegenheiten, unterrichtet zu werden. Der Arbeitgeber muss den Betriebsrat jedoch erst nach seiner Entscheidung informieren. ***Beispiele:*** *Personalplanung, Unterrichtung des Wirtschaftsausschusses über wirtschaftliche Angelegenheiten des Betriebes, Lohn- und Gehaltslisten, Maßnahmen des Arbeitsschutzes oder Einstellung leitender Angestellter*
Vorschlags- und Beratungsrechte u. a. §§ 90, 92, 96, 97, 111 BetrVG	Der Arbeitgeber ist verpflichtet, von sich aus den Betriebsrat anhand geeigneter Unterlagen zu informieren und seine Meinung einzuholen sowie die Angelegenheiten selbst und die Vorschläge des Betriebsrates dazu zu erörtern. Diese Rechte beziehen sich primär auf personelle Angelegenheiten. ***Beispiele:*** *Gestaltung von Arbeitsplätzen, Betriebsänderungen (Stilllegung oder Zusammenschluss von Betrieben) oder Investitionen*
Mitwirkungsrechte u. a. §§ 99 ff., 111 BetrVG	Der Arbeitgeber muss den Betriebsrat anhören. Dieser hat ein **Widerspruchsrecht**. Im Falle eines Widerspruchs kann der Arbeitgeber dann versuchen, die verweigerte Zustimmung durch das Arbeitsgericht zu ersetzen. Auch diese Mitwirkungsrechte greifen vorwiegend in personellen Angelegenheiten. ***Beispiele:*** *Einstellungen, Versetzungen, Umgruppierungen, Kündigungen, Bekämpfung von Unfall- und Gesundheitsgefahren oder Betriebsänderungen*
Mitbestimmungsrechte § 87 BetrVG	Arbeitgeber und Betriebsrat können Entscheidungen nur gemeinsam treffen; bei Konflikten entscheidet eine von beiden Parteien gebildete Einigungsstelle. Man bezeichnet diese Rechte auch als **erzwingbare Mitbestimmung**. Entscheidet der Arbeitgeber hier ohne Zustimmung des Betriebsrats, ist die Maßnahme oder Entscheidung ungültig oder wirkungslos. Die Mitbestimmungsrechte beziehen sich vorwiegend auf soziale Angelegenheiten. ***Beispiele:*** *Beginn und Ende der täglichen Arbeitszeit einschließlich der Lage der Pausen, Betriebsordnung, Urlaubsgrundsätze und Urlaubsplan, betriebliche Lohngestaltung, betriebliche Berufsbildung, Sozialplan bei Betriebsänderung, Gestaltung des Personalfragebogens oder Beurteilungskriterien*

1.5.2.5 Betriebsverfassungsrechtliche Einrichtungen

Betriebsversammlung **§§ 42 ff. BetrVG**	Die Arbeitnehmer eines Betriebs sollen regelmäßig über die Arbeit des Betriebsrats informiert werden. Dazu dient die Betriebsversammlung. Sie ist eine Zusammenkunft aller Arbeitnehmer eines Betriebes, an der auch der Arbeitgeber oder einer seiner Vertreter teilnimmt. Eine ordentliche Betriebsversammlung soll mindestens einmal in jedem Kalendervierteljahr stattfinden. Auf Wunsch des Betriebsrats oder des Arbeitgebers können weitere außerordentliche Betriebsversammlungen stattfinden. Betriebsversammlungen finden während der Arbeitszeit statt. Den Arbeitnehmern ist das Arbeitsentgelt für diese Zeit weiterzuzahlen. Der/die Betriebsratsvorsitzende hat die Leitung der Betriebsversammlung. Die ordentliche Betriebsversammlung hat zum Inhalt den Tätigkeitsbericht des Betriebsrats, Informationen über die Ergebnisse der Zusammenarbeit zwischen Arbeitgeber und Betriebsrat, wirtschaftliche Informationen, den Bericht des Arbeitgebers und die Aussprache darüber. Die im Betrieb vertretenen Gewerkschaften haben ein Teilnahmerecht.
Einigungsstelle **§ 76 BetrVG**	Es kann sein, dass Arbeitgeber und Betriebsrat in einer mitbestimmungspflichtigen Angelegenheit verhandeln, aber keine Einigung erzielen. Dann kann jeder Verhandlungspartner die Einsetzung einer Einigungsstelle verlangen. Diese dient zur Beilegung von Streitigkeiten zwischen Arbeitgeber und Betriebsrat im Rahmen der erzwingbaren Mitbestimmung. Die Zusammensetzung erfolgt paritätisch, d. h. je zur Hälfte, aus Mitgliedern, die vom Betriebsrat und vom Arbeitgeber benannt werden. Der Vorsitzende wird von beiden Seiten gewählt und ist eine unparteiische Person, zumeist ein Arbeitsrichter. Der Spruch der Einigungsstelle ist verbindlich. Die Parteien müssen sich dieser Entscheidung unterwerfen. Einigungsstellen sind hauptsächlich vorgesehen für Entscheidungen über ▪ die Mitbestimmung in sozialen Angelegenheiten nach § 87 BetrVG, ▪ die Aufstellung eines Sozialplans bei Betriebsänderungen, ▪ die Durchführung von Berufsbildungsmaßnahmen.
Wirtschaftsausschuss **§ 106 ff. BetrVG**	Der Wirtschaftsausschuss ist ein Gremium, in dem Vertreter des Betriebsrats vom Arbeitgeber über wirtschaftliche Angelegenheiten informiert werden und mit dem Arbeitgeber darüber beraten. ***Beispiele:*** *Produktions-, Absatz- und Finanzlage, Produktions- und Investitionsprogramm, Rationalisierungsvorhaben, Änderung der Betriebsorganisation, Fabrikations- und Arbeitsmethoden, Einschränkung oder Stilllegung des Betriebes oder von Betriebsteilen oder die Verlegung von Betrieben oder Betriebsteilen* Der Wirtschaftsausschuss besteht nur in Betrieben mit mehr als 100 Arbeitnehmern und hat mindestens drei, höchstens sieben, Mitglieder, die vom Betriebsrat oder vom Gesamtbetriebsrat bestimmt werden. Er soll monatlich zusammentreten.

Betriebsvereinbarung (§ 77 BetrVG)	Sofern sich Arbeitgeber und Betriebsrat über eine die Mitarbeiter betreffende Angelegenheit geeinigt haben, können sie dies in einer Betriebsvereinbarung schriftlich fixieren. ***Beispiele:*** *Betriebsurlaub, Pausenregelung oder Lage der Arbeitszeit* Für die Betriebsvereinbarung ist die Schriftform mit den Unterschriften beider Seiten zwingend erforderlich. Auf Basis der Betriebsvereinbarung können alle Arbeitnehmer Ansprüche geltend machen. Sofern die Betriebsvereinbarung befristet war, endet sie mit Fristablauf, ansonsten durch Kündigung einer Vertragspartei.

1.5.3 Tarifvertragsrecht

Das Tarifvertragsrecht basiert auf Art. 9 (3) des Grundgesetzes, der Arbeitgebern und Arbeitnehmern das Recht garantiert, sich freiwillig in Interessenverbänden zusammenzuschließen. Dieses Grundrecht wird als Koalitionsfreiheit bezeichnet.

Das Tarifrecht als Teil des kollektiven Arbeitsrechts regelt das Verhältnis und die Auseinandersetzungen zwischen den Arbeitnehmerverbänden (Gewerkschaften) und den Arbeitgeberverbänden als Tarifparteien. Die zwischen diesen Tarifpartnern ausgehandelten grundlegenden Rahmenbedingungen (Tarifverträge) gelten jeweils für eine Vielzahl von einzelnen Arbeitsverhältnissen.

Der Grundsatz der Tarifautonomie untersagt dem Staat eine direkte Einflussnahme auf die Ergebnisse der Verhandlungen zwischen den Tarifparteien. Die Tarifpartner sind in ihren Entscheidungen hinsichtlich des Abschlusses von Tarifbedingungen völlig autonom, d. h. unabhängig.

Tarifparteien	
Gewerkschaften	**Arbeitgeberverbände**
Die Gewerkschaften sind freiwillige Zusammenschlüsse von Arbeitnehmern zum Zwecke der Wahrung und Förderung der Arbeitsbedingungen ihrer Mitglieder. **Dachorganisation:** Deutscher Gewerkschaftsbund (DGB) **Einzelgewerkschaften:** ▪ IG Bauen–Agrar–Umwelt (IG BAU) ▪ IG Bergbau, Chemie, Energie (IG BCE) ▪ Gewerkschaft Erziehung und Wissenschaft (GEW) ▪ IG Metall (IGM) ▪ Gewerkschaft Nahrung–Genuss–Gaststätten (NNG) ▪ Gewerkschaft der Polizei (GdP) ▪ Eisenbahn- und Verkehrsgewerkschaft (EVG) ▪ Vereinte Dienstleistungsgewerkschaft e. V. (ver.di)	Die Arbeitgeberverbände sind freiwillige Zusammenschlüsse von Arbeitgebern gleicher Wirtschaftszweige einer bestimmten Region und Branche, deren Zweck die Wahrung und Förderung der Interessen ihrer Mitglieder ist. **Dachverband:** Bundesverband deutscher Arbeitgeberverbände (BDA) **Landesverbände:** z. B. Landesvereinigung der Arbeitgeber- und Wirtschaftsverbände Sachsen-Anhalt **Fachspitzenverbände:** z. B. Gesamtverband der metallindustriellen Arbeitgeberverbände e. V.

Ein Tarifvertrag regelt die Rechte und Pflichten der Tarifvertragsparteien und enthält Rechtsnormen, die den Inhalt, den Abschluss und die Beendigung von Arbeitsverhältnissen sowie betriebliche und betriebsverfassungsrechtliche Fragen ordnen können.

Rechtliche Grundlage für Tarifverträge ist das Tarifvertragsgesetz (TVG).
Tarifverträge bedürfen der Schriftform und werden im Tarifregister eingetragen, das beim Bundesministerium für Arbeit und Sozialordnung geführt wird. Folgende Tarifverträge werden unterschieden

Unterscheidung nach den Tarifpartnern	▪ **Verbandstarifvertrag:** Vertragspartner sind hierbei der Arbeitgeberverband einer Branche in einer Region und die für die Branche und die Region zuständige Gewerkschaft. ▪ **Haus-, Firmen- oder Werktarifvertrag:** Vertragspartner sind hierbei ein einzelner Arbeitgeber und die für diesen Betrieb zuständige Gewerkschaft.
Unterscheidung nach dem Inhalt	▪ **Lohn-/Gehaltstarifverträge** regeln vorwiegend die geldlichen Arbeitsbedingungen, z. B. Arbeitsentgelt pro Stunde oder pro Monat in den jeweiligen Entgeltgruppen oder Ausbildungsvergütungen für Auszubildende. Diese Verträge haben kurze Laufzeiten (1–2 Jahre). ▪ **Rahmentarifverträge** regeln die für die Lohn- und Gehaltstarifverträge wichtigen Entgeltgruppen unter Berücksichtigung von Ausbildung, Alter, Schwierigkeitsgrad der auszuführenden Arbeit und haben zumeist eine Laufzeit von mehreren Jahren. ▪ **Manteltarifverträge** regeln allgemeine Arbeitsbedingungen, z. B. Anzahl der wöchentlichen Arbeitsstunden, Anzahl der Urlaubstage pro Kalenderjahr, Regelungen zum 13. Monatsgehalt, Weihnachtsgeld bzw. Urlaubsgeld, Höhe des Arbeitgeberanteils zu den vermögenswirksamen Leistungen, Zuschläge für Mehrarbeit oder für Nacht-, Sonntags- und Feiertagsarbeit, Akkordzuschläge oder den Rationalisierungsschutz. Sie haben eine Laufzeit von mehreren Jahren.

Neue Tarifverträge entstehen durch Verhandlungen und ggf. (zulässige) Arbeitskampfmaßnahmen zwischen den Tarifparteien. Der Weg ist im Folgenden grafisch dargestellt.

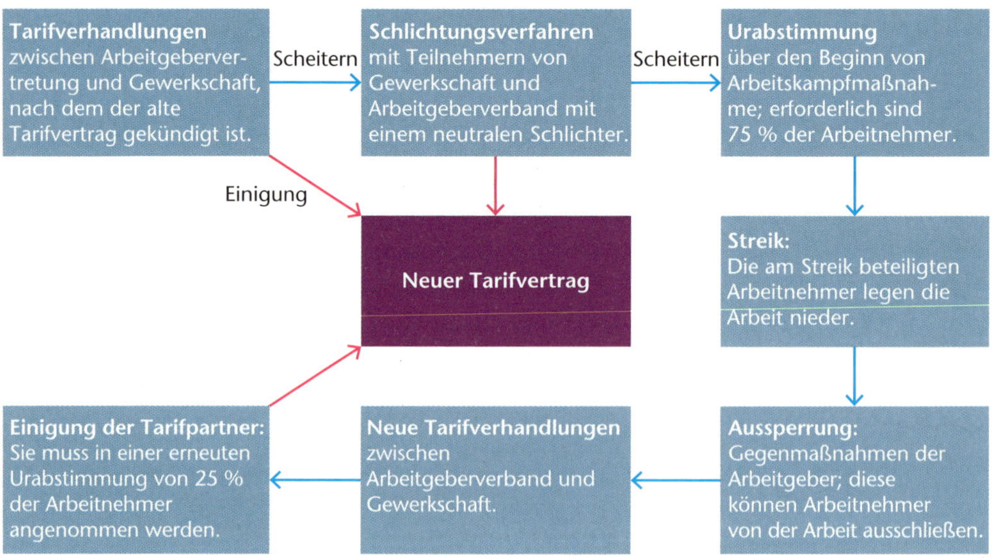

Ablauf von Tarifverhandlungen

1.5.4 Grundlegende arbeitsrechtliche Schutzbestimmungen

Durch zwingendes, d. h. im Arbeitsvertrag nicht abdingbares, Recht hat der Gesetzgeber dafür gesorgt, dass sowohl bestimmte schutzbedürftige Personengruppen als auch alle Arbeitnehmer im Rahmen ihres Arbeitsverhältnisses vor schädlichen Einflüssen und Überbeanspruchung geschützt werden. Damit soll verhindert werden, dass die Gesundheit dieser Personengruppen beeinträchtigt wird oder sie in anderer Weise benachteiligt werden.

1.5.4.1 Technischer Arbeitsschutz

Der technische Arbeitsschutz soll verhindern, dass die Gesundheit der Arbeitnehmer beeinträchtigt wird. Der Arbeitnehmer hat ständig mit technischen Einrichtungen zu tun und ist in Produktionsverfahren eingegliedert, die seine Gesundheit bedrohen können. Dem Schutz vor diesen Gefahren dienen zahlreiche Vorschriften zu Arbeitssicherheit und Gesundheitsschutz.

Zuständigkeit: Für die Sicherheit sind grundsätzlich alle Partner im Arbeitsverhältnis verantwortlich.

- Der **Arbeitgeber** ist dafür verantwortlich, dass die Schutzbestimmungen in seinem Betrieb beachtet werden. Bei Nichteinhaltung der Arbeitsschutzvorschriften durch den Arbeitgeber hat der Arbeitnehmer u. U. ein Recht auf Arbeitsverweigerung.
- Jeder **Arbeitnehmer** ist verpflichtet, die Unfallverhütungs- und Sicherheitsvorschriften zu befolgen.
- Der **Betriebsrat** hat darüber zu wachen, dass die Unfallverhütungs- und Arbeitsschutzmaßnahmen durchgeführt werden. Er hat mitzubestimmen über Regelungen zur Verhütung von Arbeitsunfällen und Berufskrankheiten sowie über den Gesundheitsschutz im Rahmen der gesetzlichen Vorschriften.
- Der **Sicherheitsbeauftragte** soll den Unternehmer, die Führungskräfte, die Fachkraft für Arbeitssicherheit, den Betriebsarzt und die Kollegen darin unterstützen, Unfälle, berufsbedingte Krankheiten und Gesundheitsgefahren zu vermeiden.

Mit dem technischen Arbeitsschutz befassen sich eine Reihe von Vorschriften:

- Das **Arbeitsschutzgesetz (ArbSchG)**, genauer „Gesetz über die Durchführung von Maßnahmen des Arbeitsschutzes zur Verbesserung der Sicherheit und des Gesundheitsschutzes der Beschäftigten bei der Arbeit“ enthält Vorschriften, die geeignet sind, die Sicherheit der Mitarbeiter und deren Gesundheitsschutz am Arbeitsplatz zu verbessern. Das Gesetz ist die Ermächtigungsgrundlage zum Erlass von Rechtsverordnungen. Auf dieser gesetzlichen Grundlage wurde z. B. die wichtige **Arbeitsstättenverordnung (ArbStättV)** geschaffen, die wiederum konkretisiert wird durch eine ganze Reihe von „Arbeitsstätten-Regeln“. Diese enthalten genaue Definitionen und Auslegungen zu sicherheitsrelevanten Themen, wie Lüftung, Temperatur oder Beleuchtung.
- Das **Geräte- und Produktsicherheitsgesetz (GPSG)** mit seinen Verordnungen, z. B. der Maschinenverordnung, regelt u. a. die Errichtung und den Betrieb überwachungsbedürftiger Anlagen, die gewerblichen oder wirtschaftlichen Zwecken dienen und durch die Beschäftigte u. U. gefährdet werden können.

- Das **Arbeitssicherheitsgesetz (ASiG)** regelt die Pflichten des Arbeitgebers zur Bereitstellung von Betriebsärzten, Sicherheitsingenieuren und Fachkräften für Arbeitssicherheit, beschreibt deren Aufgaben und ihre betriebliche Position und fordert die betriebliche Zusammenarbeit beim Arbeitsschutz und bei der Unfallverhütung. Ziel ist es, eine fachkundige Beratung des Arbeitgebers sicherstellen.
- Die **Unfallverhütungsvorschriften** der Berufsgenossenschaften beinhalten Verhütungsmaßnahmen zur Vermeidung von Arbeitsunfällen sowie Vorschriften für die Gestaltung von Einrichtungen und erforderliche Anordnungen. Diese Vorschriften sind im Betrieb an sichtbarer Stelle auszuhängen und die Mitarbeiter sind darüber genau zu unterrichten.

Zuständige Stellen für den Arbeitsschutz sind

- das **Gewerbeaufsichtsamt,** das die Einhaltung der Schutzbestimmungen überwacht, Betriebsbesichtigungen vornimmt, zur Beseitigung von Mängeln auffordert, neue Einrichtungen begutachtet und bei Unfällen im Betrieb Stellungnahmen abgibt;
- die **Berufsgenossenschaften,** die als Träger der betrieblichen Unfallversicherung Unfallverhütungsvorschriften und Merkblätter zum Zwecke der Unfallverhütung herausgeben, Unfallforschung betreiben und bei Unfällen im Betrieb zu informieren sind;
- autorisierte, unabhängige **Prüfeinrichtungen**, z. B. der TÜV oder die DEKRA, oder andere zugelassene Gutachter, die technische Anlagen wie Fahrzeuge, Fahrstühle und Kesselanlagen regelmäßig auf ihre Sicherheit überprüfen.

1.5.4.2 Mutterschutz

Das Mutterschutzgesetz trägt der besonderen Schutzwürdigkeit von Schwangeren sowie Müttern nach der Entbindung Rechnung.

Die gesetzliche Grundlagen dazu sind das **Mutterschutzgesetz (MuSchG)** sowie das **Bundeselterngeld- und Elternzeitgesetz (BEEG).**

Die wesentlichen Regeln sehen vor, dass

- während der Schwangerschaft und bis zu vier Monate nach der Entbindung sowie während der Elternzeit keine Kündigung erfolgen darf;
- für werdende Mütter grundsätzlich ein Beschäftigungsverbot gilt, wenn Gefahren für die Schwangere oder das Kind bestehen;
- Schwangere während der letzten sechs Wochen der Schwangerschaft und acht Wochen nach der Entbindung überhaupt nicht beschäftigt werden dürfen (absolutes Beschäftigungsverbot);
- nach der Entbindung eine Elternzeit von 36 Monaten genommen werden kann, die wahlweise der Mutter oder dem Vater zusteht. In dieser Zeit wird für maximal 14 Monate ein Elterngeld gezahlt, darüber hinaus bis zum 24. Monat Erziehungsgeld.

1.5.4.3 Schwerbehindertenschutz

Schwerbehindert ist eine Person, die körperlich, seelisch oder geistig behindert und dadurch in ihrer Erwerbsfähigkeit um mindestens 50 % gemindert ist. Sie soll im Arbeitsleben besonders geschützt werden.

Die Rechtsgrundlagen finden sich im **9. Buch des Sozialgesetzbuches (SGB IX).**

Die wesentlichen Regeln sehen vor, dass

- Betriebe, die über mindestens 20 Arbeitsplätze verfügen, auf wenigstens fünf Prozent der Arbeitsplätze Schwerbehinderte beschäftigen;
- die Arbeitsplätze für Schwerbehinderte leidensgerecht ausgestattet sein müssen;
- schwerbehinderte Frauen besonders zu berücksichtigen sind;
- jeder unbesetzte Pflichtplatz mit einer monatlichen Ausgleichsabgabe belegt wird;
- Schwerbehinderte einen erweiterten Kündigungsschutz genießen;
- Schwerbehinderte einen Anspruch auf zusätzlichen Urlaub von fünf Arbeitstagen pro Jahr haben;
- der Arbeitgeber eine jährliche Anzeigepflicht bei der Arbeitsagentur hat.

1.5.4.4 Schutz des Urlaubs

Der Urlaub ist eine wesentliche Komponente zur nachhaltigen Erholung eines Arbeitnehmers und zur Erhaltung seiner Arbeitskraft. Die Erholung des Arbeitnehmers durch seinen Urlaub soll deshalb gewährleistet werden.

Rechtsgrundlage für den Urlaub ist das **Bundesurlaubsgesetz (BUrlG).**

Nach dem Gesetz gelten folgende Regeln:

- Alle Arbeitnehmer einschließlich der Aushilfen und Teilzeitbeschäftigten sowie alle arbeitnehmerähnlichen Personen haben Anspruch auf einen bezahlten Erholungsurlaub.
- Der Urlaubsanspruch beträgt unter Weiterzahlung des Arbeitsentgelts mindestens 24 Werktage pro Jahr. Als Werktage gelten alle Tage außer den Sonn- und Feiertagen. Die 24 Tage beziehen sich auf eine 6-Tage-Woche. Bei einer 5-Tage-Woche hat der Arbeitnehmer somit nur 20 Tage Urlaub.
- Der Anspruch erwächst mit 1/12 je einem vollen Monat geleisteter Arbeit, kann allerdings erstmalig nach einer 6-monatigen Wartezeit genommen werden.
- Der Urlaub muss im Kalenderjahr genommen werden, in dem der Urlaubsanspruch erwachsen ist, darf allerdings bis zum 31.03. des Folgejahres übertragen werden, wenn er aus betrieblichen oder persönlichen Gründen nicht genommen werden konnte. Nach dem 31.03. verfällt der Urlaubsanspruch, der grundsätzlich nicht in Geld ausgezahlt werden kann.
- Der Urlaub ist grundsätzlich zusammenhängend zu gewähren, damit der Erholungseffekt für den Arbeitnehmer gegeben ist.

- Erkrankt der Arbeitnehmer während des Urlaubs, muss der Arbeitnehmer sich dies bescheinigen lassen und den Urlaub später nehmen.

1.5.4.5 Arbeitszeitschutz

Der Arbeitszeitschutz setzt Rahmenbedingungen für alle Fragen, die mit der Arbeitszeit im Betrieb zusammenhängen. Die dort gesetzten Grenzen dürfen nicht überschritten werden.

Rechtsgrundlage ist das **Gesetz zur Vereinheitlichung und Flexibilisierung des Arbeitsrechts (Arbeitszeitgesetz).** Es sieht folgende wesentliche Regeln vor:

- Arbeitszeit ist die Zeit vom Beginn bis zum Ende der Arbeit ohne Ruhepausen.
- Die regelmäßige Arbeitszeit an Werktagen beträgt 8 Stunden.
- Die Arbeitszeit des einzelnen Arbeitnehmers kann auf 10 Stunden ausgedehnt werden, wenn innerhalb von 6 Monaten ein Ausgleich auf eine Gesamtarbeitszeit von 8 Stunden im Durchschnitt geschaffen wird.
- Die tägliche Ruhezeit nach Beendigung der Arbeit beträgt mindestens 11 Stunden.
- Nach § 9 ArbZG gilt grundsätzlich eine Arbeitsruhe an Sonn- und Feiertagen. Nach § 10 gibt es dazu zahlreiche Ausnahmen, z. B. für Not- und Sicherheitsdienste, Krankenhäuser und Pflegeheime, gastronomisches Gewerbe etc.; im Einzelhandel Ausnahmen bei Milcherzeugnissen, Bäcker- und Konditorwaren, Blumen und Zeitungen
- Nach 6 Stunden ist jedem Arbeitnehmer eine Ruhepause von 30 Minuten, ab 9 Stunden von 45 Minuten zu gewähren.

1.5.4.6 Jugendarbeitsschutz

Jugendliche befinden sich zumeist noch in einer körperlichen und seelischen Entwicklung. Zudem ist ihre Belastbarkeit eingeschränkt. Aus diesem Grund sieht das Gesetz zahlreiche Schutzvorschriften vor.

Rechtsgrundlage ist das **Jugendarbeitsschutzgesetz (JArbSchG).**

Der geschützte Personenkreis sind
- **Kinder**, d. h. Personen, die noch nicht 15 Jahre alt sind, sowie
- **Jugendliche**, d. h. Personen, die 15 Jahre, aber noch nicht 18 Jahre alt sind.

Generell gilt ein **Verbot für Kinderarbeit** und für **Akkordarbeit.**

Die **Regelungen** zur **Arbeitszeit** sehen vor, dass

- täglich maximal 8 Stunden gearbeitet werden darf,
- bzw. täglich 8,5 Stunden, wenn an einem Wochentag die Mehrstunden abgegolten werden,
- wöchentlich maximal 40 Stunden gearbeitet werden darf,
- an Samstagen, Sonn- und Feiertagen eine Beschäftigung bis auf Ausnahmen nicht zulässig ist,

- die Schichtzeit die tägliche Arbeitszeit einschließlich der Ruhepausen ist und maximal 10 Stunden betragen darf,
- die tägliche Freizeit mindestens 12 Stunden zwischen Arbeitsende und Arbeitsbeginn am nächsten Tag betragen muss.

Die Ruhepausen betragen
- bei einer täglichen Arbeitszeit von 4,5 – 6 Stunden mindestens 30 Minuten,
- bei einer täglichen Arbeitszeit von über 6 Stunden mindestens 60 Minuten.

Die **Regeln zu Nachtruhe** sehen vor, dass eine Beschäftigung nur zwischen 6:00 und 20:00 Uhr stattfinden darf; Ausnahmen davon bestehen
- im Gaststättengewerbe bis 22:00 Uhr,
- in Bäckereien ab 05:00 Uhr,
- in mehrschichtigen Betrieben bis 23:00 Uhr.

Für den **Urlaub von Jugendlichen** sind abweichend vom Bundesurlaubsgesetz vorgesehen
- 30 Werktage für 15-Jährige,
- 27 Werktage für 16-Jährige,
- 25 Werktage für 17-Jährige.

Die **überwachende Behörde** ist das Gewerbeaufsichtsamt bzw. das Staatliche Amt für Arbeitsschutz.

Wiederholungsfragen zu Kapitel 1.5

1. *Erläutern Sie den Unterschied zwischen dem individuellen und dem kollektiven Arbeitsrecht.*
2. *Gehört das Arbeitsschutzrecht eher zum individuellen oder zum kollektiven Arbeitsrecht? Begründen sie Ihre Antwort.*
3. *Was versteht man unter dem Günstigkeitsprinzip im deutschen Arbeitsrecht?*
4. *Erklären sie die grundsätzliche Natur eines Arbeitsvertrags.*
5. *Was ist der Unterschied zwischen einem Arbeitsvertrag und einem Arbeitsverhältnis?*
6. *Was sind die wesentlichen Merkmale eines Arbeitnehmers?*
7. *Warum ist eine Hausfrau im üblichen Sinne keine Arbeitnehmerin?*
8. *Was ist eine arbeitnehmerähnliche Person?*
9. *Erklären Sie die Begriffe Abschluss-, Form- und Inhaltsfreiheit im Zusammenhang mit dem Abschluss eines Arbeitsvertrags.*
10. *Unter welchen Voraussetzungen ist ein Arbeitsvertrag anfechtbar?*
11. *Welche Rechtswirkung hat es, wenn ein Arbeitsvertrag nichtig ist?*
12. *Nennen Sie vier Arten von Arbeitsverträgen und erläutern Sie diese kurz.*
13. *Nennen Sie die wesentlichen Pflichten des Arbeitnehmers und des Arbeitgebers aus dem Arbeitsvertrag.*
14. *Erläutern Sie wesentliche Merkmale der Arbeitspflicht eines Arbeitnehmers.*

15. *Was ist unter der Treuepflicht des Arbeitnehmers zu verstehen?*
16. *Die Haftung des Arbeitnehmers aus dem Arbeitsvertrag ist anders geregelt als in anderen Schuldverhältnissen. Warum?*
17. *Unterscheiden Sie leichte, mittlere und grobe Fahrlässigkeit im Rahmen eines Arbeitsvertrags anhand von je einem Beispiel.*
18. *Wie ist die Haftung des Arbeitnehmers im Falle der groben Fahrlässigkeit und des Vorsatzes geregelt?*
19. *Was versteht man unter dem innerbetrieblichen Schadensausgleich?*
20. *In welcher Form können Mitarbeiter entlohnt werden? Nennen und beschreiben Sie vier Entgeltformen.*
21. *In welchen Situationen bzw. Sachverhalten ist der Arbeitgeber verpflichtet, den Mitarbeiter auch ohne dessen Arbeit zu entlohnen? Nennen Sie vier Beispiele.*
22. *Wie ist die Entgeltfortzahlung im Krankheitsfall geregelt und unter welchen Voraussetzungen tritt sie ein?*
23. *Inwiefern kann ein Arbeitgeber unter Annahmeverzug geraten und welche Rechte hat dann der Arbeitnehmer?*
24. *Welche Fürsorgepflichten hat ein Arbeitgeber?*
25. *Durch welche Umstände oder Sachverhalte kann ein Arbeitsvertrag beendet werden?*
26. *Unter welchen Voraussetzungen darf ein Arbeitgeber einen Arbeitnehmer befristet beschäftigen?*
27. *Was ist ein Kettenarbeitsvertrag und wie ist er rechtlich zu beurteilen?*
28. *Was ist ein Aufhebungsvertrag und welche rechtliche Wirkung hat er?*
29. *Was ist eine Kündigung?*
30. *Erläutern Sie das Problem des Wirksamwerdens einer Kündigung.*
31. *Welche Rolle spielt der Betriebsrat bei Kündigungen durch den Arbeitgeber?*
32. *Unterscheiden Sie die ordentliche und die außerordentliche Kündigung.*
33. *Nennen Sie mögliche Gründe für eine außerordentliche Kündigung des Arbeitgebers.*
34. *Beschreiben Sie die Voraussetzungen für die Anwendung des Kündigungsschutzgesetzes.*
35. *Wann ist eine Kündigung sozial gerechtfertigt?*
36. *Was ist eine Abmahnung und was sollte der Arbeitgeber dabei beachten?*
37. *Nennen Sie vier Personengruppen, die einen besonderen Kündigungsschutz genießen.*
38. *Nennen Sie je vier Pflichten des Auszubildenden und des Ausbildenden.*
39. *Was sind die beiden allgemeinen Aufgaben eines Betriebsrats?*
40. *Beschreiben Sie die vier abgestuften Rechte des Betriebsrates anhand von je zwei Beispielen.*
41. *Was ist und welche Aufgaben hat eine Einigungsstelle?*

42. *Was regelt eine Betriebsvereinbarung?*
43. *In Deutschland gilt die Tarifautonomie. Was ist darunter zu verstehen?*
44. *Unterscheiden Sie die drei Arten von Tarifverträgen nach dem Inhalt.*
45. *Welche Personen sind in einem Betrieb für die Sicherheit der Arbeitnehmer verantwortlich?*
46. *Welche externen Stellen überwachen den Arbeitsschutz in einem Betrieb?*
47. *Erläutern Sie anhand von zwei Beispielen den besonderen Schutz von Schwerbehinderten.*
48. *Warum existiert ein besonderes Jugendarbeitsschutzgesetz?*
49. *Durch welche Regeln werden werdende Mütter in einem Betrieb geschützt?*

1.6 Grundsätze des Wettbewerbsrechts

Grundsätzlich ist jeder Gewerbetreibende frei in seiner wirtschaftlichen Betätigung. Andererseits endet seine Freiheit dort, wo die Freiheit der anderen Marktteilnehmer beginnt, z. B. die Freiheit der Mitbewerber und der Kunden. Hier setzt das Wettbewerbsrecht an.

Das **Wettbewerbsrecht** besteht zum einen aus dem Recht gegen den unlauteren Wettbewerb, das die anderen Marktteilnehmer vor unlauteren Verhaltensweisen schützen soll. Wichtigste gesetzliche Grundlage ist das **Gesetz gegen den unlauteren Wettbewerb (UWG).**

Zum anderen gilt das Recht gegen Wettbewerbsbeschränkungen, das die Existenz von Wettbewerb sicherstellen soll. Grundlage ist das **Gesetz gegen Wettbewerbsbeschränkungen (GWB)**, das auch „Kartellgesetz" genannt wird.

1.6.1 Gesetz gegen unlauteren Wettbewerb (UWG)

1.6.1.1 Verbot unlauterer geschäftlicher Handlungen

§ 3 UWG
Unlautere geschäftliche Handlungen sind unzulässig, wenn sie geeignet sind, die Interessen von Mitbewerbern, Verbrauchern oder sonstigen Marktteilnehmern spürbar zu beeinträchtigen.

Unlautere geschäftliche Handlungen liegen nach § 4 UWG insbesondere dann vor, wenn ein Unternehmer

- die Entscheidungsfreiheit der anderen Marktteilnehmer durch unangemessenen unsachlichen Einfluss beeinträchtigt;

  Beispiel: *Besuch eines Vertreters für Sterbegeldversicherungen, wenn ein Angehöriger schwer erkrankt ist*

- die geschäftliche Unerfahrenheit, die Leichtgläubigkeit, die Angst oder die Zwangslage von Verbrauchern ausnutzt;

Beispiel: *Hinweis auf die politische Lage, die eine Verknappung lebensnotwendiger Lebensmittel erwarten lässt*

- den Werbecharakter geschäftlicher Handlungen verschleiert;

  Beispiel: *Schleichwerbung*

- bei Verkaufsförderungsmaßnahmen, z. B. Preisnachlässen, Zugaben, Geschenken und Preisausschreiben bzw. Gewinnspielen die Bedingungen nicht klar und eindeutig angibt;
- die Teilnahme an einem Preisausschreiben bzw. Gewinnspiel von dem Erwerb einer Ware abhängig macht;
- einen Mitbewerber herabsetzt oder verunglimpft, z. B. in Bezug auf seine Waren oder sein Unternehmen;
- über die Waren und das Unternehmen eines Mitbewerbers unwahre oder nicht erweislich wahre Tatsachen behauptet, die den Betrieb oder Ruf des Unternehmers schädigen können;

  Beispiel: *Behauptung, es werde beim Mitbewerber ständig mangelhafte Ware geliefert*

- Waren oder Dienstleistungen anbietet, die eine Nachahmung der Waren oder Dienstleistungen eines Mitbewerbers sind;
- Mitbewerber gezielt behindert;

  Beispiele: *Verleitung von Kunden des Mitbewerbers zum Vertragsbruch; Überkleben von Mitbewerberplakaten; Aufforderung an Uhrenfachhändler, den Service an Uhren abzulehnen, die in Filialen einer Kaffeerösterei gekauft wurden.*

- einer gesetzlichen Vorschrift zuwiderhandelt, die auch dazu bestimmt ist, das Marktverhalten zu regeln, z. B. Verbraucherschutzrecht oder Preisangabenverordnung.

  Beispiel: *Ein gewerblicher Verkäufer bietet bei ebay Verbrauchern Waren unter Ausschluss der Mängelhaftung an.*

1.6.1.2 Irreführung

Unlauter und damit unzulässig sind nach § 5 UWG auch geschäftliche Handlungen, die unwahre oder sonstige zur Täuschung geeignete Angaben enthalten, z. B. in Bezug auf die Ware oder Dienstleistung, den Anlass des Verkaufs, das Unternehmen oder Rechte des Verbrauchers.

Beispiele:
- *Unwahre Verwendung von Begriffen wie „Auslese“, „echt“, „extra“, „frisch“, „original“, „spezial“, „1. Wahl“, „bio“, „umweltfreundlich“*
- *Werbung mit Preisreduzierungen von 50 %, wenn nicht alle Preise um 50 % reduziert sind;*
- *Werbung mit „Neueröffnung“, wenn es sich lediglich um eine Wiedereröffnung wegen Umbaus handelt*
- *Hinweis, dass der Verbraucher bei reduzierter Ware keine Gewährleistung bei Mängeln hat;*
- *Werbung mit Preissenkungen, wenn der als ursprünglicher Preis angegebene Preis nicht für eine angemessene Zeit gefordert wurde („Mondpreiswerbung“).*

Irreführung durch Unterlassen

Nach § 5a UWG kann auch Verschweigen wesentlicher Informationen eine Irreführung sein, wenn es dadurch z. B. zu einer Beeinflussung der (Kauf-)Entscheidung kommt, wie z. B. das Verschweigen von

- wesentlichen Merkmalen der Ware/Dienstleistung;

  Beispiel: *Verschweigen von Mängeln*

- Identität/Anschrift des Unternehmers;

  Beispiel: *Ein Unternehmer wirbt in einer Zeitung oder im Internet ohne Hinweis darauf, dass er Gewerbetreibender ist.*

- Endpreis der Ware oder der Lieferkosten;
- Zahlungs-, Liefer- und Leistungsbedingungen;
- Bestehen eines Rücktritts- oder Widerrufsrechts.

1.6.1.3 Vergleichende Werbung; § 6 UWG

Vergleichend ist eine Werbung, die unmittelbar oder mittelbar einen Mitbewerber oder die von einem Mitbewerber angebotenen Waren erkennbar macht.

Vergleichende Werbung ist nicht grundsätzlich unzulässig. Vergleichende Werbung ist jedoch als Verstoß gegen §§ 4 und 5 UWG stets unzulässig, wenn sie unwahre Behauptungen enthält.

Aber auch wahre Angaben sind unlauter, wenn der Vergleich

- sich nicht auf Waren oder Leistungen für den gleichen Bedarf bzw. dieselbe Zweckbestimmung bezieht;

- nicht objektiv auf wesentliche, relevante, nachprüfbare und typische Eigenschaften der Ware oder Dienstleistung oder den Preis bezogen ist;

  Beispiel: *„Unser Service ist freundlicher als bei X, zu jeder Reparatur erhalten Sie auch eine Rose!" (= Vergleich nicht wesentlicher Eigenschaften)*

- zu Verwechselungen zwischen den Mitbewerbern bzw. deren Waren führt;

  Beispiel: *Abbildung fremder Ware im eigenen Katalog ohne Hinweis*

- die Wertschätzung des Kennzeichens eines Mitbewerbers unlauter ausnutzt oder beeinträchtigt;

  Beispiel: *Benutzung der typischen Waren-Farben eines Mitbewerbers*

- die Waren oder Leistungen oder das Unternehmen eines Mitbewerbers herabsetzt bzw. verunglimpft;

- das beworbene Produkt als Nachahmung oder Imitation eines Produktes mit geschütztem Kennzeichen darstellt.

  Beispiel: *„Unsere Programme sind die kostenfreie Version von Microsoft Windows 7."*

1.6.1.4 Unzumutbare Belästigungen

Unlauter und damit unzulässig handelt ein Unternehmer, der Verbraucher in unzumutbarer Weise belästigt, z. B. durch

- Werbung gegen den – z. B. durch einen Briefkastenaufkleber – erkennbaren Willen des Empfängers;
- Telefonwerbung, wenn der Angerufene nicht vorher ausdrücklich seine Genehmigung dazu erteilt hat (sogenannte Opt-in-Lösung);
- Werbung mit Anrufmaschinen, Faxgeräten oder E-Mails ohne Einwilligung und jederzeitige Widerrufsmöglichkeit;
- anonyme Werbung.

1.6.1.5 Rechtsfolgen bei unlauterem Wettbewerb nach UWG

Wer unlautere geschäftliche Handlungen vornimmt, kann nach § 8 UWG auf **Beseitigung** (z. B. von Werbematerial) und bei Wiederholungsgefahr auf **Unterlassung** in Anspruch genommen werden.

Die Ansprüche auf Beseitigung und Unterlassung stehen zu:

- jedem Mitbewerber
- rechtsfähigen Verbänden zur Förderung gewerblicher oder selbstständiger beruflicher Interessen, wenn ihnen eine erhebliche Zahl von Unternehmern angehört, die Waren oder Dienstleistungen gleicher oder verwandter Art auf demselben Markt vertreiben, und wenn die Zuwiderhandlung die Interessen ihrer Mitglieder berührt;
- eingetragenen Verbraucherverbänden, nicht jedoch dem einzelnen Verbraucher
- den Industrie- und Handelskammern
- den Handwerkskammern

Die missbräuchliche Durchsetzung von Ansprüchen durch unseriöse Abmahnvereine, welche lediglich im Eigeninteresse durch wettbewerbsrechtliche Abmahnungen Einnahmen erzielen wollen, ist jedoch unzulässig.

Dem geschädigten Mitbewerber stehen nach § 9 UWG außerdem **Schadensersatzansprüche** zu, die z. B. die Kosten für die Richtigstellung bei unlauter bezugnehmender Werbung, die Anwaltskosten und ebenso den entgangenen Gewinn umfassen. Für Letzteren ist jedoch der erforderliche Nachweis des Zusammenhangs zwischen Umsatzrückgang und wettbewerbswidrigem Verhalten in der Praxis kaum möglich.

Wurde durch eine vorsätzliche Zuwiderhandlung ein Gewinn auf Kosten einer Vielzahl von Abnehmern erzielt (z. B. die Einziehung von Beträgen ohne Rechtsgrund im Internet, Adressbuchschwindel, Mogelpackungen), kann der Verletzer von den o. g. Verbänden und Kammern zur Herausgabe des Gewinns gezwungen werden. Dieser fließt dann dem Bundeshaushalt zu. Im Gegensatz zum Schadensersatzanspruch dient der **Gewinnabschöpfungsanspruch** nach § 10 UWG nicht dem individuellen Schadensausgleich, sondern der Abschreckung („Verbrechen darf sich nicht lohnen!“).

Wettbewerbsstreitigkeiten können in einem Gerichtsverfahren vor einem Landgericht geklärt werden. Außerdem ist eine Klärung in einem außergerichtlichen Schlichtungsverfahren vor den Einigungsstellen der Industrie- und Handelskammern und der Handwerkskammern möglich.

1.6.2 Gesetz gegen Wettbewerbsbeschränkungen (GWB)

Das Recht gegen Wettbewerbsbeschränkungen soll den Wettbewerb gegen Beschränkungen durch Wettbewerber schützen, die den Bestand des Wettbewerbs an sich angreifen.

Rechtsgrundlage ist das **Gesetz gegen Wettbewerbsbeschränkungen (GWB)** mit seinen Regelungen

- zu wettbewerbsbeschränkenden Vereinbarungen („Kartellvereinbarungen“);
- über die Missbrauchsaufsicht bei Marktbeherrschung;
- zur Kontrolle von Unternehmenszusammenschlüssen („Fusionskontrolle“).

Das GWB sieht vielfältige Eingriffsmöglichkeiten der Kartellbehörden vor. Zuständig für die Durchsetzung von Maßnahmen ist in erster Linie das **Bundeskartellamt**, daneben auch die Kartellbehörden der Länder.

Verstöße gegen die Verbote des GWB gelten nach § 81 GWB als Ordnungswidrigkeiten, sie können mit einem Bußgeld von bis zu 1,0 Mio. EUR, in Einzelfällen auch bis zu 10 % des Gesamtumsatzes des Unternehmens geahndet werden.

1.6.2.1 Kartellvereinbarungen

Bei einem Kartell bleiben die Mitglieder rechtlich selbstständig, vereinbaren aber ein **gemeinschaftliches Handeln** in bestimmten Bereichen.

Verbot wettbewerbsbeschränkender Vereinbarungen

> **§ 1 GWB**
> Vereinbarungen zwischen Unternehmen, Beschlüsse von Unternehmensvereinigungen und aufeinander abgestimmte Verhaltensweisen, die eine Verhinderung, Einschränkung oder Verfälschung des Wettbewerbs bezwecken oder bewirken, sind verboten.

Ein wettbewerbsbeschränkendes und damit i. d. R. verbotenes Verhalten **zwischen Wettbewerbern** liegt bei folgenden Sachverhalten vor:

- **Preis- und Konditionenabsprachen**, z. B. über Höchst- und Mindestpreise, Rabatte, den Zeitpunkt von Preisänderungen, aber auch Absprachen über z. B. Zahlungsbedingungen, Kreditziele, Verzugszinsen, den Garantieumfang;
- **Marktaufteilung**, bei der sich die Wettbewerber Gebiete oder Kunden zuweisen oder bestimmte (Absatz-)Quoten festlegen;
- **Einkaufskooperationen**, d. h. Vereinbarungen über den gemeinsamen Bezug von Waren oder Dienstleitungen, z. B. um günstige Konditionen mit Lieferanten auszuhandeln; sie können vom Kartellverbot freigestellt sein, z. B. wenn es sich um Kooperationen kleiner und mittlerer Unternehmen (Mittelstandskartelle) handelt.

- **Verkaufskooperationen** sind verboten, sobald damit eine Preisfestlegung für die gemeinsam vermarkteten Produkte verbunden ist. Beschränken sich die Vereinbarungen auf den gegenseitigen Vertrieb der Produkte oder auf gemeinsame Werbung, können sie vom Kartellverbot freigestellt sein, falls z. B. die Vorteile der gemeinsamen Vermarktung in Form niedrigerer Preise an die Verbraucher weitergegeben werden.

Wettbewerbsbeschränkungen **zwischen Lieferanten und Kunden** („vertikale Vereinbarungen") gefährden den Wettbewerb in der Regel weniger stark. Daher sind vertikale Vereinbarungen vom Verbot des § 1 GWB freigestellt und nur unter bestimmten Voraussetzungen verboten.

Beispiele für vertikale Vereinbarungen sind:

- **Ausschließlichkeitsbindungen,** bei denen sich der Vertragspartner verpflichtet, ein Gut ausschließlich an seine Vertragpartner zu liefern bzw. von ihnen zu kaufen;

  Beispiel: *Bierbezug bei Gaststätten*

- **Höchstpreisbindungen und Unverbindliche Preisempfehlungen;** diese sind verboten, falls der Lieferant zu ihrer Durchsetzung Anreize, wie Rabatte gewährt oder Druck ausübt;

- **Preisbindungen** sind absolut verboten (Ausnahme: Preisbindung bei Zeitungen und Zeitschriften).

  Beispiel: *Ein Hersteller legt die Wiederverkaufspreise der Händler fest.*

Freistellung vom Kartellverbot

Gesetzlich freigestellt vom generellen Kartellverbot sind wettbewerbsbeschränkende Vereinbarungen, falls

- durch sie ein Beitrag zur Verbesserung der Warenerzeugung bzw. -verteilung oder zur Förderung des technischen oder wirtschaftlichen Fortschritts geleistet wird,
- der Verbraucher z. B. durch Preissenkungen oder Steigerungen der Produktqualität angemessen am „Gewinn" beteiligt wird,
- und der Wettbewerb auf dem relevanten Markt nicht wesentlich beeinträchtigt wird.

Unternehmen und Verbände tragen die alleinige Verantwortung für die Prüfung, ob diese Voraussetzungen vorliegen; die Möglichkeit, Wettbewerbsverhalten vorab durch die Kartellbehörde prüfen und legalisieren zu lassen, gibt es nicht mehr.

Dadurch entsteht für die Unternehmen auf der einen Seite ein größerer Gestaltungsfreiraum, andererseits ein hohes Risiko bei einer falschen Einschätzung der Freistellungsvoraussetzung: Es droht unter anderem ein Bußgeld bis zu einer Höhe von 1,0 Mio. EUR.

1.6.2.2 Missbrauchsaufsicht bei Marktbeherrschung

> **§ 19 (1) GWB** Die missbräuchliche Ausnutzung einer marktbeherrschenden Stellung durch ein oder mehrere Unternehmen ist verboten.

Für Eingriffe des Kartellamtes müssen demnach Marktbeherrschung und Missbrauch der Marktmacht gegeben sein.

Als **marktbeherrschend** ist ein Unternehmen anzusehen, wenn es

- als Anbieter oder Nachfrager keinem wesentlichen Wettbewerb ausgesetzt ist
- oder eine überragende Marktstellung hat aufgrund eines hohen Marktanteils, besonderer Finanzkraft oder besonderen Zugangs zu Absatz- und Beschaffungsmärkten.

Für die Feststellung eines **Missbrauchs der Marktmacht** nennt § 19 (4) GWB vier Beispieltatbestände. Missbrauch liegt z. B. vor, wenn

- ein Unternehmen ohne sachlich gerechtfertigten Grund ungünstigere Entgelte bzw. Geschäftsbedingungen fordert als auf anderen Märkten,
- oder wenn es anderen Unternehmen den notwendigen Zugang zu eigenen Infrastruktureinrichtungen verweigert, z. B. zu Telekommunikationsnetzen.

1.6.2.3 Kontrolle von Unternehmenszusammenschlüssen („Fusionskontrolle")

Die Zusammenschluss- oder Fusionskontrolle soll die Entstehung oder Verstärkung marktbeherrschender Stellungen von Unternehmen verhindern.

Ein geplanter Zusammenschluss von Unternehmen muss deshalb beim Bundeskartellamt **angemeldet** werden, wenn der Jahresumsatz der beteiligten Unternehmen insgesamt und der Umsatz der einzelnen Unternehmen bestimmte Größenordnungen überschreitet.

Das Bundeskartellamt kann den Zusammenschluss untersagen, wenn durch den Zusammenschluss auf einem der Märkte, die der Zusammenschluss betrifft, eine marktbeherrschende Stellung begründet bzw. verstärkt wird. Trotz marktbeherrschender Stellung kann es zur Freigabe des Zusammenschlusses kommen, wenn dieser zu bedeutenden Verbesserungen der Marktstrukturen führt, z. B. dadurch, dass ein insolvenzbedrohter Wettbewerber am Leben erhalten wird. Eine Freigabeentscheidung des Kartellamtes kann mit Bedingungen sowie Auflagen verbunden werden.

Ein bereits vollzogener Zusammenschluss, den das Bundeskartellamt untersagt oder dessen Freigabe es widerrufen hat, ist aufzulösen.

Zusammenschlüsse auf europäischer Ebene unterliegen der EG-Fusionskontrollverordnung und sind deshalb bei der Europäischen Kommission anzumelden.

Wiederholungfragen zu Kapitel 1.6

1. *Aus welchen beiden Bereichen besteht das Wettbewerbsrecht und welche Gesetzesbestimmungen sind jeweils Grundlage?*
2. *Nennen Sie Beispiele für unlautere geschäftliche Handlungen i. S. d. UWG.*
3. *Erläutern Sie Zulässigkeit bzw. die Unzulässigkeit vergleichender Werbung.*
4. *Welche Rechtsfolgen haben unlautere Handlungen i. S. d. UWG?*
5. *Was versteht man unter einer Kartellvereinbarung? Nennen Sie auch Beispiele.*

6. *Obwohl das GWB auch „Kartellgesetz" genannt wird, geht es hier nicht nur um Kartellvereinbarungen. Was wird noch durch das GWB geregelt?*
7. *Wann ist ein Unternehmen als marktbeherrschend anzusehen?*
8. *Was ist unter der „Fusionskontrolle" zu verstehen?*

1.7 Grundsätze des Gewerberechts

1.7.1 Wichtige Regelungen der Gewerbeordnung (GewO)

1.7.1.1 Gewerbe

Der Gewerbeordnung unterliegt, wer ein Gewerbe betreibt; darunter ist jede selbstständige, planmäßige, auf Dauer und Gewinnerzielung angelegte Tätigkeit zu verstehen.

Obwohl diese Merkmale an sich zutreffen, werden traditionell wissenschaftliche, künstlerische, lehrende, heilende und rechtsberatende Tätigkeiten nicht als „Gewerbe" im Sinne der Gewerbeordnung angesehen, sondern als sogenannte „Freie Berufe". Hierunter fallen z. B. Rechtsanwälte, Wirtschaftsprüfer, Steuerberater, Architekten, Künstler, Ärzte. Die Freien Berufe unterliegen der Gewerbeordnung nicht, jedoch dafür anderen Berufsordnungen, z. B. der Bundesrechtsanwaltsordnung. Ebenso werden die Betriebe der Urproduktion, d. h. Land- und Forstwirtschaft, Garten- und Weinbau, Fischerei und Bergbau, nicht zu den Gewerbebetrieben gezählt.

1.7.1.2 Gewerbeanmeldung

Der Beginn eines Gewerbes ist nach § 14 GewO bei den örtlichen Gewerbeämtern anzuzeigen. Vom Gewerbeamt wird die Anmeldung u. a. an die Industrie- und Handelskammer bzw. Handwerkskammer, das Finanzamt, das Gewerbeaufsichtsamt bzw. Amt für Arbeitsschutz und die Berufsgenossenschaft weitergeleitet.

Ebenfalls anzuzeigen ist die Gründung einer weiteren Betriebsstätte. Beim Wechsel der Tätigkeit muss eine Ummeldung, bei der Verlegung des Betriebs sowie der Aufgabe einer gewerblichen Tätigkeit eine gewerberechtliche Abmeldung vorgenommen werden.

Die §§ 15a, 15b GewO, welche die Verpflichtung zur Anbringung von Name und Firma am Geschäftslokal und zur Namensangabe im Schriftverkehr regelten, wurden 2009 gestrichen. Trotzdem ist Gewerbetreibenden zu empfehlen, weiterhin ihren Namen (Nachnamen und mindestens einen ausgeschriebenen Vornamen) und ihre Geschäftsadresse auf dem Briefbogen anzugeben, um ihre Identität zu gewährleisten und Verwechselungen mit anderen Gewerbetreibenden zu vermeiden.

Die Gewerbeämter erteilen nach § 14 GewO bei Vorliegen eines berechtigten Interesses auf persönliche oder schriftliche Anfrage hin Auskünfte aus dem Gewerberegister über Namen, Betriebsanschrift und angezeigte Tätigkeit des jeweiligen Gewerbes.

Für die Mitteilung weiterer Daten aus dem Gewerberegister wie z. B. Handelsregistereintrag, Rechtsform, An- und Abmeldedatum, Niederlassung(en), Name, Privatanschrift, frühere Betriebsanschrift ist der Nachweis eines rechtlichen Interesses, z. B. die Verfolgung von Ansprüchen, notwendig.

1.7.1.3 Gewerbefreiheit und ihre Einschränkungen

§ 1 (1) Gewerbeordnung
Der Betrieb eines Gewerbes ist jedermann gestattet, soweit nicht durch dieses Gesetz Ausnahmen oder Beschränkungen vorgeschrieben oder zugelassen sind.

Jeder kann selbstständig ein Gewerbe ausüben, solange die Tätigkeit nicht verboten ist. Die Gewerbefreiheit ist jedoch nicht unbeschränkt. Bestimmte gewerbliche Tätigkeiten sind so gefahrgeneigt oder von so großem öffentlichem Interesse, dass für ihre Ausübung bestimmte besondere Genehmigungen erforderlich sind. Die Genehmigungen setzen in solchen Fällen voraus

- den erfordernden Nachweis bestimmter Fachkenntnisse und/oder bestimmter persönlicher Eigenschaften oder
- die Erfüllung bestimmter behördlicher Auflagen.

Ebenso steht es jedermann frei, sich für den Beruf eines Handwerkers zu entscheiden, für die Ausübung eines selbstständigen Gewerbes ist jedoch nach der **Handwerksordnung** (HWO) eine bestandene Meisterprüfung erforderlich.

1.7.1.4 Erlaubnisfreie, erlaubnispflichtige, überwachungsbedürftige Gewerbe

Erlaubnisfrei ist ein Gewerbe, das mit der Gewerbeanmeldung beim Gewerbeamt ohne weitere Prüfung sofort begonnen werden kann.

Erlaubnispflichtige Gewerbe können erst nach Erteilung der behördlichen Genehmigung, einer sogenannten Konzession, begonnen werden. Zum Nachweis sind bestimmte Kurse zu belegen, Praxisnachweise zu erbringen, bestimmte wirtschaftliche Verhältnisse nachzuweisen oder Befähigungsbeweise vorzulegen. Die Erlaubnispflicht kann sich nach den §§ 30 ff. GewO ergeben oder aufgrund anderer gesetzlicher Regelungen, z. B. dem Arzneimittelgesetz oder dem Gaststättengesetz. Erlaubnispflichtige Gewerbe sind z. B.

- Betreiben von Privatkrankenanstalten,
- Aufstellen von Spielgeräten mit Gewinnmöglichkeit, Betrieb von Spielhallen und ähnlichen Unternehmen,
- Pfandleihgewerbe,
- Bewachungsgewerbe,
- Versteigerungsgewerbe,
- Tätigkeit der Makler, Bauträger und Baubetreuer,
- Beförderungsgewerbe,
- Finanz- und Versicherungsvermittler,
- Gaststättengewerbe nach dem Gaststättengesetz (s. u.),
- Handel mit Waffen oder Arzneimitteln.

Überwachungsbedürftige Gewerbe sind nach § 38 GewO zwar an und für sich erlaubnisfrei, die zuständige Behörde überprüft aber die persönliche Zuverlässigkeit des

Gewerbetreibenden. Zu diesem Zweck hat der Gewerbetreibende ein Führungszeugnis und eine Auskunft aus dem Gewerbezentralregister vorzulegen.

Überwachungsbedürftige Gewerbe sind z. B.:

- Auskunfteien und Detekteien,
- Vermittlung von Eheanbahnungen,
- Betrieb von Reisebüros und Vermittlung von Unterkünften,
- Vertrieb und Einbau von Gebäudesicherungseinrichtungen einschließlich der Schlüsseldienste.

Gewerbeuntersagung wegen Unzuverlässigkeit

Die zuständigen Behörde können einem Gewerbetreibenden die Ausübung eines Gewerbes nach § 35 GewO ganz oder teilweise untersagen, wenn Tatsachen vorliegen, welche die Unzuverlässigkeit des Gewerbetreibenden oder einer mit der Leitung des Gewerbebetriebes beauftragten Person in Bezug auf dieses Gewerbe nachweisen, sofern die Untersagung zum Schutze der Allgemeinheit oder der im Betrieb Beschäftigten erforderlich ist.

1.7.2 Gaststättenrecht

1.7.2.1 Gaststättenerlaubnis (Konzession)

In Deutschland wird über die Gewerbeanmeldung hinaus eine Konzession verlangt, wenn alkoholische Getränke zum Ausschank kommen sollen. Die Gaststättengesetze der Länder regeln insbesondere die Voraussetzungen für Erteilung und den Widerruf einer Konzession, den Umfang der Erlaubnis, die Auflagen und die Versagungsgründe.

Grundvoraussetzungen einer Erlaubniserteilung sind in der Regel die Vorlage eines polizeilichen Führungszeugnisses, eine Unbedenklichkeitsbescheinigung des Finanzamts sowie die Ableistung einer gaststätten- und lebensmittelrechtlichen Unterweisung durch eine Industrie- und Handelskammer. Eine Gaststättenkonzession ist z. B. dann zu versagen, wenn der Antragsteller nicht die notwendige Zuverlässigkeit besitzt, insbesondere weil er selbst „dem Trunke ergeben ist“.

1.7.2.2 Weitere Regelungen

Im Gaststättengewerbe ist eine Vielzahl weiterer Regelungen zu beachten:

- So sind z. B. in der **Lebensmittelhygiene-Verordnung** Regelungen über den Umgang mit Lebensmitteln und deren Verarbeitung getroffen; ihre Einhaltung wird von der Gewerbeaufsicht unangemeldet kontrolliert.
- Das **Infektionsschutzgesetz** regelt Beschäftigungsverbote für unter bestimmten ansteckenden Krankheiten leidende Personen, die mit Lebensmitteln in Berührung kommen.
- Bei der Erstellung von Speisekarten sind neben der **Preisangabenverordnung** die Definitionen nach dem **Deutschen Lebensmittelbuch** und die Bezeichnungen sämtlicher Zusatzstoffe nach der Zusatzstoff-Zulassungsverordnung zu beachten.

Beispiel: *Der Unterschied zwischen einem echten „Wiener Schnitzel" (aus Kalbfleisch) und einem „Schnitzel Wiener Art" (aus Schweinefleisch) ist zu beachten.*

- Das **Jugendschutzgesetz** regelt Abgabeverbote für Alkohol und Tabakerzeugnisse an Jugendliche und enthält alters- und betriebsstättenbezogene Aufenthaltsverbote für verschiedene Altersgruppen.
- Das **Jugendarbeitsschutzgesetz** enthält allgemeine Schutzvorschriften zur Beschäftigung von Jugendlichen, desgleichen das Ausbildungsrecht. Ebenso sind die allgemeinen Vorschriften betreffend Arbeitsschutz und Betriebsverfassung zu beachten; wegen der besonderen Arbeitszeitverhältnisse existieren aber diverse Ausnahmeregelungen.
- Betreffend der Wiedergabe von Musik, Fernseh- und Videoaufzeichnungen sind die Bestimmungen des **Urheberrechts** zu beachten.
- Die zum Schutz der Nachtruhe geltende allgemeine Sperrzeit wird nach § 18 Gaststättengesetz durch die Bundesländer bestimmt. Dabei wurden sehr unterschiedliche Regelungen getroffen. Das beharrliche Verstoßen gegen die Sperrzeit kann nach dem Gaststättengesetz zur Aufhebung der Konzession führen.

1.7.3 Ladenschlussrecht

Mitte 2006 wurden im Rahmen der Förderalismusreform die Gesetzgebungskompetenzen in Sachen Ladenschluss auf die Bundesländer übertragen; fast alle Bundesländer haben seitdem durch eigene Regelungen die Ladenschlusszeiten an die Bedürfnisse der Bevölkerung in der jeweiligen Region angepasst.

In den Ländern Baden-Württemberg, Berlin, Bremen, Hamburg, Hessen, Niedersachsen, Nordrhein-Westfalen und Schleswig-Holstein wurden die Ladenöffnungszeiten an den Werktagen völlig freigege-ben, d. h. in das Ermessen der Inhaber von Geschäften gestellt.

Sachsen-Anhalt, Thüringen und Mecklenburg-Vorpommern haben Beschränkungen an den Vorabenden von Sonn- und Feiertagen festgelegt.

Gesetzliche Ladenschlusszeiten gibt es nur noch in den Ländern Bayern, Saarland, Rheinland-Pfalz und Sachsen.

An den Sonn- und Feiertagen müssen die Verkaufsstellen grundsätzlich geschlossen bleiben. Von den zuständigen Gemeinden können jedoch bis zu vier verkaufsoffene Sonntage freigegeben werden, in Brandenburg ist eine Genehmigung bis zu sechs, in Berlin bis zu zehn verkaufsoffenen Sonntagen möglich.

Der Sonn- und Feiertagsschutz genießt in allen Landesgesetzen hohen Stellenwert, jedoch gibt es wei-terhin besondere Regelungen für den Verkauf an Sonn- und Feiertagen. Solche Regelungen bestehen für

- bestimmte **Waren** (z. B. Zeitungen, Backwaren, Blumen und Pflanzen, landwirtschaftliche Produk-te, Milch- und Milcherzeugnisse);
- bestimmte **Verkaufsstellen** in besonderen Lagen (z. B. in Bahnhöfen, Fernbahnhöfen, Flughäfen, an Tankstellen und Apotheken in Touristenregionen) mit bestimmten Öffnungszeiten.

Die Ladenöffnungszeiten bleiben in ständiger Diskussion. So wird in einigen Ländern bereits darüber diskutiert, die liberalen Ladenöffnungszeiten wieder zu begrenzen.

Der Arbeitnehmerschutz der Mitarbeiter in den betroffenen Geschäften wird weiterhin durch besonde-re Arbeitsschutzregelungen in den Landesgesetzen sowie im Arbeitszeitgesetz gewährleistet.

Wiederholungsfragen zu Kapitel 1.7

1. *Welche unternehmerischen Tätigkeiten fallen unter die Gewerbeordnung, welche nicht?*
2. *Unter welchen Voraussetzungen kann man Auskünfte aus dem Gewerberegister erhalten?*
3. *Was versteht man unter Gewerbefreiheit?*
4. *Unterscheiden Sie erlaubnisfreie, erlaubnispflichtige und überwachungsbedürftige Gewerbe und nennen Sie dazu auch jeweils Beispiele.*
5. *Nennen Sie Beispiele für gesetzliche Regelungen, die beim Betrieb einer Gaststätte zu beachten sind.*

2 Steuern

Im Kapitel 1 wurde der Unterschied zwischen privatem und öffentlichem Recht erläutert. Das Steuerrecht ist ein **Spezialgebiet des öffentlichen Rechts**. In der Summe seiner Vorschriften regelt es die Festsetzung und Erhebung von Steuern. Das Steuerrecht gliedert sich in drei wesentliche Bereiche:

Steuerverfahrensrecht	Materielles Steuerrecht
Dieser Teil des Steuerrechts regelt das Verfahren der Steuerfestsetzung und der Steuererhebung.	Dieser Teil des Steuerrechts enthält die konkreten Regeln zur Steuerpflicht, zur Bemessungsgrundlage und zur Höhe der Steuerschuld.
Rechtsquelle: Abgabenordnung (AO)	Rechtsquellen: einzelne Steuergesetze
Steuerverwaltungsrecht und Finanzgerichtsbarkeit	
Das Steuerverwaltungsrecht legt die rechtlichen Grundlagen der Steuerverwaltung fest, während das Recht der Finanzgerichtsbarkeit Zuständigkeit und Abläufe der Finanzgerichte festlegt.	
Rechtsquellen: Gesetz über die Finanzverwaltung (FVG), Finanzgerichtsordnung (FGO)	

Nicht zum eigentlichen Steuerrecht gehören dagegen die Vorschriften, die sich mit der Steuergesetzgebung und der Verteilung des Steueraufkommens befassen, denn das sind Fragen der Legislative, und dafür zuständig ist das Verfassungsrecht mit Vorschriften des Grundgesetzes und dem Zerlegungsgesetz, das die Verteilung von Einkommensteuer und Körperschaftsteuer zwischen Bund und Ländern regelt.

2.1 Grundbegriffe des Steuerrechts

Die Abgaben sind der Sammelbegriff für alle finanziellen öffentlich-rechtlichen Lasten. Sie lassen sich wie folgt aufteilen:

Abgaben = Sammelbegriff für alle kraft öffentlicher Finanzhoheit zur Erzielung von Einnahmen erhobenen Zahlungen		
Steuern	**Gebühren**	**Beiträge**
sind Geldleistungen, die keine Gegenleistung für eine besondere Leistung darstellen und von einem öffentlich-rechtlichen Gemeinwesen allen auferlegt werden, bei denen der Tatbestand zutrifft, an den das Gesetz die Leistungspflicht knüpft; die Erzielung von Einnahmen kann Nebenzweck sein. ***Beispiele:*** *Einkommensteuer, Grundsteuer, Kfz-Steuer*	sind Zahlungen für besondere Leistungen einer öffentlichen Körperschaft oder für die (freiwillige oder erzwungene) Inanspruchnahme von öffentlichen Einrichtungen. ***Beispiele:*** *Verwaltungsgebühren: z. B. Gebühren für die Erstellung eines Personaldokuments, einer Beurkundung oder Bescheinigung; Nutzungsgebühren: z. B. Müllabfuhr, Friedhof*	werden zum Ausgleich einer indirekten Leistung erhoben und stellen einen Aufwandsersatz für die mögliche Inanspruchnahme einer konkreten Leistung einer öffentlichen Einrichtung dar. ***Beispiele:*** *Straßenanliegerbeiträge, Sozialversicherungsbeiträge, IHK-Beitrag*

Die genannten Abgabenarten lassen sich deshalb nach folgenden Kriterien unterscheiden:

Steuern	Gebühren	Beiträge
Bei Steuern spielt die Nutzung öffentlicher Einrichtungen keine Rolle, sondern nur die Tatsache, dass der Tatbestand zutrifft, an den das Gesetz die Steuerplicht knüpft.	Bei Gebühren muss eine tatsächliche Nutzung staatlicher Einrichtungen vorliegen. Hier gilt das individuelle Kostendeckungsprinzip.	Bei Beiträgen ist nur die Möglichkeit der Nutzung erforderlich. Hier gilt das gruppenmäßige Kostendeckungsprinzip.
Hat jemand Einkünfte, muss er darauf Einkommensteuern zahlen. Tritt ein Erbfall ein, sind Steuern fällig, sofern die Voraussetzungen vorliegen.	*Auf eine Leistung des Staates folgt eine geldliche Gegenleistung des Bürgers. Wer einen neuen Pass benötigt, muss ihn bezahlen.*	*Wenn eine neue Straße gebaut wird, müssen die Anlieger die entsprechenden Beiträge entrichten, unabhängig davon, ob sie die Straße nutzen oder nicht.*

Sachverhalt

Herr M. ist Friedensaktivist und behält bei seiner jährlichen Einkommensteuerzahlung prozentual den Anteil ein, den die Verteidigungsausgaben am gesamten Haushalt ausmachen, weil er der Meinung ist, dass Deutschland keine Armee braucht.

Herr M. wird mit dieser Argumentation nicht durchkommen, weil jeder einzelne Bürger die Steuern für die Erreichung des Staatszweckes insgesamt zahlen muss. Es gilt im

Gegensatz zu Gebühren und Beiträgen grundsätzlich das Verbot der Zweckbindung einzelner Steuern an bestimmte Staatsausgaben. Die Steuer soll im Prinzip für alle gleichmäßig sein, jeder Bürger soll gleich schwer daran tragen. Aus diesem Gedanken ergibt sich der Grundsatz der Besteuerung nach der wirtschaftlichen Leistungsfähigkeit.

Beispiel: *Wer viel Einkommen hat, soll mehr Einkommensteuer zahlen als derjenige, der wenig Einkommen hat. Wer ein sehr geringes Einkommen hat, braucht bis zu einem bestimmten Betrag überhaupt keine Steuer zu zahlen. Wer viel konsumiert, wird auch mehr Umsatzsteuer zahlen als derjenige, der wenig konsumiert.*

Neben den Steuern werden noch **steuerliche Nebenleistungen** in besonderen Situationen fällig. Dazu gehören Verzögerungsgelder (§ 146 Abs. 2b AO), Verspätungszuschläge (§ 152 AO), Zuschläge gemäß § 162 Abs. 4 AO, Zinsen (§§ 233 bis 237 AO), Säumniszuschläge (§ 240 AO), Zwangsgelder (§ 329 AO) und Kosten (§§ 89, 178, 178a und §§ 337 bis 345 AO) sowie Zinsen im Sinne des Zollkodexes und Verspätungsgelder nach § 22a Abs. 5 EStG.

2.1.1 Prinzipien des Steuerrechts

Das deutsche Steuerrecht wird durch folgende – im Grundgesetz verankerte – Prinzipien geprägt:

- **Besteuerung nach der Leistungsfähigkeit**: Dieses Prinzip ist ein grundlegendes Prinzip der Besteuerung und folgt dem allgemeinen Gleichheitssatz nach dem Grundgesetz (Art. 3 GG). Danach soll jeder Steuerpflichtige nur nach Maßgabe seiner individuellen ökonomischen Leistungsfähigkeit Steuern zahlen.
- **Sozialstaatsprinzip:** Es geht in die gleiche Richtung wie das Leistungsfähigkeitsprinzip, besagt jedoch, dass das Steuerrecht auf die wirtschaftlich schwachen Steuerpflichtigen Rücksicht nehmen muss und die Besteuerung einen sozialen Ausgleich bewirken soll. Dieses Prinzip findet im Rahmen der sekundären Einkommensverteilung des Staates seine Anwendung, u. a. im gestaffelten Steuertarif der Einkommensteuer.
- **Gesetzmäßigkeit der Besteuerung:** Nach diesem Prinzip dürfen Steuern nur aufgrund eines Gesetzes erhoben werden. Das Prinzip ist in Art. 2 des Grundgesetzes formuliert.
- **Gleichmäßigkeit der Besteuerung:** Dieses Prinzip besagt, dass gleiche Sachverhalte auch gleich zu besteuern sind. Es soll sichergestellt werden, dass jeder Steuerpflichtige gleich behandelt wird. Es folgt ebenfalls dem allgemeinen Gleichheitsgrundsatz nach Art. 3 des Grundgesetzes.

2.1.2 Steuersubjekt

Um bei der im folgenden Unterkapitel folgenden Darstellung einzelner Steuerarten keine Missverständnisse aufkommen zu lassen, sollen die im Steuerrecht handelnden Personen kurz beschrieben werden.

Beispiel: *Bei der Kfz-Steuer ist derjenige, der ein Kfz bei der Behörde anmeldet, zur Zahlung der Kfz-Steuer verpflichtet. Er bekommt einen Steuerbescheid und entrichtet die Kfz-Steuer an das Finanzamt, den Steuergläubiger.*

Dieser Betreiber eines Kfz ist nun in einer Person Steuerpflichtiger, Steuerschuldner, Steuerzahler und Steuerträger. Hier treffen also mehrere Begrifflichkeiten auf eine Person zu. Das ist nicht bei allen Steuerarten der Fall. Deshalb die folgende Klarstellung:

Steuerpflichtiger	Der Steuerpflichtige verwirklicht den Tatbestand der steuerlichen Leistungspflicht. Er ist derjenige, der eine durch die Steuergesetze auferlegte Verpflichtung zu erfüllen hat.
Steuerpflichten	Der Steuerpflichtige hat eine Reihe von Steuerpflichten zu erfüllen: ▪ Die materielle Steuerpflicht besteht in der vermögensrechtlichen Verpflichtung zur Steuerzahlung. ▪ Die formellen Steuerpflichten bestehen in bestimmten Aufzeichnungs-, Aufbewahrungs-, Erklärungs- und Auskunftspflichten gegenüber dem Fiskus. ***Beispiel:*** *Setzt ein Steuerpflichtiger Aufwendungen für ein Arbeitszimmer im eigenen Haus als Werbungskosten an, so hat er Auskunftspflichten hinsichtlich der Aufwendungen (Belege), der Aufteilung des Hauses bzw. der Wohnung (Grundriss) und der Darlegung, wozu das Arbeitszimmer benötigt wird.*
Steuerschuldner	Die Person, bei der der Tatbestand realisiert wird, an den das Gesetz die Steuerpflicht knüpft, ist der Steuerschuldner. Der Begriff des Steuerschuldners bezieht sich nur auf die materielle Steuerpflicht. Man kann steuerpflichtig sein, ohne die Steuern zu schulden. Allerdings ist umgekehrt jeder Steuerschuldner zugleich auch Steuerpflichtiger. ***Beispiel:*** *Als Arbeitsloser bezieht man zwar kein zu versteuerndes Einkommen, bezahlt also keine Einkommensteuer. Man muss die Bezüge aus ALG I oder II jedoch dem Finanzamt im Rahmen einer Steuererklärung nachrichtlich angeben.*
Steuerzahler	Steuerzahler ist der, der die Steuern zahlt. Er ist derjenige, der nach dem jeweiligen Steuergesetz die Steuer an den Fiskus zu entrichten hat, weswegen er auch als Steuerentrichtungspflichtiger bezeichnet wird. Bei einer Reihe von Steuerarten verpflichtet das entsprechende Steuergesetz andere Personen zum Steuerzahler für Rechnung des Steuerschuldners. Dies gilt vor allem bei folgenden Steuerarten: ▪ Bei der Lohnsteuer zahlt der Arbeitgeber anstelle des Arbeitnehmers (§§ 38 Abs. 3, 41a EStG). ▪ Bei der Kapitalertragsteuer zahlt statt des Gläubigers der Kapitalerträge (= Anleger) der Schuldner der Kapitalerträge (= Banken, Fonds) die Steuer (§ 44 EStG). ▪ Bei der Versicherungsteuer zahlt statt des Versicherungsnehmers der Versicherer die Steuerschuld (§ 7 VersStG).
Steuerträger	Die Steuern trägt immer die Person, die im Ergebnis mit der oder durch die Steuer wirtschaftlich belastet wird. ***Beispiele:*** *Bei der USt und den anderen Verbrauchsteuern ist das der Endverbraucher. Bei der ESt ist es der Einkommensbezieher. Bei der Versicherungssteuer ist es der Versicherungsnehmer.*
Steuergläubiger	Der Gläubiger der Steuern ist immer ein öffentlich-rechtliches Gemeinwesen, das sind Bund, Länder oder Gemeinden. Ihnen fließt die Steuer zu. Niemand anderes ist befugt, Steuern zu erheben.

2.1.3 Steuerobjekt und Bemessungsgrundlage

Das Steuerobjekt, auch als Steuergegenstand einer Steuer bezeichnet, ist der Tatbestand, an den die jeweilige Steuerpflicht geknüpft ist (Steuertatbestand in qualitativer Hinsicht).

Steuerobjekte können Zustände, Gegenstände oder Ereignisse sein.

- **Zustände** können ein bestehendes Vermögen sein, z. B. bei der in verschiedenen Ländern noch existierenden und in Deutschland diskutierten Einführung der Vermögenssteuer. Hier wird der Zustand des Vermögens besteuert.
- **Gegenstände** sind bewegliche oder unbewegliche Sachen, für die eine Steuer erhoben wird, z. B. Kfz (Kfz-Steuer) oder Grundstücke (Grundsteuer).
- **Ereignisse** können Wertzuflüsse oder Verkehrsvorgänge sein, z. B. ein Wertzufluss in Form von Einkommen (Einkommensteuer), ein Verkehrsvorgang in Form eines Umsatzes (Umsatzsteuer) oder einer Schenkung (Schenkungssteuer).

Beispiel: *Hat eine natürliche Person (= Steuersubjekt) Vermögen, das Kapitalerträge abwirft, stellen diese Kapitalerträge einen Wertzufluss (= Ertrag) dar. Erträge aus Kapitalvermögen sind das Steuerobjekt und müssen unter bestimmten Voraussetzungen im Rahmen der Einkommensteuer versteuert werden.*

Die Bemessungsgrundlage ist die Wert- oder Mengengröße, die das Steuerobjekt quantifiziert (Steuertatbestand in quantitativer Hinsicht).

Sie kann eine technisch-physische oder monetäre Größe sein, die als Grundlage für die Berechnung der Steuer dient. Hierdurch wird der anzuwendende Steuertarif bestimmt und die Steuerschuld ermittelt.

Beispiele:

Steuerart	Steuerobjekt	Bemessungsgrundlage
Umsatzsteuer	*Lieferung und Leistungen gegen Entgelt im Inland*	*Betrag der Transaktion* *= Höhe des zu entrichtenden Entgelts*
Einkommensteuer	*erzielte Einkünfte*	*zu versteuerndes Einkommen*
Versicherungssteuer	*Versicherungsvertrag*	*Versicherungsprämie*
Kfz-Steuer	*Betrieb eines Kfz*	*Hubraum/zulässiges Gesamtgewicht (unter Berücksichtigung des Schadstoffausstoßes)*
Grunderwerbsteuer	*Kaufvertrag über ein Grundstück*	*Kaufpreis des Grundstücks*

Beispiel: *Bei Alleinerziehenden wird nicht das gesamte Einkommen versteuert. Für sie gilt in Deutschland ein Alleinerziehungsentlastungsbetrag von 1.308 EUR. Wenn man die weiteren Freibeträge außer Acht lässt, würde der Einkommensteuertarif bei einem Einkommen z. B. einer alleinerziehenden Ärztin von 51.308 EUR also nur auf (51.308 EUR – 1.308 EUR =) 50.000 EUR angewendet. Das wäre die Bemessungsgrundlage. Bei dem für dieses zu versteuernde Einkommen geltenden Steuersatz von 25,694 % (2010) müssten 12.847 EUR Steuern gezahlt werden.*

2.1.4 Steuertarif und Steuersätze

Der Steuertarif ist die tabellarische, formelmäßige oder grafische Zusammenstellung, die für jede beliebige Höhe der Bemessungsgrundlage einer Steuerart den entsprechenden Steuersatz angibt.

Der Steuertarif gibt die Steuerschuld auf zweierlei Weise an.

- **Steuersatztarif:** Hierbei wird ein Prozent- oder Promille-Satz von der Steuerbemessungsgrundlage berechnet: Steuerschuld = Bemessungsgrundlage x Steuersatz.

  Beispiel: *5,5 % Solidaritätsbeitrag je 1,00 EUR Einkommensteuer; 19 % Umsatzsteuer je 1,00 EUR Umsatz bei Normalbesteuerung*

- **Steuerbetragstarif:** Bei dieser Methode wird die Steuer als Geldbetrag pro Einheit der mengen- oder wertmäßigen Bemessungsgrundlage berechnet.

  Beispiel: *2,19 EUR Kaffeesteuer je 1 kg Röstkaffee; 6,75 EUR Kfz-Steuer je 100 cm³ in der Emissionsklasse 4*

Der Begriff Steuersatz steht keinesfalls immer linear im Verhältnis zur zugrundeliegenden Bemessungsgrundlage. Es gibt verschiedene Arten von Steuersätzen:

- Der **Durchschnittssteuersatz** (= effektiver Steuersatz) wird berechnet, indem man den Steuerbetrag durch das zu versteuernde Einkommen teilt.
- Der **Differenzsteuersatz** ergibt sich, indem man die in Geldeinheiten ausgedrückte Veränderung der steuerrechtlichen Bemessungsgrundlage auf die dadurch ausgelöste Veränderung der Steuerschuld bezieht. Die Frage lautet hier: Mit welchem Satz wird der Differenzbetrag zwischen zwei Bemessungsgrundlagen durchschnittlich besteuert?
- Der **Grenzsteuersatz** (= marginaler Steuersatz) zeigt, welche zusätzliche Steuerschuld aus einer Erhöhung der Bemessungsgrundlage an einer bestimmten Stelle resultiert. Er entspricht dem Steuersatz, mit dem die jeweils letzte Einheit der Bemessungsgrundlage (z. B. 1,00 EUR) besteuert wird. Bei der Einkommensteuer gibt der Grenzsteuersatz an, welcher Prozentsatz des zusätzlich verdienten „zu versteuernden Einkommens" an Steuern zu zahlen ist.

Beispiel aus dem Einkommensteuertarif (Grundtarif 2011):

Bemessungsgrundlage	*Steuer*	*Durchschnittssteuersatz*	*Differenzsteuersatz*	*Grenzsteuersatz*
40.000,00 EUR	*9.007,00 EUR*	*22,5 %*	*1.863 : 5.000[1] × 100 = 37,26 %*	*36 %*
45.000,00 EUR	*10.870,00 EUR*	*24,15 %*		*38 %*

2.1.5 Freibetrag und Freigrenze

Der Freibetrag ist der Betrag, der bei der Ermittlung der Steuerbemessungsgrundlage abgezogen wird und stets steuerfrei bleibt. Freibeträge dürfen die Bemessungsgrundlage nicht negativ werden lassen.

---

[1] *5.000 EUR = Differenz zwischen den beiden Bemessungsgrundlagen von 40.000 EUR und 45.000 EUR*

Bei Überschreitung des Freibetrags müssen nicht die gesamten Einnahmen versteuert werden, sondern nur der den Freibetrag übersteigende Teil der Einnahmen. Insofern ist der Freibetrag ein Betrag, der die Steuerbemessungsgrundlage mindert.

Beispiel: *Ein Steuerpflichtiger hat Einnahmen aus Kapitalvermögen in Höhe von 5.000,00 EUR. Davon darf er einen Sparer-Freibetrag in Höhe von 801,00 EUR abziehen, der steuerfrei bleibt. Steuerbemessungsgrundlage ist damit 5.000,00 EUR – 801,00 EUR = 4199,00 EUR = Einkünfte aus Kapitalvermögen.*

Die Freigrenze ist der Betrag, bis zu dem die Bemessungsgrundlage steuerfrei bleibt, bei dessen Überschreiten dann jedoch die volle Bemessungsgrundlage besteuert wird.

Das bedeutet, dass für den Fall, dass eine Freigrenze überschritten wird, die Rechtsfolgen der Besteuerung des Gesamtbetrages eintreten und nicht nur für den die Freigrenze übersteigenden Betrag.

Beispiel: *Gewinne aus privaten Veräußerungsgeschäften bleiben nach § 23 EStG steuerfrei, wenn der erzielte Gesamtgewinn im Kalenderjahre weniger als 600,00 EUR betragen hat (= Freigrenze von 599,00 EUR). Beträgt der Veräußerungsgewinn einer Sache 590,00 EUR, bleibt der erzielte Gewinn insgesamt steuerfrei. Beträgt der Gewinn hingegen 601,00 EUR, unterliegt der gesamte Betrag der Besteuerung, da die Freigrenze überschritten ist.*

2.1.6 Einteilung der Steuern

Wie allgemein bekannt sein dürfte, gibt es zahlreiche Steuerarten. Um sich in diesem System leichter zurechtzufinden, werden Steuern aus verwaltungstechnischen, statistischen und ökonomischen Gründen nach den folgenden Gesichtspunkten eingeteilt:

Gegenstand der Besteuerung	**Besitzsteuern**	Versteuert wird das Einkommen und das Vermögen, z. B. Einkommensteuer, Körperschaftsteuer, Gewerbesteuer.
	Verkehrssteuern	Versteuert werden alle Vorgänge, die Vermögenswerte übertragen, z. B. Umsatzsteuer, Grunderwerbsteuer, Versicherungssteuer, Kraftfahrzeugsteuer.
	Verbrauchssteuern	Versteuert wird die konsumtive Verwendung bestimmter Güter, z. B. Tabaksteuer, Mineralölsteuer, Biersteuer, Zuckersteuer.
Ertragshoheit bzw. Steuergläubiger	**Gemeinschaftssteuern**	Die erhobenen Steuern werden zwischen Bund, Ländern und Gemeinden nach bestimmten Schlüsseln aufgeteilt (Zerlegungsgesetz). Dies gilt z. B. für Umsatzsteuer, Einkommensteuer, Körperschaftsteuer, Kapitalertragsteuer.
	Bundessteuern	Diese Steuern fließen ausschließlich dem Bund zu, z. B. alle Verbrauchsteuern (außer der Biersteuer).
	Landessteuern	Diese Steuern fließen allein dem Land zu, z. B. Kraftfahrzeugsteuer, Biersteuer, Erbschaftsteuer, Lotteriesteuer.
	Gemeindesteuern	Diese Steuern werden von den Gemeinden erhoben, z. B. Grundsteuer, Hundesteuer.

Wirtschaftliche Belastung	**Direkte Steuern**	Bei diesen Steuern sind Steuerschuldner und Steuerträger identisch, z. B. Kfz-Steuer, Einkommensteuer.
	Indirekte Steuern	Bei diesen Steuern wird die wirtschaftliche Steuerlast vom Steuerschuldner auf den Steuerträger übergewälzt. Dazu zählen alle Verbrauchsteuern und die Umsatzsteuer.
Besteuerungsobjekt	**Personensteuern**	Personensteuern sind als Subjektsteuern an die persönlichen Verhältnisse des Steuerpflichtigen geknüpft, z. B. Einkommensteuer, Schenkungssteuer.
	Realsteuern	Die Realsteuern sind als Substanzsteuern unabhängig von den persönlichen Verhältnissen des Steuerbürgers zu zahlen, z. B. Kfz-Steuer, Grunderwerbsteuer.
Art der Erhebung	**Quellensteuer**	Quellensteuern werden direkt an der Quelle der Einkünfte abgeschöpft, z. B. Kapitalertragsteuer, Lohnsteuer.
	Veranlagungssteuer	Veranlagungssteuern werden meist nach einer vorhergegangenen Steuererklärung und einer finanzbehördeninternen Veranlagung für eine bestimmte Periode mit einem Steuerbescheid festgesetzt, z. B. Körperschaftssteuer, Gewerbesteuer.
Behandlung im Rechnungswesen	**abzugsfähige Steuern**	Hierbei handelt es sich um Sachsteuern, die die Besteuerung an einen Gegenstand oder an einen Verkehrsvorgang anknüpfen, z. B. Gewerbesteuern, Kfz-Steuer für einen Firmenwagen.
	nicht abzugsfähige Steuern	Personensteuern, die die private Lebensführung der Steuerpflichtigen betreffen, z. B. Einkommensteuer, Körperschaftsteuer
	aktivierbare Steuern	Diese Steuern können beim Kauf eines Anlagegegenstandes als Nebenkosten aktiviert werden, z. B. Grunderwerbsteuer.

Wiederholungsfragen zum Kapitel 2.1

1. *Erläutern Sie den Unterschied zwischen Steuern, Gebühren und Abgaben.*
2. *Welchen Grundprinzipien folgt das deutsche Steuerrecht?*
3. *Unterscheiden Sie: Steuerpflichtiger, Steuerschuldner, Steuerzahler und Steuerträger.*
4. *Was ist eine Bemessungsgrundlage?*
5. *Unterscheiden Sie den Steuersatztarif und den Steuerbetragstarif an je einem Beispiel.*
6. *Welche Information gibt der Grenzsteuersatz?*
7. *Was ist der Unterschied zwischen einem Freibetrag und einer Freigrenze?*
8. *Unterscheiden Sie Besitz-, Verkehrs- und Verbrauchssteuern. Nennen Sie je ein Beispiel.*
9. *Geben Sie für direkte und indirekte Steuern jeweils zwei Beispiele.*
10. *Worin liegt der Unterschied zwischen einer Quellensteuer und einer Veranlagungssteuer?*

2.2 Unternehmensbezogene Steuern

Die Bedeutung der betrieblich bedingten Steuern und ihre betriebsinterne Behandlung kann durch folgende Übersicht verdeutlicht werden.

Betrieblich bedingte Steuern				
Betriebssteuern				**Privatsteuern**
abzugsfähig		**durchlaufender Posten**	**nicht abzugsfähig**	
aktivierungs-pflichtig	**sofort abzugsfähig**			
Grunderwerb-steuer, Zölle	Grundsteuer, Gewerbesteuer, Kfz-Steuer, Versicherungs-steuer	Umsatzsteuer, einbehaltene Lohnsteuer	Körperschaftsteuer	Einkommensteuer, Erbschaftsteuer
bei allen Unternehmen anfallend, sofern Tatbestand erfüllt			bei GmbH oder AG	bei OHG oder e. K.

Folgendes Strukturmodell macht deutlich, in welchen Stufen des Umsatzprozesses eines Unternehmens welche Steuerarten anfallen:

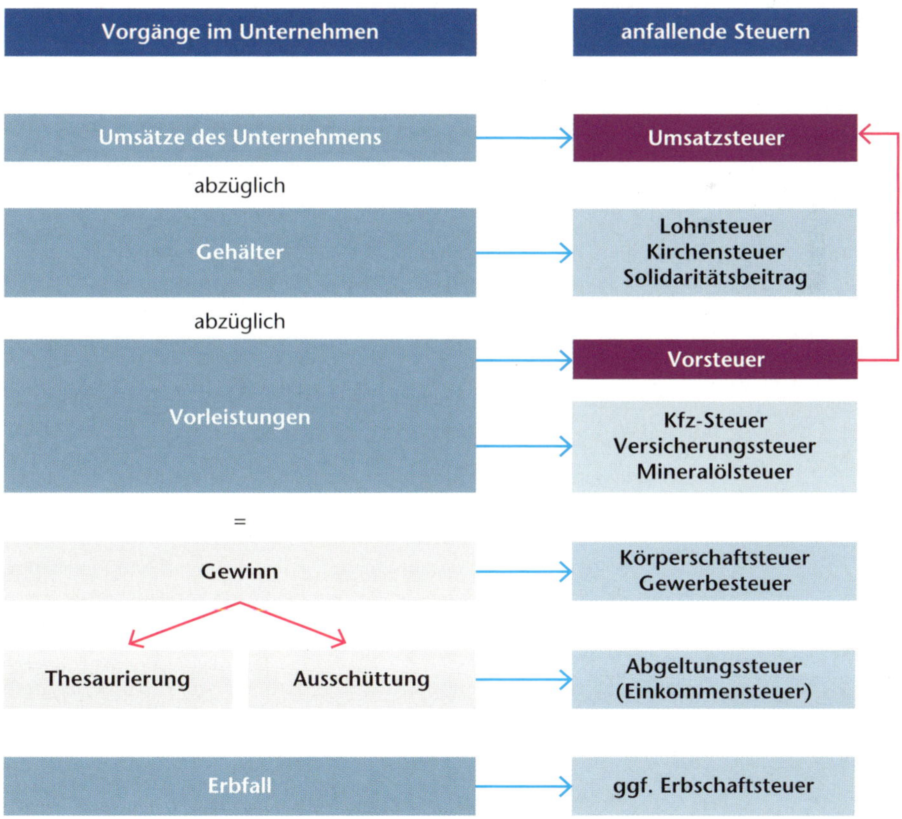

2.2.1 Einkommensteuer

Die Einkommensteuer wird vom Einkommen natürlicher Personen erhoben. Sie ist gesamtwirtschaftlich vom Aufkommen erheblich und machte 2009 37 % der gesamten Steuereinnahmen des Staates aus. Darin enthalten waren die Lohnsteuer, die veranlagte Einkommensteuer, die Kapitalertragsteuer und der Solidaritätszuschlag.
Von der Systematik der Steuereinteilung her ist sie

- eine **direkte Steuer**, da der Steuerschuldner die Steuerbelastung selbst trägt;
- eine **Ertragsteuer**, da sich die Höhe der Steuer nach dem Einkommen richtet;
- eine **Personensteuer**, da eine natürliche Person besteuert wird.

Rechtsgrundlagen	Einkommensteuergesetz (EStG) Einkommensteuerdurchführungsverordnung (EStDV) Einkommensteuerrichtlinien (EStR) für die Steuerverwaltung	
Verteilung	Nach Art. 106 GG stehen die Einnahmen aus der Einkommensteuer Bund, Ländern und Gemeinden gemeinsam zu. Das Zerlegungsgesetz regelt die Verteilung im Detail.	
Steuerpflicht § 1 EStG	**unbeschränkte Steuerpflicht**	Unbeschränkt steuerpflichtig sind alle natürlichen Personen, die im Inland einen Wohnsitz oder ihren gewöhnlichen Aufenthalt haben.
	beschränkte Steuerpflicht	Beschränkt steuerpflichtig sind Personen, die im Inland weder einen Wohnsitz noch ihren gewöhnlichen Aufenthalt haben, mit ihren inländischen Einkünften. Dazu gehören z. B. Grenzgänger, die im Inland arbeiten, aber im angrenzenden Ausland ihren Wohnsitz haben.
steuerfreie Einnahmen § 3b EStG	Steuerfrei sind Zuschläge, die für tatsächlich geleistete Sonntags-, Feiertags- oder Nachtarbeit neben dem Grundlohn gezahlt werden, soweit sie bestimmte Prozentsätze nicht überschreiten.	
Veranlagungszeitraum Erklärungspflicht § 25 EStG	Die Einkommensteuer ist eine Jahressteuer. Veranlagungszeitraum ist das Kalenderjahr. Bei Gewerbebetrieben kann das Wirtschaftsjahr vom Kalenderjahr abweichen. Der Gewinn gilt dann in dem Veranlagungszeitraum als bezogen, in dem das Wirtschaftsjahr endet. Der Steuerpflichtige hat für den Veranlagungszeitraum eine Steuererklärung abzugeben.	
Veranlagung	Die Veranlagung zur Einkommensteuer ist das interne Verfahren der Finanzverwaltung auf der Basis der vom Steuerpflichtigen eingereichten Einkommensteuererklärung. Diese ist bis spätestens 31. Mai des Jahres abzugeben, das auf den Veranlagungszeitraum folgt. Die Frist kann auf Antrag verlängert werden. Für die Veranlagungen auf Antrag bei Bezug von Einkünften aus nichtselbstständiger Arbeit gilt eine vierjährige Frist nach Ablauf des jeweiligen Veranlagungszeitraums. Zuständig für die Veranlagung ist das Finanzamt, in dessen Bezirk der Steuerpflichtige seinen Wohnsitz hat.	

Einkommen-steuerbescheid § 36 EStG	Im Einkommensteuerbescheid wird auf Basis der Angaben des Steuerpflichtigen nachvollziehbar das zu versteuernde Einkommen berechnet und der Steuerpflichtige über die festgesetzte Einkommen- und Kirchensteuer, den Solidaritätszuschlag und – sofern beantragt – die Arbeitnehmersparzulage unterrichtet. Im Abrechnungsteil der Steuererklärung werden die im Veranlagungszeitraum getätigten Einkommensteuervorauszahlungen bzw. Abzüge an Lohnsteuern und Kapitalertragsteuern mit der festgesetzten Steuer saldiert und der Steuerpflichtige über eine Nachzahlung oder eine Erstattung informiert. Auf den Steuerbescheid, der ein Verwaltungsakt ist, kann der Steuerpflichtige innerhalb eines Monats nach Bekanntgabe mit einem Einspruch reagieren.
Vorauszahlungen § 37 EStG	Die Einkommensteuererklärung und ihre Festsetzung erfolgen zumeist erst weit nach dem Jahr, in dem die Steuerpflicht entstanden ist. Aus diesem Grund schreibt das EStG die Entrichtung von Vorauszahlungen vor. Im Laufe eines Jahres können die folgenden Vorauszahlungen erfolgen, die auf die Steuerschuld angerechnet werden: ▪ Lohnsteuer als Vorauszahlung auf die ESt des Arbeitnehmers ▪ Kapitalertragssteuer auf Zinsen, Dividenden und Veräußerungsgewinne aus dem Verkauf von Wertpapieren ▪ reguläre Einkommensteuervorauszahlungen bei Einkünften aus Vermietung und Verpachtung, Gewerbebetrieb, selbstständiger Arbeit
Steuergegenstand § 2 EStG	Einkünfte aus sieben verschiedenen Einkunftsarten, gemindert um diverse Freibeträge sowie vor allem um Sonderausgaben und außergewöhnliche Belastungen, führen zum zu versteuernden Einkommen. Siehe hierzu das Schema zu Ermittlung des zu versteuernden Einkommens auf der folgenden Seite. Steuerlich relevant sind Einnahmen und Ausgaben grundsätzlich in dem Kalenderjahr, in dem sie zugeflossen bzw. geleistet wurden (Zu- und Abflussprinzip). Ausnahme: Regelmäßig wiederkehrende Zahlungen (z. B. Zinsen, Arbeitslöhne, Mieten) bis zu 10 Tage vor oder nach dem Jahreswechsel gelten in dem Kalenderjahr bezogen, zu dem sie wirtschaftlich gehören (§ 11 EStG).
Bemessungs-grundlage § 32a EStG	Die Bemessungsgrundlage zur Anwendung des Einkommensteuertarifs ist das zu versteuernde Einkommen. Davon zu unterscheiden sind die Begriffe Einnahmen, Einkünfte, Einkommen.
Steuertarif § 32 EStG	Der Steuertarif ist formelmäßig im EStG festgelegt. Für über dem Grundfreibetrag liegende zu versteuernde Einkommen steigen die Steuersätze in zwei linearprogressiven Zonen. Der Eingangssteuersatz beträgt 14 % für ein zu versteuerndes Einkommen ab 8.005,00 EUR/16.010,00 EUR (Grundfreibeträge für Alleinstehende bzw. zusammen veranlagte Personen). Der Spitzensteuersatz liegt gegenwärtig bei 42 % und greift erst bei 52.882,00 EUR/105.764,00 EUR (Ledig/Verheiratet). Der Höchstsatz für zu versteuernde Einkommen beträgt 45 % und greift ab 250.731,00 EUR/501.462,00 EUR.

Um das zu versteuernde Einkommen zu ermitteln, wird das folgende Berechnungsschema angewendet:

Berechnungsschema zur Berechnung des zu versteuernden Einkommens (§ 2 EStG)	
1. Einkünfte aus selbstständiger Tätigkeit (§ 18 EStG) + 2. Einkünfte aus Gewerbebetrieb (§§ 15–17 EStG) + 3. Einkünfte aus Land- und Forstwirtschaft (§§ 13–14a EStG)	**Gewinneinkunftsarten:** Betriebseinnahmen – Betriebsausgaben = Gewinn
+ 4. Einkünfte aus nichtselbstständiger Arbeit (§§ 19–19a EStG) + 5. Einkünfte aus Kapitalvermögen (§ 20 EStG) + 6. Einkünfte aus Vermietung und Verpachtung (§ 21 EStG) + 7. Sonstige Einkünfte (§§ 22–23 EStG)	**Überschusseinkunftsarten:** Einnahme – Werbungskosten = Überschuss (oder Verlust)
= **Summe der Einkünfte** (bei Zusammenveranlagung: beide Einkünfte)	
– Altersentlastungsbetrag – Entlastungsbetrag für Alleinerziehende – Freibetrag für Land- und Forstwirte	Entlastung für besondere Härten und Lebenssituationen
= **Gesamtbetrag der Einkünfte**	
– Verlustrücktrag/Verlustvortrag – Sonderausgaben (keine Vorsorgeaufwendungen) (§§ 10c–10i EStG) – Vorsorgeaufwendungen einschl. Altersvorsorge (§§ 10 -10a EStG) – außergewöhnliche Belastungen (z. T. Pauschbeträge) – Abzugsbetrag zur Förderung des Wohneigentums	Korrekturpositionen mit wirtschafts-, kultur- und sozialpolitischem Hintergrund (siehe untenstehende Erläuterungen von Sonderausgaben und außergewöhnlichen Belastungen)
= **Einkommen**	
– Freibeträge für Kinder, falls günstiger als Kindergeld – Härteausgleich	
= **zu versteuerndes Einkommen**	Basis für die Anwendung der Einkommensteuertabelle.

Grundsätzlich nicht der Einkommensteuerpflicht unterliegen Einnahmen, die keiner der sieben genannten Einkunftsarten logisch zugeordnet werden können. Dazu gehören insbesondere Einnahmen aus Lotterie- und Rennwettgewinnen oder Preisausschreiben.

Als wesentliche Positionen aus dem Schema zur Ermittlung des zu versteuernden Einkommens sind die folgenden Begriffe erklärungsbedürftig:

Werbungskosten nach § 9 EStG

Werbungskosten sind Aufwendungen zur Erwerbung, Sicherung und Erhaltung der Einnahmen. Sie sind bei der Einkunftsart abzuziehen, bei der sie entstanden sind.

Dies ist also nur möglich bei folgenden Einkünften:

Einkünfte aus nichtselbstständiger Arbeit	***Beispiele:*** *Aufwendungen für die Wege zwischen Wohnung und regelmäßiger Arbeitsstätte, Beiträge zu Gewerkschaften und sonstigen Berufsverbänden, Mehraufwendungen aus doppelter Haushaltsführung, Aufwendungen für Arbeitsmittel, Bewerbungskosten, Fort- und Weiterbildungkosten u. Ä.*
Einkünfte aus Vermietung und Verpachtung	***Beispiele:*** *Schuldzinsen und Abschreibungen (AfA); Steuern vom Grundbesitz, sonstige öffentliche Abgaben, Versicherungsbeiträge; Ausgaben für Hausverwaltung und Hausmeister, soweit diese Aufwendungen nicht auf die Mieter abwälzbar sind; Steuerberatungskosten*
Einkünfte aus Kapitalvermögen	Bei der Ermittlung der Einkünfte aus Kapitalvermögen ist als Werbungskosten ein Betrag von 801,00 EUR abzuziehen (Sparer-Pauschbetrag); der Abzug der tatsächlichen Werbungskosten ist ausgeschlossen. Ehegatten, die zusammen veranlagt werden, wird ein gemeinsamer Sparer-Pauschbetrag von 1.602,00 EUR gewährt.
sonstige Einkünfte	Hier sind die Werbungskosten ansetzbar, die in Verbindung mit Einkünften aus wiederkehrenden Bezügen (z. B. Renten), Unterhaltsleistungen, privaten Veräußerungsgeschäften und anderen sonstigen Einkünften stehen.

Sonderausgaben nach § 10 EStG

Sonderausgaben sind Aufwendungen der privaten Lebensführung, die weder Betriebsausgaben noch Werbungskosten noch außergewöhnliche Belastungen sind, die jedoch aus wirtschaftlichen, politischen oder kulturellen Gründen zu einem bestimmten Teil vom Gesamtbetrag der Einkünfte abgesetzt werden können, sofern sie den Sonderausgaben-Pauschbetrag überschreiten.

Es werden folgende Arten von Sonderausgaben unterschieden:

allgemeine Sonderausgaben §§ 10c–10i EStG	Zu den allgemeinen Sonderausgaben gehören innerhalb bestimmter Grenzen u. a. Unterhaltsleistungen, Renten und dauernde Lasten, gezahlte Kirchensteuer, 2/3 der Aufwendungen für bestimmte Kinderbetreuungskosten, Aufwendungen für die erstmalige Berufsausbildung in einem nicht ausgeübten Beruf, Schulgeld, Zuwendungen für steuerbegünstigte Zwecke (Spenden).
Vorsorgeaufwendungen für die Altersversorgung §§ 10–10a EStG	Vorsorgeaufwendungen für die Altersversorgung sind Beiträge zu folgenden Versicherungen: ▪ gesetzliche Rentenversicherung und gleichgestellte Aufwendungen als Basisversorgung ▪ private Rentenversicherungen, das sind – Aufwendungen zum Aufbau einer Riester-Rente für rentenversicherungspflichtige Arbeitnehmer – Aufwendungen zum Aufbau einer Rürup-Rente für Selbstständige als Basisversorgung – Beiträge zum Aufbau von Anwartschaften einer betrieblichen Altersversorgung Nach Abzug des Arbeitgeberanteils zur Rentenversicherung ergeben sich die abzugsfähigen Vorsorgeaufwendungen. Im Gegenzug zu diesem erweiterten Sonderausgabenabzug sind die Renten in der Auszahlungsphase ab 2040 ganz und bis zu diesem Datum (steigend) teilweise zu versteuern.

Sonstige Vorsorgeaufwendungen § 10 (4) EStG	Sonstige Vorsorgeaufwendungen sind insgesamt bis 1.900,00 EUR abzugsfähig. Dazu gehören u. a Aufwendungen für ▪ Arbeitslosenversicherung, ▪ Erwerbs- und Berufsunfähigkeitsversicherung, ▪ Kranken- und Pflegeversicherung, ▪ Unfallversicherung, Haftpflichtversicherung, ▪ Risikoversicherung auf den Todesfall, ▪ Lebensversicherung unter bestimmten Bedingungen.

Außergewöhnliche Belastungen nach § 33 ff. EStG

Außergewöhnliche Belastungen sind Aufwendungen, die einem Steuerpflichtigen zwangsläufig und in größerem Umfang erwachsen als der überwiegenden Mehrzahl der Steuerpflichtigen gleicher Einkommens- und Vermögensverhältnisse und gleichen Familienstandes. Zwangsläufig bedeutet, dass der Steuerpflichtige sich diesen Aufwendungen aus rechtlichen, tatsächlichen oder sittlichen Gründen nicht entziehen kann.

Ein auf diese Weise betroffener Steuerpflichtiger kann die Einkommensteuer ermäßigen, indem auf seinen Antrag hin der Teil der Belastungen, die die zumutbare Eigenbelastung übersteigt, vom Gesamtbetrag der Einkünfte abgezogen wird. Es werden folgende Arten von außergewöhnlichen Belastungen unterschieden

außergewöhnliche Belastungen allgemeiner Art § 33 EStG	Beispiele hierzu sind ▪ Krankheitskosten, soweit sie nicht von der Krankenkasse übernommen werden; dazu zählt auch eine Augenoperation, die eine Fehlsichtigkeit korrigiert; ▪ Kosten einer Scheidung; ▪ Kosten der Beerdigung eines nahen Verwandten, sofern das Erbe hierfür nicht ausreicht; ▪ Pflegekosten oder Pflegeheimkosten für die Eltern, soweit nicht durch eine gesetzliche oder private Versicherung gedeckt.
außergewöhnliche Belastungen in besonderen Fällen § 33a EStG	Zu den Aufwendungen in besonderen Fällen gehören ▪ Unterhaltsaufwendungen, soweit sie nicht schon als Sonderausgaben angesetzt wurden; ▪ Kosten der Berufsausbildung einer dem Steuerpflichtigen oder seinem Ehegatten gegenüber gesetzlich unterhaltsberechtigten Person; ▪ Sonderbedarf für ein in Berufsausbildung befindliches, auswärtig untergebrachtes volljähriges Kind, für das Anspruch auf einen Freibetrag oder Kindergeld besteht; ▪ Unterhaltsverpflichtungen dem Partner/der Partnerin gegenüber, wenn diese/r keine oder nur geringe eigene Einkünfte und nur ein geringes Vermögen hat.
Pauschbeträge für behinderte Menschen, Hinterbliebene und Pflegepersonen § 33b EStG	Sofern Steuerpflichtige außergewöhnliche Belastungen nicht schon nach § 33 EStG geltend gemacht haben, können sie in bestimmten Fällen einen der folgenden Pauschbeträge in Ansatz bringen, die dann vom Gesamtbetrag der Einkünfte abgezogen werden: ▪ Behinderten-Pauschbetrag zwischen 310,00 EUR (Behinderung > 25 %) und 1.420,00 EUR (Behinderung > 95 %) ▪ Hinterbliebenen-Pauschbetrag 370,00 EUR ▪ Pflege-Pauschbetrag 924,00 EUR

Wie bereits erwähnt, besteht der Einkommensteuerbescheid aus zwei Teilen: Der Berechnung des zu versteuernden Einkommens und dem Abrechnungsteil. Dieser hat den folgenden Inhalt:

Abrechnungsteil des Steuerbescheides

Zu versteuerndes Einkommen lt. Berechnung
Anwendung des Einkommensteuertarif (Grund- oder Splittingtabelle)
= **Tarifliche Einkommensteuer**

\+ Jahressteuer nach Sonderberechnung
– Steuerermäßigungen (z. B. für haushaltsnahe Dienstleistungen)
\+ Hinzurechnungen (z. B. Kindergeld, falls Ansatz der Kinderfreibeträge)
= **Festzusetzende Jahressteuer**

– geleistete Vorauszahlungen auf Basis Vorauszahlungsbescheid
– anzurechnende Kapitalertragsteuer (falls Abgeltungssteuer günstiger)
– anzurechnende Lohnsteuer (bei Einkünften aus nichtselbstständiger Arbeit)
= **Einkommensteuernachzahlung oder -erstattung**

2.2.2 Körperschaftsteuer

Die Körperschaftsteuer (KSt) ist die Steuer auf das Einkommen von inländischen juristischen Personen.

Von der Systematik der Steuereinteilung her ist sie

- eine **direkte Steuer**, da der Steuerschuldner die Steuerbelastung selbst trägt;
- eine **Ertragsteuer**, da sich die Höhe der Steuer nach dem Gewinn richtet;
- eine **Personensteuer**, da eine – juristische – Person und kein Gegenstand besteuert wird.

Die Körperschaftsteuer machte 2010 2,3 % des gesamten Steueraufkommens in Deutschland aus und liegt damit noch hinter dem Aufkommen aus Mineralölsteuer und Tabaksteuer.
Die wesentlichen Fakten zur Körperschaftsteuer:

Rechtsgrundlagen	Rechtsgrundlagen für die Körperschaftsteuer sind ▪ das Körperschaftsteuergesetz (KStG), ▪ die Körperschaftsteuer-Durchführungsverordnung (KStDVO), ▪ die Körperschaftsteuer-Richtlinien (KStR), ▪ wesentliche Regeln aus dem Einkommensteuerrecht. Das KStG baut im Wesentlichen auf den Regeln des EStG auf.
Verteilung	Die Körperschaftsteuer ist eine **Gemeinschaftssteuer**, da die Einnahmen sowohl dem Bund als auch den Ländern je zur Hälfte zustehen.

Steuerpflicht § 1 f. KStG	**unbeschränkte Steuerpflicht**	Unbeschränkt körperschaftsteuerpflichtig sind die folgenden Körperschaften, Personenvereinigungen und Vermögensmassen, die ihre Geschäftsleitung oder ihren Sitz im Inland haben: ▪ Kapitalgesellschaften, insbesondere AG, KGaA, GmbH ▪ Genossenschaften ▪ Versicherungs- und Pensionsfondsvereine auf Gegenseitigkeit ▪ sonstige juristische Personen des privaten Rechts ▪ nicht rechtsfähige Vereine, Anstalten, Stiftungen und andere Zweckvermögen des privaten Rechts ▪ Betriebe gewerblicher Art von juristischen Personen des öffentlichen Rechts Die unbeschränkte Körperschaftsteuerpflicht erstreckt sich auf sämtliche Einkünfte (Welteinkommen). ***Beispiel:*** *Eine AG, die ihren Sitz in Deutschland hat, ist sowohl mit ihrem inländischen als auch mit den im europäischen oder außereuropäischen Ausland erzielten Einkommen steuerpflichtig.*
	beschränkte Steuerpflicht	Ist weder der Sitz der Gesellschaft noch der Geschäftsleitung im Inland gelegen, sind die betreffenden Gesellschaften mit ihren inländischen Einkünften beschränkt steuerpflichtig.
Beginn und Ende der Steuerpflicht	Grundsätzlich beginnt die zivilrechtliche Existenz der juristischen Person erst mit der Eintragung in das Handelsregister. Die Steuerpflicht beginnt dagegen schon mit der Entstehung der Vorgesellschaft, das ist der Zeitpunkt der notariellen Beurkundung der Satzung bzw. des Gesellschaftvertrags. Die Steuerpflicht endet mit der rechtsgültigen Beendigung der Liquidation der Gesellschaft.	
steuerfreie Einnahmen § 5 KStG	Die Aufzählung der von der KSt-Pflicht befreiten Gesellschaften ist sehr umfangreich. Dazu gehören vor allem Unternehmen des Bundes, die politischen Parteien sowie die gemeinnützigen, mildtätigen oder kirchlichen Zwecken dienenden Körperschaften, wenn kein wirtschaftlicher Geschäftsbetrieb unterhalten wird.	
Erklärungspflicht, Erhebung und Veranlagung § 31 KStG	Soweit das KStG nichts anderes bestimmt, sind auf die Durchführung der Besteuerung, die Erklärung, die Veranlagung, Entrichtung und Vergütung die Vorschriften des Einkommensteuergesetzes entsprechend anzuwenden.	
Steuergegenstand § 7 KStG	Die Körperschaftsteuer bemisst sich nach dem zu versteuernden Einkommen. Zu versteuerndes Einkommen ist das Einkommen im Sinne des § 8 Abs. 1, vermindert um die Freibeträge der §§ 24 und 25.	

Veranlagungs-zeitraum	Die Körperschaftsteuer ist eine Jahressteuer. Der Veranlagungszeitraum ist grundsätzlich das Kalenderjahr. Hat eine Gesellschaft ein vom Kalenderjahr abweichendes Wirtschaftsjahr, so wird für das abgelaufene Kalenderjahr das Einkommen zugrundegelegt, das der Gesellschaft mit Abschluss des in diesem Jahr abgeschlossenen Wirtschaftsjahres zugeflossen ist.
Bemessungs-grundlage § 8 KStG	Die Körperschaftsteuer bemisst sich nach dem zu versteuernden Einkommen auf Basis des Gewinns der Steuerbilanz. Diese erfolgt grundsätzlich nach den Vorschriften des EStG, sofern keine besonderen Regeln des KStG vorgehen. Ein Ermittlungsschema nach R 29 der KStR 2004 ist unten dargestellt.
Steuertarif § 23 KStG	Der Steuersatz beträgt 15 % des zu versteuernden Einkommens. Zusätzlich werden 5,5 % Solidaritätszuschlag erhoben. Diese Prozentsätze werden unabhängig von der Höhe des Einkommens erhoben. Eine Steuerprogression wie bei der Einkommensteuer ist nicht vorgesehen.

Ermittlung des zu versteuernden Einkommens (Rechenschema auf Basis der KSt-Richtlinie 2004)

Jahresüberschuss laut Handelsbilanz	§ 275 HGB
+/– Korrekturen aufgrund von abweichenden Bewertungsvorschriften	EStG
= Jahresüberschuss laut Steuerbilanz	
+ verdeckte Gewinnausschüttungen	§ 8 (3) KStG
– verdeckte Einlagen	R 40 KStR
+ nichtabziehbare Aufwendungen (z. B. Gewerbesteuer, KSt, Sol.-Beitrag)	§ 10 KStG
+ Gesamtbetrag der Zuwendungen (Spenden)	§ 9 (1) Nr. 2 KStG
+/– Kürzungen/Hinzurechnungen bei Beteiligungen an anderen Kapital- Ges.	
– steuerfreie Einnahmen (z. B. Investitionszulagen)	
– Investitionsabzugsbeträge	
= Einkommen für die Berechnung des Spendenabzugs	§ 9 (2)
– abzugsfähige Zuwendungen (Spenden)	§ 9 (1) Nr. 2 KStG
= Gesamtbetrag der Einkünfte	i. S. d. § 10d EStG
– Verlustabzug	§ 10d EStG
= Einkommen	
– Freibeträge für bestimmte Körperschaften	§§ 24 f. KStG
= **zu versteuerndes Einkommen als Basis für die Anwendung des Tarifs**	

2.2.3 Gewerbesteuer

Die Gewerbesteuer (GewSt) ist eine Steuer, die auf den Gewerbeertrag aller inländischen Gewerbebetriebe erhoben wird.

Von der Systematik der Steuereinteilung her ist sie
- eine **direkte Steuer**, da der Steuerschuldner die Steuerbelastung selbst trägt;
- eine **Ertragsteuer**, da sich die Höhe der Steuer nach dem Gewinn richtet;
- eine **Real- oder Sachsteuer**, da der Gewerbebetrieb besteuert wird.

Im Jahr 2011 betrug das Gewerbesteueraufkommen in Deutschland insgesamt 38 Mrd. EUR und machte damit 6,6 % des gesamten Steueraufkommens aus. Für die Gemeinden stellt die Gewerbesteuer neben der Grundsteuer eine wesentliche Einnahmequelle dar, die aufgrund des Hebesatzes für die Gemeinden beeinflussbar ist. Der Anteil der Gewerbesteuer an den Gemeindehaushalten schwankt zwischen 5 % und 20 %.

Die wesentlichen Fakten zur Gewerbesteuer:

Rechtsgrundlagen	Rechtsgrundlagen sind ▪ das Gewerbesteuergesetz (GewStG), ▪ die Gewerbesteuer-Durchführungsverordnung (GewStDV), ▪ die Gewerbesteuerrichtlinien (GewStR) als allgemeine Verwaltungsvorschrift.
Verteilung § 1 GewStG	Die Gemeinden erheben eine Gewerbesteuer als Gemeindesteuer. Insofern fließt diese zunächst in voller Höhe den Gemeinden zu. Allerdings sind die Gemeinden verpflichtet, im Rahmen der Gewerbesteuerumlage einen Teil davon an den Bund und die Länder abzuführen. Die Höhe der Abführung ist in § 6 des Gesetzes zur Neuordnung der Gemeindefinanzen geregelt.
Steuerpflicht Steuergegenstand § 2 GewStG § 15 (2) EStG	Der Gewerbesteuer unterliegt jeder bestehende Gewerbebetrieb, soweit er im Inland betrieben wird. Was ein Gewerbebetrieb ist, definiert das EStG. Danach ist ein Gewerbebetrieb ▪ eine selbstständige ▪ nachhaltige Betätigung, ▪ die mit der Absicht, Gewinn zu erzielen, unternommen wird und ▪ sich als Beteiligung am allgemeinen wirtschaftlichen Verkehr darstellt ▪ und weder als Ausübung von Land- und Forstwirtschaft ▪ noch als Ausübung eines freien Berufs ▪ noch als eine andere selbstständige Arbeit anzusehen ist.
Steuerschuldner	Steuerschuldner der Gewerbesteuer ist der Unternehmer. Als Unternehmer gilt der, für dessen Rechnung das Gewerbe betrieben wird. Ist die Tätigkeit einer Personengesellschaft ein Gewerbebetrieb, so ist Steuerschuldner die Gesellschaft. Dabei ist unwesentlich, wem das Unternehmen gehört, wem die Erträge des Unternehmens zufließen oder wie die persönlichen Verhältnisse des Inhabers sind. Die Gewerbesteuer besteuert nicht die Leistungsfähigkeit einer Person, sondern den Gewerbebetrieb als solchen.
Beginn und Ende der Steuerpflicht	Die Gewerbesteuerpflicht beginnt in dem Moment, indem die Voraussetzungen für den Gewerbebetrieb vorliegen (siehe oben). Bei juristischen Personen wird dieser Zeitpunkt mit der Eintragung in das HR und damit der faktischen Entstehung des Unternehmens angenommen. Die Steuerpflicht endet, wenn der Gewerbebetrieb tatsächlich eingestellt wird. Bei juristischen Personen wird das mit der rechtsgültigen Beendigung der Liquidation der Fall sein.
Erhebungszeitraum	Erhebungszeitraum ist das Kalenderjahr.

Bemessungsgrundlage § 7 GewStG	Ausgangsbasis für die Bemessung der Gewerbesteuer ist der Gewerbeertrag. Das ist der nach dem EStG oder KStG zu bestimmende Gewinn oder Verlust, der im Regelfall übernommen wird und der um bestimmte Hinzurechnungen oder Kürzungen korrigiert wird: **Gewinn aus Gewerbebetrieb** gem. EStG bzw. KStG + Hinzurechnungen – Kürzungen = maßgebender Gewerbeertrag (vor Verlustabzug) – Gewerbeverlust aus Vorjahren = **Gewerbeertrag** (abzurunden auf volle 100 EUR)
Hinzurechnungen § 8 GewStG	Zinsen und andere Entgelte für Schulden + Rentenzahlungen und dauernde Lasten + Gewinnanteile stiller Gesellschafter + 20 % der Mieten, Pachten und Leasingraten für bewegliche Anlagegüter + 50 % der Mieten, Pachten und Leasingraten für unbewegliche Anlagegüter + 25 % der Entgelte für Rechteüberlassungen (Konzessionen und Lizenzen) = Gesamtbetrag der Finanzierungsentgelte – Freibetrag von 100.000 EUR = Zwischensaldo × 25 % = **Gesamtbetrag der Hinzurechnungen**
Kürzungen § 9 GewStG	1,2 % des Einheitswerts des zum Betriebsvermögen gehörenden Grundbesitzes + Gewinnanteile aus einer ausländischen oder inländischen Mitunternehmerschaft + Dividenden einer inländischen Kapitalgesellschaft, soweit zu mindestens 15 % beteiligt + Gewerbeertrag einer ausländischen Betriebsstätte im Sinne des § 12 AO + Zuwendungen zur Förderung steuerbegünstigter Zwecke innerhalb der Höchstbeträge + Dividenden einer ausländischen Kapitalgesellschaft, soweit zu mindestens 15 % beteiligt + bestimmte Dividenden einer ausländischen Kapitalgesellschaft = **Gesamtbetrag der Kürzungen**
Festsetzung des Messbetrages § 11 GewStG	Der Gewerbesteuermessbetrag wird auf der Basis des Gewerbeertrags des Unternehmens ermittelt. Dieser wird vom Finanzamt durch Bekanntgabe eines Gewerbesteuermessbescheids als Grundlage für die tatsächliche Berechnung der Gewerbesteuerschuld durch die Gemeinde festgestellt: **Gewerbeertrag** (abgerundet auf volle 100 EUR) – Abzug eines Freibetrags 24.500,00 EUR für Personenunternehmen (Einzelunternehmer/Personengesellschaften) 5.000,00 EUR für Vereine und juristischen Personen des öffentlichen Rechts 0,00 EUR für Kapitalgesellschaften (kein Freibetrag) = **gekürzter Gewerbeertrag** Multiplikation des gekürzten Gewerbeertrags mit der Steuermesszahl von 3,5 % = **Gewerbesteuermessbetrag**

	Beispiel: *Für eine OHG wurde ein Gewerbeertrag in Höhe von 80.500,00 EUR festgestellt. Der Gewerbesteuermessbetrag errechnet sich wie folgt:* *Gewerbeertrag 80.500,00 EUR* *– Freibetrag 24.500,00 EUR* *= Gewerbeertrag 56.000,00 EUR* *56.000,00 EUR · 3,5 % Steuermesszahl* *=* ***Gewerbesteuermessbetrag 1.960,00 EUR***
Hebesatz (§ 16 GewStG)	Der Hebesatz ist ein Prozentsatz, mit dem die Gewerbesteuer aufgrund des Steuermessbetrags festgesetzt und erhoben wird. Der Hebesatz wird von der hebeberechtigten Gemeinde bestimmt. Er kann für ein Kalenderjahr oder mehrere Kalenderjahre festgelegt werden. Der Hebesatz muss für alle in der Gemeinde vorhandenen Unternehmen der gleiche sein. Er beträgt mindestens 200 %. Damit soll verhindert werden, dass Gemeinden mit niedrigen Hebesätzen untereinander in einen Wettbewerb um Gewerbeansiedlungen treten. Erfahrungsgemäß sind die Hebesätze in Großstädten höher als in ländlichen Gebieten.
Zerlegung der Gewerbesteuer (§§ 28 ff. GewStG)	Sofern ein Unternehmen Betriebsstätten in mehreren Gemeinden hat oder die Betriebsstätte sich über mehrere Gemeinden erstreckt, muss der Steuermessbetrag auf die betreffenden Gemeinden zerlegt werden. Als Zerlegungsmaßstab dienen die in den einzelnen Gemeinden anfallenden Arbeitslöhne. Über die Zerlegung erteilt das zuständige Finanzamt einen Zerlegungsbescheid.
Ermittlung der Gewerbesteuerschuld	Die Erhebung der Gewerbesteuer erfolgt zumeist durch die zuständigen Gemeinden. Ausnahmen davon bestehen in den Stadtstaaten (Hamburg, Berlin, Bremen), wo die Finanzämter für die Kommunen tätig werden. Auf der Basis des Steuerbescheids über den Steuermessbetrag erteilt die Gemeinde einen Gewerbesteuerbescheid. Die Höhe der Gewerbesteuer wird wie folgt berechnet: Gewerbesteuermessbetrag · Hebesatz = **Gewerbesteuerschuld** ***Beispiel:*** *(Fortführung des Beispiels von oben)* *Hebesatz der Gemeinde: 350 %* *Gewerbesteuermessbetrag 1.960,00 EUR · Hebesatz 350 %* *=* ***Gewerbesteuerschuld 6.860,00 EUR***

Hebesatz von ... bis ... Prozent	Anzahl der Gemeinden mit diesem Hebesatz
200–299	525
300–399	10.164
400–499	749
500–599	1
600–699	1
700–799	–
800–899	–
900–999	1
über 1.000	–

Städte und Gemeinden in Deutschland 2010 nach der Höhe der Hebesätze
Quelle: Statistisches Bundesamt

2.2.4 Kapitalertragsteuer (Abgeltungssteuer)

Die Kapitalertragsteuer ist eine besondere Erhebungsform der Einkommensteuer, mit der bestimmte Einkünfte aus Kapitalvermögen besteuert werden.

Die Kaptalertragsteuer wird auch als Abgeltungssteuer oder Quellensteuer bezeichnet, weil sie zu dem Zeitpunkt entsteht und abgegolten wird, in dem die Kapitalerträge dem Gläubiger zufließen, also demjenigen, dem die Erträge zustehen, d. h. dem Sparer oder Anleger. Es existiert kein eigenes Körperschaftsteuergesetz; ihre rechtliche Verankerung findet die Kapitalertragsteuer im Einkommensteuergesetz.

Von der Systematik der Steuereinteilung her ist die Kapitalertragsteuer

- eine **direkte Steuer**, da der Steuerschuldner die Steuerbelastung selbst trägt;
- eine **Ertragsteuer**, da sich die Höhe der Steuer nach dem Gewinn bzw. den Einnahmen richtet;
- eine **Personensteuer**, da eine Person und kein Gegenstand besteuert wird.

Die wesentlichen Fakten:

Rechtsgrundlagen	Ein eigenes Gesetz besteht nicht. Da die Kapitalertragsteuer nur eine besondere Erhebungsform der Einkommensteuer ist (für Einkünfte aus Kapitalvermögen) finden sich die Rechtsvorschriften im Einkommensteuergesetz, §§ 43 bis 45e.
persönliche Steuerpflicht	Steuerpflichtig sind alle natürlichen Personen, die Einkünfte aus Kapitalvermögen haben. Für Kapitalerträge, die im Rahmen einer unternehmerischen Tätigkeit erzielt werden, hat die einbehaltene Steuer keine Abgeltungswirkung.

<table>
<tr>
<td rowspan="2">sachliche Steuerpflicht § 20 (1) EStG</td>
<td>steuerpflichtige laufende Erträge</td>
<td>Der Abgeltungsteuer unterliegen grundsätzlich alle Erträge aus der Überlassung von Kapital: Dazu zählen insbesondere Zinsen, Dividenden, Erträge aus Aktien- und Immobilienfonds und aus Zertifikaten. Die Steuerpflicht besteht unabhängig von der zivilrechtlichen Ausgestaltung der Kapitalanlage.</td>
</tr>
<tr>
<td>Steuerpflichtige Veräußerungsgeschäfte</td>
<td>Gewinne aus Veräußerungsgeschäften ergeben sich dadurch, dass die Kurse der betreffenden Papiere zwischen Kauf und Verkauf steigen. Folgende Veräußerungsgeschäfte sind u. a. steuerpflichtig:
<ul>
<li>die Veräußerung von Anteilen an Körperschaften; das sind Aktien oder Geschäftsanteile sowie die Veräußerung eines Anteils an einer Stillen Gesellschaft oder eines partiarischen Darlehens;</li>
<li>die Veräußerung von Dividenden- oder Zinsscheinen ohne das Stammrecht</li>
<li>die Gewinne aus Devisen- oder Warentermingeschäften</li>
<li>die Übertragung von Rechten aus Hypotheken, Grundschulden und Renten</li>
<li>die Veräußerung einer Kapitallebensversicherung</li>
</ul>
Neben der Veräußerung ist ebenfalls die Einlösung der jeweiligen Kapitalforderung (bei Endfälligkeit) steuerpflichtig.

Beispiel: Ein Kapitalanleger hat eine Obligation zum Kaufkurs von 95 % erworben. Bei Endfälligkeit zahlt ihm das herausgebende Unternehmen den Nominalbetrag von 100 % zurück. Die Differenz zwischen dem Unter-Pari-Kurs und dem Nominalwert ist steuerpflichtig, weil sie einen Kursgewinn darstellt.</td>
</tr>
<tr>
<td>Ausnahmen von der Steuerpflicht</td>
<td colspan="2">Aufgrund bestimmter Sondersituationen gibt es eine Reihe von Ausnahmen zur sachlichen Steuerpflicht. Dies gilt insbesondere
<ul>
<li>in den Fällen, wo ein Abzug von Darlehenszinsen mit dem progressiven Steuersatz und im Gegenzug ein Ansatz der Einnahmen lediglich mit 25 % angestrebt wird; in diesen Fällen werden die Erträge mit dem persönlichen Steuersatz besteuert;</li>
<li>bei Gewinnen durch Veräußerung von Anteilen an Kapitalgesellschaften, wenn der Veräußerer innerhalb der letzten fünf Jahre zu mindestens 1 % am Gesellschaftskapital beteiligt war; diese Erträge zählen zu Einkünften aus Gewerbebetrieb;</li>
<li>bei Kapitalerträgen, die im Rahmen einer gewerblichen Betätigung anfallen;</li>
<li>auf Antrag für Kapitalerträge aus Beteiligung an einer Kapitalgesellschaft, wenn die Beteiligung mindestens 25 % beträgt; bei beruflicher Tätigkeit für die Kapitalgesellschaft reicht 1 %.</li>
</ul>
Diese Ausnahmen werden nicht mit pauschal 25 % besteuert, auch der Sparerpauschbetrag kommt nicht zur Anwendung.</td>
</tr>
</table>

Durchführung der Besteuerung	Jedes im Inland tätige Finanzinstitut ist verpflichtet, den Steuerabzug vorzunehmen und die Steuer an die Finanzverwaltung abzuführen.
Steuersatz § 43 (1) EStG	Der Abgeltungssteuersatz beträgt 25 %. Dazu kommt noch der Solidaritätszuschlag von 5,5 % der Abgeltungssteuer. Das ergibt eine Gesamtbelastung mit Abgeltungsteuer in Höhe von 26,375 % ohne Kirchensteuer. Hinzu kommt ggf. die Kirchensteuer von 8 % oder 9 % der Abgeltungsteuer. Diese reduziert sich jedoch um 25 % der auf die Kapitalerträge entfallenden Kirchensteuer.
Sparerpauschbetrag	Mit der Einführung der Abgeltungssteuer wurde der Werbungskostenabzug bei Kapitaleinkünften abgeschafft. Es gibt weder einen Werbungkostenpauschbetrag, noch kann der Steuerpflichtige tatsächliche Werbungskosten geltend machen. Dafür wird jedem Steuerpflichtigen ein Sparerpauschbetrag in Höhe von 801,00 EUR gewährt. Alle Einnahmen, die unter diese Grenze fallen, werden nicht versteuert. Um die Steuerbefreiung im Vorhinein zu veranlassen, kann der Steuerpflichtige in Höhe dieses Betrags ganz oder in Teilen seiner Bank einen Freistellungsauftrag erteilen. Die Bank, der ein solcher Freistellungsauftrag vorliegt, wird dann in der darin genannten Höhe die Erträge nicht besteuern.
Wirkung der Abgeltung	Wie der Name schon sagt, ist mit der Anwendung der Abgeltungssteuer die Steuerschuld von 25 % beglichen. Solche Kapitalerträge müssen nicht mehr in der Einkommensteuererklärung angegeben werden. Dies ist besonders günstig für Steuerpflichtige mit einem hohen Einkommen, die im Normalfall einen persönlichen Steuersatz von mehr als 25 % zahlen. Andererseits kann es für einen Steuerpflichtigen sinnvoll sein, die gesamten Kapitalerträge in die Einkommensteuerveranlagung einzubeziehen. Dies gilt vor allem für einen Geringverdiener, dessen Grenzsteuersatz für die anderen Einkünfte unter 25 % liegt. Denn mit der Wahl der Besteuerung zum individuellen Steuersatz wird vermieden, dass die Einkünfte aus Kapitalvermögen bei Steuerpflichtigen mit niedrigem Einkommen höher als ihre sonstigen Einkünfte besteuert werden.
Verluste und ihre Behandlung	Zunächst werden alle positiven und negativen Einkünfte auf Ebene der kontoführenden Bank verrechnet. Dabei gilt, dass Kursverluste aus Aktienverkäufen grundsätzlich nur mit Kursgewinnen aus Aktienverkäufen verrechnet werden können. Ein verbleibender Verlust wird von der kontoführenden Bank auf das nächste Jahr vorgetragen. Auf Antrag des Anleger (bis zum 15.12. des Jahres) wird der Verlust von der Bank bescheinigt und kann dann mit Kapitaleinkünften des laufenden Jahres bei anderen Banken verrechnet werden.
Steuerbescheinigung § 32d EStG	Die auszahlende Stelle (= Schuldner der Kapitalerträge) hat dem steuerpflichtigen Anleger (= Gläubiger der Kapitalerträge) auf Verlangen eine Steuerbescheinigung nach amtlich vorgeschriebenem Muster auszustellen. Diese Bescheinigung wird jedoch von den meisten Banken auch ohne Aufforderung erstellt.

2.2.5 Umsatzsteuer

Die Umsatzsteuer (USt) ist eine Steuer, die auf Lieferungen und Leistungen erhoben wird, die ein Unternehmer im Inland gegen Entgelt erbringt, sowie auf seinen Eigenverbrauch und auf die Einfuhr von Gegenständen in das Zollgebiet der Bundesrepublik Deutschland.

Im Prinzip ist die Umsatzsteuer eine „Mehrwertsteuer", da sie auf jeder Wirtschaftsstufe immer nur den Unterschied zwischen dem Erlös für eine Lieferung oder Leistung und den durch andere Unternehmer bewirkten Vorleistungen besteuert. Von der Erhebung her ist die Umsatzsteuer daher ein „Allphasen-Nettosystem mit Vorsteuerabzug".

Von der Einordnung in die Steuersystematik her ist die Umsatzsteuer

- eine **Gemeinschaftssteuer**, weil sie zwischen Bund und Ländern aufgeteilt wird;
- eine **Verkehrssteuer**, weil sie auf die Teilnahme am Rechts- und Wirtschaftsverkehr erhoben wird;
- eine **indirekte Steuer**, weil Steuerschuldner und Steuerträger nicht identisch sind und die Steuer letztlich auf den Endverbraucher abgewälzt wird.

Das Grundprinzip ergibt sich aus der folgenden Darstellung: (angewandter Umsatzsteuersatz: 19 %)

Sachverhalt	Rechnung	Zahllastermittlung	Finanzamt / Staat
Sägewerk produziert Holz und liefert dies an einen Möbelhersteller für netto 200,00 EUR	200,00 + 38,00 = 238,00	USt = 38,00 – VSt = 0,00 = **38,00**	38,00
Möbelhersteller baut einen Tisch und liefert diesen an einen Einzelhändler für netto 600,00 EUR	600,00 + 114,00 = 714,00	USt = 114,00 – VSt = 38,00 = **76,00**	76,00
Einzelhändler liefert den Tisch an einen privaten Käufer für netto 700,00 EUR	700,00 + 133,00 = 833,00	USt = 133,00 – VSt = 114,00 = **19,00**	19,00
Konsument kauft Tisch zum Bruttopreis von 833,00 EUR. Darin enthaltene USt = 133,00 EUR	Der Konsument zahlt die im Bruttopreis enthaltene gesamte USt. Da er keine Möglichkeit des Vorsteuerabzugs hat, zahlt und trägt er letztlich die gesamte Umsatzsteuer von 133,00 EUR.		Summe: 133,00

Die wesentlichen Fakten:

Rechtsgrundlagen	Die wesentlichen Vorschriften zu Umsatzsteuer finden sich ▪ im Umsatzsteuergesetz (UStG), ▪ in der Umsatzsteuer-Durchführungsverordnung (UStDV), ▪ in verschiedenen Umsatzsteuer-Richtlinien der EU.

Steuerbare Umsätze § 1 UStG	Der Umsatzsteuer unterliegen die folgenden Umsätze: ▪ Lieferungen und sonstige Leistungen, die ein Unternehmer im Inland gegen Entgelt im Rahmen seines Unternehmens ausführt; ▪ die Einfuhr von Gegenständen im Inland (Einfuhrumsatzsteuer) ▪ der innergemeinschaftliche Erwerb im Inland gegen Entgelt Nicht besteuerbar sind demnach z. B. ▪ Verkäufe zwischen Privatpersonen, da sie keine Unternehmer sind; ▪ Leistungen, die unentgeltlich erbracht werden, z. B. die unentgeltliche Leistung eines Handwerkers im Kindergarten für einen guten Zweck; ▪ Verkauf unter Gesellschaften innerhalb einer umsatzsteuerlichen Organschaft; ▪ Leistungen des Unternehmens für den eigenen Bedarf (Eigenleistungen).
Unternehmer § 2 UStG	Unternehmer ist, wer eine gewerbliche oder berufliche Tätigkeit selbstständig ausübt. Gewerblich oder beruflich ist jede nachhaltige Tätigkeit zur Erzielung von Einnahmen. Eine Gewinnerzielungsabsicht ist nicht erforderlich. Das bedeutet, dass auch gemeinnützige Unternehmen grundsätzlich umsatzsteuerpflichtig sind.
Steuerbefreiungen § 4 UStG	Obwohl grundsätzlich steuerbar, sind eine Reihe von Lieferungen und Leistungen ausdrücklich von der Steuer befreit. Einige wichtige Steuerbefreiungen sind ▪ die innergemeinschaftlichen Lieferungen in andere EU-Länder an andere Unternehmer mit Identifikationsnummer; ▪ Lieferungen in andere Länder außerhalb der EU (Ausfuhren); ▪ Umsätze im Gesundheitsbereich, z. B. die Leistungen der Ärzte, Physiotherapeuten, Heilpraktiker und Krankenhäuser; ▪ Brief- und Paketporti im Privatkundensektor; ▪ zahlreiche Bankdienstleistungen für Privatpersonen; ▪ Wohnungs- und Grundstücksmieten; ▪ Umsätze, die auf der Basis anderer Gesetze bereits versteuert werden, z. B. durch das Grunderwerbsteuergesetz oder das Versicherungssteuergesetz.
Bemessungsgrundlage § 10 UStG	Der Umsatz wird bei Lieferungen und sonstigen Leistungen und bei dem innergemeinschaftlichen Erwerb nach dem Entgelt bemessen. Ausnahmen hiervon gelten für folgende Sachverhalte: ▪ Die Leistung erfolgt zu einem wesentlich günstigeren Preis als dem Marktpreis an einen Gesellschafter oder Mitarbeiter. Die Umsatzsteuer hierfür muss dann vom Marktwert (Wiederbeschaffungswert) berechnet werden. ▪ Gleiches gilt für die unentgeltliche Warenentnahme für den Privatverbrauch. ▪ Für die private Nutzung betrieblicher Gegenstände sind die anteilig entstandenen Kosten zu ermitteln. ▪ Gleiches gilt für den Einsatz von Personal aus dem eigenen Betrieb für den privaten Bedarf. Hier werden die Lohnkosten als Entgelt angesetzt. ▪ Bei Tauschgeschäften ist der Wert des erhaltenen Gegenstands anzusetzen.
Entstehung der Steuerschuld § 13 UStG	Die Umsatzsteuerschuld entsteht ▪ bei der Berechnung der Steuer nach **vereinbarten Entgelten** (Soll-Versteuerung) mit Ablauf des Voranmeldungszeitraums, in dem die Leistungen ausgeführt worden sind, es sei denn, das Entgelt ist vor Leistungsausführung vereinnahmt worden; ▪ bei der Berechnung der Steuer nach **vereinnahmten Entgelten** (Ist-Versteuerung) mit Ablauf des Voranmeldungszeitraums, in dem die Entgelte vereinnahmt worden sind.

Steuersätze § 12 UStG	Der **Regelsteuersatz** beträgt für jeden steuerpflichtigen Umsatz 19 % der Bemessungsgrundlage. Der **ermäßigte Steuersatz** beträgt 7 % und entfällt auf eine Reihe vom im Gesetz erschöpfend aufgeführten Sachverhalten. Dazu zählen insbesondere ▪ die Lieferung von Lebensmitteln, Milch und Milchmischgetränken, ▪ die Lieferung von Büchern, Zeitungen und Zeitschriften, ▪ die Leistungen des öffentlichen Personennahverkehrs, ▪ die Einräumung, Übertragung und Wahrnehmung von Rechten, die sich aus dem Urheberrechtsgesetz ergeben, ▪ die Leistungen aus der Tätigkeit als Zahntechniker sowie bestimmte Leistungen der Zahnärzte, ▪ die Eintritte für Theater, Konzerte und Museen, ▪ die Überlassung von Filmen zur Auswertung und Vorführung, ▪ die Zirkusvorführungen und die Leistungen aus der Tätigkeit als Schausteller, ▪ die Beherbergungsleistungen im Hotel- und Gaststättengewerbe.
Vorsteuer-abzug §§ 14 f. UStG	Der Unternehmer hat das Recht, die ihm von anderen Unternehmern in Rechnung gestellte Umsatzsteuer (= Vorsteuer) mit der von ihm berechneten bzw. vereinnahmten Umsatzsteuer zu verrechnen. Das bedeutet, dass er die Summe der ihm in Rechnung gestellten bzw. entrichteten Umsatzsteuer, Einfuhrumsatzsteuer und Erwerbssteuer dem Finanzamt gegenüber als Forderung ausweist und seine eigene Umsatzsteuerschuld um diesen Betrag kürzt. Die Differenz zwischen beiden Beträgen ist im Normalfall die Zahllast, die der Unternehmer an das Finanzamt überweisen muss. Ist die Vorsteuer höher als die vereinnahmte Umsatzsteuer, erstattet das Finanzamt den übersteigenden Betrag. Durch den Vorsteuerabzug wird sichergestellt, dass die Umsatzsteuer wirtschaftlich nur vom Endverbraucher getragen wird sowie von den Unternehmen, die nicht zum Vorsteuerabzug berechtigt sind. Es soll wie oben bereits gezeigt – nur der Mehrwert auf jeder einzelnen Wirtschaftsstufe besteuert werden. Stehen die Lieferungen und sonstigen Vorleistungen im Zusammenhang mit steuerfreien Umsätzen, ist ein Vorsteuerabzug ausgeschlossen. Die Voraussetzungen für den Vorsteuerabzug sind der Empfang der Leistung für das Unternehmen sowie der Besitz einer ordnungsgemäßen Rechnung, ausgestellt durch den leistenden Unternehmer, oder eines vergleichbaren Dokuments. Als Vereinfachung ist zugelassen, in Rechnungen bis zu 150,00 EUR nur den Steuersatz anzugeben. Der Unternehmer kann dann den Vorsteuerbetrag selbst errechnen.
Ertmittlung der Zahllast § 18 UStG	Eingenommene oder berechnete Umsatzsteuer auf Lieferungen/Leistungen – gezahlte Umsatzsteuer für Lieferungen/Leistungen (= Vorsteuer) = **Umsatzsteuerschuld** (= Zahllast) oder **Vorsteuerüberhang**
Umsatzsteuer-voranmeldung § 18 UStG	Der Unternehmer erstellt für das Finanzamt eine Umsatzsteuervoranmeldung, in der die Zahllast für den Voranmeldungszeitraum berechnet wird. Diese muss als Vorauszahlung bis zum 10. des Folgemonats an das Finanzamt überwiesen werden. ▪ Die Voranmeldung muss grundsätzlich vierteljährlich erfolgen. ▪ Sie muss monatlich abgeben werden, wenn die USt für das vorangegangene Kalenderjahr mehr als 7.500 EUR betragen hat. ▪ Im Jahr der Unternehmensgründung und dem darauf folgenden Jahr müssen die USt-Voranmeldungen immer monatlich abgeben werden

Umsatzsteuer-erklärung §§ 18, 20 UStG	Nach Ablauf des Kalenderjahres wird vom Unternehmer eine Umsatzsteuererklärung erstellt und ein ggf. sich ergebender Differenzbetrag nachüberwiesen oder zurückgefordert. Das Finanzamt kann nach § 20 UStG auf Antrag gestatten, dass ein Unternehmer die Steuer nicht nach den **vereinbarten Entgelten** (Soll-Versteuerung), sondern nach den **vereinnahmten Entgelten** berechnet (Ist-Versteuerung). Dies gilt für Unternehmer, ▪ deren Gesamtumsatz im abgelaufenen Kalenderjahr nicht mehr als 500.000,00 EUR betragen hat, ▪ der von der Buchführungspflicht nach der AO auf Zeit befreit ist, ▪ soweit er Umsätze aus einer Tätigkeit als Angehöriger eines freien Berufs ausführt. Die Ist-Versteuerung bedeutet einen Liquiditätsvorteil, da der Unternehmer die berechnete Umsatzsteuer erst dann an das Finanzamt abführen muss, wenn das Entgelt tatsächlich bei ihm eingegangen ist, wenn er es also vereinnahmt hat.
Kleinunter-nehmer § 19 UStG	Die Umsatzsteuer wird nicht erhoben, wenn der Umsatz eines Unternehmens zuzüglich der darauf entfallenden Umsatzsteuer im vorangegangenen Kalenderjahr 17.500,00 EUR nicht überstiegen hat und im laufenden Kalenderjahr 50.000,00 EUR voraussichtlich nicht übersteigen wird. Der Unternehmer kann durch Erklärung gegenüber dem Finanzamt mit Bindung für fünf Jahre auf die Anwendung der Kleinunternehmerregelung verzichten (Optionsrecht).

2.2.6 Grundsteuer

Die Grundsteuer ist eine Steuer auf das Eigentum an Grundstücken und deren Bebauung.

Das Grundsteueraufkommen betrug im Jahr 2010 11,4 Mrd. EUR und damit ca. 2 % des gesamten Steueraufkommens in Deutschland. Die Grundsteuer ist als Realsteuer für die Finanzplanung eine relativ konstante Größe, da sich die Einheitswerte nicht oder nur wenig verändern. Ferner sind die Steuerausfälle aufgrund der persönlichen und dinglichen Haftung für die Zahlung der Steuer verschwindend gering.

Von der Steuersystematik her ist die Grundsteuer eine

- **Realsteuer** (auch Objektsteuer), weil im Mittelpunkt der Besteuerung der Grundbesitz steht;
- **Gemeindesteuer**, weil die Steuer den Gemeinden zufließt;
- eine **direkte Steuer**, weil Steuerschuldner und Steuerträger identisch sind.

Zurzeit berät eine Arbeitsgruppe der Länder-Finanzminister über eine Reform der Grundsteuer. Diskutiert werden drei verschiedene Modelle:

- Die Süd-Länder haben vorgeschlagen, nur nach der Fläche des Grundstücks zu besteuern. Lage und Ausstattung von Gebäuden würden dabei nicht berücksichtigt. Es würden nur die Grundfläche und die Zahl der Etagen zählen.
- Die Nord-Länder favorisieren eine Steuer nach dem realen Verkehrswert. Dabei müssten sowohl der Kaufpreis als auch die Lage und die Größe der aufstehenden Gebäude berücksichtigt werden.
- Ein Kompromissvorschlag sieht vor, das Grundstück nach dem Verkehrswert zu berechnen und die Gebäude nach Größe und Nutzung.

Die wesentlichen Fakten des geltenden Grundsteuerrechts:

Rechtsgrundlage	Die gesetzliche Grundlage ist das Grundsteuergesetz (GrStG) vom 07.08.1973.
Zuständigkeit Art. 108 GG	Die Grundsteuer ist eine bundeseinheitliche Steuer. Die Gesetzgebungshoheit liegt bei Bundestag und Bundesrat. Die Verwaltungshoheit liegt bei den Ländern für die Feststellung des Einheitswertes (durch die Finanzämter) und den Gemeinden für die Festsetzung der Grundsteuer. Bei den gemeindefreien Ländern nehmen die Finanzämter beide Aufgaben wahr.
Steuerschuldner § 10 GrStG	Schuldner der Grundsteuer ist derjenige, dem der Steuergegenstand bei der Feststellung des Einheitswerts zugerechnet ist; das ist in der Regel der Eigentümer nach dem Grundbuch. Gleichfalls Steuerschuldner für die wirtschaftliche Einheit des belasteten Grundstücks ist derjenige, dem ein Erbbaurecht, ein Wohnungserbbaurecht oder ein Teilerbbaurecht zugerechnet ist. Sind mehrere Personen Eigentümer eines Grundstücks, so sind sie Gesamtschuldner der Grundsteuer.
Einheitswert § 19 (1) BewG	Die Berechnungsgrundlage der Grundsteuer ist der vom zuständigen Finanzamt festgestellte Einheitswert. Der Einheitswert wird nach den Vorschriften des Bewertungsgesetzes (BewG) ermittelt. In den neuen Bundesländern sind für land- und forstwirtschaftliches Vermögen sogenannte „Ersatzwirtschaftswerte" die Berechnungsgrundlage. Grundsätzlich wird zwischen zwei Grundsteuerarten unterschieden: ▪ Die **Grundsteuer A** (merke: a für agrarisch) gilt für Grundstücke in der Landwirtschaft. ▪ Die **Grundsteuer B** (merke: b für baulich) gilt für bebaute oder bebaubare Grundstücke sowie die darauf befindlichen Gebäude.
Grundsteuer-Messzahl (alte Bundesländer) §§ 14 f. GrStG	Die Grundsteuermesszahl wird als Anteil vom Einheitswert angegeben und dient zur Berechnung des Grundsteuermessbetrages. Sie richtet sich nach der jeweiligen Grundstücksart. Vor allem gibt es gegenwärtig noch eine abweichende Ermittlung der Messzahl im Beitrittsgebiet (neue Bundesländer). Für die alten Bundesländer gilt folgende Regelung: ▪ Für Betriebe der Land- und Forstwirtschaft beträgt die Steuermesszahl 6 ‰ des Einheitswertes. ▪ Für Grundstücke und Gebäude gelten folgende Sätze: – 2,6 ‰ für Einfamilienhäuser für die ersten 38.346,89 EUR des Einheitswerts, 3,5 ‰ für den darüber hinausgehenden Wert, – 3,1 ‰ vom Einheitswert für Zweifamilienhäuser und – 3,5 ‰ vom Einheitswert für alle restlichen Grundstücke.
Grundsteuer-Messzahl (neue Bundesländer) §§ 40 ff. GrStG	Für die neuen Bundesländer gelten für Grundstücke und Gebäude höhere Steuermesszahlen (zwischen 5 ‰ und 10 ‰) auf der Grundlage der alten Einheitswerte nach den Wertverhältnissen zum 01.01.1935. Deren Anwendung folgt einer komplizierten Differenzierung einerseits nach Altbauten, Neubauten und Grundstücken, anderseits nach der Einwohnerzahl der Gemeinden, in denen das Grundstück liegt.

Festsetzung § 27 GrStG	Die Grundsteuer wird für jeweils ein Kalenderjahr festgesetzt. Ist der Hebesatz für mehr als ein Kalenderjahr festgesetzt, kann auch die jährlich zu erhebende Grundsteuer für die einzelnen Kalenderjahre dieses Zeitraums festgesetzt werden.
Hebesatz § 25 GrStG	Der Hebesatz ist die Bezeichnung für den Faktor, der zur Ermittlung der Steuerschuld mit dem Steuermessbetrag multipliziert wird. Die Gemeinde bestimmt, mit welchem Hebesatz die Grundsteuer zu erheben ist. Er kann für ein oder mehrere Kalenderjahre festgesetzt werden. Die Hebesätze in Deutschland liegen nach Berechnungen des Statistischen Bundesamtes im Durchschnitt bei 400 %. Die Hebesätze schwanken etwa zwischen 300 % und 660 %.
Berechnung der Gewerbesteuer	Der vom Finanzamt festgestellte Einheitswert wird zunächst mit der Grundsteuermesszahl multipliziert und das Ergebnis sodann mit dem von der Gemeinde festgesetzten Hebesatz multipliziert. ***Beispiel:*** *Einheitswert eines Einfamilienhauses in Hannover — 14.000,00 EUR* *Grundsteuermessbetrag 3,5 ‰ — 490,00 EUR* *Hebesatz der Stadt Hannover — 530 %* *Jahresgrundsteuer 2011 (525,00 EUR · 530 %) — 2.597,00 EUR* *Vierteljährlich zu zahlende Grundsteuer — 649,25 EUR*
Erlass der Grundsteuer §§ 32 ff. GrStG	Unter bestimmten Voraussetzungen kann die Grundsteuer auf Antrag erlassen werden. Dies gilt insbesondere für Gebäude, die unter Denkmalschutz stehen, für Kulturgüter oder Grünanlagen (z. B. Parks, Gärten), wenn deren Kosten die Erträge übersteigen. Ferner sind auf Antrag Teilerlasse wegen nachhaltiger und wesentlicher Ertragsminderung der Immobilie möglich.
Grundsteuer als Betriebskosten	Für einen Vermieter stellt die Grundsteuer Betriebskosten dar. Er kann sie daher nach der Betriebskostenverordnung im Rahmen seiner jährlichen Nebenkostenabrechnung auf seine Mieter umlegen.

2.2.7 Grunderwerbsteuer

Die Grunderwerbsteuer (GrESt) ist eine Steuer, die beim Erwerb eines Grundstücks anfällt.

Im Jahr 2011 wurden ca. 7,0 Mrd. EUR Grunderwerbsteuer gezahlt. Das macht etwa 1 % des Steueraufkommens in Deutschland aus.

Von der Steuersystematik her ist sie eine

- **Verkehrssteuer**, da sie durch den Kaufvertrag über ein Grundstück an einen Vorgang des Rechtsverkehrs anknüpft;
- **Ländersteuer**, da sie den Bundesländern in voller Höhe zufällt;
- **direkte Steuer**, weil Steuerschuldner und Steuerträger identisch sind;

Die wesentlichen Fakten:

Rechtsgrundlagen	Die gesetzlichen Grundlagen finden sich im Grunderwerbsteuergesetz (GrEStG) vom 17.12.1982 mit allen folgenden Änderungen.
Steuergegenstand § 1 GrEStG	Steuergegenstand ist der Erwerb eines Grundstückes. Die folgenden drei wesentlichen Voraussetzungen müssen dafür erfüllt sein: ▪ Ein inländisches Grundstück wird erworben. ▪ Es muss ein Erwerbsvorgang vorliegen, z. B. im Wege eines Kaufvertrags, einer Abtretung, einer Schenkung oder eines Höchstgebots im Zwangsversteigerungsverfahren. ▪ Es muss ein Wechsel des Eigentümers vorliegen. Der wohl häufigste Vorgang des Erwerbs eines Grundstücks ist der Kaufvertrag: Darin verpflichtet sich der Verkäufer nach § 433 BGB, dem Käufer das Grundstück zu übereignen. Der Käufer verpflichtet sich, dem Verkäufer den Kaufpreis zu zahlen und das gekaufte Grundstück abzunehmen. Die Grunderwerbsteuer knüpft hier nur an das Vorliegen eines notariell beurkundeten Verpflichtungsgeschäfts an, unabhängig davon, ob der Kaufpreis vom Käufer schon bezahlt worden ist oder nicht. Das Gleiche gilt für ein Rechtsgeschäft, das den Anspruch auf die Übereignung eines Grundstücks begründet, z. B. eine Abtretung oder Schenkung. Wenn ein solcher Anspruch nicht existiert, stellt das Gesetz auf die Auflassung oder den auflassungslosen Eigentumsübergang ab, z. B. beim Erwerb durch Zwangsversteigerung.
Ausnahmen von der Besteuerung § 3 GrEStG	Das Gesetz sieht eine Reihe von Ausnahmen von der Besteuerung vor. Dazu zählen insbesondere folgende Fälle: ▪ Freigrenze von 2.500,00 EUR: Liegt der Wert des erworbenen Grundstücks darüber, ist der gesamte Betrag zu versteuern. ▪ Steuerbefreiung im Falle einer Schenkung eines Grundstücks unter Auflagen, z. B. eines Wohnrechts zugunsten des Schenkenden ▪ Erwerb eines zum Nachlass gehörigen Grundstücks durch Miterben zum Zweck der Teilung des Nachlasses ▪ Erwerb durch den Ehegatten oder Lebenspartner des Veräußerers ▪ Erwerb durch den geschiedenen Ehegatten/Lebenspartner des Veräußerers für Zwecke der Vermögensauseinandersetzung wegen einer Scheidung ▪ Erwerb durch eine Person, die mit dem Veräußerer in gerader Linie verwandt ist. ▪ Umwandlung von gemeinschaftlichem Eigentum in Flächeneigentum
Bemessungsgrundlage § 8 GrEStG	Die Steuer bemisst sich grundsätzlich nach dem Wert der Gegenleistung. In besonderen Fällen, z. B. wenn keine Gegenleistung zu ermitteln ist, wird die Bemessungsgrundlage nach § 138 Abs. 2 bis 4 des Bewertungsgesetzes ermittelt.

Gegenleistung § 9 GrEStG	Bei Kaufverträgen ist die Gegenleistung regelmäßig der vereinbarte Kaufpreis. In anderen Fällen ist die Gegenleistung ▪ beim Tausch: die Tauschleistung des anderen Vertragsteils; ▪ bei einer Leistung an Erfüllung statt: der Wert, zu dem die Leistung an Erfüllung statt angenommen wird; ▪ beim Meistgebot in der Zwangsvollstreckung: das höchste Gebot; ▪ bei der Abtretung des Übereignungsanspruchs: die Übernahme der Verpflichtung aus dem Rechtsgeschäft, das den Übereignungsanspruch begründet hat; ▪ bei der Enteignung: die Entschädigung, die dafür geleistet wird.
Entstehung der Steuerschuld § 14 GrEStG	Die Grunderwerbsteuer entsteht grundsätzlich mit Verwirklichung eines rechtskräftigen Erwerbsvorgangs, es sei denn, die Wirksamkeit dieses Vorgangs ist vom Eintritt einer Bedingung oder Genehmigung abhängig. Dann sind diese abzuwarten.
Steuerschuldner § 13 GrEStG	Steuerschuldner sind ▪ im Normalfall: die an einem Erwerbsvorgang beteiligten Personen; ▪ beim Erwerb kraft Gesetzes: der bisherige Eigentümer und der Erwerber; ▪ beim Erwerb im Enteignungsverfahren: der Erwerber; ▪ beim Meistgebot im Zwangsversteigerungsverfahren: der Meistbietende; ▪ bei der Vereinigung von mindestens 95 von Hundert der Anteile an einer Gesellschaft in der Hand des Erwerbers: der Erwerber; ▪ bei mehreren Unternehmen oder Personen: diese Beteiligten; ▪ bei Änderung des Gesellschafterbestandes einer Personengesellschaft: die Personengesellschaft. In der Regel verpflichtet sich der Erwerber zur Entrichtung der Steuer. Letztlich haften Käufer und Verkäufer als Gesamtschuldner für die Grunderwerbsteuer.
Fälligkeit § 15 GrEStG	Die Steuer wird einen Monat nach der Bekanntgabe des Steuerbescheids fällig. Das Finanzamt darf eine längere Zahlungsfrist setzen.
Nichtfestsetzung, Aufhebung oder Änderung der Steuerfestsetzung § 16 GrEStG	Für bestimmte Fälle sieht das Gesetz auf Antrag eine Nichtfestsetzung, eine Aufhebung oder Änderung der Steuerfestsetzung vor. Dies gilt – nachvollziehbar – vor allem in folgenden Fällen: ▪ wenn ein Erwerbsvorgang rückgängig gemacht wird ▪ wenn der Veräußerer das Eigentum zurückerwirbt ▪ wenn die Gegenleistung für das Grundstück herabgesetzt wird Für die genannten Fälle müssen zusätzlich besondere Voraussetzungen erfüllt sein.
Steuerberechnung § 11 f. GrEStG	Die Steuer betrug bis Ende August 2006 einheitlich 3,5 % von der Bemessungsgrundlage. Seit dem 01.09.2006 dürfen die Bundesländer die Grunderwerbsteuersätze selbst festsetzen. Hierdurch ist bundesweit eine Spreizung entstanden. Die Steuersätze reichen aktuell je nach Bundesland von 3,5 % bis 5 %.

Anzeigepflicht §§ 18 ff. GrEStG	Gerichte, Notare und Behörden sind verpflichtet, dem zuständigen Finanzamt alle grunderwerbsteuerrechtlich relevanten Vorgänge unter Beifügung geeigneter Unterlagen anzuzeigen. Beim notariell beurkundeten Kaufvertrag ist dies eine Abschrift des Vertrages sowie eine nach amtlicher Vorschrift erstellte Veräußerungsanzeige. Auf der Basis dieser Unterlagen erstellt das Finanzamt den Grunderwerbsteuerbescheid.
Unbedenklichkeitsbescheinigung §§ 22 GrEStG	Bezahlt der Steuerschuldner die Grunderwerbsteuer, erhält er im Gegenzug vom Finanzamt eine Unbedenklichkeitsbescheinigung. Ohne diese Bescheinigung erfolgt keine Eigentumsumschreibung, da die Grundbuchämter gesetzlich dazu verpflichtet sind, vorher die Unbedenklichkeitsbescheinigung zu verlangen. Auf diese Weise sichert sich der Fiskus die pünktliche Bezahlung der Steuer, da der Erwerber ein starkes Interesse an der Umschreibung hat, z. B. als Voraussetzung für die Finanzierung.

2.2.8 Erbschaft- und Schenkungssteuer

Die Erbschaftssteuer ist eine Steuer auf den Erwerb von Vermögen von Todes wegen. Die Schenkungssteuer ist eine Steuer, die auf unentgeltliche Zuwendungen unter Lebenden anfällt.

Beide Steuerarten werden in einem Gesetz behandelt. Dabei ergänzt die Schenkungssteuer die Erbschaftssteuer. Das hängt damit zusammen, dass durch Schenkungen des Erblassers vor seinem Todesfall u. U. die Erbschaftssteuer gemindert werden könnte.

Das Aufkommen bei der Erbschaftssteuer lag im Jahr 2010 bei 4,4 Mrd. EUR und betrug damit weniger als 1 % des gesamten Steueraufkommens. Nur etwa 10 % aller Erbfälle waren erbschaftssteuerpflichtig, weil es durch die hohen Freibeträge innerhalb des familiären Bereichs nur bei sehr großen Vermögensmassen zu einer Erbschaftssteuerpflicht kommt. Dagegen fällt Erbschaftssteuer vermehrt an, wenn nichteheliche Lebenspartner, Geschwister oder Freunde erben.

Beide Steuern sind von der Steuersystematik her

- **direkte Steuern**, weil die Steuern bei den begünstigten Personen direkt erhoben wird, Steuerschuldner und Steuerträger also identisch sind;
- **Besitzsteuern** und in diesem Sinne *Ertragsteuern*, da sie den Umstand besteuern, dass einer Person Geld oder geldwerte Güter zufließen und es sich damit um einen Vermögenszuwachs handelt;
- **Ländersteuern**, weil sie ausschließlich den Bundeländern zufließen.

Die wesentlichen Fakten:

Rechtsgrundlage	Die Rechtsgrundlagen für die Erbschafts- und die Schenkungssteuer finden sich ▪ im Erbschaftssteuer- und Schenkungsgesetz (ErbStG) aus dem Jahre 1906, Neufassung im Jahr 1974, umfangreiche Reform im Jahre 2008, letztmalige Änderung im Dezember 2011; ▪ in der Erbschaftssteuer-Durchführungsverordnung (ErbStDV). Die Bewertung des zu vererbenden Vermögens richtet sich nach den Vorschriften des Bewertungsgesetzes, soweit nicht etwas anderes bestimmt ist.

Steuergegenstände § 1 (1) ErbStG	Der Erbschaftssteuer bzw. Schenkungssteuer unterliegen 1. der Erwerb von Todes wegen durch eine Erbschaft oder ein Vermächtnis; 2. Schenkungen unter Lebenden; 3. Zweckzuwendungen, d. h. Vermögensübertragungen, die mit der Auflage verbunden sind, diese Zuwendungen zugunsten eines bestimmten Zwecks zu verwenden; 4. das Vermögen einer Stiftung, sofern sie wesentlich im Interesse einer Familie oder bestimmter Familien errichtet ist, in Zeitabständen von je 30 Jahren als Erbersatzsteuer; Gleiches gilt für einen Verein, der einen entsprechenden Zweck verfolgt.
Persönliche Steuerpflicht § 2 ErbStG	Die **unbeschränkte Steuerpflicht** tritt ein: ▪ für Erbschaften, Zweckzuwendungen und Schenkungen, wenn der Erblasser zur Zeit seines Todes, der Schenker zur Zeit der Ausführung der Schenkung oder der Erwerber zur Zeit der Entstehung der Steuer ein Inländer ist, für den gesamten Vermögensanfall; ▪ für Stiftungen nach § 1 Abs. 1 Nr. 4, wenn die Stiftung oder der Verein die Geschäftsleitung oder den Sitz im Inland hat. Die **beschränkte Steuerpflicht** gilt in allen anderen Fällen als den oben genannten für den Vermögensanfall, der in Inlandsvermögen im Sinne des § 21 des Bewertungsgesetzes besteht.
Steuerbefreiungen § 13 ErbStG	Steuerfrei bleiben mit im Gesetz genau fixierten Grenzen u. a. ▪ Hausrat einschließlich Wäsche und Kleidungsstücke beim Erwerb durch Personen der Steuerklasse I, ▪ Grundbesitz oder Teile vom Grundbesitz, Kunstgegenstände, Kunst- und wissenschaftliche Sammlungen, Bibliotheken und Archive, wenn die Erhaltung dieser Gegenstände im öffentlichen Interesse liegt und die jährlichen Kosten in der Regel die erzielten Einnahmen übersteigen, ▪ Grundbesitz oder Teile von Grundbesitz, die für Zwecke der Volkswohlfahrt der Allgemeinheit ohne gesetzliche Verpflichtung zur Benutzung zugänglich gemacht sind und deren Erhaltung im öffentlichen Interesse liegt, wenn die jährlichen Kosten in der Regel die erzielten Einnahmen übersteigen, ▪ Zuwendungen unter Lebenden zum Zweck des angemessenen Unterhalts oder zur Ausbildung der bedachten Personen, ▪ die üblichen Gelegenheitsgeschenke, ▪ Zuwendungen, die ausschließlich kirchlichen, gemeinnützigen oder mildtätigen Zwecken gewidmet sind, sofern die Verwendung zu dem bestimmten Zweck gesichert ist (Spenden), ▪ Zuwendungen an politische Parteien. Die Vererbung oder Schenkung von selbstgenutztem Wohnraum (Familienheim), der in Deutschland oder einem Mitgliedsland der EU liegt, an den Ehe- oder Lebenspartner oder leibliche Kinder ist unter bestimmten Voraussetzungen gänzlich von der Steuer befreit.

Steuerbefreiung für betriebliche Vermögen §§ 13a f. ErbStG	Es versteht sich von selbst, dass bei Vererbung eines Betriebs oder Übertragung an eine andere Person in nicht unerheblichem Maße Steuern anfallen könnten, die den Fortbestand des Unternehmens u. U. gefährden würden. Aus diesem Grund wurden in der Reform des Gesetzes für Betriebe, die 20 oder mehr Arbeitnehmer beschäftigen, folgende Regeln getroffen, zwischen denen der Erwerber sich unwiderruflich entscheiden muss. ▪ Im Regelfall bleiben 85 % des Wertes als **Verschonungsabschlag** des vererbten Betriebsvermögens sowie bestimmten Anteile an Kapitalgesellschaften von der Erbschaftsteuer befreit. Voraussetzungen: – In einem Zeitraum von fünf Jahren darf die Jahreslohnsumme nicht niedriger als das Vierfache der durchschnittlichen Jahreslohnsumme das Betriebs in den letzten fünf Jahren vor dem Erbfall sein; – Das Verwaltungsvermögen darf nicht mehr als 50 % des gesamten Betriebsvermögens betragen. ▪ Im **Optionsmodell** kann der Erwerber sich für eine Behaltensfrist von sieben Jahren entscheiden. Er erreicht dann einen Verschonungsabschlag von 100 %, was auf eine komplette Befreiung von der Erbschaftssteuer hinausläuft. Voraussetzungen: – Erreichen des Siebenfachen der Ausgangslohnsumme – Verwaltungsvermögen nicht mehr als 10 % des Betriebsvermögens Die Befreiung entfällt ganz oder teilweise, wenn während der Behaltensfrist der Betrieb oder Teile davon verkauft werden oder die genannte Lohnsumme nicht erreicht wird. An diesen Regeln, die sich vor allem auf die Lohnsumme beziehen, wird deutlich, dass es dem Gesetzgeber bei dieser Reform im Jahre 2008 vor allem um den Schutz von Arbeitsplätzen ging. Im Regelfall der fünfjährigen Haltensfrist unterliegen 15 % des betrieblichen Vermögens der Erbschaftsteuer. Liegt dieser Wert aber nicht über 150.000,00 EUR (= Abzugsbetrag), bleibt auch er unversteuert. Der Abzugsbetrag verringert sich um die Hälfte des diese Wertgrenze übersteigenden Betrags, so dass er ab 450.000,00 EUR nur noch 0 beträgt. Auch ist die Zielsetzung klar: Kleinbetriebe sollen bereits im Regelfall gänzlich von der Erbschaftsteuer verschont werden. Der Abzugsbetrag kann innerhalb von zehn Jahren von einer Person nur einmal berücksichtigt werden.
Verschonungsregel bei Wohnimmobilien § 13c ErbStG	Bei zu Wohnzwecken vermieteten Grundstücken beträgt der Verschonungsabschlag 10 %. Damit werden diese Vermögenspositionen nur mit 90 % ihres maßgeblichen Wertes angesetzt. Dies gilt für alle im Inland, in der EU und dem Europäischen Wirtschaftsraum gelegenen Grundstücke, die nicht zum begünstigten betrieblichen Vermögen gehören.

Steuerklassen und Freibeträge
§§ 15 f. ErbStG

Je nach dem Verhältnis des Erben oder Beschenkten zum Erblasser bzw. Schenker werden drei Steuerklassen unterschieden. Jeder dieser Personengruppen werden bestimmte Freibeträge zugestanden (Werte in EUR):

Steuerklasse	Personenkreis	Persönliche Freibeträge (EUR)	Versorgungsfreibeträge (EUR)
I	Ehegatten Kinder und Stiefkinder	500.000,00 400.000,00	256.000,00 10.000,00 – 52.000,00 (altersabhängig)
	Abkömmlinge der Kinder und Stiefkinder	200.000,00	–
	Eltern und Großeltern (bei einem Erbfall)	100.000,00	–
II	Eltern und Großeltern (bei einer Schenkung), Geschwister, Neffen und Nichten, Stiefeltern, Schwiegerkinder, geschiedener Ehegatte	20.000,00	–
III	Freunde eingetragene Lebenspartner	20.000,00 500.000,00	– 256.000,00

Kinder von bereits verstorbenen eigenen Kindern (Enkelkinder) erhalten einen persönlichen Freibetrag von 400.000,00 EUR.

Steuersätze
§ 19 (1) ErbStG

Je nach Steuerklasse und Höhe des Vermögens werden folgende Steuersätze angewendet:

Wert des Vermögens Abzüglich der Freibeträge:	Steuerklasse		
	I	II	III
bis 75.000,00 EUR	7 %	15 %	30 %
bis 300.000,00 EUR	11 %	20 %	30 %
bis 600.000,00 EUR	15 %	25 %	30 %
bis 6.000.000,00 EUR	19 %	30 %	30 %
bis 13.000.000,00 EUR	23 %	35 %	50 %
bis 26.000.000,00 EUR	27 %	40 %	50 %
ab 26.000.000,00 EUR	30 %	43 %	50 %

Berechnung der Steuer/Härtefall-regelung § 19 (2) ErbStG	Von dem Wert des Erbes oder der Schenkung werden zunächst der Freibetrag und ggf. der Versorgungsfreibetrag abgezogen. Der verbleibende Betrag wird zugunsten des Erwerbers auf volle 100 EUR abgerundet. Dann wird auf den **gesamten** Betrag der aus der jeweiligen Tabelle zu entnehmende Steuersatz angewendet. Um mögliche durch diesen Stufentarif entstehende Härten auszugleichen, sieht das Gesetz eine Härtefallregelung vor, die sicherstellt, dass sich eine geringfügige Erhöhung der Erbschaftssumme auch unter Berücksichtigung der Erbschaftsteuer nicht zu Ungunsten des Erben auswirken kann.

Wiederholungsfragen zu Kapitel 2.2

1. *Welche Steuern sind in einem Unternehmen nur durchlaufende Posten, welche Steuern sind abzugsfähige Betriebsausgaben und welche Steuern müssen aktiviert werden?*
2. *Unterscheiden Sie die beschränkte und unbeschränkte Steuerpflicht bei der Einkommensteuer.*
3. *Was ist der Steuergegenstand der Einkommensteuer? Erläutern Sie in diesem Zusammenhang den Unterschied zwischen Gewinneinkunftsarten und Überschusseinkunftsarten.*
4. *Erläutern Sie das Berechnungsschema zur Ermittlung des zu versteuernden Einkommens.*
5. *Erläutern Sie den Begriff der Werbungskosten an zwei Beispielen.*
6. *Was sind Sonderausgaben?*
7. *Welche Vorsorgeaufwendungen werden unterschieden?*
8. *Was sind außergewöhnliche Belastungen und warum dürfen sie im Rahmen der ESt-Erklärung angesetzt werden?*
9. *Was wird im Abrechnungsteil des ESt-Bescheids dargestellt?*
10. *Was ist die Körperschaftssteuer und welcher Steuergegenstand wird besteuert?*
11. *Unterscheiden Sie die Tarifgestaltung bei der Körperschaftssteuer und der Einkommensteuer.*
12. *Erläutern Sie die Steuerpflicht bei der Gewerbesteuer.*
13. *Ordnen Sie die Gewerbesteuer von der Steuersystematik her ein.*
14. *Was ist die Bemessungsgrundlage der Gewerbesteuer und wie wird sie grundsätzlich ermittelt?*
15. *Nennen Sie je zwei Kürzungs- und zwei Hinzurechnungsbeträge, die bei der Ermittlung der Bemessungsgrundlage der Gewerbesteuer angesetzt werden.*
16. *Erläutern Sie die Besonderheit bei der Erhebung der Gewerbesteuer.*
17. *Was ist ein Hebesatz und von wem wird er festgelegt?*
18. *Anhand welcher beiden Größen wird die Gewerbesteuerschuld ermittelt?*

19. *Die Kapitalertragsteuer wird auch als Abgeltungssteuer bezeichnet. Warum?*
20. *Die Kapitalertragsteuer ist im eigentlichen Sinn keine eigene Steuer, sondern ...?*
21. *Erläutern Sie die sachliche Steuerpflicht für die Kapitalertragssteuer.*
22. *Erläutern Sie die Wirkung der Abgeltung im Zusammenhang mit dem Steuertarif.*
23. *Die Umsatzsteuer wurde und wird gelegentlich noch als Mehrwertsteuer bezeichnet. Warum?*
24. *Wer ist bei der Umsatzsteuer Steuerpflichtiger, Steuerschuldner und Steuerträger?*
25. *Welche Umsätze sind steuerbar?*
26. *Selbst wenn bestimmte Umsätze steuerbar sind, sind sie dennoch von der Umsatzsteuer befreit. Nennen Sie einige Beispiele und geben Sie mögliche Gründe für diese Befreiungen an.*
27. *Wann entsteht die Umsatzsteuerschuld?*
28. *Was versteht man unter der Vorsteuer?*
29. *Unter welchen Voraussetzungen ist ein Vorsteuerabzug möglich?*
30. *Was ist die Zahllast und wie wird sie ermittelt?*
31. *Erläutern Sie den Unterschied zwischen einer Umsatzsteuervoranmeldung und einer Umsatzsteuererklärung.*
32. *Worauf wird die Grundsteuer erhoben?*
33. *Anhand welcher Größen wird die Grundsteuer ermittelt?*
34. *Was ist der Steuergegenstand bei der Grunderwerbsteuer?*
35. *Nennen Sie zwei mögliche Ausnahmen von der Besteuerung.*
36. *Was besagt das Gesetz über die Steuerschuldner der Grunderwerbsteuer?*
37. *Was ist eine Unbedenklichkeitsbescheinigung und welche Rolle spielt sie beim Erwerb eines Grundstücks?*
38. *Warum sind die Erbschaftsteuer und die Schenkungsteuer in einem Gesetz abgehandelt?*
39. *Im Erbschaftsteuergesetz sind wesentliche Steuerbefreiungen aufgeführt. Nennen Sie einige.*
40. *Wie ist (die mögliche) Steuerbefreiung für betriebliche Vermögen geregelt?*
41. *Es gibt unterschiedliche Tarife, die nach Steuerklassen gegliedert sind. Nach welchen Gesichtspunkten werden die Steuerklassen unterschieden?*
42. *Im Rahmen der Steuerberechnung werden z. T. umfangreiche Freibeträge gewährt. Warum?*

2.3 Abgabenordnung

Die Abgabenordnung (AO) regelt das Steuerverfahrensrecht. Sie enthält alle grundlegenden und für alle Steuerarten geltenden Regeln über das Besteuerungsverfahren und wird deshalb auch häufig als das Grundgesetz des Steuerrechts bezeichnet.

Die Abgabenordnung besteht aus insgesamt neun Teilen, deren detaillierte Darstellung den Rahmen dieses Buches sprengen würde. Wesentliche Grundbegriffe aus der AO wurden bereits in Abschnitt 2.1 beschrieben. Zusammenfassend lässt sich folgender Überblick geben:

Erster Teil §§ 1–32 AO	**Einleitende Vorschriften** Im ersten Teil der AO wird zunächst der Anwendungsbereich des Gesetzes erklärt. Danach werden wesentliche steuerliche Grundbegriffe definiert und erläutert, wie ▪ Steuern, ▪ steuerliche Nebenleistungen, ▪ Ermessensbegriff, ▪ Behörde und Finanzbehörde, ▪ Amtsträger, ▪ Wohnsitz, ▪ gewöhnlicher Aufenthalt, ▪ Geschäftsleitung, ▪ Angehörige. Im dritten Abschnitt werden die sachlichen und örtlichen Zuständigkeiten für das Steuerverfahren geklärt. Danach ergibt sich die sachliche Zuständigkeit aus den Vorschriften über die Finanzverwaltung. Die örtliche Zuständigkeit richtet sich nach den §§ 17 ff. AO. Sie liegt in der Regel bei dem Finanzamt, in dessen Bezirk der Steuerpflichtige seinen gewöhnlichen Aufenthaltsort (Wohnsitz) oder seinen Geschäftssitz hat. Im Detail ist die örtliche Zuständigkeit von der Steuer abhängig, die erhoben werden soll. Im vierten Abschnitt finden sich die Vorschriften über das Steuergeheimnis. Schließlich wird noch die Haftungsbeschränkung für Amtsträger geklärt.
Zweiter Teil §§ 33–77 AO	**Steuerschuldrecht** Das Steuerschuldrecht definiert die wesentlichen Grundsätze im Verhältnis zwischen Staat und Steuerschuldner. Hier wird zunächst der Begriff des Steuerpflichtigen geklärt sowie seine Pflichten und die seiner gesetzlichen Vertreter bzw. der Verfügungsberechtigten. Im Mittelpunkt des zweiten Abschnitts stehen die Regelungen über das Steuerschuldverhältnis von der Entstehung bis zu seinem Erlöschen, die die Grundlage des materiellen Steuerrechts bilden. Behandelt werden u. a. ▪ die Ansprüche aus dem Steuerschuldverhältnis, ▪ der Missbrauch von Gestaltungsmöglichkeiten, ▪ der Begriff des Steuerschuldners, ▪ der Begriff des Gesamtschuldners, ▪ die Gesamtrechtsnachfolge. Im dritten Abschnitt werden die steuerbegünstigten Zwecke geregelt. Der vierte Abschnitt des zweiten Teils enthält die Regelungen über die Haftung aus der Steuerschuld. Die wesentlichen Grundbegriffe sind im Kapitel 2.1 erläutert.

Dritter Teil §§ 78–133 AO	**Allgemeine Verfahrensvorschriften** Im dritten Teil der AO sind die grundlegenden Vorschriften über das Steuerverwaltungsverfahren enthalten. Zunächst wird festgelegt, wer die Beteiligten am Verfahren sind und ob diese Beteiligten auch handlungsfähig sind. Ferner werden geregelt die Ausschließung und Ablehnung von Amtsträgern und anderen Personen. Sodann folgen die Besteuerungsgrundsätze sowie die Möglichkeiten der Beweiserhebung. Hier werden einerseits die Ermittlungspflichten der Finanzbehörden und andererseits die Mitwirkungspflichten der Beteiligten sowie deren Auskunfts- und Vorlageverweigerungsrechte geregelt. Ferner werden hier die Fristen und Termine mit entsprechenden Verweisen auf die Regelungen des BGB sowie die Wiedereinsetzung in den vorigen Stand normiert. Im zweiten Abschnitt des dritten Teils folgen die Vorschriften über Verwaltungsakte, insbesondere Steuerbescheide sowie deren Rücknahme, Widerruf, Aufhebung und Änderung, Wirksamkeit, Nichtigkeit und die Möglichkeit der Heilung von Verfahrens- und Formfehlern.
Vierter Teil §§ 134–217 AO	**Durchführung der Besteuerung** Der vierte Teil stellt einen wesentlichen Teil der AO dar. Hier werden die Vorschriften über die Durchführung des Besteuerungsverfahrens dargelegt. Vor allem geht es dabei um die genaue Darstellung der jeweiligen Rechte und Pflichten der Finanzbehörde und der Steuerpflichtigen. Im ersten Abschnitt sind die Erfassung der Steuerpflichtigen und hier insbesondere die Personenstands- und Betriebsaufnahme, die Anzeigepflichten über die Erwerbstätigkeit sowie die Erteilung einer Identifikationsnummer geregelt. Der zweite Abschnitt legt die Mitwirkungspflichten fest, dazu zählen insbesondere die Führung von Büchern und Aufzeichnungen und die Abgabe von Steuererklärungen. Der dritte Abschnitt regelt ▪ die Steuerfestsetzung durch den Steuerbescheid, ▪ die Form und den Inhalt von Steuerbescheiden, ▪ die Benennung von Gläubigern und Zahlungsempfängern als Voraussetzung für den Betriebsausgabenabzug, ▪ die Voraussetzungen für die Schätzung der Besteuerungsgrundlagen, ▪ die Steuerfestsetzung unter dem Vorbehalt der Nachprüfung, ▪ die vorläufige Steuerfestsetzung, ▪ das Steueranmeldungsverfahren, ▪ die Festsetzungsverjährung, ▪ die Bestandskraft, ▪ die Kosten bei Inanspruchnahme der Finanzbehörden, ▪ die gesonderte Feststellung von Besteuerungsgrundlagen, ▪ die Festsetzung von Steuermessbeträgen, z. B. bei der Grundsteuer oder Gewerbesteuer, ▪ den Erlass von Haftungsbescheiden. Der vierte Abschnitt regelt die Durchführung der Außenprüfung, der fünfte Abschnitt regelt die Steuerfahndung und der sechste Abschnitt die Steueraufsicht in besonderen Fällen.

Fünfter Teil §§ 218–248 AO	**Erhebungsverfahren** Der fünfte Teil regelt, wie der Steueranspruch der Finanzbehörde realisiert wird. Die Vorschriften beziehen sich insbesondere auf ▪ die Fälligkeit der Steuerschuld, ▪ die Stundung, ▪ den Tag der Zahlung, ▪ die Reihenfolge der Tilgung, ▪ die Aufrechnung, ▪ den Erlass der Steuerschuld, ▪ die Verjährung der Zahlungspflicht, ▪ die Verzinsung von Steuerschulden, ▪ die Erhebung von Säumniszuschlägen, ▪ die Erbringung von Sicherheitsleistungen.
Sechster Teil §§ 249–32 AO	**Vollstreckung** Der sechste Teil bestimmt detailliert, wie die Finanzbehörden Verwaltungsakte, mit denen eine Geldleistung oder ein sonstiges Verhalten vom Steuerpflichtigen gefordert wird, zwangsweise durchsetzen können. Die Zwangsvollstreckungsmöglichkeiten der Finanzbehörden müssen sich dabei nicht auf die Regeln der Zivilprozessordnung stützen. Vielmehr ist – da es sich hier um öffentliches Recht handelt – die Vollstreckung ohne gerichtliche Vollstreckungstitel möglich. Grundlage der Vollstreckung ist hier ein Verwaltungsakt, z. B. ein Steuerbescheid.
Siebter Teil §§ 347–368 AO	**Außergerichtliches Rechtsbehelfsverfahren** In diesem Teil wird geregelt, was ein Steuerpflichtiger tun kann, wenn er mit einem Verwaltungsakt in Abgabeangelegenheiten, insbesondere einem Steuerbescheid der Finanzverwaltung, nicht einverstanden ist. Hier geht es insbesondere um das Einspruchsverfahren als Rechtsschutz des Steuerpflichtigen. Das Finanzamt muss auf der Basis eines Einspruchs seine Entscheidungen überprüfen. Eine Ablehnung eines Einspruchs ist im Normalfall die Voraussetzung für eine Klage vor dem Finanzgericht.
Achter Teil §§ 369–412 AO	**Straf- und Bußgeldvorschriften** Der achte Teil enthält besondere Verfahrensvorschriften zur Verfolgung von Steuerstraftaten; dazu zählen insbesondere ▪ die Steuerhinterziehung als Straftat, wenn mit dem Vorsatz gehandelt wird, die Steuern zu verkürzen; ▪ die leichtfertige Steuerverkürzung als Ordnungswidrigkeit, wenn die Steuerverkürzung aufgrund von Fahrlässigkeit des Steuerpflichtigen entsteht. Des Weiteren finden sich hier die Vorschriften über die Selbstanzeige. Darunter ist zu verstehen, dass der Steuerstraftäter seine Tat bei den Finanzbehörden selbst anzeigt, bevor die Behörde selbst ermittelnd tätig geworden ist. Die Selbstanzeige führt im Ergebnis zu Straffreiheit. Voraussetzung ist, dass der Täter seine Tathandlung korrigiert (d. h. unrichtige oder unvollständige Angaben berichtigt oder ergänzt oder unterlassene Angaben nachholt) und die hinterzogene Steuer entrichtet.

Neunter Teil §§ 413–415 AO	**Schlussvorschriften** Die Schlussvorschriften enthalten als Gesetzesvorbehalt in § 413 AO die mögliche Einschränkung von Grundrechten, insbesondere des Rechts auf körperliche Unversehrtheit und Freiheit der Person, des Briefgeheimnisses, des Post- und Fernmeldegeheimnisses und des Rechts der Unverletzlichkeit der Wohnung nach Maßgabe der Abgabenordnung.

Wiederholungsfragen zu Kapitel 2.3

1. *Was regelt die Abgabenordnung?*
2. *Der zweite Teil der Abgabenordnung befasst sich mit dem Steuerschuldrecht. Was ist darunter zu verstehen?*
3. *Was ist im Rahmen der AO unter „allgemeinen Verfahrensvorschriften" zu verstehen?*
4. *Welche Mitwirkungspflichten sieht die AO für einen Steuerpflichtigen vor?*
5. *Unter bestimmten Voraussetzungen kann die Steuer geschätzt werden. Nennen Sie die wesentlichen Voraussetzungen dazu.*
6. *Im fünften Teil der AO wird das Erhebungsverfahren behandelt. Auf welche Details des Erhebungsverfahrens beziehen sich diese Vorschriften? Nennen Sie fünf Punkte.*
7. *Warum muss die Vollstreckung von Steuerschulden in der AO gesondert geregelt werden?*
8. *Welche Besonderheiten weist das Vollstreckungsverfahren in Steuersachen gegenüber dem zivilrechtlichen Zwangsvollstreckungsverfahren auf?*
9. *Was kann ein Steuerpflichtiger tun, der mit seinem Steuerbescheid nicht einverstanden ist?*
10. *Was ist die Voraussetzung für eine Klage vor dem Finanzgericht?*
11. *Was ist der Unterschied zwischen Steuerverkürzung und Steuerhinterziehung?*
12. *Was versteht die AO unter einer Selbstanzeige und welche Wirkung hat sie?*

Modul 4

Unternehmensführung

1 Betriebsorganisation

2 Personalführung

3 Personalentwicklung

1 Betriebsorganisation

1.1 Unternehmensleitbild, Unternehmensphilosophie, Unternehmenskultur und Corporate Identity

Ein Unternehmen im Sinne der Betriebswirtschaft ist eine planmäßig organisierte, rechtlich und wirtschaftlich selbstständige Wirtschaftseinheit, die Güter und Dienstleistungen beschafft, verwertet und vertreibt. Zu diesem Zweck steht sie in intensiven Beziehungen zu den Beschaffungsmärkten, zum Arbeitsmarkt, zum Kapitalmarkt und zu den Absatzmärkten.

In seinem betriebswirtschaftlichen Handeln unterliegt jedes Unternehmen dabei einer großen Anzahl von Regeln, Einflüssen, Interessen, Ansprüchen und Zwängen. In diesem Geflecht ist die Unternehmensführung gefordert, sich sowohl im Alltagsgeschäft als auch langfristig bei der strategischen Ausrichtung des Unternehmens zu orientieren. Sie hat Entscheidungen zu fällen und die anstehenden Probleme zu lösen, um die Chancen zu nutzen, die sich ihr auf den liberalisierten, globalen Märkten bieten.

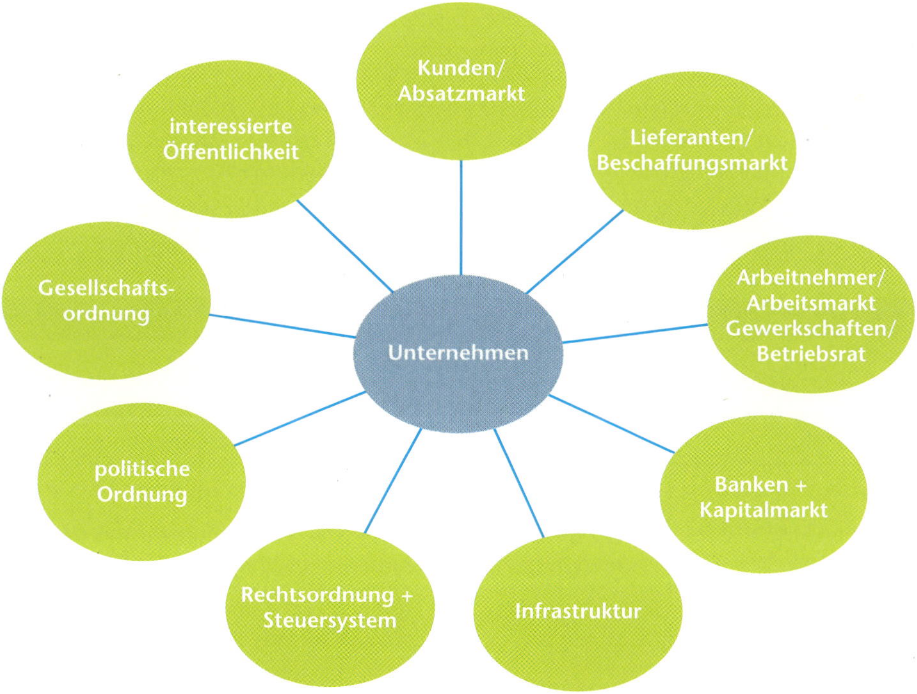

Das Unternehmen und seine Umwelt

Als Unternehmensführung soll hier die zielorientierte Gestaltung, Steuerung und Entwicklung eines Unternehmens und seiner Teilbereiche verstanden werden.

Sowohl im Tagesgeschäft als auch in der langfristigen Perspektive braucht eine Unternehmensführung – und mit ihr alle im Unternehmen tätigen Mitarbeiter – ebenso eine Orientierung wie ein Mensch, der seinen Grundsätzen, Ideen und Träumen folgt. Diese Aufgaben erfüllt das Unternehmensleitbild.

1.1.1 Unternehmensleitbild

Das Unternehmensleitbild ist die – i. d. R. schriftlich fixierte – Erklärung über das Selbstverständnis eines Unternehmens und seiner Grundprinzipien. Dabei wird ein Zielzustand formuliert, in dem die Mission, die Vision und die Werte des Unternehmens nach außen und innen zum Ausdruck gebracht werden.

Das Leitbild gibt dem Management und den Mitarbeitern die notwendige Orientierung, um die Zukunft des Unternehmens zu gestalten. Es ist damit ein zentrales Führungsinstrument zur Gestaltung der Erfolgspotenziale des Unternehmens, zur Ableitung des Zielsystems, zur Entwicklung von Strategien, zur Umsetzung geeigneter Maßnahmen und zur Vereinbarung von Spielregeln für das unternehmerische Handeln. Nach außen soll das Leitbild allen interessierten Stakeholdern verdeutlichen, wofür das Unternehmen steht. Einfach ausgedrückt könnte man formulieren: Das Leitbild drückt aus, dass das Unternehmen auf dem Weg zu seinen Zielen das Richtige tun will.

Unternehmen sind einerseits Wirtschaftseinheiten, die nach den Regeln betriebswirtschaftlicher und technischer Erkenntnisse geführt werden. Es sind andererseits aber auch Systeme, die unter der rationalen Oberfläche ungeschriebenen soziologischen und psychologischen Gesetzmäßigkeiten folgen. Das „Leben" eines Unternehmens unterliegt genauso wie das Leben eines Menschen ständigen Veränderungen. Das Leitbild ist wie ein Kompass, der anzeigt, welche Richtung das Unternehmen einschlagen muss, um die langfristigen Ziele zu erreichen. Es vermittelt den Mitarbeitern und Partnern des Unternehmens die vereinbarten Werte und Ziele und gibt damit Sicherheit.

Das Leitbild eines Unternehmens besteht zumeist aus den folgenden Teilen. Um diese zu erfassen und zu formulieren, sollten eine Reihe von Fragen beantwortet werden:

Mission	Vision	Werte
Die Mission umschreibt den Auftrag eines Unternehmens in der Gesellschaft.	Eine Vision ist das innere Bild einer Vorstellung, die auf die Zukunft bezogen ist.	Werte sind Vorstellungen über Eigenschaften von Personen und deren Beziehungen.
▪ Was ist unsere Aufgabe? ▪ Wozu gibt es uns? ▪ Womit verdienen wir unser Geld? ▪ Wie wollen wir gesehen werden?	▪ Wie sehen wir uns? ▪ Wo steht unser Unternehmen in der Zukunft? ▪ Was wollen wir erreichen?	▪ Was prägt unser Handeln? ▪ Wie gehen wir mit unseren Mitarbeitern und Kunden um? ▪ Worauf können sich unsere Partner verlassen?

Mission

Die Mission eines Unternehmens sagt etwas darüber aus, was das Unternehmen im Markt leistet, welchen Zweck es erfüllt. Sie ist gewissermaßen eine Legitimation für seine Existenzberechtigung.

Was muss eine Mission leisten?

Die Formulierung der Mission sollte eine Reihe von Voraussetzungen erfüllen, um für das Leitbild wirksam zu werden. Sie soll

- das Sachziel und damit den Zweck des Unternehmens klar formulieren;
- sich vor allem auf das Kerngeschäft des Unternehmens beziehen;
- für das gesamte Unternehmen anwendbar sein;
- verständlich für alle Mitarbeiter formuliert sein, um das Identifikationsgefühl zu fördern;
- anspruchsvoll, aber glaubhaft und nachvollziehbar formuliert sein;
- ein klares Bild von dem eigenen Potenzial geben;
- besondere, herausragende Kompetenzen des Unternehmens darstellen.

Beispiele für Beschreibungen der Mission verschiedener Unternehmen:

- *Als Luftfahrtunternehmen konzentrieren wir uns auf die Kernkompetenzen unserer Geschäftsfelder: Passagiere, Logistik, Technik, Catering und IT Services. Qualität und Innovation, Sicherheit und Zuverlässigkeit stehen dabei im Mittelpunkt.*
- *Wir produzieren und vertreiben hochwertige Massivholzmöbel und gestalten damit die Umwelt unserer Kunden. Unsere Marken gehören zum Leben der Menschen dazu.*
- *Wir produzieren und vertreiben Lebensmittel und glauben an die Stärke unserer Marken. Mit unseren Produkten verbessern wir die Lebensqualität der Menschen.*

Vision

Die Vorstellung von dem, was die Mission eines Unternehmens ist, dürfte nicht allzu schwer fallen, schildert sie doch einen Ist-Zustand und die gegenwärtigen Grundhaltungen. Schwieriger wird die Formulierung einer Vision sein, denn sie muss vorhanden sein.

Beispiel: *Ein mittelständiger Möbelhersteller produziert drei verschiedene Typen von wenig anspruchsvollen Schleiflackschlafzimmern für vier verschiedene französische Handelsketten. Man macht sich keine Gedanken über die Zukunft.*

Es dürfte klar sein, dass dieses Unternehmen nicht die Spur einer Vision hat. Ganz im Gegenteil. Man arbeitet hier in Strukturen von gestern mit Methoden von heute, ohne eine Vorstellung von der Zukunft zu haben.

Die Vision ist dagegen auf die Zukunft ausgerichtet. Sie setzt voraus, dass man im Unternehmen regelmäßig und konsequent darüber nachdenkt, wo das Unternehmen in den nächsten 3 bis 5 oder sogar 10 Jahren stehen will. Visionäre entwickeln Vorstellungen über eine Welt von morgen und arbeiten an Strategien und Maßnahmen, um diese Visionen zur Realität werden zu lassen.

„Wenn du ein Schiff bauen willst, so trommle nicht die Männer zusammen, um Holz zu beschaffen, Werkzeuge zu bearbeiten und Aufgaben zu vergeben, sondern lehre die Männer die Sehnsucht nach dem endlosen Meer."

Quelle: Antoine de Saint Exupery, Die Stadt in der Wüste, Deutsch von Oswalt von Nostitz, Karl Rauch Verlag, April 2009

Zahlreiche erfolgreiche Unternehmer hatten solche Visionen und führten auf diese Weise ihr Unternehmen zum Erfolg.

Beispiele: *Dr. August Oetker hatte um 1890 die Vision vom vereinfachten Backen und Kochen. Gottlieb Daimler entwickelte zur gleichen Zeit die Vision von motorgetriebenen Kraftwagen. Hasso Plattner, Dietmar Hopp und andere hatte die Vision von einer effizienteren Nutzung von Informationen und Standardisierung von Business-Software und gründeten das Unternehmen SAP. Steve Jobs von Apple inc. hatte die Vision von Mobilität in der Informatik und brachte die Produkte iPod, iPhone und iPad auf den Markt.*

Die Liste ließe sich beliebig erweitern. Gleichwohl braucht es nicht immer so herausragender Visionen, um erfolgreich zu sein. Es ist bekannt, dass die Wirtschaftskraft eines Staates wie Deutschland nicht durch die 30 DAX-Unternehmen bestimmt wird, sondern durch die große Anzahl kleiner und mittelständischer Unternehmen. Es verwundert daher nicht, dass ca. 80 % aller Innovationen aus kleinen, wenig spektakulären Veränderungen bestehen, durchaus auch von Produkten, die bereits erfunden wurden. Ob es um die technische Verbesserung von Dübeln, die Perfektionierung von Chronometern oder die geschickte Vermarktung qualitativ hochwertiger Naturtextilien geht: Visionen sind gerade in mittelständischen Unternehmen wichtiger als bei großen Innovationsdurchbrüchen.

In diesem Zusammenhang werden immer wieder die „Hidden Champions" genannt, zu deutsch „Heimliche Gewinner". Darunter versteht man relativ unbekannte kleine oder mittelständische Unternehmen, die in ihrem Markt Marktführer sind. In Deutschland gibt es allein ca. 1.500 dieser innovativen Unternehmen, die auf den Weltmärkten Marktführer sind.

Was muss eine Vision leisten?

Sie muss klar formuliert sein und hat die Aufgabe,

- die Mitarbeiter zu motivieren, um ihren Leistungswillen zu fördern,
- das Vertrauen und die Identität bei Mitarbeitern und Kunden zu stärken,
- die Zukunft klar, positiv und plausibel hervortreten zu lassen,
- den Mitarbeitern das Gefühl zu geben, wertvolle Aufgaben für das Unternehmen zu erfüllen,
- die Basis für ein einheitliches Erscheinungsbild des Unternehmens in der Öffentlichkeit zu legen,
- unternehmensspezifische Alleinstellungsmerkmale zu verdeutlichen,
- die Formulierung von Zielen und Strategien zu fördern,
- Rückschläge zu ertragen, ggf. Durststrecken und Umwege in Kauf zu nehmen und Abweichungen zu korrigieren, weil die Richtung klar ist, in die es gehen soll.

Werte

Die Mission und die Vision reichen allein allerdings nicht aus, um das Leitbild eines Unternehmens darzustellen. Hinzu kommen muss noch eine Vorstellung davon, welchen Werten das Management und die Mitarbeiter dieses Unternehmens verpflichtet sind. Die im Leitbild formulierten Werte haben im Prinzip eine mit der Ethik vergleichbare Aufgabe, denn diese stellt Kriterien für gutes und schlechtes Handeln und die Bewertung der Motive und der Folgen des Handelns auf.

Der Erfolg von Unternehmen ist nicht zuletzt auch auf die ethischen Vorstellungen ihrer Gründer, Eigentümer und Führungskräfte zurückzuführen. Nur wenn das Management durchgängig in der Lage ist, die unternehmensspezifischen Werte, wie z. B. Verlässlichkeit und soziale Verantwortung, im täglichen Umgang glaubhaft vorzuleben, wird dieses Verhalten auch von den Mitarbeitern und den Partnern des Unternehmens akzeptiert und honoriert. Das Unternehmen signalisiert damit nach innen und nach außen, dass es nicht nur dem Shareholder Value folgt und damit dem ausschließlichen Interesse der Aktionäre, sondern eher dem Stakeholder Value, und damit Rücksicht nimmt auf die Mitarbeiter und die anderen Partner des Unternehmens. Durch die Ausformulierung der Werte, z. B. in Geschäftsberichten, in einem Verhaltenskodex oder auf der Website des Unternehmens, wird transparent, was dem Management und den Mitarbeitern wichtig ist und worauf sich die Geschäftspartner verlassen können.

Der Wertekanon des Unternehmens soll folgende Anforderungen erfüllen: Die formulierten Werte

- müssen zu den Prioritäten des Geschäfts passen;
- werden auf wenige beständige „Kernwerte" zugespitzt;
- werden glaubhaft und verständlich formuliert und für alle Mitarbeiter als verbindlich erklärt.

Das kann so weit gehen, dass sich alle Mitarbeiter mit der Einstellung verpflichten, den aufgestellten Werte- und Verhaltenskodex zu befolgen, ja, dass er sogar zu einem Bestandteil des Arbeitsvertrages wird.

Beispiele für Formulierungen von Werten:
„Um langfristig erfolgreich zu sein, bedarf es einer lebenswerten Umwelt und einer intakten Gesellschaft. Deshalb übernehmen wir Verantwortung." (BMW)
„Im Einklang mit der ökonomischen Wertschöpfung übernimmt das Unternehmen sowohl ökologische als auch soziale Verantwortung." (Dr. Oetker)
„Wir schätzen uns als Leistungsträger gegenseitig in unserer persönlichen und kulturellen Verschiedenartigkeit. Wir unterstützen einander funktions- und prozessübergreifend." (Fischerwerke)

Siemens AG: Werte & Vision (Auszüge)

Wir bei Siemens haben eine klare Vorstellung davon, wofür wir stehen und welche Ziele wir uns setzen. ... Diese Erfolgsgeschichte wäre ohne unseren festen Glauben an unsere Unternehmenswerte nie möglich gewesen. ...

Verantwortungsvoll: Wir verpflichten uns zu ethischem und verantwortungsvollem Handeln

Wir bei Siemens sind entschlossen, alle gesetzlichen und ethischen Anforderungen zu erfüllen – und, wo wir können, sogar zu übertreffen. Unsere Verantwortung liegt darin, das Unternehmen entsprechend den höchsten professionellen und ethischen Standards und Praktiken zu führen: ohne Spielraum für nichtkonforme Verhaltensweisen. ...

Exzellent: Wir erzielen Höchstleistung und exzellente Ergebnisse

Wir bei Siemens setzen uns ehrgeizige Ziele. ... Wir unterstützen unsere Kunden bei der Suche nach perfekter Qualität und bieten ihnen Lösungen, die ihre Erwartungen übertreffen. ... Exzellent sein bedeutet zudem, dass wir als Unternehmen für die besten Köpfe, die der Markt bietet, attraktiv sind. Es bedeutet, ihnen die Qualifikationen zu vermitteln und Chancen zu geben, die erforderlich sind, um Höchstleistungen zu erbringen. ...

Innovativ: Wir sind innovativ, um dauerhaft Wert zu schaffen

Innovationen sind der Grundstein des Erfolges von Siemens. Daher richten wir unsere Forschungs- und Entwicklungsaktivitäten eng an unserer Geschäftsstrategie aus. ... Wir sorgen dafür, dass die Energie und Kreativität unserer Mitarbeiter freigesetzt werden. ... Wir messen den Erfolg unserer Innovationen am Erfolg unserer Kunden. Wir erneuern unser Portfolio kontinuierlich, um Antworten auf die wesentlichen Herausforderungen der Gesellschaft zu bieten und schaffen dadurch nachhaltige Werte.

Quelle: Siemens AG, Website, http://www.siemens.com/jobs/de/ueberblick/werte_vision.htm, 09.07.2012

1.1.2 Unternehmensphilosophie

Die Unternehmensphilosophie ist das oberste Wertesystem als Weltanschauung des Unternehmens und seiner Mitarbeiter. Sie kann sowohl explizit in Führungsgrundsätzen im Rahmen des Leitbilds dokumentiert sein als auch implizit von den Eigentümern und Führungskräften des Unternehmens verfolgt werden. Sie gibt damit wieder, welche Wertvorstellungen das Management über den Sinn der unternehmerischen Tätigkeit hat, und prägt damit die Ziele des Unternehmens.

Die Unternehmensphilosophie wird als Weltanschauung stark beeinflusst von der Geschichte des Unternehmens, seinem Geschäftszweck, dem bei Eignern und Führungskräften vorherrschenden Menschenbild sowie Vorstellungen von der Wirtschafts- und Gesellschaftsordnung. Insofern enthält die Unternehmensphilosophie, ob ausformuliert oder nicht, die folgenden drei Komponenten:

- Bezug des Unternehmens zu Gesellschaft und Politik (Gesellschaftsbild),
- Bezug des Unternehmens zum Wettbewerb und
- Bezug des Unternehmens zu seinen Mitarbeitern (Menschenbild).

Diese Philosophie beeinflusst daher maßgeblich die soziale Verantwortung des Betriebs, die Strategien und die Ziele des Unternehmens sowie den Führungsstil und die Führungsgrundsätze im Betrieb.

Beispiel: *„Wir wollen unseren Kunden mit dem Besten dienen, was die Technik zum jeweiligen Zeitpunkt zu bieten hat. Miele hat den Anspruch, weltweit die hochwertigsten Geräte für Haushalt und Gewerbe herzustellen und auf allen Märkten der Welt als das absolute Spitzenprodukt im jeweiligen Bereich zu gelten. Deshalb ist fortwährende Innovation die Grundlage unseres unternehmerischen Handelns. Dabei steht der Kunde im Mittelpunkt, für den wir Produkte herstellen und Dienstleistungen erbringen – auf höchstem Niveau. Getreu dem Leitsatz „Immer besser", den die Miele Firmengründer aufgestellt haben, werden wir auch in Zukunft unser Unternehmen kontinuierlich verbessern. Denn wenn wir aufhören würden, dieses „Immer besser" anzustreben, wären wir eines Tages nicht mehr gut."*

Quelle: Miele & Cie. KG, Gütersloh, Präambel der Unternehmensphilosophie, Website, http://www.miele-nachhaltigkeit.de/media/sustainability/MIELE_Unternehmensphilosophie.pdf, 08.07.2012

1.1.3 Unternehmenskultur

Die Unternehmenskultur ist im Prinzip die gelebte Philosophie eines Unternehmens. Es handelt sich dabei um ein System von Werthaltungen, Verhaltensnormen und Handlungsweisen, das von den Mitarbeitern und den Führungskräften erlernt, akzeptiert und gelebt wird.

Die Kultur eines Unternehmens prägt das Verhalten aller Organisationsmitglieder so, dass alle in der gleichen Weise miteinander und mit Kunden und Lieferanten umgehen, Entscheidungen fällen, Konflikte lösen und ihre Aufgaben erledigen. Aber es sind nicht nur die postulierten großen Werthaltungen, die eine Unternehmenskultur bestimmen. Es können auch die alltäglichen kleinen Dinge sein: Kleidung (Jeans oder Anzug), Anrede (Du oder Sie), Prinzip der offenen Tür oder Anmeldung bei der Sekretärin, Umgang mit Vorgesetzten („Heiligenschein" oder Unterhaltung „auf Augenhöhe"), die Büros (Einzelbüros oder Großraum), Grundhaltungen gegenüber Kunden (positiv oder negativ), Grad der Wertschätzung gegenüber Mitarbeitern, Führungsstil etc.

Aus den genannten Gründen ist die Unternehmenskultur auch nicht verschriftlicht, sie taucht allenfalls in bestimmten Arbeitsanweisungen oder Organigrammen auf.

1.1.4 Corporate Identity

Corporate Identity ist eine umfassende, eigenständige und unverwechselbare Unternehmensidentität bzw. Unternehmenspersönlichkeit.

Drei wesentliche Strukturmerkmale machen die Corporate Identity aus:

- **Corporate Behaviour** (CB) als Unternehmenskultur beinhaltet das Verhalten der Mitarbeiter untereinander, gegenüber Kunden sowie zu Lieferanten, Partnern und der Öffentlichkeit. Corporate Behaviour zeigt sich u. a. in der Mitarbeiterführung, im Umgangston und in der Kritikfähigkeit. Aber auch auf der Mikroebene spielt das CB eine wesentliche Rolle, wenn es um das Verhalten des einzelnen Unternehmensangehörigen geht.
- **Corporate Communication** (CC) umfasst die gesamte Unternehmenskommunikation – und zwar sowohl nach innen wie nach außen. Dadurch wird das einheitliche Erscheinungsbild vermittelt und das damit verbundene Image verstärkt.
- **Corporate Design** (CD) hat die Aufgabe, ein einheitliches, unverwechselbares Erscheinungsbild des Unternehmens nach außen zu tragen. Corporate Design bestimmt die Verwendung von Zeichen, Farben, Schriften, Formaten, Formularen, akustischen Signalen etc.

Gelegentlich werden zur Corporate Identity noch einige andere Teilbereiche dazu gezählt, wie

- Corporate Philosophy (siehe oben unter Unternehmensphilosophie),
- Corporate Culture (siehe oben unter Unternehmenskultur),
- Corporate Publishing u. a. m.

Corporate Design	Corporate Behaviour	Corporate Communication
▪ Firmenname ▪ Firmenlogo ▪ Firmenslogan ▪ einheitliches Layout von Werbemitteln ▪ Hausfarben, Hausschriften ▪ einheitliches Briefpapier, Visitenkarten ▪ Firmenfahrzeugbeschriftung ▪ Firmenkleidung ▪ Auftritt auf Messen	▪ Formulierung von Unternehmensgrundsätzen ▪ aufrichtiges Informationsverhalten ▪ faires Wettbewerbsverhalten ▪ Beteiligung der Mitarbeiter an Entscheidungen ▪ Personalentwicklung ▪ aktive Förderung des Betriebsklimas	▪ einheitlicher Auftritt in Werbemaßnahmen, wie Print-, Radio, Fernseh- und Online-Werbung ▪ Sponsoring ▪ Tage der offenen Tür ▪ regelmäßige Presseartikel ▪ Firmenvideos ▪ Firmenzeitschriften ▪ Maßnahmen des Event-Marketings

Im Zusammenhang mit der CI muss auch auf die die **Corporate Governance** eingegangen werden. Darunter sind Grundsätze der Unternehmensführung zu verstehen, die den Ordnungsrahmen für die Leitung von Unternehmen darstellen. Insofern kann Corporate Governance als die Gesamtheit aller internationalen und nationalen Regeln, Vorschriften und Grundsätze verstanden werden, die für Unternehmen gelten und bestimmen, wie diese geführt und überwacht werden. Basisregeln einer guten Corporate Governance sind:

- eine funktionsfähige Unternehmensleitung
- die Wahrung der Interessen der verschiedenen Gruppen (Stakeholder)
- die Zusammenarbeit von ausführenden und überwachenden Organen (z. B. Aufsichtsrat)
- die Transparenz der Unternehmenskommunikation gegenüber der Öffentlichkeit
- ein angemessener Umgang mit den verschiedenen Risiken der Unternehmensumwelt
- die Ausrichtung von Entscheidungen der Unternehmensführung auf eine langfristige Wertschöpfung

In Deutschland sind die Corporate-Governance-Grundsätze im so genannten Corporate Governance Kodex fixiert worden. Eine vom Bundesministerium der Justiz im September 2001 eingesetzte Regierungskommission hat diesen Kodex am 26.02.2002 verabschiedet. Die derzeitige Fassung wurde am 26.05.2010 aktualisiert. Der Kodex soll dazu beitragen, die in Deutschland geltenden Regeln für die Unternehmensleitung und -überwachung für nationale und internationale Investoren transparent zu machen. Auf diese Weise soll das Vertrauen in die Unternehmensführung deutscher Unternehmen gestärkt werden. Der Kodex besitzt über die Entsprechnungserklärung nach § 161 AktG eine gesetzliche Grundlage.

Neben nationalen Regeln bestehen auch internationale Regeln zur Corporate Governance, u. a. von der OECD und von der EU. Allerdings handelt es sich dabei vorwiegend um Empfehlungen, die die Unternehmen nicht notwendigerweise umsetzen müssen.

Abschließend muss noch der Vollständigkeit halber vermerkt werden, dass es zwischen den hier abgehandelten Begriffen vielfältige Überschneidungen gibt, weshalb eine Abgrenzung nicht immer leicht fällt. Dies gilt insbesondere für die Begriffe Unternehmensleitbild, Unternehmensgrundsätze und Unternehmensphilosophie, die in der Literatur als teilweise identische, teilweise stark voneinander abweichende Begriffe dargestellt werden.

Wiederholungsfragen zu Kapitel 1.1

1. *Was versteht man allgemein unter einem Unternehmensleitbild?*
2. *Beschreiben Sie drei Aufgaben eines Unternehmensleitbildes.*
3. *Grenzen Sie die Begriffe Mission, Vision und Werte als Bestandteile eines Unternehmensleitbilds voneinander ab.*
4. *Was ist eine Unternehmensphilosophie und worüber gibt sie Auskunft?*
5. *Erklären Sie den Zusammenhang von Unternehmensphilosophie und Unternehmenskultur.*
6. *Erklären Sie den Begriff „Corporate Identity" und nennen Sie drei wesentliche Strukturmerkmale.*
7. *In vielen Geschäftsberichten liest man immer von „Corporate Governance". Was ist darunter zu verstehen?*

1.2 Strategische und operative Planung

Planung ist die gedankliche Vorwegnahme zukünftigen wirtschaftlichen Handelns und beinhaltet damit die Vorbereitung der Gestaltung zukünftiger Strukturen, Prozesse und Ereignisse.

Die Planung ist die zweite wichtige Station im Managementkreislauf. Sie folgt der Zielsetzung: Die Steuerung eines Unternehmens ist nur dann möglich, wenn feststeht, welche Zielrichtung das Unternehmen einschlagen soll, wenn also vorab ein Kurs fixiert worden ist.

„Ein Schiff, das seinen Hafen nicht kennt, für das ist kein Wind günstig."
Lucius Annaeus Seneca, römischer Philosoph, 01 – 65 n. Ch.

Eine solche Kursfestlegung erfolgt in Unternehmungen durch Ziele, die allen Beteiligten vorgeben, welche Richtung in welchem Ausmaß angestrebt wird. Nur wenn die Ziele festgelegt sind, sind die einzelnen Entscheidungsträger im Unternehmen in der Lage, die geeigneten Entscheidungen für Maßnahmen so zu treffen, dass diese Ziele auch erreicht werden.

Damit Ziele für die Planung brauchbar sind, müssen sie folgende Anforderungen erfüllen:

- Es muss sich um operationale Ziele handeln, d. h. die Zielerreichung muss gut messbar sein und es muss einen Zeitbezug geben.

  Beispiel: *Umsatzsteigerung um 5 % im März, Kostenreduzierung um 30.000,00 EUR im 2. Halbjahr*

- Die Einzelziele müssen mit dem Unternehmensziel vereinbar sein, das bedeutet, dass ein angestrebtes Ziel sich entweder komplementär (unterstützend) zum Unternehmensziel verhält oder es nicht berührt. Keinesfalls darf zwischen dem Unternehmensziel und dem Teilziel ein Zielkonflikt entstehen.

Beispiel: *Wenn das Unternehmensziel eine kurzfristige Steigerung der Rentabilität zum Inhalt hat, dann ist jedes Kostensenkungsziel damit vereinbar. Nicht damit vereinbar wäre eine Verbesserung der freiwilligen sozialen Leistungen für die Arbeitnehmer.*

- Die Zielvorgaben müssen realistisch sein, damit sie in der Lage sind, den verantwortlichen Entscheidungsträger bzw. die Mitarbeiter anzuspornen.

  Beispiel: *Wenn das bisherige Marktwachstum bei 3 % lag, ist ein Wachstumsziel von 10 % Umsatzsteigerung für den Vertriebsbereich illusorisch, es sei denn, es sollen entsprechende Anstrengungen in der Produkt- oder Kommunikationspolitik dieses Ziel unterstützen.*

- Die Zielformulierung muss partizipativ erfolgen, im Zweifel also gemeinsam mit dem Entscheidungsträger. Kompetenz und Verantwortung müssen auch hier übereinstimmen.

  Beispiel: *Für die Festlegung der individuellen Ziele des Mitarbeiters eignen sich die Jahresgespräche, die ein Vorgesetzter im Oktober oder November mit seinen Mitarbeitern führt.*

Um es auf eine einfache Formel zu bringen: Ziele müssen ***SMART*** *sein:*

S → *spezifisch-konkret (präzise und eindeutig formuliert)*
M → *messbar (quantitativ oder qualitativ)*
A → *attraktiv (positiv formuliert, motivierend)*
R → *realistisch (Das Ziel muss für den Mitarbeiter erreichbar sein.)*
T → *terminiert (Bis wann? In welchem Zeitraum?)*

Aufgaben und Wesen der Planung

Sind die Ziele fixiert, setzt die Planung darauf auf. Sie erfüllt in jedem Unternehmen drei wesentliche Aufgaben:

- Sie verfolgt eine gedankliche, d. h. rationale **Durchdringung und Gestaltung der betrieblichen Zukunft**, damit auch in Krisenzeiten der Handlungsspielraum für die Unternehmensführung gegeben ist.
- Sie dient als **Grundlage der Lenkung der betrieblichen Realisation**, ist also gewissermaßen eine Regieanweisung für die Mitarbeiter.
- Sie wird benötigt als **Vergleichsmaßstab** und ist damit Grundlage für die am Ende einer Wirtschaftsperiode durchzuführende Kontrolle.

Aus der Planung ergeben sich für alle Ergebnisverantwortlichen Maßgrößen und Vorgaben, die für den Planungszeitraum verbindlich sind. Diese Vorgaben müssen im Rahmen der Unternehmenssteuerung koordiniert und realisiert werden. Unabdingbare Voraussetzung zur Planungsakzeptanz ist die Einbeziehung aller verantwortlichen Mitarbeiter in den Planungsprozess. Je stärker die Beteiligten in diesen Prozess eingebunden sind, umso höher ist die Akzeptanz der Planung und die Motivation zur Zielerreichung.

Wesen der Planung

- Planung ist zukunftsbezogen, hat aber gestaltenden Charakter. Damit unterscheidet sie sich wesentlich von der Prognose, die aussagt, wie die Zukunft wahrscheinlich bei Zutreffen bestimmter Annahmen aussehen könnte.
- Planung ist ein rationaler Prozess. Jede Planung beinhaltet immer einen Denkprozess.

- Teilpläne dürfen nicht isoliert betrachtet und geplant werden, denn es gibt vielfältige Beziehungen zwischen den einzelnen Teilplänen (Interdependenz der Teilpläne).
- Jede Planung muss Annahmen über die Rahmenbedingungen machen, sogenannte Planungsprämissen.
- In jedem Planungsprozess müssen die folgenden Fragen beantwortet werden:
  - Von welchen Planungsprämissen/Faktoren sind die zu planenden Größen abhängig?
  - Wie verändern sich diese Größen, wenn sich die Einflussfaktoren verändern; welches Ursache-Wirkungs-Verhältnis liegt also dem einzelnen Planungsbereich zugrunde?
  - Wie werden sich die Größen zukünftig verhalten?
- Jede Planung ist mit einem mehr oder weniger hohen Grad an Unsicherheit behaftet. Künftige Entwicklungen, erst recht Krisen oder sonstige Friktionen im Unternehmensumfeld, können nicht antizipiert, d. h. vorweggenommen werden.
- Jede Planung muss genug Raum für Improvisation geben, sonst ist sie zu starr.

Planungshorizonte

Da sich jede Planung auf die Zukunft bezieht, ist es logisch zu fragen: Welche Zukunft, für welchen Zeitraum soll geplant werden? Die Antwort darauf führt zu drei unterschiedlichen Planungshorizonten:

- **Strategische Planung:** Sie ist eine langfristige Planung mit einem Planungshorizont von ca. drei bis fünf Jahren, in Großunternehmen u. U. auch bis zu 10 Jahren. Inhaltlich befasst sich die strategische Planung mit grundsätzlichen und wegweisenden Bereichen.

  Beispiele: *Geschäftsfelder, Produktportfolios, Standort, Betriebsgröße, Forschungsvorhaben, Finanzstruktur, Änderungen der Unternehmensform oder grundlegende Personalpolitik*

- **Taktische Planung:** Sie ist eine mittelfristige Planung mit einem Horizont von einem bis drei Jahren. Inhaltlich befasst sie sich mit den grundlegenden Maßnahmen, die geeignet sind, die strategischen Ziele zu erreichen.

  Beispiele: *Produktentwicklung, Investitionen, Finanzierung, Personalentwicklung, Eigenfertigung oder Fremdbezug, Bestellpolitik oder Rationalisierung*

- **Operative Planung:** Die operative Planung ist eine kurzfristige Planung mit einem Planungshorizont von bis zu einem Jahr. Es ist eine Detailplanung, die für alle Mitarbeiter und das Management eine Art Handlungsanweisung für die kommenden Monate abgibt.

  Beispiel: *Absatzplan der kommenden Monate, Kostenbudget einzelner Abteilungen nach Monaten, aber auch sehr kurzfristige Planungen, wie Maschinenbelegungspläne, Personaleinsatzpläne, Materialbereitstellungspläne, Liquiditätspläne usw.*

1.2.1 Strategische Planung

Der Begriff Strategie wird aus dem griechischen Wort *strategos* abgeleitet und bedeutet so viel wie „Feldherr“ oder „Kommandant“. In der Tat wurden Strategien ursprünglich im rein militärischen Bereich als Denkmodell für die Durchführung von Schlachten angewendet. Aber auch im Schachspiel oder in der Spieltheorie taucht dieser Begriff und meint dann immer die langfristige Orientierung der Spieler.

Als Strategie wird im Allgemeinen das Anstreben eines längerfristig ausgerichteten Ziels unter Berücksichtigung der verfügbaren Mittel und Ressourcen verstanden.

Inzwischen wurde der Begriff auch für wirtschaftliche Zwecke adaptiert und meint damit die langfristige Ausrichtung eines Unternehmens. So werden hier unter Strategien die (meist langfristig) geplanten Verhaltensweisen der Unternehmen zur Erreichung ihrer Ziele verstanden.

Besonderheiten der strategischen Planung

Strategische Planung findet nicht einmal in ein paar Jahren statt, sondern ist ein vielstufiger, immer wieder zu leistender Prozess. Die strategische Planung soll idealerweise aus dem Unternehmensleitbild und den grundsätzlichen Unternehmenszielen entwickelt werden. Die Strategie legt fest, auf welchen Märkten mit welchen Produkten und welchen notwendigen Innovationen eine Unternehmung aktiv sein soll und wie die Auseinandersetzung mit dem Wettbewerb erfolgen soll. Die strategische Planung stellt damit den grundsätzlichen Orientierungsrahmen für zentrale Unternehmensentscheidungen dar.

Allerdings kann auch eine strategische Entscheidung durchaus kurzfristig erfolgen.

Beispiele: *Einem Unternehmen wird überraschend ein wichtiges Patent angeboten, das einen entscheidenden Baustein im Wettbewerb darstellt. Ein Unternehmen muss kurzfristig die Entscheidung über eine strategische Partnerschaft fällen, die ihr von einem anderen Marktteilnehmer angeboten wird.*

Insofern erscheint es sinnvoll, die Zuordnung eines Sachverhaltes zur strategischen, taktischen oder operativen Ebene nicht nur nach der Fristigkeit, sondern eher nach der Sache zu entscheiden.

Die Verantwortung für die strategische Planung liegt im Wesentlichen bei den oberen Managementebenen (Geschäftsführer, Bereichsleitung und Vorstand). Allerdings sind auch Situationen denkbar, in denen aus den unteren Ebenen des Unternehmens Anregungen oder Innovationen kommen, die zwangsläufig zu einer strategischen Neuorientierung führen.

Merkmale von Unternehmensstrategien

- Strategien basieren auf den zentralen Einstellungen und Wertvorstellungen der Entscheidungsträger und dem Leitbild des Unternehmens.
- Strategien sind vorwiegend auf das ganze Unternehmen ausgerichtet.
- Strategien legen die grundlegenden Geschäftsfelder der Unternehmung langfristig fest.
- Strategien haben sehr weitreichende Konsequenzen in Bezug auf die Bindung der Ressourcen.
- Änderungen der Strategie sind mit hohen Kosten und Investitionen verbunden.
- Strategien beziehen sich zumeist auf die Mitbewerber im Markt.
- Strategien berücksichtigen deshalb die Stärken und Schwächen des Unternehmens im Verhältnis zu den Mitbewerbern.

- Strategien berücksichtigen die Chancen und Risiken, die sich aus der aktuellen und möglichen zukünftigen Umweltsituation ergeben.
- Strategien reagieren auf die gesellschaftlichen und ökonomischen Rahmenbedingungen. Sie nehmen diese nicht wie ein Datum hin, sondern versuchen sie aktiv im eigenen Sinne zu beeinflussen.
- Strategien haben eine hohe Bedeutung für die zukünftige Vermögens- und Ertragslage eines Unternehmens.
- Strategien erfordern für ihre erfolgreiche Umsetzung die Formulierung von taktischen Maßnahmenplänen für die betroffenen Funktionsbereiche.

Die strategische Planung bedient sich einer Reihe von „Werkzeugen" aus dem strategischen Controlling. Dazu gehören u. a.
- Potenzialanalyse (SWOT-Analyse),
- Produktlebenszyklus-Analyse,
- Portfolio-Analyse,
- Benchmarking,
- Balanced Scorecard.

1.2.1.1 Potenzialanalyse/SWOT-Analyse

Der Begriff SWOT steht für die Anfangsbuchstaben der vier englischen Begriffe:

***S**trengths*	*= Stärken*
***W**eaknesses*	*= Schwächen*
***O**pportunities*	*= Chancen*
***T**hreats*	*= Risiken*

Die SWOT–Analyse ist ein sehr gut geeignetes Instrument zur Positionsbestimmung und Zielformulierung im Rahmen der strategischen Planung. Mit dieser relativ einfachen und flexiblen Methode können auch gut kleine und mittelständische Unternehmen arbeiten. Bei dieser Analyse werden zunächst die innerbetriebliche Stärken und Schwächen ermittelt. Diese ergeben eine Potenzialanalyse des Unternehmens. Sodann werden die die externen Chancen und Gefahren analysiert, die die Geschäftsfelder des Unternehmens betreffen.

Interne Analyse (Stärken und Schwächen)	Externe Analyse (Chancen und Risiken)
In der internen Analyse erfolgt eine möglichst schonungslose und objektive Selbstbeobachtung des Unternehmens und seiner Geschäftsprozesse. Das Ergebnis sind die Eigenschaften des Unternehmens, die im Zweifel angepasst werden müssen.	In der externen Analyse wird die Unternehmensumwelt untersucht. Die Umweltbedingungen sind für das Unternehmen weitgehend vorgegeben. Das Unternehmen registriert diese Veränderungen und reagiert darauf mit der Anpassung seiner Strategie.

Untersuchungsfelder der interne Analyse	Untersuchungsfelder der externe Analyse
▪ Know-how, Erfindungen ▪ Finanzen ▪ Personal ▪ Produktionsverfahren ▪ Image, Bekanntheitsgrad ▪ usw.	▪ technologische Entwicklung ▪ politische Situation ▪ wirtschaftliche Entwicklung ▪ Wettbewerb ▪ Trends ▪ usw.

Aus der Kombination der analysierten Stärken und Schwächen einerseits mit den Chancen und Risiken der Umwelt andererseits kann nun eine ganzheitliche Strategie für das Unternehmen entwickelt werden. Dabei dürfen die Stärken und Schwächen nicht absolut gesehen werden, sondern sie müssen immer im Vergleich zu den Mitbewerbern beurteilt und eingeordnet werden.

SWOT-Analyse		Interne Analyse	
		Stärken (Strenghts)	Schwächen (Weaknesses)
Externe Analyse	**Chancen (Opportunities)**	In diesem Aktionsfeld sollten neue Chancen auf den Märkten, die gut zu den Stärken des Unternehmens passen, verfolgt werden. Fragen: Welche unserer Stärken passen zu welchen Chancen? Wie können wir welche Stärken nutzen, um die sich bietenden Chancen zu realisieren?	In diesem Aktionsbereich sollten die vorhandenen Schwächen eliminiert werden, um die sich am Markt bietenden neuen Chancen zu nutzen. Fragen: Wie können Schwächen zu Stärken entwickelt werden? Welche Schwächen müssen wir eliminieren? Wo können aus Schwächen Chancen entstehen?
Externe Analyse	**Gefahren (Threats)**	In diesem Aktionsfeld müssen Strategien her, die die drohenden Gefahren durch vorhandene Stärken abweisen können. Fragen: Welchen Gefahren können wir mit welchen Stärken begegnen? Wie können unsere vorhandenen Stärken geschickt eingesetzt werden um drohende Gefahren abzuwenden?	In diesem Aktionsfeld helfen nur Strategien, die die vorhandenen Schwächen nicht zum Ziel von externen Bedrohungen werden lassen. Fragen: Wo befinden sich unsere Schwächen? Was müssen wir tun, damit diese Schwächen nicht zur Bedrohung werden? Wie können wir uns vor Schäden schützen?

Die Einsatzmöglichkeiten der SWOT-Analyse sind vielfältig. Sie eignet sich sowohl für die strategische Ausrichtung des Marketings im Bereich der Produktpolitik als auch für nahezu alle strategischen Entscheidungen, z. B. Entscheidungen über Standorte, für die Beteiligung an anderen Unternehmen oder die Bildung strategischer Partnerschaften.

1.2.1.2 Produktlebenszyklus

Nahezu jedes Produkt, das auf den Markt kommt, unterliegt ebenso wie ein Tier oder ein Mensch einem Lebenszyklus, d. h. einem Grundmuster in seiner Entwicklung, das sich vereinheitlichen lässt. So beschreibt der **Produktlebenszyklus** den Prozess zwischen der

Entwicklung bzw. Markteinführung eines marktfähigen Produkts und seiner Herausnahme (Eliminierung) aus dem Markt. Dabei wird die „Lebensdauer“ eines Produktes in verschiedene Phasen unterteilt, an denen sich die Produktpolitik eines Unternehmens mit ihren Maßnahmen orientieren muss.

Das Grundmodell eines solchen Produktlebenszyklus lässt sich wie folgt darstellen.

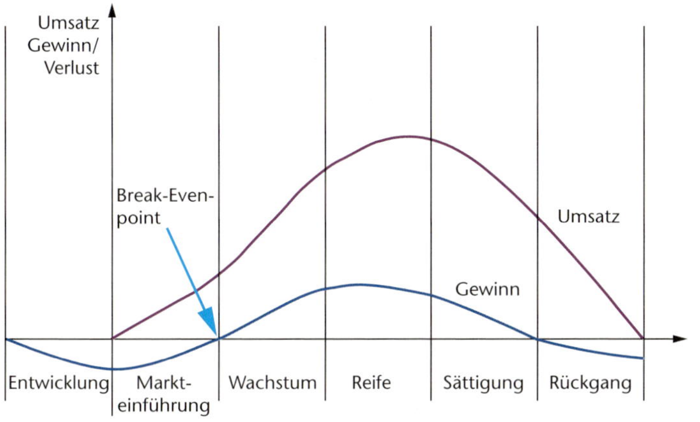

- In der **Entwicklungsphase** wird das Produkt gestaltet, die Produktion wird vorbereitet und das Produkt wird am Markt durch eine Einführungswerbung bekannt gemacht. In dieser Phase werden hohe Mittel aufgewendet, die als Investition in die Zukunft zu sehen sind.

- In der **Einführungsphase** wird das Produkt mit großem Engagement des Vertriebs und hohem Werbe- und PR-Aufwand in den Markt gebracht. Die Umsätze steigen allmählich an, übersteigen jedoch nicht die bisherigen Aufwendungen, sodass auch in dieser Phase weiterhin Verluste auflaufen. In dieser Phase entscheidet sich, ob das Produkt vom Markt angenommen wird oder ob es zum Flop wird. Sofern das Produkt vom Markt sehr gut aufgenommen wird, kann es allenfalls zu Produktionsengpässen aufgrund einer besonders hohen Nachfrage kommen. Diese Phase ist dann beendet, wenn der kumulierte Break-Even-Point erreicht ist, d. h. wenn die kumulierten Aufwendungen von den kumulierten Erträgen gedeckt sind.

- In der **Wachstumsphase** nimmt der Bekanntheitsgrad des Produktes zu und der Umsatz steigt progressiv an. Weitere Werbung beschleunigt dieses Wachstum. Das Gesetz der Massenproduktion greift, und die Herstellkosten sinken aufgrund hoher Produktionszahlen. Das Produkt erwirtschaftet nun Gewinn. Die Wachstumsphase endet, wenn die Umsatzkurve von einer progressiven auf eine degressive Steigung wechselt.

- In der **Reifephase** steigt der Umsatz auch noch an und erreicht gegen Ende sein Maximum. Das Produkt ist jetzt technisch ausgereift. Die Herstellkosten sind niedrig. Das Produkt wirft in dieser Phase die höchsten Gewinne ab. Allerdings wird der Wettbewerb härter, weil Konkurrenten mit vergleichbaren Produkten auf den Markt drängen. Das Unternehmen muss nun vor allem die Preis- und Konditionenpolitik einsetzen und letztlich Preiszugeständnisse machen. Zum Ende dieser Phase führt das zu einem Absinken des Gewinns. Das Unternehmen hält in dieser Phase einen hohen Marktanteil und wird versuchen, durch Produktvariationen weiteres Marktpotenzial abzuschöpfen.

- In der **Sättigungsphase** hat das Produkt kein Wachstum mehr. Der Umsatz und der Gewinn gehen zurück. In dieser Phase wird versucht, durch einen Produktrelaunch, d. h. eine Verbesserung des Produktes oder Beigaben von zusätzlichem Nutzen, die Lebensphase zu verlängern. Diese Phase endet, wenn die Umsatzerlöse so weit zurückgehen, dass die Kosten nicht mehr gedeckt werden. Das Produkt ist am Ende der Gewinnzone angelangt.
- In der **Rückgangphase** (Degenerationsphase) nimmt aufgrund der Marktsättigung sowie durch Geschmackswandel der Umsatz stark ab. Die Verbraucher wenden sich neuen Produkten zu. Das Produkt ist in der Verlustzone und das Unternehmen muss über die Herausnahme des Produktes aus dem Markt entscheiden. Damit wäre der Produktlebenszyklus beendet.
- In einer **Nachlaufphase** muss das Unternehmen noch je nach Produkt eine Reihe von Aufwendungen erbringen. Dazu gehören z. B. Garantieleistungen, Versorgung der Altkäufer mit Ersatzteilen, Entsorgung von Altgeräten und die Umschichtung oder der Abbau von Produktionsanlagen. Den hier getätigten Aufwendungen stehen kaum noch Einzahlungen gegenüber, sodass sich damit der Gesamterfolg des Produktes noch einmal schmälert.

1.2.1.3 Portfolio-Analyse

Als in der zweiten Hälfte des vergangenen Jahrhunderts immer mehr Unternehmen durch Produktdiversifizierung und durch divisionale Strukturierung in ganz unterschiedlichen Geschäftsfeldern tätig wurden, entwickelte die Beratungsunternehmung Boston Consulting Group ein Konzept, das bis heute als Grundlage für unternehmerische Produkt- und Investitionsentscheidungen verwendet werden kann. Die Geschäftsfelder (z. B. Produktgruppen oder Unternehmensbereiche) werden einer zweidimensionalen, in vier Felder aufgeteilten, Matrix zugeordnet, dem sogenannten BCG-Portfolio. Diesem Portfolio liegen unter anderem die Erkenntnisse aus dem Produktlebenszyklus, der aktuellen Konkurrenzsituation und den bisherigen Erfahrungen mit dem Produkt zugrunde. Das Portfolio folgt dabei im Prinzip den vier wesentlichen Phasen des Produktlebenszyklus.

In der Matrix werden das Marktwachstum und der relative Marktanteil in ein Verhältnis zueinander gesetzt. Dabei ist der relative Marktanteil das Verhältnis von eigenem Marktanteil zum Marktanteil des stärksten Konkurrenten. Die Mittelpunkte der Kreise (= strategische Geschäftsfelder und Produktgruppen) sind im Schnittpunkt ihres relativen Marktanteils und des Wachstums ihres Marktes angeordnet. Der Durchmesser der Kreise wird durch den Umsatzanteil am Gesamtumsatz des Unternehmens bestimmt und drückt dessen relative Bedeutung für das Unternehmen aus.

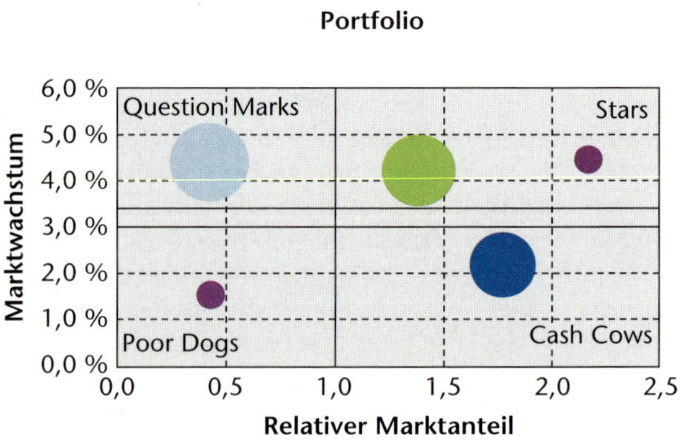

- **Question Marks**: Die Fragezeichen, auch als Nachwuchsprodukte bezeichnet, sind neue Geschäftsfelder. Sie befinden sich noch in der Einführungsphase und weisen noch eine geringe Wachstumsrate auf, die aber steigt. Der relative Marktanteil ist noch gering. In dieser Phase übersteigen die Ausgaben für das Produkt die Einnahmen. Das Geschäftsfeld sollte zu einem Star weiterentwickelt werden. Normstrategie: Investieren und weiterentwickeln.
- **Stars**: Die Stars sind die Sterne des Unternehmens, sie befinden sich in der Wachstumsphase, haben nicht nur einen hohen relativen Marktanteil, sondern auch ein hohes Marktwachstum. Sie sollten möglichst lange in dieser Position gehalten werden. Für sie müssen Investitionen in Marketing und Produktion gemacht werden. Bei sinkendem Marktwachstum werden sie zu Cash Cows, wenn sie Marktanteile verlieren, fallen sie wieder zurück auf die Position Question Mark. Normstrategie: Investieren.
- **Cash Cows**: Die Cash Cows, zu Deutsch Melkkühe, haben einen großen Marktanteil, jedoch nur noch ein geringes Marktwachstum. Im Produktlebenszyklusmodell ist das die Reifephase. Mit den Cash Cows wird gegenwärtig viel Geld verdient. In diese Geschäftsfelder sollte nicht mehr viel investiert werden, sondern sie sollten nur noch gemolken werden. Normstrategie: Position halten und Erträge abschöpfen.
- **Poor Dogs**: Die Poor Dogs sind als „arme Hunde“ am Ende ihres Produktlebenszyklus angekommen. Es sind Problemprodukte, die im Modell des Lebenszyklus in der Sättigungs- oder Rückgangphase angekommen sind. Sie weisen nicht nur ein geringes Marktwachstum auf, sondern auch einen niedrigen relativen Marktanteil. Daneben besteht die Gefahr, dass diese Produkte hohe Verluste einfahren, wenn nicht investiert wird (z. B. durch einen Produktrelaunch). Normstrategie: Innovation oder Eliminierung.

1.2.1.4 Benchmarking

Benchmarking ist eine kontinuierliche Vergleichsanalyse von Produkten (Dienstleistungen), Prozessen und Methoden des eigenen Unternehmens mit denen des besten Konkurrenten. Zweck ist es, die Leistungslücke zum führenden Unternehmen in der Branche systematisch zu schließen.

Benchmarking umfasst die folgenden fünf Schritte:

1. Auswahl des Objekts, das analysiert und verglichen werden soll. Das kann ein Produkt, eine bestimmte Methode oder ein Geschäftsprozess sein
2. Festlegen der zu überprüfenden Vergleichswerte und Auswahl eines oder mehrerer Vergleichsunternehmen
3. Datengewinnung entweder über Sekundärinformationen oder Sichtung von Primärinformationen (z. B. Einblick in Originalunterlagen, Dokumentationen, Zeichnungen oder Betriebsbesichtigungen)
4. Diagnose der Leistungslücken und ihrer möglichen Ursachen
5. Schließung der Lücken durch Entwicklung und Anwendung einer eigenen *Best Practice*

	Beispiele:	Vorteile	Nachteile
Benchmarking mit anderen Bereichen des Unternehmens	Vergleich mehrerer verschiedener Werke, Verkaufsniederlassungen oder Abteilungen des eigenen Unternehmens	▪ guter Zugang zu den verschiedenen Daten ▪ vorteilhaft bei vergleichbaren Strukturen	▪ nur interne Sicht der Dinge ▪ wenn wegen einer falschen Organisation alle etwas falsch machen, wird das nicht entdeckt
Benchmarking mit den Wettbewerbern des Unternehmens	Vergleich eines Großhandelsunternehmen mit Unternehmen der gleichen Branche (z. B. Möbel)	▪ beste Rückwirkung auf eigenes Unternehmen ▪ übereinstimmende Märkte und Prozesse ▪ eigene Position gut bestimmbar	▪ Wettbewerb erhält sensible Daten ▪ bietet keine Anhaltspunkte, wie man es besser als der Wettbewerb machen kann
Benchmarking mit branchenfremden, aber strukturähnlichen Unternehmen	Vergleich zwischen den Vertriebsabteilungen eines Lebensmittel-, eines Süßwaren- und eines Getränkeherstellers	▪ vielseitige Vergleichsmöglichkeiten ▪ neue Vorgehensweise und Ideen sind möglich	▪ schwierig, vergleichbare Daten zu finden und auszutauschen ▪ u. U. schwierige Übertragung der Daten

Ausschlaggebend ist, dass für jeden angestrebten Vergleich derjenige Konkurrent herangezogen wird, der sich durch die Best Practice auszeichnet oder aber führend auf diesem Gebiet ist.
Best Practices existieren auf verschiedenen Ebenen und treten in folgenden Formen auf:

- Auf der obersten Betrachtungsebene werden Konzepte, Leitbilder, Geschäftsfelder oder strategische Ziele infrage gestellt. Hier geht es darum, *„die richtigen Dinge zu tun“* – also die Effektivität der eingesetzten Ressourcen zu verbessern.
- Auf den unteren Betrachtungsebenen werden Prozesse und Methoden betrachtet und unter die Lupe genommen. Hier geht es darum, *„die Dinge richtig zu tun“* – also die Prozesseffizienz zu verbessern.

Ein Grundsatz ist bei jedem Benchmarking zu beachten, insbesondere mit Wettbewerbern:

Der Austausch von Daten darf nicht dazu führen, dass sensible Daten des eigenen Unternehmens herausgegeben werden und man selbst dafür „gefakte“ Daten eines oder mehrerer anderer Unternehmen erhält. Durch geeignete Maßnahmen ist auszuschließen, dass das eigene Unternehmen Opfer von Betriebsspionage wird.

Er ist einleuchtend, dass ein internes Benchmarking am einfachsten durchgeführt werden kann. So können z. B. die Filialen eines Handelsunternehmens oder die Auslieferungsniederlassungen eines Industrieunternehmens verglichen werden. Hier könnte allerdings das Problem auftreten, dass keine Unterschiede registriert werden, weil alle nach gleichen Organisationsanweisungen arbeiten; oder aber die beobachteten Organisationseinheiten weisen dieselben Mängel in der Effizienz auf, was nicht offengelegt werden kann.

Deshalb ist der Vergleich mit anderen Unternehmen besonders aussagefähig. Hier können z. B. Kennzahlen aus dem Umsatz- und Kostenbereich, Methoden der Produktentwicklung oder Produktionsabläufe miteinander verglichen werden. Wenn Wettbewerber untereinander zu misstrauisch sind oder deren Daten zu sensibel, kann ein verdeckter Vergleich durch eine überbetriebliche Clearingstelle organisiert werden. Die Daten werden durch Indexierung so verfremdet, dass sie zwar den Zweck des Benchmarkings noch erfüllen, aber so anonymisiert sind, dass sie dem einzelnen Unternehmen nicht mehr zugeordnet werden können. Häufig ist Benchmarking unter Wettbewerbern auch über Unternehmensberatungen und Branchenverbände möglich. Die Ergebnisse eines Branchenbenchmarkings dürfen nicht dazu führen, dass das Unternehmen nur versucht, den Besten im Markt einzuholen. Denn: „Wer immer nur in die Fußstapfen eines anderen tritt, wird ihn nicht überholen können."

Auch der Vergleich mit strukturähnlichen, aber branchenfremden Organisationen kann interessante Erkenntnisse liefern. Allerdings ist es hier u. U. schwierig, geeignete Partner zu finden und die Ergebnisse im eigenen Unternehmen anzuwenden.

Beispiele: *Verschiedene Hersteller im Metallbereich vergleichen ihre Produktionsprozesse im Bereich der Oberflächenveredlung miteinander. Unternehmen aus verschiedenen Branchen an einem Ort vergleichen die Kostensituation ihrer Kantinen miteinander. Die Personalabteilungsleiter eines Personalleiterzirkels in einer Region beschließen, die Abläufe ihrer Personalentwicklung miteinander zu vergleichen.*

1.2.2 Operative Planung

Die operative Planung ist die Umsetzung der strategischen Planung in einzelne betriebliche Teilpläne.

Die operativen Planungsinhalte sollen durch kurzfristige Vorgaben dazu beitragen, die gesteckten Ziele zu erreichen. Hierzu zählen vor allem Absatz- und Umsatzpläne, Beschaffungs- und Produktionspläne, Kosten- und Erfolgspläne (DB-Rechnungen), Investitions- und Finanzierungspläne, Planbilanzen und GuV sowie Projektpläne.

Die Planung erfolgt für den betrachteten Zeitraum, der im Normalfall ein Jahr beträgt. Die Planungsperiode beträgt jedoch zumeist einen Monat. In diesen Zeiträumen unterliegt die kurzfristige Planung auch der Kontrolle durch den Plan-Soll-Ist-Vergleich.

Beteiligt sind an der Planung im Allgemeinen auf der einen Seite die Geschäftsleitung und das Controlling und auf der anderen Seite die einzelnen Budget- und Planverantwortlichen, die später ggf. Abweichungen von ihren Plänen zu verantworten haben. Die Planvorstellungen der beiden Planungsebenen müssen aufeinander abgestimmt werden, was nur durch intensive sachliche Diskussion gewährleistet werden kann. Insofern läuft zwischen den Beteiligten ein interaktiver Prozess ab, bei dem die einzelnen Teilpläne aufeinander abgestimmt werden müssen. Im Detail könnte ein Planungsprozess in einem Unternehmen folgenden Verlauf nehmen:

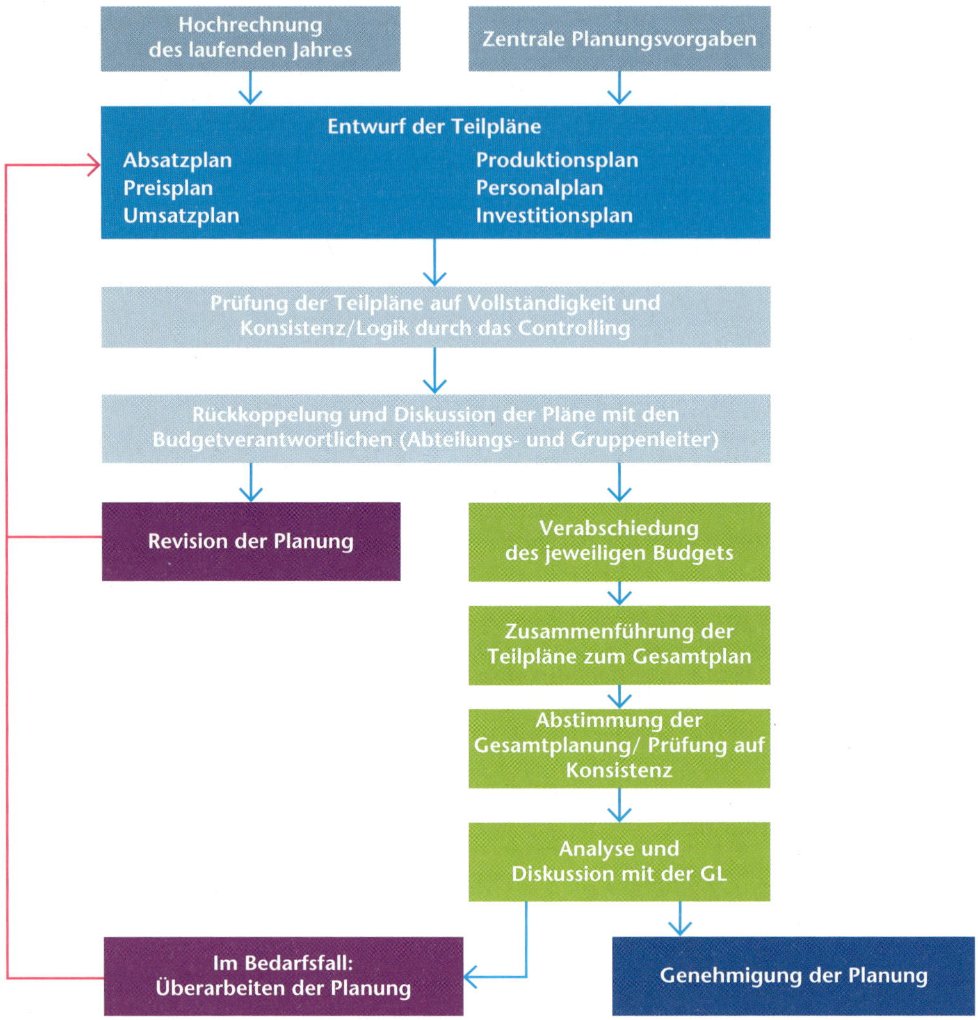

Beispiel: *Für einen industriellen Hersteller von Elektrogeräten könnte ein operativer Planungsprozess, ausgehend von Absatz-, Umsatz- und Lagerplan, wie folgt ablaufen:*

1. *Ermittlung der Planabsatzmengen und Ableitung des Produktionsplans (unter Einbeziehung der Bestandspläne)*
2. *Auflösung des Produktionsplans in Arbeitspläne und Stücklisten; Ergebnis: Nettobedarf an Werkstoffen, Personal und Leistungsmengen*
3. *Bewertung der Planmengen mit Planpreisen*
4. *Ermittlung der Planherstellkosten je Erzeugniseinheit (Stückkostenrechnung)*
5. *Festlegung des Gemeinkostenbudgets (Kostenplan der einzelnen Kostenstellen)*
6. *Bewertung des Planabsatzes mit den Stückkosten. Ergebnis: Planbetriebsergebnis, DB-Rechnungen*

Je größer das Unternehmen, desto komplexer wird die Aufgabe der Koordination der Planung, denn die Planungsprozesse können in den seltensten Fällen simultan, also gleichzeitig, erfolgen. Um die einzelnen Teilpläne und den damit verbundenen Planungsprozess in zeitlicher, personeller und inhaltlicher Hinsicht zu koordinieren, hat die betriebliche Praxis drei Planungsprinzipien entwickelt.

Top-down-Planung	Bei der Top-down-Planung werden auf der obersten Hierarchiestufe die wesentlichen Ziele für die Planperiode formuliert und dann von oben nach unten „heruntergebrochen", das bedeutet die jeweils nächste Hierarchiestufe detailliert die Planungen weiter aus, bis auf der untersten Stufe differenzierte Teilpläne erstellt werden können. Der Vorteil liegt hier darin, dass die nachgeordneten Unternehmensbereiche quasi in einer Zielhierarchie ihre Teilziele und Maßnahmen einordnen können. Nachteilig wirkt sich aus, dass die Unternehmensleitung zwar wohlfeile Ziele formulieren kann, ob diese aber realistisch sind, kann im Wesentlichen nur die mittlere und untere Ebene des Managements wissen und entscheiden. Mitarbeiter und untere Führungseben identifizieren sich nicht so leicht mit „verordneten Planzahlen".
Bottom-up-Planung	Bei der Bottom-up-Planung werden die Teilpläne auf der unteren Stufe des Unternehmens entwickelt und dann nach oben hin weiter verdichtet, bis sich auf der obersten Stufe ein Gesamtbild ergibt. Vorteile dieses Verfahrens sind, dass die unteren Ebenen realistisch die Machbarkeiten einschätzen und sich mit ihren eigenen Zahlen identifizieren können. Nachteilig wirkt sich aus, dass die unterschiedlichen Bereiche einen hohen Grad an Kommunikation benötigen, um die Teilpläne untereinander abzustimmen, und dass die verdichteten Teilpläne u. U. nicht in der Lage sind, das gesamtunternehmerische Zielniveau zu erreichen.
Gegenstrom-Planung	Das Gegenstrom-Verfahren nutzt die Vorteile beider Systeme und „vereint" praktisch beide Verfahren: Das Top-Management beginnt mit der Formulierung der Gesamtziele für die kommende Planperiode. In mehreren Schritten werden diese Ziele als Teilpläne bis zur unteren Ebene heruntergebrochen. In der unteren Ebene findet dann ein Prozess der Prüfung, Identifikation und Plausibilitätsprüfung statt. Dies ist häufig eingebunden in die sogenannten „Jahresgespräche" oder „Zielvereinbarungsgespräche" eines Management by Objectives oder vergleichbare Management-Techniken. Anschließend erfolgt eine Verdichtung der so geprüften Teilpläne stufenweise nach oben, um zu sehen, ob die Gesamtzielsetzungen tatsächlich erreicht werden. Ist das nicht der Fall, kann es zu einem zweiten Durchgang kommen, der sogenannten „Knetphase", in der geprüft wird, welche zusätzlichen Maßnahmen doch noch zu einer Gesamtzielerreichung führen können. Dieses Planungsverfahren verlangt einen hohen Koordinationsgrad, der zumeist von der Abteilung Controlling geleistet wird.

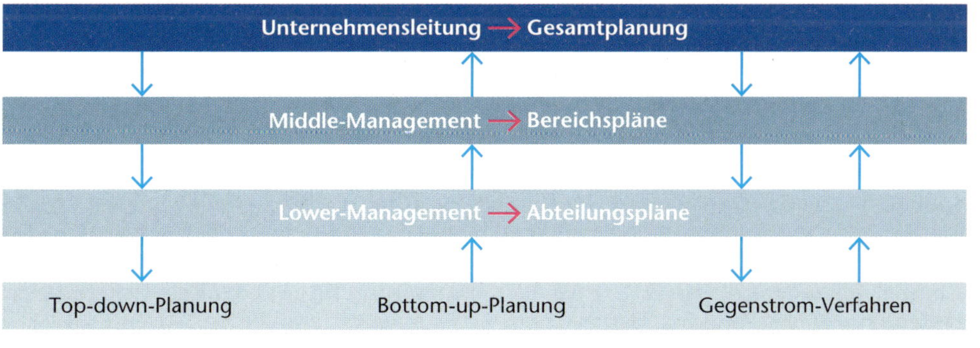

Das Ergebnis eines operativen Jahresplans sind in der Regel die auf den Monat heruntergebrochenen Monatspläne, die man auch als Ausführungspläne oder nachgelagerte Pläne bezeichnet. Sie sollen so gestaltet sein, dass sie Antworten auf folgende Fragen geben:

- **Was** soll getan werden?
- **Wann** oder bis wann soll es getan werden?
- **Wer** soll die Aufgabe erledigen/den Planwert erfüllen?
- **Wie** soll das getan werden, auf welche Weise und mit welchen Maßnahmen?
- **Womit** soll das getan werden, mit welchem Sachmittel?

Zwischen strategischer und operativer Planung besteht eine Reihe von Unterschieden, die in den bisherigen Ausführungen schon angesprochen wurden. Sie werden in folgender Tabelle noch einmal gegenübergestellt:

Merkmale	Strategische Planung	Operative Planung
verantwortliche Führungsebene	oberste Ebene: Geschäftsführung, Vorstand + Controlling	alle Ebenen + Controlling
Planungshorizont	3 bis 10 Jahre	bis 1 Jahr
Unsicherheitsgrad	hoch	gering
Art der Probleme	meistens unstrukturierte, neue Problemlagen	gut durchstrukturiert und sich oft wiederholend
Planungszyklus	mittel- bis langfristig, unregelmäßig und problemorientiert	kurz- bis mittelfristig, regelmäßig und periodenorientiert
Ausrichtung und Ziele	langfristige Existenzsicherung	Rentabilität und Liquidität
Denkrichtung	Konzepte: Innovation und Wachstum „Die richtigen Dinge tun!"	Prozesse und Methoden: Wirtschaftlichkeit und Effizienz „Die Dinge richtig tun!"
Planungs- und Entscheidungsgrundlage	Chancen / Risiken Stärken / Schwächen	Ein- und Auszahlungen Leistungen und Kosten
Handlungsalternativen	Bandbreite möglicher Entwicklungen ist groß	Bandbreite möglicher Entwicklungen ist eher gering
Planungsgegenstand	strategische Geschäftseinheiten; Marktentwicklung / Mitarbeiterentwicklung	funktionsbezogene Teilpläne und deren Integration in einen Gesamtplan
Grad der Detailliertheit	global, wenig detailliert vorwiegend qualitativ	relativ groß vorwiegend quantifiziert

1.2.3 Integrative Managementsysteme

Vor allem in mittelständischen Unternehmen hat sich in den vergangenen Jahren ein tief greifender Wandel vollzogen. Die Herausforderungen sind vielfältig, seien es dynamische Märkte, anspruchsvollere Kunden oder eine zunehmende Globalisierung und der damit verbundene Kostendruck. Diese Faktoren führten zu Veränderungen des Umfelds, die immer schnellere Anpassungen der Betriebsorganisation und der Geschäftsprozesse erforderlich machten und machen.

Aus diesen Gründen muss ein Ordnungsrahmen geschaffen werden, damit bei aller Flexibilität und Dezentralisierung der Unternehmenszusammenhalt gesichert wird. Managementsysteme können diesen Ordnungsrahmen schaffen und Unternehmern Orientierung bieten. Die Festlegung von Strukturen und die Beschreibung von Soll-Abläufen fördern die effiziente Abwicklung von Geschäftsprozessen und Aktivitäten. Managementsysteme stellen die Qualität, den Kunden, die Umwelt, die Sicherheit, die Wirtschaftlichkeit und die Prozesse in den Mittelpunkt ihrer Betrachtung. Sie leisten damit einen nachhaltigen Beitrag zur Steigerung des Unternehmenswerts.

Managementsysteme sind moderne Werkzeuge der Unternehmensführung. Die Verwendung des Begriffs „Managementsystem“ wird allerdings seit ca. 20 Jahren als inflationär erlebt. Dabei ist zu unterscheiden zwischen der Verwendung im eigentlichen Sinn, z. B. dargelegt in Normen der DIN oder der ISO, und andererseits kreativen Wortschöpfungen, die oft nichts anderes sind als alter Wein in neuen Schläuchen.

Es gibt eine Reihe von Managementsystemen, die betriebsübergreifend jeweils für einzelne Unternehmensfunktionen entwickelt wurden. Ganz gleich, ob es sich um Qualität, Umwelt oder Arbeitsschutz handelt: Einzelne Managementsysteme sorgen für Verbesserungen in ihrem jeweiligen Bereich. Auf das gesamte Unternehmen bezogen, stellen diese Systeme allerdings häufig nur Insellösungen dar, mit der Folge, dass die Systeme isoliert arbeiten und Synergien kaum genutzt werden. Systemübergreifende Strategien für die Bereiche Qualität, Umweltschutz, Arbeitsschutz und andere Bereiche sind deshalb eine Forderung für die Zukunft.

Ein integriertes Managementsystem fasst Methoden und Instrumente zur Einhaltung von Anforderungen aus verschiedenen Managementbereichen in einem einheitlichen System zusammen. Diese dienen den Grundsätzen der Corporate Governance, d. h. der Formulierung von Grundsätzen einer positiven Unternehmensführung.

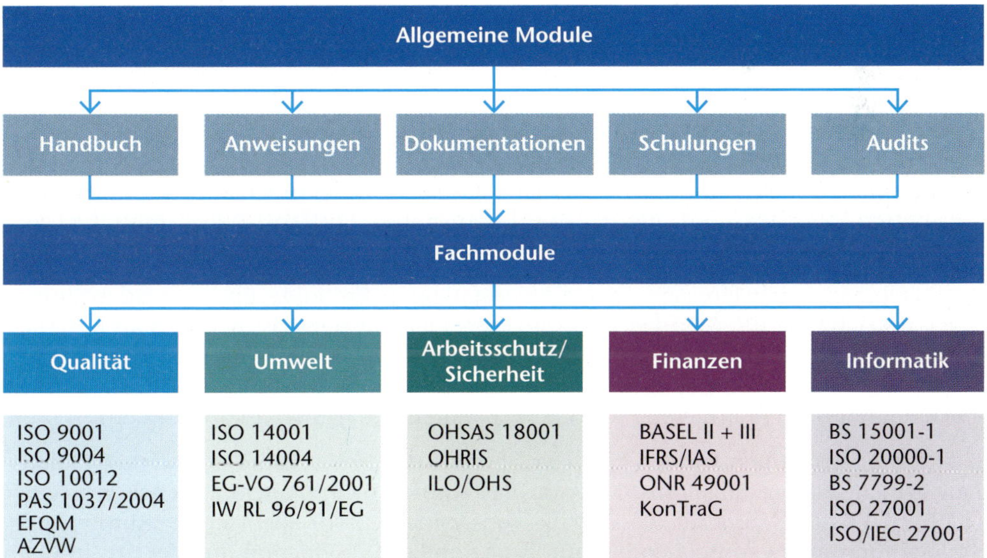

Voraussetzung für den Erfolg eines integrierten Managementsystems in einem Unternehmen ist eine klare Unternehmenspolitik. Sie markiert den Stellenwert von Qualität, Umwelt und Sicherheit in Relation zum angestrebten wirtschaftlichen Erfolg nach innen und nach außen. Im Rahmen integrierter Managementsysteme gewinnt die übergreifende, ganzheitliche Verantwortung an Bedeutung. Sie muss allerdings auch umgesetzt, bzw. vorgelebt werden.

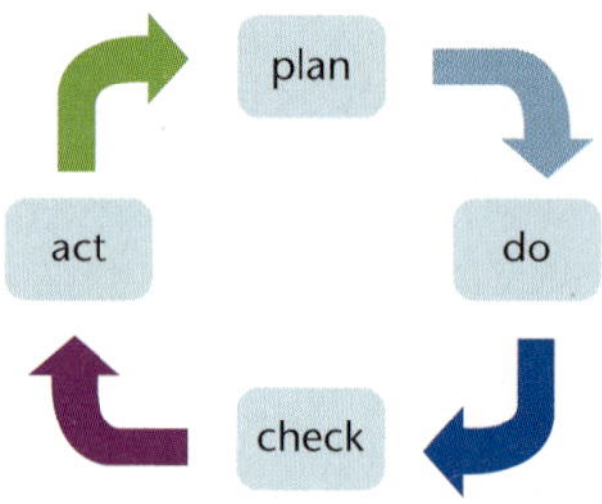

Bei allen Management-Systemen hat sich der PDCA-Zyklus bewährt:

Das Managementsystem muss Planung, Steuerung, Überwachung und Verbesserung aller Betriebsabläufe umfassen. Diese Schritte werden in einem Kreislauf ständig wiederholt, um eine kontinuierliche Verbesserung zu erreichen.

- **Plan:** Im ersten Schritt muss herausgefunden werden, wo Bedarf und Ansatzpunkte für Verbesserungen liegen. Es gilt, zuerst für diejenigen Bereiche Ziele festzulegen, wo mit möglichst geringem Aufwand Verbesserungen erzielt werden können bzw. wo besonders dringender Handlungsbedarf besteht.
- **Do:** Im zweiten Schritt werden Maßnahmen durchgeführt, mit denen die Ziele effizient erreicht werden.
- **Check:** Danach werden die erreichten Verbesserungen (Ist) mit den im ersten Schritt geplanten Zielen (Soll) verglichen.
- **Act:** Falls das Ziel nicht erreicht wurde, muss geprüft werden, ob die Voraussetzungen und Rahmenbedingungen geändert werden müssen. Beispielsweise kann es nötig sein, die Aufbau- oder Ablauforganisation zu ändern. Danach können neue Ziele und Maßnahmen geplant werden (2. Zyklus).

Drei Managementsysteme sollen im Folgenden vorgestellt werden.

1.2.3.1 Qualitätsmanagementsysteme

Qualitätsmanagement oder QM bezeichnet alle systematisch durchgeführten Maßnahmen zur Verbesserung von Produkten, Prozessen oder Dienstleistungen eines Unternehmens.

Qualitätsmanagement wird als eine Kernaufgabe der Unternehmensführung gesehen. In bestimmten Branchen (z. B. Arznei- und Lebensmittel, Luftfahrt oder Gesundheitsversorgung) ist das QM vorgeschrieben.

Qualität bezieht sich einerseits auf die vermarkteten Produkte und Dienstleistungen, andererseits auf die internen Leistungsprozesse. Qualität selbst ist definiert als das Maß, in dem ein betrachtete Produkt oder ein betrachteter Prozess den Anforderungen genügt. Die Anforderungen können ausdrücklich definiert sein, z. B. vom Kunden, sie können aber auch implizit vorausgesetzt werden (z. B. durch Erwartungen von Kunden).

In vielen Unternehmen wurden zunächst ab Ende der 1980er Jahre normierte Qualitätsmanagementsysteme eingeführt. Ab etwa 1990 wurden sie in manchen Branchen zu einer wichtigen Voraussetzung für die Vergabe von Aufträgen, vor allem in der Autobranche. Hintergrund war die konsequente Einführung von Lean-Production und der Just-in-time-Lieferungen, deren Voraussetzung die Lieferung von 100-prozentiger Qualität war. Ein weiterer Hintergrund war die in dieser Zeit in Deutschland eingeführte Beweislastumkehr durch das Produkthaftungsgesetz, denn von nun waren die Hersteller im Streitfall verpflichtet, die Fehlerfreiheit ihrer Produkte zu beweisen. Diese Forderung lässt sich jedoch bei sicherheitsrelevanten Produkten, die zudem in einer komplexen Logistikkette hergestellt und geliefert werden, nur durch einen lückenlosen Nachweis des gesamten Herstellungsprozess, bis hinunter in die Produktion selbst des kleinsten Zulieferteils, erreichen.

Inhalt des QM sind die Verbesserung von Kommunikationsstrukturen, professionelle Lösungsstrategien für auftretende Qualitätsprobleme, die Erhöhung der Zufriedenheit von Kunden oder Klienten, eine Steigerung der Motivation der Mitarbeiter, die Standardisierung bestimmter Handlungs- und Arbeitsprozesse, Normung und Typung für Produkte oder Dienstleistungen, Dokumentation, Anweisungen, Schulung von Mitarbeitern, Ausstattung und Gestaltung von Arbeitsräumen und die Durchführung von Audits.

Um einem weit verbreiteten Irrtum vorzubeugen: Auch ein Billigprodukt kann unter qualitativen Gesichtspunkten produziert worden sein und auch selbst bestimmten qualitativen Ansprüchen genügen. Denn QM führt nicht zwangsläufig zu einem höherwertigen Produkt oder Prozess, sondern steuert nur die stetige Erreichung einer *vorgegebenen* Qualität.

Beispiel: *Der Hersteller eines hochwertigen rahmengenähten Herrenschuhs mit Ledersohle für einen Handelsabgabepreis von 300,00 EUR kann ebenso wie Hersteller eines billigen Herrenschuhs mit Kunststoffsohle einer Qualitätszertifizierung nach ISO unterliegen. An die Produktqualität werden in beiden Fällen nur unterschiedliche Qualitätsstandards gesetzt. Erst wenn in der Qualität der vergleichbaren Schuhe erhebliche Schwankungen zu registrieren sind, hat das Qualitätsmanagement versagt.*

Folgende QM-Normen werden als Rahmen, als Orientierung oder als verpflichtende Vorgabe für die Etablierung eines Qualitätsmanagementsystems verwendet. Wie ernst Unternehmen diese Qualitätsstandards nutzen, hängt von regionalen und branchenspezifischen Besonderheiten ab.

EFQM-Modell

Das EFQM-Modell liefert Vorgaben für ein Total Quality Management und wurde 1988 von der European Foundation for Quality Management (EFQM) entwickelt. Das Modell bietet Organisationen Hilfestellung für den Aufbau und die kontinuierliche Weiterentwicklung eines umfassenden Qualitätsmanagementsystems.

Das einfache Modell geht von dem Grundgedanken aus, dass Menschen in Prozessen arbeiten und Ergebnisse erzielen, die wiederum Menschen zugute kommen.

Das erweiterte System unterscheidet neun Kriterien, die aus fünf Voraussetzungen und vier Ergebniskriterien bestehen:

Voraussetzungen/Befähiger	Ergebniskriterien
1. Führung	6. mitarbeiterbezogene Ergebnisse
2. Strategie	7. kundenbezogene Ergebnisse
3. Mitarbeiter	8. gesellschaftsbezogene Ergebnisse
4. Partnerschaften und Ressourcen	9. Schlüsselergebnisse
5. Prozesse, Produkte und Leistungen	

Durch die permanente und auf allen Ebenen des Unternehmens stattfindende Beachtung und Analyse aller Prozesse werden einerseits Informationen über den aktuellen Stand erhoben, andererseits wird ein kontinuierlich stattfindender Verbesserungsprozess eingeleitet. Dieser Prozess, in dem es keinen Stillstand gibt, sondern eine ständige Veränderung, soll helfen, eigene Stärken und Schwächen sowie Verbesserungspotenziale zu erkennen und die Unternehmensstrategie darauf auszurichten.

DIN EN ISO 9000 ff.

ISO 9000 ff. ist eine internationale und branchenübergreifende Normengruppe, die Forderungen an ein kunden- und prozessorientiertes Qualitätsmanagementsystem definiert und zwar zum Nachweis der Fähigkeit, ein Produkt oder eine Dienstleistung entwickeln und liefern zu können. Sie zielt einerseits auf die Verhütung von Fehlern (durch Prozessnormierung), andererseits auf das Erreichen einer kontinuierlichen Verbesserung ab.

Mit der Normenreihe DIN EN ISO 9000 ff. sind Normen geschaffen worden, die die Grundsätze festlegen, nach denen eine Qualitätsmanagement installiert werden kann. Gemeinsam bilden sie einen zusammenhängenden Satz von Normen für QM-Systeme, die das gegenseitige Verständnis über die Qualität von Produkten und Prozessen sowohl auf nationaler als auch auf internationaler Ebene erleichtern sollen.

Die Abkürzungen bedeuten:
ISO = Normenbezeichnung der International Organisation for Standardization, einer Organisation, die international gültige Normen festlegt. Diese Organisation hat als erste Einrichtung diese Norm formuliert.
EN = Normenbezeichnung für Europäische Normen, die von einem der drei europäischen Komitees für Normung herausgegeben haben. Sie haben die ISO Norm übernommen.
DIN = Steht für Deutsches Institut für Normung, das die EN ISO 9000 ff. übernommen hat.

Jedes Produkt und jede Dienstleistung unterliegt besonderen Anforderungen und ist folglich nur unter individuellen Qualitätssicherungsmaßnahmen zu erzeugen. QM-Systeme sind deshalb nicht produktorientiert – dafür sorgen branchenspezifische Normen –, sondern sie sind prozessorientiert aufgebaut.

Die Normenreihe EN ISO 9000 ff. geht davon aus, dass der Weg zum Erfolg über die Einführung und Aufrechterhaltung eines QM-Systems führt, das auf ständige Leistungsverbesserung ausgerichtet ist, indem es die Erfordernisse von Kunden, Mitarbeitern und Lieferanten berücksichtigt.

Die EN ISO 9001 legt die Mindestanforderungen an ein QM-System fest, die ein Unternehmen erfüllen muss, um Produkte und Dienstleistungen bereitzustellen, die einerseits den Kundenansprüchen genügen und andererseits behördliche Anforderungen erfüllen. Zugleich soll das QM stetig verbessert werden.

Grundsätze für ein Qualitätsmanagementsystem nach EN ISO 9001:

1. Kundenorientierung
2. Verantwortlichkeit der Führung
3. Einbeziehung der beteiligten Personen
4. prozessorientierter Ansatz
5. systemorientierter Managementansatz
6 kontinuierliche Verbesserung
7 sachbezogener Entscheidungsfindungsansatz
8. Lieferantenbeziehungen zum gegenseitigen Nutzen

1.2.3.2 Umweltmanagementsysteme

Jedes Unternehmen kann Umweltschutzmaßnahmen ergreifen: Abfälle trennen, Emissionen senken oder vermeiden oder Ressourcen schonend einsetzen. Sofern der betriebliche Umweltschutz allerdings zielgerichtet die umweltrelevanten Schwachstellen des Unternehmens aufdecken und beseitigen soll, müssen diese Maßnahmen systematisiert und koordiniert werden. Dazu dienen Umweltmanagementsysteme. Ihre Einführung verursacht Aufwendungen, aber sie zahlen sich aus: Zertifizierte Betriebe werden bei Gebühren entlastet, sie erhalten Erleichterungen bei Verwaltungsvorgängen und sie verbessern ihr Image.

Umweltschutzmaßnahmen werden in zwei Kategorien eingeteilt:

- Beim **nachsorgenden Umweltschutz** wird ein Produktionsanlage oder ein Produktionsprozess so verändert, dass sich ihre/seine Auswirkungen auf die Umwelt verringern, z. B. durch den Einbau von Filtern oder durch Reinigung des Abwassers. Die Produktionsrückstände werden dabei in eine Form überführt, in der sie weniger umweltgefährdend oder besser zu entsorgen sind.
- Der **vorsorgende, produktionsintegrierte Umweltschutz** setzt bereits bei der Planung der Produktionsprozesse und der Produktionsanlagen an. Im Idealfall entstehen durch diesen vorausschauenden Umweltschutz Abfälle, Emissionen oder Abwasser erst gar nicht, z. B. durch Substitution gefährlicher Stoffe oder die Kreislaufführung von Wasser.

Wo immer möglich, sollte dem vorsorgenden Umweltschutz Vorrang vor dem nachsorgenden gegeben werden. Weil dies jedoch nur bis zu einem bestimmten Grad möglich ist, wird der betriebliche Umweltschutz mit einem Maßnahmen-Mix optimiert.

Umweltschutzmanagementsysteme sind Bündel von Maßnahmen, die koordiniert eingesetzt werden, um den Umweltschutz eines Unternehmens nachhaltig zu verbessern.

Ein Unternehmen kann dabei zwischen verschiedenen Systemen wählen.

Umweltmanagementsystem nach EMAS

1993 hat die Europäische Gemeinschaft das „Gemeinschaftssystem für das freiwillige Umweltmanagement und die Umweltbetriebsprüfung“ (Eco-Management and Audit Scheme, EMAS) entwickelt. Teilnehmende Organisationen und Unternehmen verpflichten sich, eine Umwelterklärung zu erstellen, in der sie z. B. ihren Ressourcen- und Energieverbrauch oder die Menge an Emissionen und Abfällen aufführen; außerdem müssen sie die Umwelt-Ziele, die sie erreichen möchten, formulieren. Ein unabhängiger, staatlich zugelassener Umweltgutachter begutachtet diese Umwelterklärung in einem Umwelt-Audit unter Zuhilfenahme interner Dokumente. Fällt die Prüfung positiv aus, wird der Betrieb in ein Register eingetragen und darf das EMAS-Logo verwenden.

Folgende Ziele sollen erreicht werden:

- stetige Verbesserung der umweltbezogenen Aspekte im betrieblichen Ablauf, der Umweltauswirkungen und der Umweltleistung
- Einbeziehen der Mitarbeiterinnen und Mitarbeiter in den kontinuierlichen Verbesserungsprozess
- interne und externe Kommunikation des Engagements im Umweltschutz

- Einhaltung aller umweltrelevanten Rechts- und Verwaltungsvorschriften
- Verhinderung von Unfällen und Notfallsituationen und die Planung von Notfallmaßnahmen

Der Begriff der Organisation ist bei EMAS sehr weit gefasst: Eine Organisation ist gekennzeichnet durch eigene Funktionen und eine eigene Verwaltung. Unter diesen Begriff fallen sowohl öffentliche als auch private Gesellschaften, Körperschaften, Betriebe, Unternehmen, Behörden und Einrichtungen, unabhängig davon, ob sie eine eigene Rechtspersönlichkeit besitzen. Auch Teile oder Kombinationen der vorgenannten Einheiten gelten als Organisation im Sinne von EMAS.

Seit 2011 können auch Organisationen außerhalb des Europäischen Wirtschaftsraums teilnehmen. Jede Organisation kann freiwillig entscheiden, ob sie diese Verordnung anwendet und ihr Umweltmanagementsystem an dieser Norm ausrichtet. Um das Umweltmanagementsystem nach EMAS einzuführen, sind neun Schritte notwendig (siehe untenstehende Grafik).

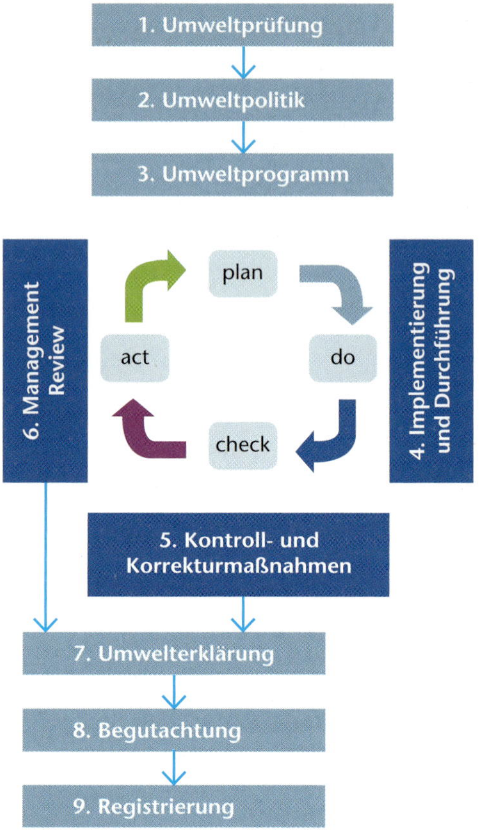

Diese werden auch bei der Aufrechterhaltung und Überprüfung immer wieder durchlaufen und angepasst. So ist ein kontinuierlicher Verbesserungsprozess des Systems gewährleistet.

DIN EN ISO 14001

Bei der DIN EN ISO 14001 handelt es sich um eine internationale Norm zur Einführung eines Umweltmanagementsystems. Die ISO 14001 legt den Schwerpunkt auf einen KVP (kontinuierlichen Verbesserungsprozess) als Mittel zur Erreichung der jeweils definierten Zielsetzung in Bezug auf die Umweltleistung eines Unternehmens oder einer Behörde. Der KVP beruht wie bei EMAS auf der Methode „Plan–Do–Check–Act" (PDCA).

Jedes Unternehmen, das sich konsequent auf die Bedürfnisse eines nachhaltigen Umweltschutzes ausrichten will, muss eine konsistente betriebliche Umweltpolitik formulieren. Dazu gehören
- die Festlegung von Umweltzielen,
- ein Umweltprogramm,
- ein geeignetes Managementsystem, das bei der Zielerreichung hilft.

Die kontinuierliche Verbesserung wird durch die regelmäßige Überprüfung der gesetzten Umweltziele und des Umweltmanagementsystems erreicht. In der Norm wird ausdrücklich betont, dass sie keine absoluten Anforderungen für die Umweltleistung festlegt. Sie fordert aber die Einhaltung der Verpflichtungen, die sich die Organisation selbst in ihrer Umweltpolitik auferlegt hat.

Im Vergleich zur EMAS-Verordnung stellt die ISO 14001 geringere Anforderungen.

Insbesondere müssen ISO 14001-Organisationen

- keine Umwelterklärung erstellen,
- keine indirekten Umweltaspekte berücksichtigen,
- weniger strenge Vorgaben im Hinblick darauf erfüllen, wie sie die Einhaltung der Rechtsvorschriften sicherstellen,
- sich nur zur kontinuierlichen Verbesserung des Umweltmanagementsystems, nicht jedoch der Umweltleistung, verpflichten (z. B. wird keine Verringerung des Ressourcenverbrauchs gefordert).

1.2.3.3 Arbeitsschutzmanagementsysteme

Arbeitsschutzmanagementsysteme (AMS) sind ein wirksames Instrument zur Verbesserung des Arbeitsschutzes. Sie haben die Senkung der Anzahl der Arbeitsunfälle und die Verbesserung der Gesundheit der Mitarbeiter zum Ziel.

Arbeitsschutzmanagementsysteme sind für Unternehmen nicht verpflichtend vorgeschrieben, werden aber trotzdem in immer mehr Betrieben freiwillig eingesetzt. Die Gründe hierfür mögen vielfältig sein. Sicher ist aber, dass immer mehr Unternehmer die wirtschaftlichen Vorteile von AMS erkannt haben. Denn arbeitsbedingte Erkrankungen oder Unfälle von hoch qualifiziertem Fachpersonal können sehr teuer werden und u. U. den Produktionsprozess massiv stören, wenn Mitarbeiter über einen längeren Zeitraum ausfallen. Zunehmend setzten Unternehmen daher auf Prävention.

Ein AMS eignet sich sehr gut, um die Maßnahmen zur Prävention auf ihre Wirksamkeit zu prüfen, denn auch in diesem System wird mit dem Regelkreis von „Plan–Do–Check–Act" gearbeitet und festgestellt, ob die durchgeführten Maßnahmen des Arbeitsschutzes im Betrieb ausreichen oder ob diese Maßnahmen korrigiert werden müssen. Ein AMS ist folglich kein starres System, sondern bietet den Unternehmen vielfältige Möglichkeiten, die besonderen Anforderungen auf die jeweilige Branche des Betriebs bzw. die Betriebsgröße anzupassen. Zwei AMS werden hier vorgestellt:

OHSAS 18001

OHSAS (= Occupational Health and Safety Assessment Series) lehnt sich eng an die QM-Norm ISO 9001 und an die UM-Norm ISO 14001 an. Im Jahr 2007 wurde OHSAS 18001 als britische Norm festgelegt. Es handelt sich nicht um eine weltweit gültige ISO-Norm, denn weltweit wird eine Normung von AMS nach wie vor abgelehnt. Insbesondere die Staaten, in denen noch Kinderarbeit toleriert wird und Arbeitnehmer massiv unterdrückt werden, haben kein großes Interesse, solche Arbeitsstandards zu beachten, geschweige denn, sie als zugelassene Norm einzuführen.

Daher wurde die Internationale Arbeitsorgansiation (ILO) von der ISO gebeten, einen weltweit gültigen Leitfaden für AMS zu erstellen (ILO-OSH 2001). Mit einer Verbreitung in mehr als der Hälfte aller Länder ist OHSAS der bekannteste und bedeutsamste Standard für ein AMS.

Ein AMS nach OHSAS enthält folgende Bausteine:

- **Arbeitsschutzpolitik:** Die Unternehmensleitung erstellt eine dokumentierte Arbeitsschutzpolitik als Erklärung über die Absichten und Grundsätze des Unternehmens im Arbeitsschutz. Diese muss unter anderem ein Bekenntnis zur Prävention und zur Verpflichtung zur Einhaltung des relevanten Arbeitsschutzrechts enthalten.
- **Planung:** Der Abschnitt Planung umfasst die Gefährdungsermittlung und Risikobeurteilung, wobei das Risikoausmaß einzuschätzen und zu entscheiden ist, ob Risiken akzeptabel sind oder beseitigt werden müssen. Das Unternehmen muss relevante gesetzliche Vorschriften und andere Anforderungen ermitteln und beim Aufbau des Systems berücksichtigen, möglichst messbare Ziele für den betrieblichen Arbeitsschutz festlegen und ein Programm zur Verwirklichung der Ziele auflegen.
- **Verwirklichung und Betrieb:** Hier fordert die Norm, Ressourcen, Aufgaben, Verantwortlichkeiten, Berichtspflichten und Befugnisse festzulegen, die entsprechenden Fähigkeiten der Beschäftigten durch Schulung und Ausbildung sicherzustellen und Verfahren zur Kommunikation, Beteiligung und Beratung festzulegen. Ferner gilt es, das Managementsystem zu dokumentieren und solche betrieblichen Abläufe zu planen und zu betreuen, bei denen die ermittelten Arbeitsschutzrisiken dieses erfordern. Mögliche Notfallsituationen müssen ermittelt und Reaktionen hierauf festgelegt werden.
- **Überprüfung:** Die Arbeitsschutzleistung muss regelmäßig überwacht und gemessen werden, dies schließt auch die Überwachung der Wirksamkeit von Regelungen ein. Die Einhaltung relevanter Rechtsvorschriften und anderer Anforderungen muss regelmäßig bewertet werden. Zum Nachweis der Konformität mit eigenen und Normanforderungen sind Aufzeichnungen zu führen, das gesamte System wird durch regelmäßige interne Audits geprüft.
- **Managementbewertung:** Die Unternehmensleitung bewertet das Managementsystem regelmäßig, um sicherzustellen, dass es weiterhin geeignet, angemessen und wirksam ist. Hierzu werden unter anderem Auditergebnisse, die Ergebnisse der Leistungsüberwachung, der Untersuchung von Vorfällen und der Status von Korrektur- und Vorbeugungsmaßnahmen herangezogen.
- **Zertifizierung:** Nach dem Aufbau des Managementsystems kann dieses zertifiziert werden. Zur Zertifizierung wird u. a. ein externes Zertifizierungsaudit durchgeführt.

OHRIS 2010

OHRIS (= Occupational Health and Risk Management System) ist ein Managementsystem der Bayerischen Staatsregierung für mehr Gesundheit bei der Arbeit und die Sicherheit technischer Anlagen. Es wurde von der bayerischen Gewerbeaufsicht gemeinsam mit der Wirtschaft entwickelt, um den Arbeitsschutz in den Betrieben weiter zu verbessern und wirtschaftlicher zu gestalten.

OHRIS kann unabhängig von der Betriebsgröße und dem Betriebszweck in allen Unternehmen eingeführt werden. Im Jahr 2010 wurde das AMS-Konzept einer Revision unterzogen, um die Systemelemente an die aktuellen Entwicklungen anzupassen. Gleichzeitig gelang es, die Verbindung von OHRIS mit vorhandenen QM-Systemen nach ISO 9001:2008 im Sinne eines integrierten Managementsystems zu verbessern.

Ferner wurden die auf dem Systemkonzept basierenden Hilfsmittel zur Einführung und Anwendung von OHRIS überarbeitet. Das Ergebnis der Revision wurde im August 2010 in der Publikation „Das OHRIS-Gesamtkonzept" veröffentlicht. In dieser Broschüre sind sowohl das Systemkonzept als auch die Hilfsmittel zusammengefasst. Diese Veröffentlichung bietet in einem Werk alle erforderlichen Hinweise und Hilfsmittel für die Einführung und Anwendung eines betrieblichen Arbeitsschutzmanagementsystems.

OHRIS erfüllt nahezu die Vorgaben aller wesentlichen nationalen und international anerkannten Spezifikationen für den Arbeitsschutz.

OHRIS erfordert keine Fremdzertifizierung und verursacht keine dadurch bedingte Kostenbelastung für die Unternehmen. Unternehmen können bei der freiwilligen Einführung eines betrieblichen Arbeitsschutzmanagementsystems auf der Grundlage von OHRIS ihr System auch überprüfen lassen und erhalten nach einem erfolgreichen Audit die Zertifizierung.

Wiederholungsfragen zu Kapitel 1.2

1. *Was versteht man allgemein unter dem Begriff Planung?*
2. *Gelegentlich wird gesagt, Ziele müssten S.M.A.R.T. sein. Was ist darunter zu verstehen?*
3. *Welche Aufgaben erfüllt eine Planung in einem Unternehmen?*
4. *Charakterisieren Sie das Wesen einer jeden Planung durch vier Merkmale.*
5. *Unterscheiden Sie die Unternehmensplanung nach den zeitlichen Horizonten.*
6. *Nennen Sie vier Merkmale von Unternehmensstrategien.*
7. *Die strategische Planung bedient sich einer Reihe von sogenannten Werkzeugen. Nennen Sie drei dieser Werkzeuge.*
8. *Was ist der Inhalt einer SWOT-Analyse?*
9. *Wie ist eine SWOT-Analyse aufgebaut?*
10. *Beschreiben Sie die fünf Phasen eines Produktlebenszyklus.*
11. *Welche grundsätzlichen Informationen bietet eine Portfolio-Analyse?*
12. *Welche Strategien werden für die vier Felder einer Portfolio-Matrix empfohlen?*
13. *Was ist das Ziel von Benchmarking und wie wird es durchgeführt?*
14. *Grenzen Sie die die strategische und die operative Planung anhand von fünf Merkmalen voneinander ab.*
15. *Beschreiben sie den Unterschied zwischen einer Top-down-Planung und einer Bottom-up-Planung in Bezug auf Vorgehensweise und mögliche Nachteile.*
16. *Wie wird bei einer Gegenstrom-Planung vorgegangen?*
17. *Was ist allgemein unter „integrativen Managementsystemen" zu verstehen?*
18. *Für welche Fachbereiche eines Unternehmens existieren bereits Managementsysteme?*
19. *Welche allgemeinen Module sollte ein integriertes Managementsystem enthalten?*

20. *Bei allen Management-Systemen hat sich der PDCA-Zyklus bewährt. Was ist darunter zu verstehen?*
21. *Welche Aufgabe haben Qualitätsmanagementsysteme?*
22. *Nennen Sie einige Grundsätze für Qualitätsmanagementsysteme.*
23. *Welche Ziele sollen mit einem Umweltmanagementsystem verfolgt werden?*
24. *Welchen Zweck verfolgen Arbeitsschutzssysteme?*
25. *Was sind wesentliche Bausteine eines Arbeitschutzsystems?*

1.3 Aufbauorganisation

Der Begriff Organisation wird in dreifacher Weise verwendet.

1. Zunächst ist darunter eine *Tätigkeit* zu verstehen: *„Der Betrieb wird organisiert."*
2. Organisation ist aber auch das Ergebnis dieser Tätigkeit und damit ein *Zustand*: *„Der Betrieb hat eine Organisation."*
3. Ferner wird der Begriff zur Umschreibung eines sozio-technischen Systems verwendet: *„Der Betrieb ist eine Organisation."* In diesem soziologischen Sinn kann der Organisationsbegriff nicht auf Wirtschaftsunternehmen, sondern auch auf Einrichtungen, Verbände und Institutionen jeglicher Art angewendet werden.

Merkmale der Organisation

- Betriebliche Organisation setzt immer das Vorhandensein von Elementen voraus (Menschen und Sachmittel), die zusammenwirken und eine organische Einheit bilden. Die Elemente können wahlweise so zugeordnet werden, dass sich folgende Kombinationen ergeben:
  - Mensch-Mensch-System
  - Mensch-Maschine-System
  - Maschine-Maschine- System
- Die Zuordnung der Elemente erfolgt in der Weise, dass sich ein System von Regeln ergibt. Diese Struktur ist planvoll und rational zustande gekommen. Sie entsteht also nicht zufällig, sondern als Ergebnis eines gewollten und methodischen Denkprozesses.
- Die Organisation hilft, vorgegebene Ziele unter Beachtung des ökonomischen Prinzips zu erreichen. Sie setzt also nie selbst Ziele und kann deshalb nie Selbstzweck sein.
- Organisatorische Regelungen sind auf Dauer gerichtet. Sie müssen deshalb grundsätzlich wiederholbar sein.
- Schließlich ist die Organisation als ein dynamischer Prozess zu verstehen, in dem die Erfahrungen der Vergangenheit stets in neue Regeln umgesetzt werden müssen. Damit muss die Organisation den Anforderungen von Stetigkeit auf der einen Seite und Flexibilität auf der anderen Seite genügen.

Arbeitsgebiete der Organisation	
Aufbauorganisation	**Ablauforganisation**
Die Aufbauorganisation beantwortet die Frage: *„Wer übernimmt welche Aufgabe?"* Gegenstand der Aufbauorganisation ist die Gliederung des Unternehmens, die Ordnung von Zuständigkeiten und die Festlegung der Beziehungen der Organisationseinheiten untereinander; diese ergibt sich aus der Aufgabenverteilung.	Die Ablauforganisation beantwortet die Frage: *„Wie wird die Aufgabe erfüllt?"* Gegenstand der Ablauforganisation ist die Regelung der Arbeitsprozesse hinsichtlich Ort, Zeit, Sachmitteln und Reihenfolge der einzelnen Tätigkeiten, Bestimmung und Abstimmung von Terminen, Fragen der Arbeitsplatzgestaltung etc.

Organisationsanlässe

Drei Anlässe für Neu- oder Umorganisation werden unterschieden:

- **Wirtschaftliche Entwicklung:** Wachstum oder Schrumpfung des Betriebes machen Anpassungsprozesse erforderlich, da sich die Anzahl von Mitarbeitern, Stellen und Sachmitteln verändert. Dem muss organisatorisch Rechnung getragen werden.
- **Technische Entwicklung:** Neue Arbeitsverfahren, neue Arbeitstechniken und neue Sachmittel machen neue Strukturen und Abläufe notwendig, die von der Organisation geschaffen werden.
- **Soziale Entwicklung:** Humanisierung und Demokratisierung sowie Mitbestimmung von Arbeitnehmern in kooperativen Strukturen erfordern neue organisatorische Regeln.

1.3.1 Bildung von Organisationseinheiten

Die Aufbauorganisation hat die Aufgabe, einen Rahmen zu schaffen, in dem das angestrebte Sachziel optimal erreicht werden kann.

Bevor überhaupt Organisationseinheiten gebildet werden können, bedarf es einer Analyse der Aufgaben eines Unternehmens, denn eine klare Aufgabengliederung ist eine wichtige Voraussetzung für die Zuordnung von Aufgaben zu Aufgabenträgern.

1.3.1.1 Aufgabenanalyse

Das Sachziel einer Unternehmung kann auch als die Gesamtaufgabe bezeichnet werden. Die Gesamtaufgabe definiert, welche Leistungen das Unternehmen am Markt erbringt (z. B. Herstellung und Vertrieb von Zeitschriften, Verkauf und Einbau von Küchenmöbeln oder Veranstaltung von Busreisen).

Die **Gesamtaufgabe** muss zunächst analysiert werden, um **Hauptaufgaben** zu erhalten, die wieder in Teil- bzw. **Elementaraufgaben** zerlegt werden. Dieser Vorgang ist notwendig, um danach die einzelnen Elementaraufgaben nach bestimmten Gesichtspunkten den Aufgabenträgern zuordnen zu können.

Jede Aufgabe ist nur dann vollständig beschrieben, wenn folgende Merkmale enthalten sind:

- **Verrichtung** (Tätigkeiten: Fräsen, Schreiben, Lackieren oder Berechnen)
- **Objekt** (Arbeitsgegenstand: Gussstück, Brief, Reflektor oder Kalkulation)
- **Rang** (ausführende oder leitende Aufgabe)
- **Phase** (planende, durchführende oder kontrollierende Aufgabe)
- **Zweckbeziehung** (produzierende oder verwaltende Aufgabe)

Beispiel 1: *Herr Müller ist Facharbeiter und überprüft anhand einer Zeichnung und mithilfe einer Messlehre die Maße eines hergestellten Werkstückes.*	***Beispiel 2:*** *Herr Meier ist Abteilungsleiter und bereitet sich anhand eines Beurteilungsbogens, den er ausfüllt, auf ein bevorstehendes Beurteilungsgespräch vor.*
Verrichtung : Prüfen Objekt: Werkstück Rang: ausführende Aufgabe Phase: kontrollierende Tätigkeit Zweckbeziehung: produzierende Tätigkeit	Verrichtung : Schreiben Objekt: Beurteilungsbogen Rang: leitende Aufgabe Phase: planende Tätigkeit Zweckbeziehung: verwaltende Tätigkeit

Das Ergebnis der Aufgabenanalyse ist ein Aufgabengliederungsplan. In ihm finden sich alle Elementaraufgaben, die letztlich zur Erfüllung der Gesamtaufgabe eines Unternehmens beitragen. Insofern ist der Vergleich mit einer großen Maschine, in der jedes noch so kleine Rädchen für das Funktionieren notwendig ist, durchaus angebracht.

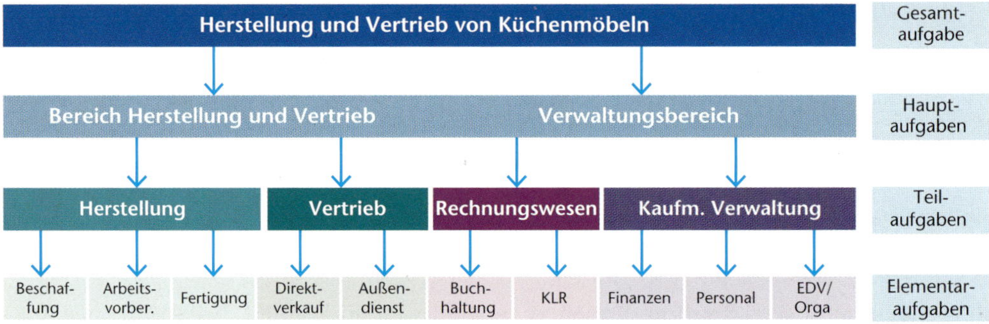

Die hier dargestellte Aufgabengliederung erfolgt nach dem Prinzip der Verrichtung. Jede Aufgabe wird in der nächsten Unterteilung nach dem Prinzip Verrichtung (= Tätigkeit) untergliedert: Verkaufen, Buchen, Finanzieren etc.

Die Aufgabengliederung kann auch nach Objekten oder anderen Kriterien erfolgen. So könnten die Herstellung und der Vertrieb von Küchenmöbeln in der ersten Zergliederung nach Objekten unterteilt werden, z. B. Unterschränke, Oberschränke, Arbeitsplatten, Hochschränke, Türen, Küchengeräte usw.

Die Analyse soll zweckmäßig sein und sinnvollen Kriterien folgen. In der Praxis werden deshalb je nach Bedarf in den verschiedenen Stufen der Aufgabenanalyse unterschiedliche Kriterien verwendet.

Beispiele: *Die Beschaffung könnte nach Objekten wie Kunststoff, Spanplatten, Halbteile weiter untergliedert werden. Der Vertrieb könnte wie oben genannt nach Verrichtungen gegliedert werden.*

Das Ergebnis der Aufgabenanalyse ist ein detaillierter Aufgabengliederungsplan, der alle Elementaraufgaben des Unternehmens enthält.

1.3.1.2 Aufgabensynthese

Aufgabensynthese ist die Zusammenfassung sachlogisch zusammenhängender Teilaufgaben zu Aufgabenkomplexen im Hinblick auf ihre Erfüllung durch einen Aufgabenträger. Ergebnis der Aufgabensynthese ist die Bildung von Stellen und Abteilungen.

Folgende Gründe sprechen für die Aufgabensynthese:

- **Spezialisierung:** Der Bestand eines Unternehmens ist von seiner Stellung am Markt abhängig. Daher sind die Mitarbeiter gezwungen, sich zu spezialisieren. Die „Allrounder“ sind allenfalls noch in kleinen Unternehmen anzutreffen.
- **Überschaubarkeit:** Die Spezialisierung der Mitarbeiter führt dazu, dass immer mehr Teilaufgaben auf verschiedene Mitarbeiter verteilt werden müssen. Dies kann bei schlechter Organisation zu einer mangelnden Überschaubarkeit führen.
- **Kompetenzklarheit:** Damit schnell und richtig entschieden werden kann, muss klar sein, wer die Kompetenzen und die Verantwortung hat.

Stellenbildung

Bei der Aufgabensynthese wird wie folgt vorgegangen: Je nach Größe des Unternehmens werden Haupt- oder Teilaufgaben sinnvoll zusammengefasst und einer Stelle zugeordnet.

Eine Stelle ist die kleinste organisatorische Einheit in einem Betrieb.

Nach ihrer Befugnis und ihrem Tätigkeitsinhalt werden folgende Stellenarten unterschieden:

- **Ausführende Stellen** sind Stellen, die keine Leitungsbefugnisse besitzen (z. B. Sachbearbeiter, Schreibkraft oder Facharbeiter).
- **Instanzen** sind Stellen, die Anordnungs-, Entscheidungs- und Kontrollbefugnisse gegenüber rangniedrigeren Stellen haben (z. B. Gruppenleiter, Abteilungsleiter oder Geschäftsführer).
- **Stabstellen** und **Assistenten** sind Hilfsstellen der Instanz und nicht weisungsberechtigt. Sie bereiten durch Informationen und Beratung die Entscheidung der Instanz vor. Auf die Stabsstellen wird im Unterkapitel 1.3.3 (Organisationsformen) näher eingegangen.

Abteilungsbildung

Wenn alle Aufgaben auf die einzelnen Stellen verteilt werden, können die Stellen zu größeren Organisationseinheiten zusammengefasst werden. Zu diesem Zweck werden Stellen, die gleiche oder ähnliche Arbeiten verrichten, zu einem größeren organisatorischen Gebilde zusammengefasst. In der Regel ist das eine Abteilung. Gleichzeitig wird ein Abteilungsleiter benannt, der die Leitung und die Verantwortung für die Abteilung übernimmt.

Abteilungen können nach den gleichen Prinzipien gebildet werden, nach denen auch die Aufgabenanalyse erfolgt:

- Abteilungsbildung nach Objekten

  Beispiel: *Bereiche Kühlschränke, Waschmaschinen und Geschirrspülmaschinen bei einem Küchenmaschinenhersteller*

- Abteilungsbildung nach Verrichtungen

  Beispiel: *Einkauf, Lagerhaltung, Verkauf, Rechnungswesen in einer Holzgroßhandlung*

- Abteilungsbildung nach Phasen

  Beispiel: *Arbeitsvorbereitung, Fertigungsdurchführung und Qualitätskontrolle in der Fertigung eines Maschinenherstellers*

Strukturierung des Unternehmensaufbaus

Nachdem nun in der beschriebenen Weise Stellen zu Abteilungen zusammengefasst wurden, lassen sich verschiedene Abteilungen wieder zu Hauptabteilungen zusammenfügen und diese wiederum zum gesamten Unternehmen. Auf diese Weise erhält man die Hierarchie des Unternehmens. Diese Hierarchie besteht aus verschiedenen Ebenen. Stellen, die auf einer Ebene liegen, haben den gleichen Rang. Innerhalb der Hierarchie muss es Stellen geben, die gegenüber den jeweils darunter liegenden Stellen Anweisungs- und Entscheidungsbefugnisse haben. Diese Stellen werden als Instanzen bezeichnet.

Betriebspyramide

Der Betriebspyramide folgt das Leitungssystem eines Unternehmens.

Ein Leitungssystem beschreibt die Weisungsbeziehungen der übergeordneten zu den untergeordneten Stellen sowie die Berichtswege der untergeordneten zu den übergeordneten Stellen für den Austausch von Kontrollinformationen.

Die einzelnen Leitungssysteme werden im Teilkapitel 1.3.3 (Organisationsformen) ausführlich beschrieben.

Kontrollspanne

Jeder Vorgesetzte – als Inhaber einer Instanz – kann nur eine begrenzte Anzahl von Mitarbeitern erfolgreich koordinieren, leiten und kontrollieren. Die Anzahl der Mitarbeiter, die einem Vorgesetzten direkt unterstellt ist, bezeichnet man als **Leitungsspanne** oder Kontrollspanne.

Diese ist abhängig davon,

- welche Tätigkeiten die Abteilung zu erledigen hat (kreative oder repetitive Aufgaben),
- welchen Schwierigkeitsgrad diese aufweisen (Werkzeugschlosserei oder Fließbandtätigkeit),
- über welche fachliche und persönliche Eignung die Mitarbeiterinnen und Mitarbeiter und die Führungskraft verfügen.

Zentralisation und Dezentralisation

Bei der Stellen- und Abteilungsbildung sind Zentralisation und Dezentralisation die beiden wichtigsten Gestaltungsprinzipien.

Zentralisation
bedeutet die Zusammenfassung gleichartiger Aufgaben an einer zentralen Stelle.

Dezentralisation
bedeutet die Aufteilung gleichartiger Teilaufgaben auf unterschiedliche Aufgabenträger.

Sowohl die Zentralisation als auch die Dezentralisation können nach den Aufgabenmerkmalen „Verrichtung" oder „Objekt" vorgenommen werden, wobei unmittelbar einleuchtet, dass eine Zentralisation nach Verrichtungen eine Dezentralisation nach Objekten nach sich zieht.

Beispiel: *Ein Unternehmen, das vier verschiedene Produkte herstellt, entscheidet sich dafür, jeden Produktbereich eigenverantwortlich mit allen Tätigkeiten zu betrauen, die die Erstellung des entsprechenden Produkts mit sich bringt. Das ist eine Zentralisierung nach dem Objekt (Produkt). Damit würde z. B. die zentrale Einkaufsabteilung überflüssig werden, weil die Verrichtung, ‚Einkaufen' dezentralisiert wurde und damit in jedem Produktbereich einmal vorhanden ist.*

1.3.2 Instrumente der Aufbauorganisation

1.3.2.1 Stellenbeschreibung

Bereits an anderer Stelle wurde deutlich gemacht:
Eine Stelle ist die kleinste organisatorische Einheit.

In diesem Zusammenhang erscheint es wichtig, darauf hinzuweisen, dass dieser Begriff grundsätzlich nicht mit dem Begriff „Arbeitsplatz" oder „Mitarbeiter" verwechselt werden darf. Denn es gibt u. U. eine Reihe von Überschneidungen und Unterschieden:

- So kann eine Stelle durchaus von zwei Mitarbeitern am gleichen Arbeitsplatz ausgefüllt werden, z. B. bei einem Job-Sharing. Hier teilen sich zwei Halbtagskräfte eine Stelle.
- Ein Stelleninhaber kann seine Stelle an verschiedenen Arbeitsplätzen ausführen. Man denke an einen Heizungsinstallateur: Seine Arbeitsplätze sind die Baustellen, auf denen er täglich arbeitet.
- Es besteht ferner die Möglichkeit, dass mehrere Stelleninhaber sich einen Arbeitsplatz teilen. Man denke an fünf Reisende eines Unternehmens, die sich einen Computerarbeitsplatz teilen und dort an jeweils einem Tag in der Woche arbeiten.

Ein wesentliches Hilfsmittel der Aufbauorganisation ist die Stellenbeschreibung. Sie existiert als Instrument der Führung nicht in allen Unternehmen, gleichwohl ist sie aus arbeitsrechtlichen, ökonomischen und organisatorischen Gründen hilfreich.

Eine Stellenbeschreibung legt im Wesentlichen folgende Punkte fest:

- Bezeichnung der Stelle
- Eingliederung in die Aufbauorganisation (instanzielle Eingliederung)
- Stellvertretung (Wen vertritt der Stelleninhaber? Von wem wird er vertreten?)
- Ziele der Stelle (Was soll das Ergebnis der Aufgabenerfüllung sein?)
- Aufgaben (Was muss der Stelleninhaber leisten, damit die Ziele erreicht werden?)
- Verantwortlichkeiten
- Befugnisse (Bis zu welchem Betrag darf der Stelleninhaber Verpflichtungen eingehen?)
- Anforderungen an den Stelleninhaber (Berufsabschlüsse, Fachkompetenz, Sozialkompetenz, Methodenkompetenz, Berufserfahrung etc.)

Beispiel für eine Stellenbeschreibung:

Stellenbezeichnung	Reklamationssachbearbeiter
Hauptabteilung	Vertrieb
Abteilung	Verkauf Innen
Unterstellung	Abteilungsleiter Verkauf Innen
Überstellung	Auszubildende bei deren Aufenthalt in der Abteilung
Stellvertretung	passiv: wird vertreten durch Kundenbetreuer 1 aktiv: vertritt Kundenbetreuer 2
Aufgaben	▪ Bearbeitung eingehender Reklamationen ▪ Verhandlungen mit Kunden ▪ Entscheidungen über Reaktionen auf Mängelrügen ▪ Führen der Reklamationsstatistik ▪ Veranlassung geeigneter innerbetrieblicher Maßnahmen ▪ ständige Mitarbeit im Arbeitskreis „Qualitätssicherung“
Befugnisse	Stelleninhaber entscheidet selbstständig über Gutschriften für Kunden bis zu einem Wert von 800,00 EUR
Anforderungen	▪ Abschluss als Industriekauffrau/mann ▪ sehr gute Kenntnisse des gesamten Produktsortiments ▪ mehrjährige Berufserfahrung im Verkauf ▪ Verhandlungsgeschick im Umgang mit Kunden bei Konfliktgesprächen ▪ Kontaktbereitschaft und gute Gesprächsführung ▪ Teamfähigkeit

Die Stellenbeschreibung ist u. a. in folgenden Situationen von Nutzen:

- Grundlage für die Ausschreibung der Stelle bei Kündigung des Stelleninhabers („Welche Anforderungen braucht ein neuer Mitarbeiter?")
- Gesprächsgrundlage bei Einstellungsgesprächen
- Handreichung für den neuen Stelleninhaber zur Einarbeitung
- Grundlage für die Erstellung von Zeugnissen („Was hatte der Mitarbeiter für Aufgaben?")
- Übersicht über die Tätigkeitsgebiete seiner Mitarbeiter für einen neuen Vorgesetzten

1.3.2.2 Organigramm

Ein Organigramm ist eine grafische Darstellung des organisatorischen Aufbaus (Leitungssystem) eines Unternehmens.

Dass Organigramm – gelegentlich auch als Organisationsplan oder Organisationsschaubild – liefert einen Überblick über das ganze Unternehmen und enthält folgende Elemente:
- Anordnung der Stellen und ihre Zusammenfassung zu Abteilungen
- Rangordnung der Stellen (Über-, Gleich- oder Unterordnung)
- Instanzenzüge (Anordnungswege)
- Dienstwege (Kommunikationswege)
- Einordnung von Stabsstellen in der Organisation
- ggf. Einordnung von ständigen Ausschüssen oder Komitees

Mit welcher Detailliertheit das Organigramm das Unternehmen abbildet, hängt ab von der Größe des Unternehmens und der Bedeutung, die dem Organigramm im Unternehmen beigelegt wird. Wird aktiv damit gearbeitet, kann das Organigramm auch als ein Stellenplan und – als Hilfsmittel für das Personalwesen – als Stellenbesetzungsplan mit Angabe der Stelleninhaber verwendet werden. In diesem Plan geht jede einzelne Stelle aus dem Organigramm hervor.

Beispiel: *Ein Großunternehmen mit 5.000 Mitarbeitern wird in der Gesamtübersicht mit einem Grobplan arbeiten, einzelne Bereiche können einen Detailplan erstellen, aus dem jede Stelle hervorgeht.*

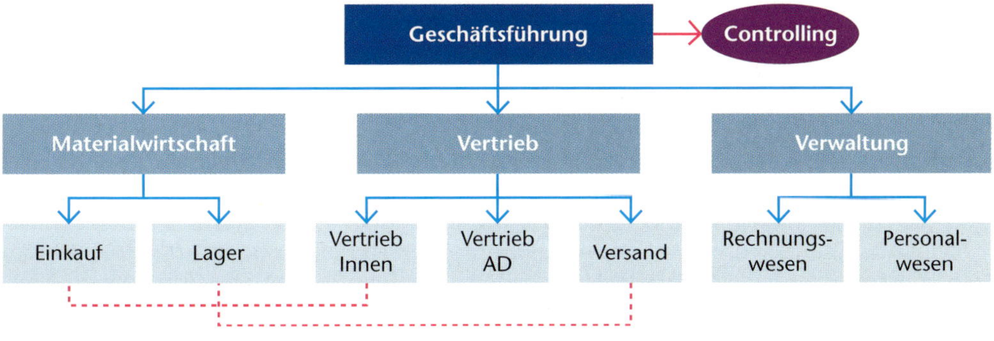

Beispiel für ein Organigramm

In der Regel werden in einem Organigramm folgende Symbole verwendet:

	Rechteckige oder quadratische Symbole verdeutlichen Stellen innerhalb der Linie, das können ausführende Stellen oder Instanzen sein.
	Kreisförmige oder elliptische Zeichen symbolisieren eine Stabsstelle. Die Bedeutung der Stabsstelle wird im folgenden Unterkapitel genauer erläutert.
————————	Durchgezogene Linien verdeutlichen Weisungs- bzw. Anordnungswege (von oben nach unten) oder Berichtswege (von unten nach oben); insgesamt bezeichnet man diese Linien auch als Dienstwege im Organigramm.
- - - - - - - - - - - - - - - -	Gestrichelte Linien deuten an, dass zwischen diesen Stellen auf gleicher Ebene Beratungs- oder enge Kommunikationsverbindungen bestehen.

1.3.3 Organisationsformen/Leitungssysteme

Die von der Unternehmensleitung getroffenen Entscheidungen müssen in jeder Aufbauorganisation umgesetzt werden und an die nachgelagerten Führungsebenen sowie die Ausführungsebene weitertransportiert werden. Das wirft die Frage auf, wer wem in einem Unternehmen Anweisungen erteilen kann.

Ein Leitungssystem beschreibt die Weisungsbeziehungen der übergeordneten zu den untergeordneten Stellen sowie die Berichtswege der untergeordneten zu den übergeordneten Stellen für die Kontrollinformationen.

Der Begriff Organisationsform kann für den Begriff Leitungssysteme synonym verwendet werden.

Traditionelle Organisationsformen	Moderne Organisationsformen
Traditionelle Leitungssysteme sind das Einliniensystem und das Mehrliniensystem, sie weisen jedoch teilweise erhebliche Mängel auf.	Sie wurden aufgrund der Mängel der traditionellen Systeme entwickelt, um den neuen Anforderungen Rechnung tragen zu können. Dazu gehören im Wesentlichen das Stab-Linien-System, die Spartenorganisation und die Matrixorganisation.

1.3.3.1 Einliniensystem

Das Einliniensystem ist gekennzeichnet von dem Prinzip der *„Einheitlichkeit der Auftragserteilung"*. Das bedeutet, dass jeder Mitarbeiter in einem Unternehmen nur einen Vorgesetzten hat, der ihm gegenüber weisungsberechtigt ist. Es gibt nur einen Dienstweg für Anordnungs- und Kontrollinformationen. Die Bezeichnung rührt daher, dass im Organigramm von jedem Mitarbeiter jeweils nur eine Linie zum jeweils nächsten überstellten und unterstellten Mitarbeiter führt. Die von oben nach unten laufenden Linien bilden den Instanzenweg, die Linien, die von unten nach oben führen, bilden den sogenannten Dienstweg oder auch Berichtsweg.

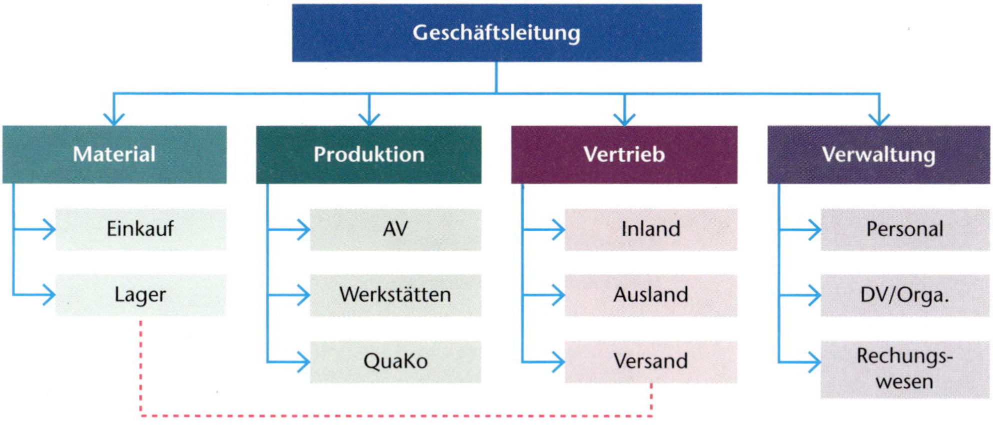

Organigramm eines Einliniensystems

Vorteile	Nachteile
Vorteile dieses Systems liegen ▪ in dem klaren und übersichtlichen Aufbau, ▪ in der genauen Kompetenzabgrenzung, ▪ in der Zuordnung der Verantwortung ▪ und in den guten Kontrollmöglichkeiten.	Nachteilig in diesem System ist, dass ▪ die Dienstwege lang und schwerfällig sind, ▪ die Instanzen u. U. fachlich und quantitativ überlastet sind, ▪ die Gefahr der Filterung von Informationen sowohl auf dem Weg nach oben als auch nach unten besteht.

Um den Nachteil des relativ langen und schwerfälligen Dienstwegs zu umgehen, hat Henri Fayol, auf den im Wesentlichen die theoretischen Grundlagen dieses Systems zurückgehen, eine Kommunikationsbrücke zwischen Stellen aus verschiedenen Abteilungen vorgesehen, die häufig miteinander zu tun haben. Diese Verbindung wird auch als *„Fayolsche Brücke“* bezeichnet.

Beispiel: *Im Beispieldiagramm ist zwischen dem Lager und dem Versand eine Kommunikationsbrücke vorgesehen. Diese beiden Stellen können und sollen miteinander kommunizieren, ihre Daten austauschen und gegenseitig notwendige Prozesse veranlassen, ohne den Dienstweg über ihre jeweiligen Abteilungsleiter gehen zu müssen. Das bedeutet eine Entlastung der Instanzen.*

Angewendet wird das System aus den genannten Gründen vorwiegend in Klein- und Mittelbetrieben mit einer homogenen Produktpalette. Dazu gehören z. B. Handwerksbetriebe, Einzelhandelsunternehmen, kleine Industriebetriebe und Großhandlungen.

1.3.3.2 Mehrliniensystem

Im Mehrliniensystem sind grundsätzlich jedem Mitarbeiter mehrere Vorgesetzte zugeordnet, an die er sich mit speziellen Problemen wenden kann. Die Vorgesetzten verfügen nur in ihrem Fachgebiet über Weisungskompetenz. Entstanden ist das Mehrliniensystem, als der Organisationswissenschaftler F. W. Taylor nach einem Weg suchte, die fachliche Überlastung der Vorgesetzten im Einliniensystem abzubauen. Deshalb setzte er in einer Werkstattorganisation verschiedene Meister ein, die auf ihrem Gebiet Spezialisten waren. So gab es einen Vorrichtungsmeister, einen Maschinenmeister, einen Meister für Zeitkontrolle und einen für Arbeitsvorbereitung. Aus diesem Grund ergeben sich in der grafischen Darstellung zwischen jedem Mitarbeiter und jedem Vorgesetzten Linien. Das bedeutet, dass ein Arbeiter von mehreren Instanzen gleichzeitig Anweisungen erhält.

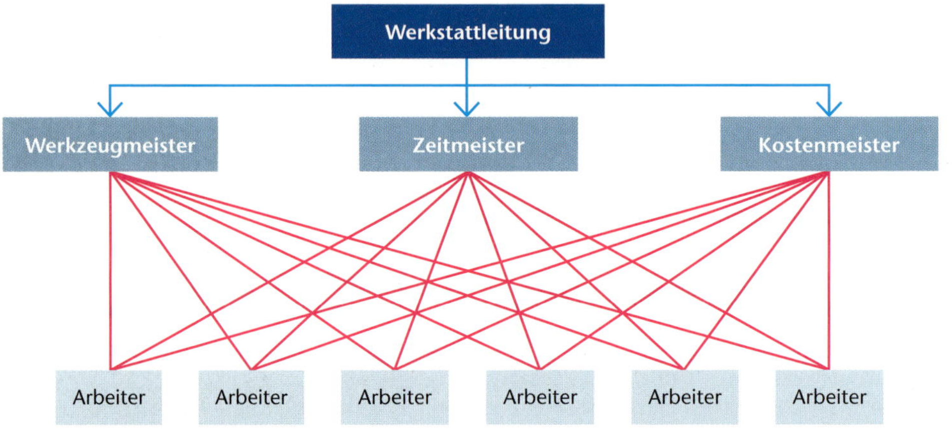

Organigramm eines Mehrliniensystems

Vorteile	Nachteile
▪ Die fachliche Überlastung der Instanzen ist aufgehoben. Jeder Fachvorgesetzte ist Spezialist auf seinem Gebiet. ▪ Die Dienstwege sind sehr kurz gehalten. ▪ Die Mitarbeiter haben für jedes Problem einen geeigneten Ansprechpartner.	▪ Die Kompetenzabgrenzung ist unklar. („Wer ist für was zuständig?") ▪ Es kommt unweigerlich zu Weisungskonflikten aufgrund der unklaren Verantwortlichkeiten der Instanzen. ▪ Die Verunsicherung der untergeordneten Stellen ist groß. („Diener zweier Herren") ▪ Die Kontrolle der Arbeitsabläufe und Arbeitsergebnisse ist kompliziert und aufwendig. ▪ Es besteht ein erheblicher Koordinationsaufwand.

Die Nachteile sind in so hohem Maße vorhanden, dass das System in seiner reinen Form wohl kaum in einem Unternehmen eingesetzt werden kann.

1.3.3.3 Stab-Linien-System

Das Stab-Linien-System versucht, die Nachteile des Einliniensystems zu mildern. Der Instanz wird zur Entlastung ein sogenannter Stab zugeordnet. Stäbe können als Stabsstellen oder bei umfangreicheren Aufgaben auch als Stabsabteilungen tätig sein. Sie haben die Aufgabe, die Linieninstanz zu beraten, Entscheidungsaufgaben vorzubereiten und die Linie von Routineaufgaben zu befreien. Ihnen fehlt jedoch die Kompetenz, Weisungen zu erteilen. Grafisch sind die Stäbe deshalb immer außerhalb der Linie als Kreis oder Ellipsen dargestellt. Typische Stabsstellen sind die Bereiche Recht, Steuern, Organisation, Revision oder Controlling.

Beispiel: *In einem Unternehmen der Lebensmittelindustrie liegt die einstweilige Verfügung einer Verbraucherschutzorganisation auf dem Tisch mit der Maßgabe, ein aktuelles Produkt wegen Irreführung des Verbrauchers auf der Verpackung aus dem Handel zu nehmen. Ein Gremium aus Geschäftsführer, Vertriebsleitung, Einkauf, Produktmanager aus dem Marketing, Kostenrechner und Rechtsabteilung soll die Entscheidung fällen, ob man den Klageweg beschreitet oder die einstweilige Verfügung akzeptiert. Es geht einerseits um hohe Kosten bei Produktions- und Absatzstopp und andererseits um Prozesskosten, Imageverlust etc. Die Stabstellen Produktmanagement und Rechtsabteilung können das Gremium nur beraten, jedoch selbst keine Entscheidung fällen. Die Entscheidung wird von den beteiligten Linienstellen getroffen und letztlich von der Geschäftsführung abgesegnet.*

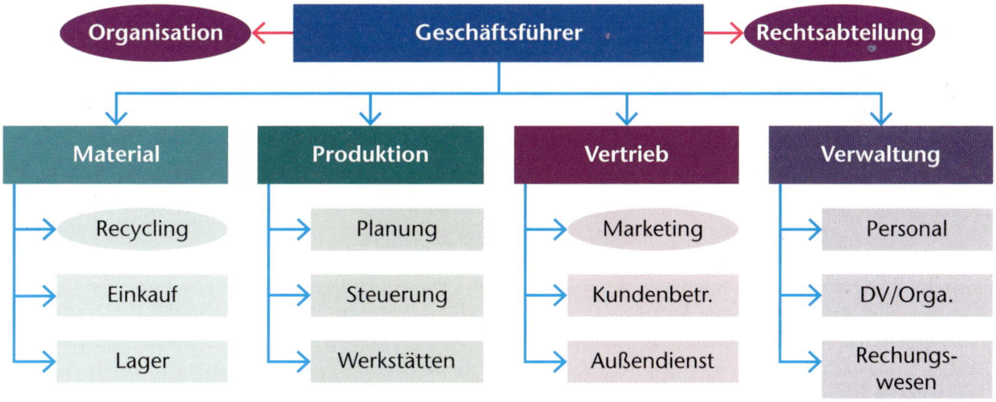

Organigramm eines Stab-Linien-Systems

Vorteile	Nachteile
▪ Die Struktur und Vorteile des Einliniensystems bleiben erhalten. ▪ Die Linieninstanzen werden für das Tagesgeschäft erheblich entlastet. ▪ Die Entscheidungsfähigkeit der Linien wird durch die Entlastung und Beratung erhöht.	▪ Die Stäbe haben keine Weisungsbefugnis. ▪ Linieninstanzen können Empfehlungen der Stäbe wider besseres Wissen ignorieren. ▪ Linieninstanzen können Erfolge aufgrund guter Beratung für sich verbuchen. („Schmuck mit fremden Federn“)

Stabsabteilungen sind für junge Universitätsabsolventen sehr geeignete Sprungbretter in die Praxis für eine spätere Karriere in Linienabteilungen. Allerdings kann die formale Machtlosigkeit von Stabsstellen und Stabsabteilungen auch zu Frustrationen führen. Andererseits kann sich durch die fachliche Überlegenheit der Stäbe („Macht der Experten“) eine gezielte Steuerung und unter Umständen auch Manipulation der Linieninstanzen ergeben.

1.3.3.4 Spartenorganisation

Die Spartenorganisation (Divisionalorganisation) als eine moderne Form eines Leitungssystems berücksichtigt die Tatsache, dass viele Großunternehmen inzwischen eine nahezu unüberschaubare Struktur mit sehr verschiedenen Produkten haben. Die Spartenorganisation zerlegt das Unternehmen in verschiedene Geschäftsbereiche, das sind entweder große eigene Bereiche oder aber tatsächlich Teilunternehmen eines Konzerns. Dabei bilden gleiche oder verwandte Produkte (Objekte) jeweils eine Sparte. Diese Sparten operieren relativ selbstständig. Die Bereichsleiter sind gegenüber der Gesamtunternehmensleitung in der Ergebnisverantwortung. Viele Großunternehmen wie Bayer, Bertelsmann, ThyssenKrupp oder Unilever sind nach diesem Prinzip organisiert.

Beispiel: *Es ist unmittelbar einsehbar, dass ein Unternehmen wie die Bayer AG, die so unterschiedlichen Produkten vertreibt wie Arzneimittel, Pflanzenschutz- und Schädlingsbekämpfungsmittel sowie Werkstoffe aus Kunststoff, eine völlig andere Organisation benötigt als ein Möbelhersteller, der ein relativ homogenes Absatzprogramm vertreibt. Bei Bayer gibt es in jedem Produktbereich unterschiedliche Kunden auf den jeweiligen Märkten, es gibt unterschiedliche Lieferanten und es gibt unterschiedliche Produktionsstrukturen, die auch zu unterschiedlichen Ertrags- und Kostenstrukturen führen.*

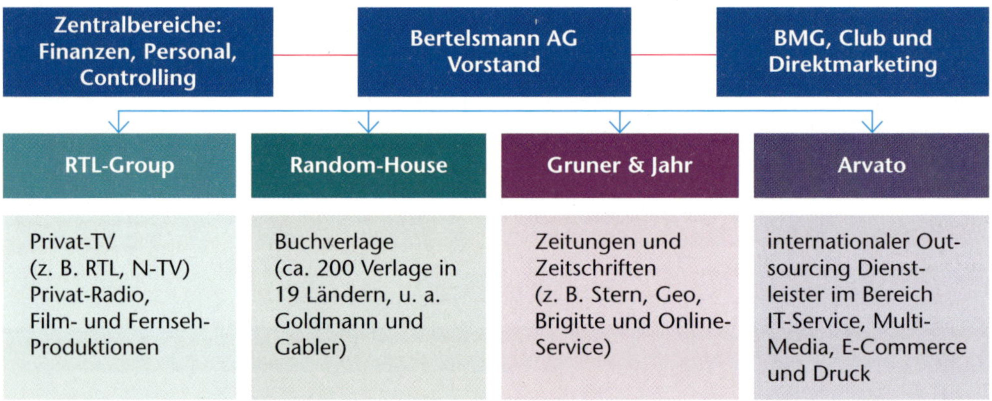

Organigramm einer Spartenorganisation

Vorteile	Nachteile
▪ Die einzelnen Sparten verfügen über eine große Marktnähe. ▪ Es gibt eine klare Zuordnung der Verantwortung, die vorwiegend über den erzielten Gewinn erfolgt (Profit-Center-Prinzip).	▪ Die verschiedenen Bereiche verfolgen u. U. gleiche Ziele, ohne voneinander zu wissen, z. B. in der Grundlagenforschung. Damit werden aber unnütz Mittel verschwendet. ▪ Es besteht die Gefahr, dass der Gesamtleitung die Übersicht und damit die Kontrolle über die Sparten entgleitet.

1.3.3.5 Matrixorganisation

Die Matrixorganisation ist eine Antwort auf die Anforderungen, denen sich Markenartikelhersteller und andere am Markt orientierte Unternehmen gegenübersehen. Ausgangspunkt ist hierbei die Überlegung, dass die in einem klassischen Einliniensystem und auch im Stab-Linien-System zumeist funktionsbezogen operierenden Instanzen und ausführenden Stellen sich vorwiegend auf ihre Tätigkeiten konzentrieren: Der Einkäufer will möglichst günstig einkaufen, der Verkäufer will möglichst viel Umsatz machen, der Produktionsleiter will möglichst große Stückzahlen zu geringen Kosten produzieren etc. Bei dieser „eindimendionalen" Sichtweise verlieren diese Mitarbeiter u. U. das einzelne Produkt aus dem Auge. Beim Marketing, das die Aufgabe hat, den Käufer mit möglichst guten Produkten zu versorgen, liegt der Fokus jedoch auf den einzelnen Produkten oder Produktgruppen. Der Produktmanager ist sozusagen der „Anwalt seines Produkts" und vertritt dessen „Interessen" quer durch die einzelnen Linien des Unternehmens.

Beispiele: *Während ein Funktionsmanager im Einkauf für Verpackungsmaterialien das Ziel verfolgt, möglichst günstig einzukaufen, verfolgt der für ein Produkt zuständige Produktmanager das Ziel, eine möglichst aufwendige, weil auffällige Verpackung durchzusetzen. Für einen Produktmanager ist es wichtig, ein neues Produkt im Markt zu etablieren. Für den Vertriebsmitarbeiter ist das neue Produkt zunächst schwierig, weil es den Kunden erst von sich überzeugen muss. Er verkauft lieber bereits eingeführte, unproblematische Produkte.*

Aus diesem Grund wird in diesem Leitungssystem quer zu einer *Verrichtungsebene* eine *objektbezogene Ebene* installiert. Aus dieser Darstellung ergibt sich zwangsläufig eine Matrix.

Da hier zumeist gegenläufige Interessen vorliegen, kommt es zwangsläufig zu einem Konflikt, aus dem durch entsprechende Auseinandersetzung ein tragbarer Kompromiss werden soll. In diesem Leitungssystem sollen durch programmierte Konflikte und die Bereitschaft und Fähigkeit der Mitarbeiter, damit kreativ umzugehen, möglichst optimale Lösungen entwickelt werden.

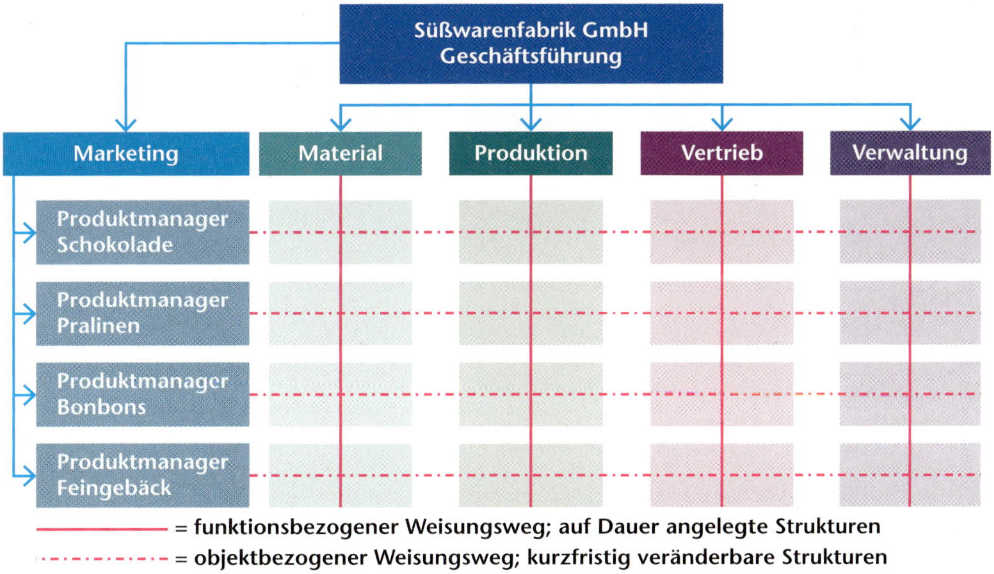

Organigramm Matrixorganisation

Vorteile	Nachteile
▪ Das System orientiert sich an den Produkten und Kunden und entwickelt damit eine große Marktnähe. ▪ Durch die kreative Unruhe wird das schöpferische Potenzial der Mitarbeiter genutzt. ▪ Die Dialogbereitschaft der Mitarbeiter führt zu den für den Markt „besten" Lösungen.	▪ Es besteht die Gefahr, dass entstehende Konflikte nicht mehr sachbezogen, sondern persönlich ausgetragen werden. ▪ Das System ist aufgrund der erforderlichen Abstimmungsprozesse und Diskussionszeiten sehr kostenintensiv.

Dieses Leitungssystem wird vorwiegend bei Markenartikelunternehmen eingesetzt. Aber auch Unternehmen, die Großprojekte betreuen, wenden dieses System an, z. B. Bauunternehmen, Werften etc.

Wiederholungsfragen zu Kapitel 1.3

1. *Nennen Sie drei wesentliche inhaltliche Merkmale der Organisation.*
2. *Aus welchen beiden wesentlichen Arbeitsgebieten besteht die Organisationslehre und wie lassen sich diese unterscheiden?*
3. *Aus welchen Anlässen heraus wird Organisation notwendig?*
4. *Welche Aufgabe hat die Aufbauorganisation?*
5. *Anhand welcher Merkmale lässt sich eine Aufgabe beschreiben bzw. analysieren?*
6. *Was geschieht bei einer Aufgabensynthese?*
7. *Unterscheiden Sie Stelle und Arbeitsplatz.*
8. *Was ist eine Instanz?*
9. *Nach welchen Gesichtspunkten können Abteilungen gebildet werden? Erläutern Sie dies anhand von Beispielen.*
10. *Was versteht man unter einer Betriebspyramide?*
11. *Was ist ein Leitungssystem?*
12. *Von welchen Faktoren ist der Umfang einer Kontrollspanne abhängig?*
13. *Unterscheiden Sie die Gestaltungsprinzipien Zentralisierung und Dezentralisierung anhand des Beispiels „Einkauf".*
14. *Nennen Sie die wesentlichen Inhalte einer Stellenbeschreibung.*
15. *Welchen Nutzen haben Stellenbeschreibungen für ein Unternehmen?*
16. *Welche Nachteile weisen Stellenbeschreibungen auf?*
17. *Was ist ein Organigramm und welche Informationen liefert es?*
18. *Beschreiben Sie das Einliniensystem und nennen Sie je zwei Vor- und Nachteile.*

19. *Das Mehrliniensystem kommt in der Praxis kaum vor. Warum?*
20. *Wodurch ist ein Stab-Linien-System gekennzeichnet und welche Vorteile bietet es?*
21. *Welche Aufgaben hat ein Stabsmitarbeiter?*
22. *Welche Gründe sprechen bei einem Unternehmen für eine Spartenorganisation?*
23. *Erläutern Sie das Prinzip einer Matrixorganisation.*
24. *Warum kommt eine Matrixorganisation häufig in Markenartikelunternehmen vor?*

1.4 Ablauforganisation

Die Ablauforganisation hat die Aufgabe, die Leistungsprozesse im Betrieb möglichst optimal hinsichtlich Funktion (Tätigkeit), Raum, Zeit und Sachmitteln zu gestalten.

Damit zielt die Ablauforganisation auf die Regelung von Geschäftsprozessen.

Ein Geschäftsprozess ist eine bestimmte Menge von logisch aufeinanderfolgenden und damit zusammengehörigen Aktivitäten, die gemeinsam eine Leistung (Produkt/Dienstleistung für die Kunden des Unternehmens erzeugen.

Dabei ist eine Aktivität als eine Arbeitseinheit anzusehen, die von einem Stelleninhaber durchgeführt wird, die jedoch als Einzelleistung keinen Wert für den Kunden darstellt.

An Geschäftsprozesse werden eine Reihe von Anforderungen gestellt. Sie sollen

- *abgesichert sein,* d. h. ein Geschäftsprozess ist immer so zu gestalten, dass er in der Wiederholung das gleiche Ergebnis mit dem gleichen Aufwand liefert;
- *wirtschaftlich sein,* d. h. das Ergebnis soll mit möglichst geringen Kosten erreicht werden;
- *effizient ablaufen,* d. h. es sollen möglichst wenig Produktionsfaktoren verbraucht werden;
- *schnell ablaufen,* d. h. es solle eine möglichst niedrige Durchlaufzeit geben bzw. das Ziel des Prozesses soll in möglichst kurzer Zeit erreicht sein.

Beispiel: *Bestellung eines Elektrogerätes durch einen Kunden. Der Kernprozess „Auftragsbearbeitung" wird in die folgenden Aktivitäten zerlegt:*

1. *Der Brief oder das Fax wird empfangen.*
2. *Die Bestellung wird an die Auftragsbearbeitung weitergeleitet.*
3. *Die Bestelldaten werden in das DV-System eingegeben.*
4. *Das System prüft, ob das Gerät im Lager vorhanden ist.*
5. *Ist Nr. 3 bestätigt, wird eine Lieferanweisung (Lieferschein) an den Versand gegeben.*
6. *Der Versand holt das Gerät aus dem Lager, verpackt und verschickt es.*
7. *Der Versand markiert die Bestellung im DV-System als abgeschlossen.*
8. *Übergabe der Lieferdaten an die Fakturierung/Rechnungsschreibung. Damit wird ein neuer Geschäftsprozess eröffnet, der dann mit der Buchung des Zahlungseingangs endet.*

Folgende Geschäftsprozesse lassen sich in nahezu jedem mittleren und größeren Unternehmen identifizieren und modellieren:

- Planungsprozess
- Investitionsprozess
- Produktentwicklungsprozess
- Vertriebsprozess
- Beschwerdebearbeitungsprozess
- Materialbereitstellungsprozess
- Produktionsprozess
- Logistikprozess
- Qualitätssicherungsprozess
- Finanzierungsprozess
- Bilanzierungsprozess
- Debitorenmanagement
- Kreditorenbuchhaltung

Geschäftsprozesse werden wie folgt unterschieden:

Kernprozesse	***Kernprozesse sind Geschäftsprozesse, in denen die Wertschöpfung des Unternehmens erfolgt.*** Kernprozesse sind Bestandteile der Wertschöpfungskette des Unternehmens. Mit ihnen wird der Cash Flow verdient. Ein Kernprozess definiert Tätigkeiten und Aufgaben, in denen ein Unternehmen Kernkompetenz besitzt und vermarktet. Kernprozesse eines Unternehmens zeichnen sich in der Regel durch eine starke Verknüpfung mit Hauptfunktionen aus und werden auch von den zuständigen Hauptabteilungen verantwortet. Aus organisatorischer Sicht sind drei Eigenschaften von Kernprozessen kennzeichnend: Sie haben eine hohe strategische Bedeutung, sie laufen in der Organisation quer zu den Linienabteilungen und sie haben u. U. eine große Reichweite: Kernprozesse beginnen mit dem Kundenwunsch und enden mit der Erfüllung des Kundenwunsches. ***Beispiele:*** *Produktentwicklung und Design, Marketingprozess, Logistikprozess, Vertriebsprozess oder der CRM-Prozess (Customer Relationship Management)*
Unterstützende Prozesse	***Unterstützende Prozesse – oft auch als Supportprozesse bezeichnet – sind betriebliche Geschäftsprozesse, die den Kernprozess zwar unterstützen, aber selbst keinen direkten Kundennutzen erzeugen.*** Unterstützende Prozesse tragen nur indirekt zur Wertschöpfung bei. Da sie nicht zu den Kernkompetenzen gehören, können sie u. U. auch ausgelagert werden, weil sie von externen, spezialisierten Anbietern günstiger, schneller und besser erbracht werden. Dem steht entgegen, dass durch eine Auslagerung Identifizierung und Einsatzbereitschaft von Mitarbeitern verloren geht, insbesondere in Bezug auf die Beziehungen zu Kunden und Lieferanten. Außerdem entstehen zusätzliche Schnittstellen und damit einhergehende Fehlerquellen und Kompetenzprobleme. ***Beispiele:*** *Personalwirtschaftliche Prozesse (Einstellung von Mitarbeitern), Prozesse in der Finanzbuchhaltung (Kreditoren bearbeiten, Monatsabschluss buchen) oder Prozesse in der Instandhaltung*

Manage-mentpro-zesse	***Managementprozesse umfassen die Planung, Gestaltung und Steuerung der Kernprozesse und der unterstützenden Prozesse.*** Managementprozesse haben die Aufgabe, die einzelnen Stellen und deren Funktionen zu strukturieren. Im Wesentlichen handelt es sich um die Funktionen der Führung, auf die im Kapitel 2 näher eingegangen wird. ***Beispiele:*** *Entwicklung von Visionen, Formulierung des Leitbildes, Strategieformulierung, Bestimmung von Zielen, Personalführung, Qualitätsmanagement, Risikomanagement oder Finanzmanagement*
Zusammen-hang zwi-schen den Geschäfts-prozessen	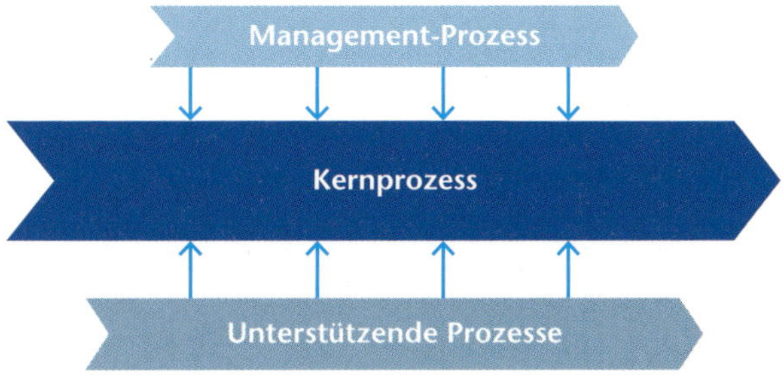

Bei der Realisierung von Geschäftsprozessen verfolgt die Ablauforganisation gleichzeitig zwei wesentliche Ziele:

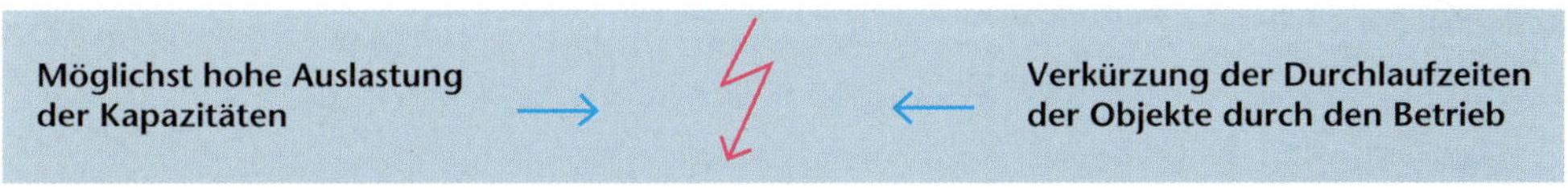

Diese beiden Ziele verhalten sich zueinander jedoch gegenläufig, sie bilden einen **Zielkonflikt.** Man spricht deshalb auch von dem *„Dilemma der Ablaufplanung“*.

Beispiel: *Ein Paketdienst hat sich einerseits seinen Kunden gegenüber verpflichtet, Pakete innerhalb von 24 Stunden vom Absender zum Empfänger zu bringen (kurze Durchlaufzeit). Andererseits ist das Unternehmen bestrebt, die eingesetzten Lkw auszulasten, um die Kosten niedrig zu halten (Auslastung der Kapazitäten). Ist nun auf einer geplanten Strecke nur ein geringes Aufkommen von Paketen, müsste das Unternehmen eigentlich so lange warten, bis der Lkw voll ist. Das darf es aber nicht, weil das nicht mit der oben ausgeführten, selbstauferlegten Verpflichtung übereinstimmt. Die Lösung liegt in dem Versuch, die Abläufe im Betrieb und die eingesetzten Sachmittel zu optimieren. Im Beispiel könnte das Unternehmen mit zwischengeschalteten Sammel- und Verteilerstellen und unterschiedlichen Kfz-Größen arbeiten.*

1.4.1 Gliederung und Prinzipien der Ablauforganisation

Die Tätigkeiten und Arbeitsprozesse in der Ablauforganisation – sei es für eine Neuorganisation oder eine Umorganisation – laufen im Prinzip nach folgendem Schema ab.

Ziele formulieren	Wenn ein Prozess identifiziert wird, der neu gestaltet werden soll, oder ein neuer Prozess zu gestalten ist, dann müssen die Ziele dafür formuliert werden. Generelle Ziele sind ▪ die Kundenorientierung, ▪ die Wirtschaftlichkeit, ▪ die Flexibilität. Sofern die Frage, ob dieser Prozess einen Nutzen für den externen Kunden hat, verneint wird, muss weiter gefragt werden, ob dieser Prozess einen Nutzen für den Mitarbeiter des Unternehmens (interner Kunde) hat. Wird auch das verneint, kann der Prozess unter Umständen abgeschafft oder ausgelagert werden.
Ist-Zustand erfassen	Der Ist-Zustand kann erfasst werden über ▪ die Befragung, – per Fragebogen – per Interview ▪ die Beobachtung, – per Multimoment-Aufnahme – per Dauerbeobachtung ▪ per Selbstaufschreibung. Diese Methoden werden im Kapitel 1.5 detailliert beschrieben.
Ist-Zustand darstellen	Im Wesentlichen werden ablauforganisatorische Ist-Zustände durch ▪ Arbeitsablaufdiagramme, ▪ Balkendiagramme, ▪ Netzpläne, ▪ Datenflusspläne dargestellt. Diese Darstellungsformen werden detailliert im Kapitel 1.4.2 dargestellt.
Ist-Zustand bewerten	Anhand der grafischen Darstellung und der Beschreibungen als Ergebnis der Ist-Aufnahme erfolgen unter Einbeziehung aller beteiligten Stellen eine Analyse und Kritik des bisherigen Ablaufs und eine Ideenfindung, wie dieser Prozess optimiert werden kann.
Planung des neuen Arbeitsablaufs/ Prozesses	Im Wesentlichen müssen bei der Planung des neuen Geschäftsprozesses folgende Schritte absolviert werden: ▪ **Design der Prozesskette:** Das ist im Prinzip wieder eine grafische Darstellung, in der die einzelnen Aktivitäten des Geschäftsprozesses und ihre Zuordnung zueinander bzw. ihre Reihenfolge dargestellt werden. Man spricht hier auch von einem Geschäftsprozessmodell. ▪ **Zuweisung der Prozessverantwortung:** Jede Aktivität muss einem Funktionsträger zugeordnet sein, der sich für seine Aktivität verantwortlich fühlt und die Schnittstellen zu den anderen Aktivitäten erkennt und respektiert. Der Gesamtprozess wird einem Prozessverantwortlichen oder einem Team übergeben. ▪ **Externe Prozessverkettung:** Sofern der Prozess mit Stellen, Unternehmen oder Organisationen (z. B. Speditionen, Lagerhäusern oder externen Rechenzentren) außerhalb des Unternehmens verbunden ist, muss der interne Prozessablauf mit diesen externen Funktionsträgern verkettet werden.

Realisierung/ Probelauf	Sofern kein Probelauf erforderlich ist, kann nach Abwägung aller Risiken der neue Geschäftsprozess in Gang gesetzt werden. Häufig wird – sofern das möglich ist – der alte Ablauf parallel „gefahren“, um z. B. Daten zu sichern und bei einem Scheitern des Probelaufs auf diese Daten zurückgreifen zu können.
Kontrolle	Neue Prozesse werden nach einer relativ kurzen Zeit überprüft und es wird festgestellt, ob die erhofften Kosten- und Zeiteinsparungen erreicht wurden. Bereits laufende Prozessabläufe werden regelmäßig überprüft und gegebenenfalls neu angepasst. Dabei unterscheidet man zwischen der kontinuierlichen Prozessverbesserung (auch als KVP = kontinuierlicher Verbesserungsprozess oder Kaizen bekannt) und der Prozessreorganisation (auch als Process-Reengineering bezeichnet).

Im Rahmen der Ablauforganisation müssen bestimmte Prinzipien beachtet werden, auf die z. T. schon bei der Aufgabenanalyse eingegangen wurde. Im Wesentlichen handelt es sich dabei um die Merkmale einer Aufgabe.

Sachverhalt

Der Facharbeiter Peter Müller fräst an einer Drehbank in der Werkstatt II 20 Metallgussteile, die um 15:00 Uhr fertiggestellt sein müssen, um dann in der Montage verarbeitet zu werden.

An diesem Beispiel lassen sich die verschiedenen Merkmale der Ablauforganisation darstellen, die für die Prozessgestaltung erforderlich sind:

Prinzip/Merkmal	Fragestellung	Beispiel aus dem Sachverhalt
Verrichtung	Welche Tätigkeit wird durchgeführt? Was ist zu tun?	Fräsen
Objekt	Woran wird die Verrichtung vollzogen? Was wird bearbeitet?	20 Metallgussteile
Rang	Hat die Tätigkeit ausführenden oder leitenden Charakter?	ausführende Tätigkeit
Phase	Handelt es sich um eine planende, realisierende oder kontrollierende Tätigkeit? In welcher Phase befindet sich die Tätigkeit?	Realisierung
Zweckbeziehung	Handelt es sich bei der Tätigkeit um den Bestandteil eines Kernprozesses oder um Teil eines unterstützenden Prozesses?	Kernprozess, Tätigkeit dient unmittelbar dem Sachzweck des Unternehmens
Sachmittel/ Hilfsmittel	Womit oder woran wird die Aktivität verrichtet?	Drehbank
Zeit	Wie lange dauert die Aktivität? Bis wann muss sie fertiggestellt sein?	bis 15:00 Uhr
Raum	Wo wird die Tätigkeit ausgeübt?	Werkstatt II
Aufgabenträger	Wer führt die Aktivität durch?	Facharbeiter Peter Müller

1.4.2 Darstellungs- und Durchführungsformen der Ablauforganisation

Die tätigkeitsorientierte Ablauforganisation legt die Reihenfolge der einzelnen Tätigkeiten fest, koordiniert deren Erledigung und versucht, Aufgaben möglichst auch parallel zu erledigen, um Stillstandszeiten zu vermeiden. Als Hilfs- und Planungsmittel werden dabei Arbeitsablaufdiagramme, Flussdiagramme und Arbeitsablaufbeschreibungen eingesetzt.

1.4.2.1 Arbeitsablaufbeschreibung

Sachverhalt

Der folgende Fertigungsprozess für das Teil 789-134 soll ablauftechnisch für 100 Stück untersucht werden. Dazu liegt die folgende Arbeitsablaufbeschreibung vor:

Nr.	Vorgang	Minuten
1	Sägen	80
2	Transport zur Fräse	10
3	Fräsen	150
4	Zwischenkontrolle	25
5	Transport zur Oberflächenbehandlung	15
6	Grundieren	40
7	Trocknen	60
8	Schleifen	35
9	Lackieren	40
10	Trocknen	60
11	Endkontrolle	20
12	Transport zur Montage	25

Diese einzelnen Tätigkeiten aus der Arbeitsablaufbeschreibung werden zwecks Analyse nun in eine Arbeitsablaufkarte übertragen und den Hauptfunktionen zugeordnet:

Nr.	Vorgang	Bearbeitung	Transport	Prüfung	Verzögerung	Lagerung	Zeit
1	Sägen	X					80
2	Transport zur Fräse		X				10
3	Fräsen	X					150
4	Zwischenkomtrolle			X			25
5	Transport zur Oberfl.		X				15
6	Grundieren	X					40
7	Trocknen				X		60
8	Schleifen	X					35
9	Lackieren	X					40
10	Trocknen				X		60
11	Endkontrolle			X			20
12	Transport zur Montage		X				25

Auf Basis der Zuordnungen kann der Organisator nun die einzelnen Gesamtzeiten der Hauptfunktionen sowie die Gesamtzeit des Prozesses berechnen.

Bearbeitung:	345 Min.
Transport:	50 Min.
Prüfung:	45 Min.
Verzögerung:	120 Min.
Lagerung:	–
Gesamtdurchlaufzeit:	**560 Min.**

Eine veraltete Form der Arbeitsablaufkarte arbeitet mit Symbolen für die einzelnen Hauptfunktionen, die dann miteinander verbunden werden.

Nr.	Arbeitsschritt	Grafische Darstellung
1	Der Verkaufsleiter erhält eine Anfrage von der Poststelle.	
2	Der Verkaufsleiter macht einen Vermerk mit Bearbeitungshinweis und bestimmt den Sachbearbeiter.	
3	Die Anfrage geht per Hauspost an den Sachbearbeiter.	
4	Der Sachbearbeiter prüft, ob die Anfrage vollständig ist und auf die Produkte zutrifft.	
5	Der Sachbearbeiter prüft anhand der Kundendatei, ob der Anfragende bereits Kunde ist. Ggf. muss die Bonität geprüft werden.	
6	Der Sachbearbeiter erbittet einen Liefertermin von der Disposition.	
7	Die Anfrage wird auf Wiedervorlage gelegt, bis der Liefertermin durchgegeben wird.	
8	Der Sachbearbeiter diktiert das Angebot, ggf. erfolgt eine Rückfrage oder eine Absage.	
9	Der Sachbearbeiter wartet auf die Reinschrift vom Sekretariat, erledigt in der Zwischenzeit weitere Anfragen.	
10	Der Sachbearbeiter prüft Reinschrift und unterzeichnet rechts.	
11	Das Angebot geht per Hauspost an den Vertriebsleiter in der Unterschriftenmappe.	
12	Der Vertriebsleiter prüft und unterschreibt links.	

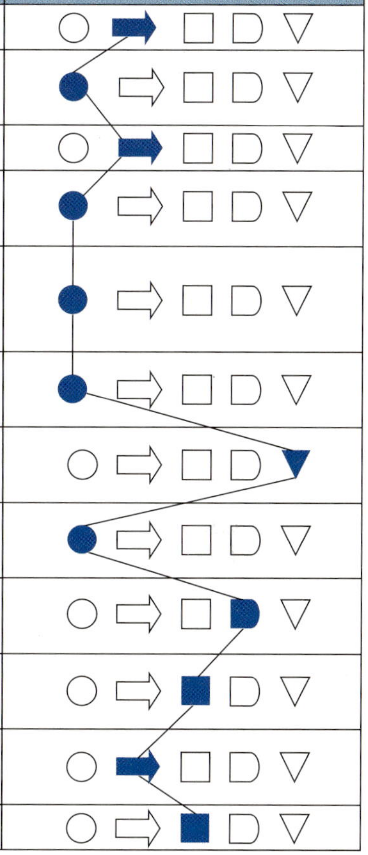

1.4.2.2 Funktionendiagramm

Ein Funktionendiagramm ordnet einzelne Aktivitäten den an einem Prozess oder in einer Abteilunge beteiligten Stellen in Form einer zweidimensionalen Matrix zu. Das Funktionendiagramm verknüpft auf diese Weise die Geschäftsprozesse der Ablauforganisation mit den Zuständigkeiten und Strukturen der Aufbauorganisation.

Einkaufsabteilung	Einkaufsleiter	Einkaufsassist.	Einkauf I (Metall)	Einkauf II Elektro)	Einkauf III (Sonst.)	Terminstelle	Rechnungsprüfung	Materiallager	Sekretariat
Markterkundigung	E	PA	A	A	A				
Einkaufsplanung	E	X	X	X	X				
Bedarfsprüfung	E		X	X	X				
Angebotseinholung			X	X	X				
Vertreterempfang	X		X	X	X				
Bestellung			X	X	X				
Lieferkontrolle						X			
Rechnungsprüfung							X		
Bestandsüberwachung			K	K	K			A	
Inventurbewertung			X	X	X				
Korrespondenz			X	X	X				X

Funktionendiagramm

Die Zeichen in den Schnittpunkten von Funktionen und Stellen haben folgende Bedeutung:

X = Gesamtfunktion (Planung + Ausführung + Kontrolle) P = Planung
A = Ausführung
K = Kontrolle

E = Entscheidung

Aus den Zeilen des hier gezeigten Funktionendiagramms wird ersichtlich, welche Aktivitäten von welchen Stellen erledigt werden (dürfen). Die Zeilen sind damit eine Grundlage für Arbeitsablaufdarstellungen. Aus den Spalten sind die einzelnen Stellen der Einkaufsabteilung zu entnehmen. Die Spalten sind dadurch Grundlage für die Erstellung von Stellenbeschreibungen. Im Gegensatz zu einer Stellenbeschreibung enthält ein Funktionendiagramm wesentlich weniger Informationen über die einzelnen Stellenaufgaben, es vermittelt dafür aber eine Übersicht der beteiligten Stellen.

Vorteile	Nachteile
▪ übersichtliche und knappe Darstellung ▪ organisatorische Mängel leicht erkennbar ▪ niedriger Änderungsaufwand	▪ Abgrenzungsschwierigkeiten ▪ schematische Darstellungsweise lässt detaillierte Regelungen (z. B. Sonderfälle) sehr schwer oder gar nicht darstellen.

1.4.2.3 Flussdiagramm

Durch ein Flussdiagramm können Tätigkeiten oder Abläufe in ihrer logischen zeitlichen Abfolge dargestellt werden. Dabei werden die Tätigkeiten stark abgekürzt in die Symbole geschrieben. Damit die verschiedenen Symbole beim Lesen eine Logik ergeben, werden sie durch Pfeile verbunden. Flussdiagramme können verwendet werden für die Darstellung von Arbeitsprozessen, für Programmabläufe oder für den Datenfluss innerhalb eines Unternehmens:

Die DIN 66001 vereinheitlicht Sinnbilder für Datenfluss und Programmabläufe:

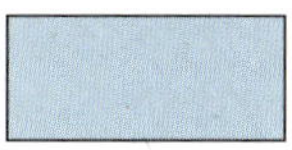	**Tätigkeit:** Ein Prozess besteht aus einer Folge von Tätigkeiten. Sind weiterführende Detailregelungen für das Ausführen einer Tätigkeit erforderlich, wird an der entsprechenden Stelle darauf verwiesen.
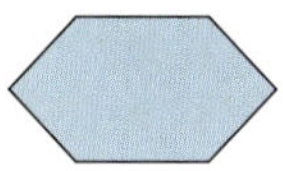	**Prüfung:** Für eine durchzuführende Prüfung werden folgende Punkte geklärt und bei Bedarf weiterführende Regelungen getroffen: Prüfkriterien, Prüfablauf, Ergebnisaufzeichnung, wenn erforderlich Art des Prüfmittels, Vorgehen bei negativem Ergebnis, Prüfzeitpunkt und -zyklus.
	**Entscheidungen:** Sie werden von einem Verantwortlichen getroffen oder ergeben sich aus einer logischen Verzweigung. In der Regel gibt es nur zwei Ausgänge aus Entscheidungen: ja/nein oder dafür/dagegen
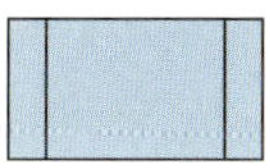	**Schnittstellen:** Hier handelt es sich um Übergänge von oder zu einem anderen Prozess oder Verfahren, vielleicht in einem anderen Arbeitsbereich. Schnittstellen können innerhalb oder am Ende eines Prozesses stehen und lösen einen Folge- oder Folgeteilprozess aus.
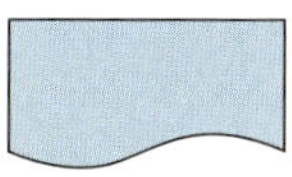	**Dokumente:** Sie werden erstellt, in bestimmter Weise gelenkt und aufbewahrt. Nach ihrer Bearbeitung werden sie nicht mehr verändert. Die jeweils geltenden Dokumente werden den Tätigkeiten und Prüfungen zugeordnet. Die zu erstellenden Aufzeichnungen werden in Flussdiagrammen zugewiesen und benannt.

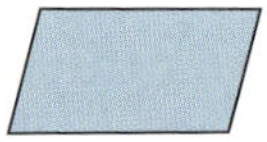	**Vorgabedokumente:** Dokumente, die Qualitätsanforderungen enthalten oder Vorgehensweisen beschreiben. Das können interne Dokumente sein (z. B. Checklisten oder Rezepturen) oder externe Dokumente (z. B. Gesetze und Verordnungen).
	**Konnektor:** Der Ablauf wird an anderer Stelle fortgesetzt.
	**Start oder Ende eines Ablaufs**, wenn dieser nicht in eine andere Schnittstelle oder anderes Verfahren mündet.

Sachverhalt

Arbeitsanweisung für die Bearbeitung eines Kundenauftrags: Wenn ein Kundenauftrag eingeht, ist zunächst zu prüfen, ob der Lagerbestand für die Lieferung ausreicht. Reicht der Bestand nicht aus, muss der Kunde über die Lieferverzögerung benachrichtigt werden (Mail oder Telefonat). Lehnt der Kunde die spätere Lieferung ab, wird der Auftrag nicht weiter bearbeitet. Ansonsten wird die Bestellung bei Disposition/Einkauf veranlasst. Ist ausreichend Ware vorhanden, wird der Auftrag bearbeitet, ein Lieferschein ausgedruckt. Der Lieferschein geht an die Versandstelle. Kommt die Kopie des Lieferscheins aus dem Versand zurück, ist eine Rechnung auszudrucken und an den Kunden zu schicken.

Für diesen Arbeitsablauf ist ein Arbeitsablaufdiagramm zu erstellen.

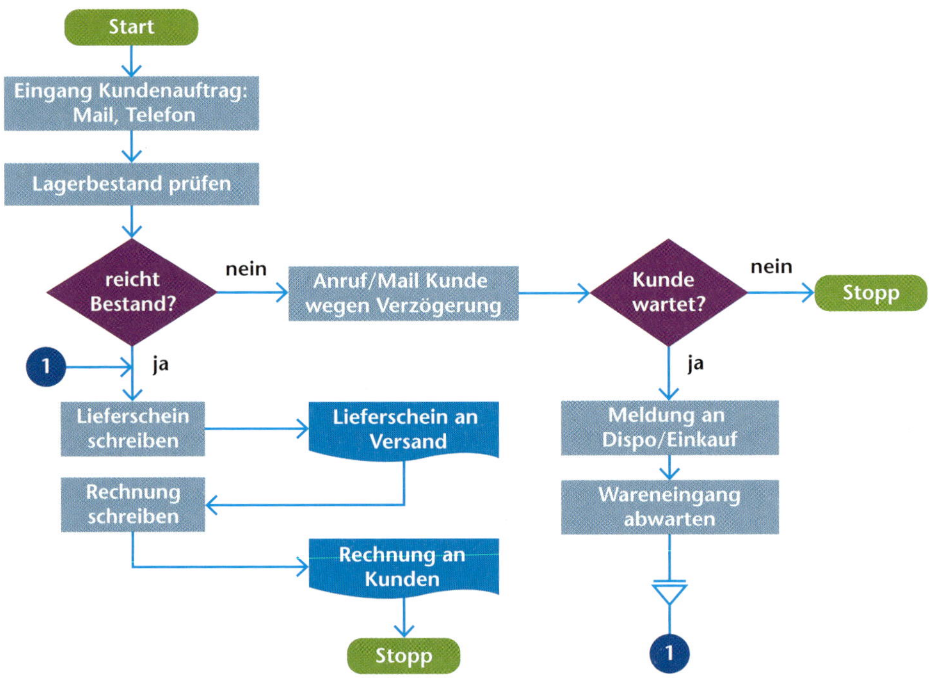

Beispiel für ein Flussdiagramm

Die zeitorientierte Ablauforganisation hat die Aufgabe, die Arbeitsabläufe optimal zu koordinieren. Hilfsmittel dafür sind das Balkendiagramm und die Netzplantechnik als Planungsinstrumente.

1.4.2.4 Balkendiagramm

Das von H. L. Gantt entwickelte Balkendiagramm – in Ehrung seines Erfinders auch gerne Gantt-Diagramm genannt – stellt die geplante Dauer sowie die geplanten Anfangs- und Endtermine von Teilarbeiten als Balken auf einer horizontalen Zeitachse grafisch dar.

Sachverhalt

Aus einer Arbeitsanweisung: Bitte erledigen Sie noch die Maschinenbelegung für Werkstatt 4 für die Maschinen M1 bis M3 (Metallverarbeitung): Die Aufträge A 21, B 35 und C 71 sollen am Donnerstag, 13.04., erledigt werden. Es muss unbedingt beachtet werden, dass die Aufträge in der angegebenen Reihenfolge bearbeitet und dass die Leerzeiten minimiert werden. Aus fertigungstechnischen Gründen können die Aufträge auf den einzelnen Maschinen nicht geteilt werden.

Auftrag	Stufen der Verarbeitung		
	1. Stufe	2. Stufe	3. Stufe
A 21	M3: 2 Std	M1: 4 Std	M2: 3 Std
B 35	M1: 2 Std	M3: 4 Std	M2: 1 Std
C 71	M2: 3 Std	M3: 2 Std	M1: 1 Std

Das Ergebnis könnte wie folgt aussehen:

Stunden->	1	2	3	4	5	6	7	8	9	10
Maschine 1	B 35	B 35	A 21	A 21	A 21	A 21	C 71	C 71	C 71	C 71
Maschine 2	C 71	C 71	C 71				A 21	A 21	A 21	B 35
Maschine 3	A 21	A 21		C 71	C 71	B 35	B 35	B 35	B 35	

1.4.2.5 Netzplantechnik

Der Netzplan gliedert den Gesamtablauf eines Projekts oder eines großen Auftrags in eine Folge logisch miteinander verknüpfter Vorgänge. Er ermöglicht damit eine Terminplanung einzelner Vorgänge und weist als Ergebnis einen kritischen Weg aus.

Sachverhalt

Aus dem Protokoll einer Abteilungsleiterbesprechung:

TOP 3: Großauftrag Handelskontor Rotterdam

Aus der Besprechung ist zu diesem Punkt Folgendes festzuhalten (In Klammern die während der Besprechung eingeholten Zeiten, die die verantwortlichen Stellen für ihre Aufgabenerledigung benötigen):

Es soll unverzüglich eine Auftragsbesprechung der verantwortlichen Gruppenleiter aus den Bereichen Vertrieb, Kostenrechnung, Einkauf und Fertigung stattfinden (A: 1 Tag); unmittelbar darauf erfolgt die Erstellung der technischen Zeichnung (B: 2 Tage); parallel dazu erfolgen die technische Spezifikation (C: 6 Tage) sowie die Maschinenbelegungsplanung/Kapazitätsplanung (D: 4 Tage). Unmittelbar nach Vorgang D erfolgt die Personalbedarfsplanung (G: 5 Tage). Erst wenn die technische Zeichnung und die Spezifikation erstellt sind, können die Angebote bei den Lieferanten eingeholt werden (E: 8 Tage). Nach Vorliegen dieser Angebote und Abschluss der Personalbedarfsrechnung (G: 5 Tage), die unmittelbar nach Vorgang D erfolgt, können die Fertigungskosten sowie die Angebotspreise kalkuliert werden (F: 3 Tage). Nach Abschluss der Kalkulation kann der Angebotsentwurf mit allen Unterlagen erstellt und dem Kunden zugeleitet werden (H: 2 Tage).

Für die Vorbereitung des Netzplans ist es unerlässlich, dass eine Vorgangsliste erstellt wird. Sie enthält alle Vorgänge, deren Nummern, die Dauer des einzelnen Vorgangs sowie die Vorgänger und Nachfolger eines jeden Vorganges. Die Vorgangsliste für den beschriebenen Sachverhalt sieht wie folgt aus:

	Vorgang	Dauer	Vorgänger	Nachfolger
A	Auftragsbesprechung	1	–	B; C; D
B	technische Zeichnung	2	A	E
C	technische Spezifikation	6	A	E
D	Masch.-/Kapazitätsplan	4	A	G
E	Angebotseinholung	8	B; C	F
F	Kalkulation	3	E; G	H
G	Personalbdarfsplanung	5	D	F
H	Angebotsentwurf	2	F; E	–

Für die Erstellung eines Netzplanes nach dem hier dargestellten Verfahren sind die folgenden Grundregeln zu beachten:

Ein Vorgang wird in Form eines kleinen Rechtecks dargestellt (Vorgangsknoten).

1. Die Abhängigkeit wird in Form von Pfeilen dargestellt. Der Vorgang, aus dem der Pfeil abgeht, muss abgeschlossen sein, bevor der nachfolgende Vorgang beginnen kann.
2. Müssen mehrere Vorgänge beendet sein, bevor ein nachfolgender Vorgang beginnt, münden alle Pfeile der Vorgänger im nachfolgenden Vorgang ein.
3. Können mehrere Aktivitäten erst beginnen, bevor ein anderer Vorgang beendet ist, dann gehen von diesem Vorgang Pfeile zu allen unmittelbaren Nachfolgern dieses Vorganges.
4. Ein Netzplan enthält – anders als Datenflusspläne oder Programmablaufpläne – keine Schleifen. Gleiche Vorgangsfolgen, die sich im beschriebenen Ablauf wiederholen, müssen durch eine neue Vorgangskette neu dargestellt werden.

Aus der vorstehenden Vorgangsliste kann dann per Hand oder mit einer speziellen Software ein Netzplan erstellt werden, der folgendes Aussehen hat:

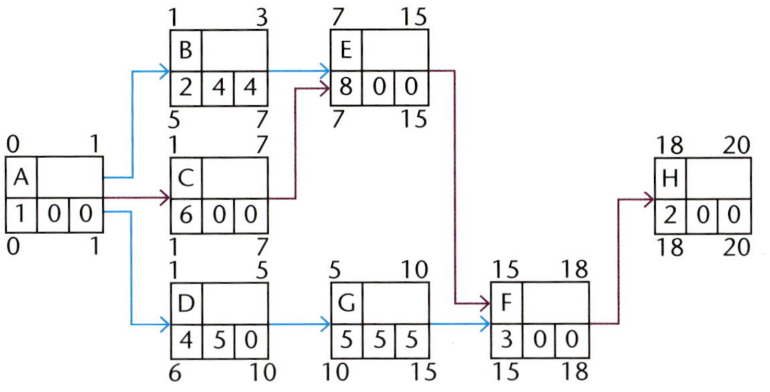

= Kritischer Pfad:

Die Darstellung bedarf der folgenden Erklärungen:

Im Rahmen der Vorwärtsterminierung werden am oberen Rand eines Vorgangsknotens der **früheste Anfangszeitpunkt FAZ** und der **früheste Endzeitpunkt** FEZ eingetragen. Die Differenz ergibt sich durch die Dauer des Vorgangs. Im gezeigten Beispiel beginnt der Vorgang D frühestens zum Zeitpunkt 1 (übernommen vom Vorgänger A: FEZ 1) und endet wegen der Dauer von 4 Zeiteinheiten frühestens zum Zeitpunkt 5.

In der unteren Zeile des Vorgangsknotens wird links die **Dauer** eingetragen. In der Mitte wird der **Gesamtpuffer** eingetragen. Er ergibt sich durch die Berechnung SEZ – FEZ eines Vorganges, hier also 10 - 5 = 5.
Der **freie Puffer** wird im rechten Kästchen eingetragen. Er ergibt sich durch die Berechnung FAZ vom Folgevorgang – FEZ vom betrachteten Vorgang. Im Beispiel hat der Folgevorgang G die FEZ 5, der Vorgang D die FAZ 5, das Ergebnis ist also 0.

Der hier gezeigte Pfeil kommt vom Vorgang A. Dieser ist frühestens zum Zeitpunkt 1 beendet, also kann der Vorgang D, genauso wie die Vorgänge B und C, frühestens zum Zeitpunkt 1 beginnen.

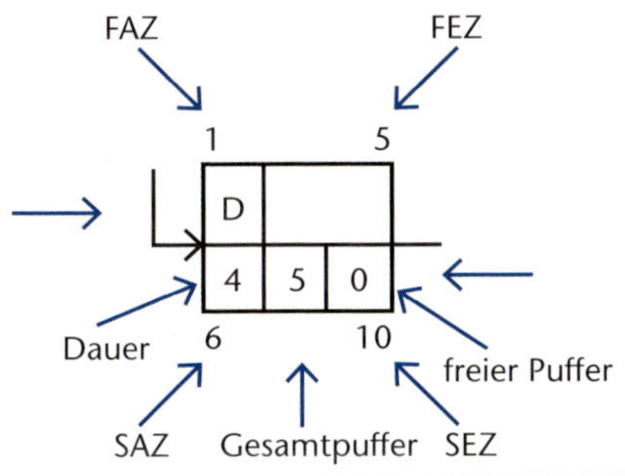

Im Rahmen der Rückwärtsterminierung werden am unteren Rand eines Vorgangsknotens der **späteste Anfangszeitpunkt SAZ** und der **späteste Endzeitpunkt SEZ** eingetragen. Die Differenz ergibt sich durch die Dauer des Vorgangs. Im gezeigten Beispiel muss der Vorgang D spätestens zum Zeitpunkt 10 beendet sein. Da er eine Dauer von 4 Zeiteinheiten hat, muss er spätestens zum Zeitpunkt 6 beginnen.

Vorgänge, bei denen sowohl der Gesamtpuffer als auch der freie Puffer gleich 0 sind, liegen auf dem **kritischen Pfad.** Kommt es bei einem dieser Vorgänge zu einer Verzögerung, verzögert sich der gesamte Zeitplan um die Überschreitung bei dem einen Vorgang.

Die raumorientierte Ablauforganisation beschäftigt sich mit der räumlich optimalen Zuordnung der einzelnen Arbeitsplätze und Abteilungen, um die Transportwege zu minimieren und einen geordneten Fluss der Arbeitsobjekte durch den Betrieb zu gewährleisten. Im Bereich der Produktion sind zu diesem Zweck Organisationstypen der Fertigung entwickelt worden, die sich an der Art der Produkte, der einzusetzenden Sachmittel und der Fertigungsstufen orientieren (z. B. Werkstattfertigung, Fließfertigung oder Baustellenfertigung).

Im kaufmännischen bzw. verwaltenden Bereich bearbeitet die raumorientierte Ablauforganisation z. B. Entscheidungen über die Aufteilung von Büros oder regelt Fragen der optimalen Kommunikation persönlicher oder schriftlicher Natur.

Die sachmittelorientierte Ablauforganisation entscheidet über den optimalen Einsatz von Sachmitteln zur Bewältigung der betrieblichen Aufgaben. Fragen wie: „Welches Lagersystem ist optimal?“ oder „Sollen wir in jedem Einzelbüro einen Drucker aufstellen oder soll ein Hochleistungsdrucker an einer zentralen Stelle pro Etage etabliert werden?“ werden von der Organisationsabteilung beantwortet.

Wiederholungsfragen zu Kapitel 1.4

1. *Welche Aufgabe hat die Ablauforganisation in einem Unternehmen?*
2. *Was versteht man unter einem Geschäftsprozess?*
3. *Unterscheiden Sie Kernprozesse, unterstützende Prozesse und Managementprozesse anhand von Beispielen.*
4. *Was sind die beiden wesentlichen Zielsetzungen der Ablauforganisation und in welchem Verhältnis stehen sie zueinander?*
5. *Schildern Sie die einzelnen Stationen eines ablauforganisatorischen Arbeitsprozesses.*
6. *Anhand welcher Merkmale kann eine Aufgabe im Rahmen der Ablauforganisation beschrieben werden?*
7. *Welche Darstellungsmöglichkeiten stehen der Ablauforganisation zur Verfügung?*
8. *Welchen Zweck verfolgt eine Arbeitsablaufbeschreibung?*
9. *Was beschreibt ein Funktionendiagramm?*
10. *Wofür benötigt man ein Flussdiagramm?*
11. *Unterscheiden Sie das Balkendiagramm und den Netzplan.*
12. *Was bezeichnet der kritische Pfad in einem Netzplan?*

1.5 Analysemethoden

Exkurs: Methoden der Ist-Aufnahme zur Feststellung des Ist-Zustandes der Organisation

Probleme und Reibungsverluste in organisatorischen Abläufen oder eine völlig neue Arbeitsaufgabe lösen in der Regel vor einer Um- oder Neuorganisation eine Ist-Aufnahme des vorhandenen organisatorischen Ablaufs oder Geschäftsprozesses aus. Dafür gibt es verschiedene Methoden der Ist-Aufnahme:

Befragung

- **Fragebogen**
  Mitarbeiter eines Unternehmens, einer Abteilung oder die beteiligten Mitarbeiter eines Geschäftsprozesses können mit einem vorstrukturierten Fragebogen nach der täglichen Aufteilung ihrer Arbeit, nach Details von Arbeitsabläufen, nach ihrer Arbeitsbelastung oder nach ihrer Meinung zu neuen Prozessen befragt werden. Aus solchen Angaben könnte der Organisator Schwachstellen im Organisationsablauf entnehmen, z. B. Überschneidungen in der Verantwortung, Doppelarbeit oder Unzufriedenheit mit vorhandenen Regeln. Allerdings muss ein solcher Fragebogen erst entwickelt werden. Das ist relativ teuer und deshalb wird der Fragebogen meist auf eine große Anzahl von Befragten angewendet, z. B. alle Mitarbeiter eines Unternehmens oder eines großen Betriebsteils.

- **Interview**
  Bei einem Interview erfolgt die Befragung gewissermaßen „face to face", das heißt während der Befragung sitzen sich Organisator und befragte Person gegenüber. Das Interview kann entweder vollstrukturiert, teilstrukturiert oder völlig offen sein.
  - Das *vollstrukturierte Interview* folgt im Prinzip einem Fragebogen und bietet den Vorteil, dass alle Antworten später miteinander vergleichbar sind.
  - Das *teilstrukturierte Interview* bietet dem Interviewer einen Leitfaden, ermöglicht ihm aber immer wieder, direkt nachzufragen, wenn noch nicht völlige Klarheit besteht oder wenn eine Aussage nicht schlüssig ist.
  - Ein völlig *offenes Interview* dürfte relativ selten sein und vor allem im Bereich Mediation, psychologische Betreuung oder Konfliktgespräch sinnvoll sein. Der Interviewer passt sich hierbei völlig dem Gesprächsverlauf an und regiert auf Signale und Aussagen der befragten Person.

- **Selbstaufschreibung**
  Diese Methode ist ähnlich wie die Fragebogen-Methode, nur erfolgt hierbei die Aufschreibung über einen längeren Zeitraum. In der Regel werden auf der Basis eines standardisierten Formblatts Aufzeichnungen gemacht über Arbeitsinhalte, dafür verbrauchte Zeiten, besondere Vorkommnisse und Ähnliches. Ein schwerwiegender Nachteil dieser Methode ist, dass die Mitarbeiter sich u. U. bei den Eintragungen abstimmen oder „geschönte" Angaben machen, die den Organisator in die Irre führen.

Beobachtung

- **Dauerbeobachtung**
  Bei dieser Methode beobachtet ein Organisator einen Arbeitsablauf, eine Gruppe von Mitarbeitern oder eine Person über einen bestimmten Zeitraum. Diese Methode bringt

insbesondere bei Büroarbeiten keine oder nur geringe Ergebnisse. Das Verfahren wird deshalb vorwiegend im Produktionsbereich angewendet, um Zeiten von Mitarbeitern zur Berechnung von neuen Akkordvorgaben zu nehmen oder um einen Teil des Fertigungsprozesses zu analysieren, um ihn später neu zu gestalten.

- **Multi-Moment-Aufnahme**
  Bei dieser Methode wird eine große Zahl von Stichprobenbeobachtungen gemacht. Von der Häufigkeit, mit der bestimmte Merkmale beobachtet wurden, schließt man auf ihren Anteil an der Gesamttätigkeit.
  Dieses Verfahren der Ist-Aufnahme eignet sich besonders gut, um zeitliche Problemstellungen im Organisationsgefüge zu analysieren. So wird dieses Verfahren häufig angewendet, um die Verteilung der Arbeitszeit von Mitarbeitern auf Haupt-, Neben-, Verteil- und sonstige Zeiten festzustellen.

- **Dokumentenanalyse**
  Eine Sonderform der Beobachtung, die wohl als relativ objektiv bezeichnet werden kann, ist die Dokumentenanalyse. Der Organisator hält sich zu diesem Zweck in der Abteilung oder an den Stellen, die ein Geschäftsprozess durchläuft, auf und studiert die Unterlagen, die die Mitarbeiter für die Erledigung ihrer Aufgabe benötigen. Das können Vorschriften, Richtlinien, Verordnungen, Tabellen, Gebührenordnungen, Lieferscheine oder Eingangsrechnungen sein.
  Diese Methode eignet sich insbesondere für die Zwecke der Systemanalyse, die vor der Modellierung eines Betriebsablaufes oder Geschäftsprozesses durchgeführt wird. Ebenso wird die Dokumentenanalyse wichtig vor der Programmierung von betriebsinterner Individual-Software.

1.5.1 Methoden zur Messung der Kundenzufriedenheit und Auswertung der Ergebnisse

Wie bereits mehrfach angedeutet und erwähnt, ist die moderne Unternehmung mit Marketing und Geschäftsprozessorientierung ganz auf den Markt ausgerichtet und dort vor allem auf den Kunden. Der folgende relativ eingängige Orientierungsspruch macht das deutlich:

Qualität ist, wenn der Kunde wiederkommt und nicht die Ware!

Ein Kunde kann nur dann zufrieden sein, wenn er mit dem Produkt zufrieden ist. Das bedeutet, dass die Unternehmensführung sowohl vor, während als auch nach dem Kauf den Fokus auf den Kunden und seine Zufriedenheit mit dem Produkt legen muss. Bereits seit den 1980er Jahren hat sich in deutschen Unternehmen die Auffassung durchgesetzt, dass die Bindung bestehender Kunden profitabler ist als die reine Konzentration auf das Neukundengeschäft. Folglich setzen Unternehmen auch Kundenzufriedenheitsanalysen ein, um die Qualität ihrer Kundenbeziehungen zu messen und zu verbessern. Vor, während und nach dem Verkaufsvorgang steht eine Reihe von Methoden zur Verfügung.

1.5.1.1 Erhebungen vor dem Verkaufsvorgang (Pre-Sales-Aktivitäten)

Pre sales bezeichnet im Vertrieb von Unternehmen alle Tätigkeiten und Aufgaben, die vor dem eigentlichen Verkaufsvorgang erledigt werden müssen. In Industrieunternehmen ist diese Phase relativ leicht abzugrenzen, in Handelsunternehmen fällt das schwerer, da hier der reine Verkaufsvorgang vom davor liegenden Beratungsvorgang nicht leicht zu trennen ist. Das gilt insbesondere für technisch anspruchsvolle Produkte (z. B. Maschinenbau) und beratungsintensive Dienstleistungen (z. B. Finanzprodukte).

Folgende Maßnahmen zur Messung und Wahrung zukünftiger Kundenzufriedenheit kann ein Unternehmen durchführen:

- **Wertanalyse** (dieses Verfahren wird umfangreich im folgenden Teilkapitel beschrieben).
- **Workshops mit ausgewählten Kunden:** Insbesondere dort, wo umfangreiche technische oder systemische Probleme zu lösen sind (z. B. Maschinenbau, Software oder Gebäudesanierung), kann es sinnvoll sein, die Anwender der Produkte oder Problemlösungen ins eigene Haus zu holen und mit ihnen ihre Probleme zu diskutieren und diese Ergebnisse zu visualisieren. Sie können bei der Produktentwicklung wichtige Erkenntnisse liefern, die dabei helfen, den Kunden später zufrieden zu machen.
- **Machbarkeitsstudien und Klärung technischer Fragen:** Hier werden dem Kunden im Vorfeld des Verkaufs Probleme und ihre Lösungsmöglichkeiten aufgezeichnet, die mit dem Produkt gelöst werden können. So könnte z. B. ein Möbelhersteller sich von einem Hersteller für Verbindungs- und Montagetechnik komplette Systemlösungen konzipieren und anbieten lassen.
- **Untersuchungen im Testlabor:** Mithilfe von wissenschaftlichen Methoden können in Testlabors die Nutzung der Produkte von Kunden (z. B. bei Lebensmittelzutaten oder technischen Geräten), die Wirkung der Werbung auf Kunden (z. B. Fernseh- oder Zeitschriftenwerbung) getestet werden. Die Ergebnisse führen dazu, dass Produkte bedienungsfreundlicher werden und die Werbung ansprechender.
- **Produktpräsentationen:** Vor der Einführung von Produkten können ausgewählte Testkunden und Entscheider aus dem Groß- und Einzelhandel die Produkte anschauen, ausprobieren und ggf. anwenden oder verkosten. Die Aussagen der beteiligten Personen können dann – sollten sie gravierend sein – in die Überarbeitung des Produkts eingehen.
- **Erstellung von aussagefähigen Kunden-Angeboten:** Ein Kunde, dem zu viel versprochen wird, wird immer unzufrieden sein, egal wie gut objektiv die Leistung ist. Daraus sind entsprechende Schlüsse für die Angebotserstellung zu ziehen. Es sollte nichts versprochen werden, was nicht eingehalten werden kann.

1.5.1.2 Erhebungen während des Verkaufsvorgangs oder im unmittelbaren zeitlichen Zusammenhang (Sales-Aktivitäten)

Während des Kaufvorganges kann der Kunde schlecht nach seinen Empfindungen und seinen Erfahrungen mit dem Produkt gefragt werden. Er hat es ja noch nicht in Betrieb genommen und noch nicht ausprobiert. Lediglich der Verkaufsvorgang selbst kann Gegenstand einer Untersuchung darüber sein, ob der Kunde zufrieden ist.

- **Video-Aufzeichnung:** Der Verkaufsvorgang wird per Video aufgezeichnet und später ausgewertet. Körpersprache und ggf. mündliche Äußerungen des Kunden können dann ausgewertet werden.
- **Befragung des Verkaufspersonals im Handel:** Sie kann dazu führen, dass Nachfragen der Kunden nach dem untersuchten Produkt erfasst oder Kaufwiderstände verdeutlicht werden.
- **Kartenbefragung des Kunden:** Der Kunde kann im Einzelhandel durch Kartenbefragung darüber befragt werden, ob er mit dem Verkaufs- und Beratungsvorgang an sich zufrieden war oder nicht.

1.5.1.3 Erhebungen nach dem Verkaufsvorgang (After-Sales- Aktivitäten)

After Sales bezeichnet alle Maßnahmen des Vertriebs und des Marketings eines Unternehmens, um nach dem erfolgten Verkauf den Kunden an das gerade verkaufte Produkt oder die Produktgruppe, die eigene Dienstleistung, die eigene Marke oder das eigene Unternehmen zu binden. Es hat die Aufgabe, den Kunden nachträglich in seiner Entscheidung für das Produkt oder das Unternehmen zu bestätigen und zu bestärken und eine langfristige Kundenbindung sicherzustellen. Gerade im After-Sales-Bereich bietet sich eine Reihe von Methoden zur Messung der Kundenzufriedenheit an, denn der Kunde kann erst jetzt deutlich machen, ob er nachhaltig mit dem Unternehmen und seinen Leistungen zufrieden ist. Folgende Maßnahmen sind dankbar:

- **Online-Befragungen:** Bei einer Online-Umfrage wird ein Online-Fragebogen entwickelt und von der befragten Person im Internet-Browser auf seinem Rechner ausgefüllt. Danach wird der Fragebogen dann wieder auf den Server des fragenden Marktforschungsinstituts geschickt und dort ausgewertet.
- **Aufforderung zum E-Mail-Kommentar:** Auf der Produktverpackung ist heute bei vielen Konsumgütern eine E-Mail-Adresse genannt, an die Rückmeldungen zur Nutzung des Produktes gerichtet werden können. Hier wird zwar die Quote der negativen Meldungen überwiegen, aber die Rückmeldungen sind im Wesentlichen ernst zu nehmen.
- **Telefonbefragungen:** Insbesondere dort, wo das Unternehmen über die Telefonnummer des Käufers verfügt, kann eine sinnvolle Telefonbefragung ansetzen. Die Befragung ist standardisiert und der Inhalt der Befragung richtet sich zumeist auf den Verkaufsvorgang selbst und auf die Nutzung des Produkts oder den Erfolg einer Dienstleistung. Insbesondere die Automobilbranche setzt zunehmend auf Telefonbefragungen, häufig unmittelbar nach dem Verkaufsvorgang und meist eine gewisse Zeit danach in Bezug auf die Nutzung des Fahrzeugs und auf das Verhalten der Vertrags-Werkstatt. Auch im Maschinenbau oder in der Finanzdienstleistungsbranche kann es zu Telefonbefragungen kommen.
- **Schriftliche Befragungen mit Fragebögen:** Sofern dem Produkt ein Fragebogen oder eine Karte beigelegt ist, kann der Käufer damit aufgefordert werden, seine Meinung zum Produkt abzugeben. Auch auf den Websites können Rückmeldeformulare hinterlegt sein.
- **Mündliche Befragungen mit Audio- und Video-Mitschnitt:** Eine professionelle Befragung von festen Kunden oder Nutzern von Produkten, die per Anzeige gesucht werden, kann durch Marktforschungsinstitute durchgeführt werden. In der Regel

erfolgen solche Befragungen, die extrem teuer sind, wenn sie valide (gültig und aussagefähig) sein sollen, zur Vorbereitung eines umfangreichen Produkt-Relaunchs, z. B. bei der Neugestaltung der Verpackung eines Massenprodukts.

- **Auswertung von Reklamationsstatistiken:** Wie oben bereits angemerkt, soll nicht das Produkt zurückkommen. Wenn es das doch tut, dann ist ein Unternehmen gut beraten, eine sehr aussagefähige Reklamationsstatistik zu führen und diese regelmäßig auszuwerten. Eine solche Statistik kann u. a. nach folgenden Gesichtspunkten gegliedert werden:
  - Vertriebsfehler, z. B. falsche Beratung, falsche Ware, falsche Anzahl, falsche Farbe oder Ausführung
  - Transportschaden: Verpackungsfehler, Fehler des Spediteurs oder fehlgeleitete Ware
  - Produktionsfehler: Funktionsfehler, Oberflächenfehler oder fehlende Teile

1.5.2 Wertanalyse

Wertanalyse ist eine funktionsgerichtete und systematische Untersuchungsmethode, mit deren Hilfe Möglichkeiten entwickelt werden, um den vom Kunden erwarteten Wert eines Erzeugnisses mit den geringsten Kosten herzustellen.

Zur Einführung in die Problematik dient die folgende grafische Situationsbeschreibung:

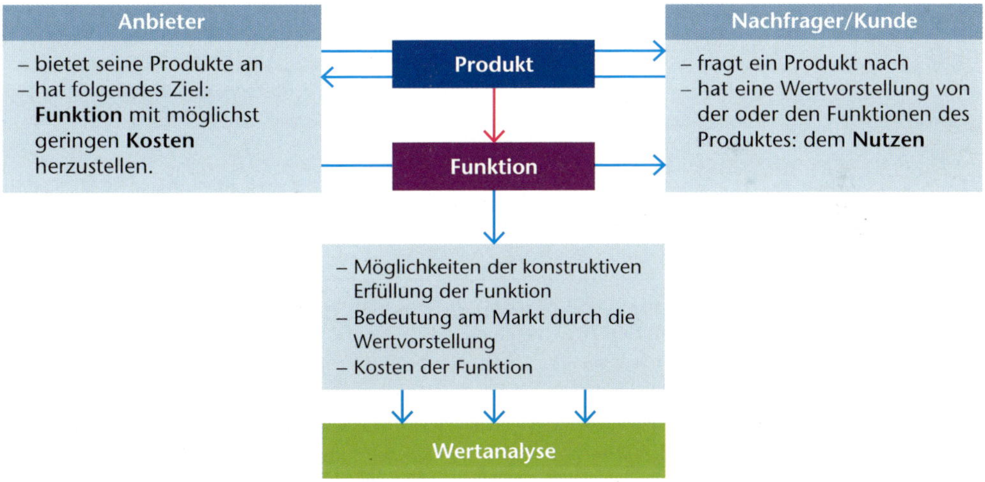

Fassen wir die Ausgangslage noch einmal zusammen:

- Jedes herzustellende Produkt muss bestimmte **Funktionen** erfüllen.
- Der Kunde will einen möglichst hohen **Nutzen**, vermutlich auch zu einem geringen Preis.
- Der Anbieter will zu möglichst geringen **Kosten** produzieren.

In dieser Situationsanalyse scheinen Widersprüche zu stecken. Diese Widersprüche werden durch die Wertanalyse aufgelöst. Sie setzt sich im Wesentlichen mit den drei genannten Begriffen auseinander:

Funktion des Produkts – Nutzen des Produkts – Kosten der Herstellung des Produkts

Die Wertanalyse geht zurück auf Lawrence D. Miles, um 1948 Chefeinkäufer von General Electric, der für das Wertanalyseverfahren auf einige bereits bekannte und für dieses Verfahren geeignete Techniken zurückgriff. Es wurde nichts wirklich Neues für dieses Verfahren verwendet, sondern bereits bekannte Analysetechniken, wie die ABC-Analyse, Teamarbeit und Ideenfindungstechniken wie das Brainstorming zusammengefasst.

Wirklich neu war eine Reihe von Fragen, die Miles stellte:

Das war die Frage...	... und dieser Gedanke bzw. diese Tätigkeit steckte dahinter:
Was ist das Ding? (WA-Arbeitsschritt 1)	Hierbei ging es darum, das Objekt der Wertanalyse zu identifizieren, d. h. aus der Menge der möglichen Gegenstände, Materialien und Endprodukte diejenigen herauszusuchen, die als Untersuchungsobjekt dienen sollen. Probates Hilfsmittel dafür ist die ABC-Analyse. Sie liefert als Ergebnis aus einer bestimmten Kategorie die 5 % der Objekte, die 80 % der Werte dieser Objekte insgesamt ausmachen. Identifiziert wird also etwas, für das es sich lohnt, eine Reihe von Mitarbeitern viele Stunden in Teamsitzungen verbringen zu lassen. Wenn das Objekt identifiziert ist, kann eine WA-Gruppe gegründet werden, um die Kosten für das identifizierte Objekt zu analysieren und damit zu senken.
Was tut das Ding? (WA-Arbeitsschritt 2)	Diese Frage richtet sich auf die Funktion des betrachteten Gegenstands. Wesentlich ist also nicht die Frage, wie dieses Ding etwas tut, sondern was es tut. ***Beispiel:*** *Ein Gabelstapler hat die Funktion, schwere Gegenstände in horizontaler und vertikaler Richtung zu transportieren. Eine Verpackung hat die Funktion, das Produkt zu schützen, Informationen zu geben und schön zu sein, um zum Kauf anzuregen.*
Was kostet das Ding? besser: Was kostet das, was das Ding tut? (WA-Arbeitsschritt 3)	In diesem Schritt werden durch Analyse der Funktionen eines Produkts in Verbindung mit den Einzelteilen des Produkts die **Hauptfunktionen**, die **Nebenfunktionen** und die **verzichtbaren Funktionen** definiert und mit ihren Kosten bewertet. Bereits hier kann erkannt werden, ob es überflüssige Funktionen gibt, die man eliminieren kann, oder ob es Nebenfunktionen gibt, die zu günstigeren Kosten hergestellt werden können und ob die Kosten für die Hauptfunktionen gerechtfertigt sind.
Welches andere Ding kann das gleiche tun, aber zu geringeren Kosten? (WA-Arbeitsschritt 4 und 5)	In diesem Schritt wird für die Hauptfunktionen und diejenigen Nebenfunktionen, die unverzichtbar, aber zu teuer in der Herstellung sind, nach neuen Materialien, Teilen und Techniken gesucht, um diese durch kostengünstigere Lösungen zu ersetzen. Hier werden die Kreativitätstechniken eingesetzt. ***Beispiel:*** *Seitdem man feststellte, dass eine Stoßstange zwar schön ist, aber die Funktion, zu schützen, nur unzureichend erfüllt, gleichzeitig aber teuer ist, ersetzte man diese durch Kunststoff. Viele Teileverbindungen werden heute nicht mehr geschraubt und geschweißt, sondern geklebt, weil man feststellte, dass die Funktion „verbinden" durch Kleben weniger Kosten verursacht.*

Der Wert eines Produkts für den Verbraucher wird – wie gesehen – von seiner Wirtschaftlichkeit und seiner Qualität bestimmt. Es fragt sich aber, ob alle Funktionen erforderlich sind. Um das zu verdeutlichen, ist ein Unterschied zu machen zwischen dem Gebrauchswert und dem Geltungswert eines Produkts.

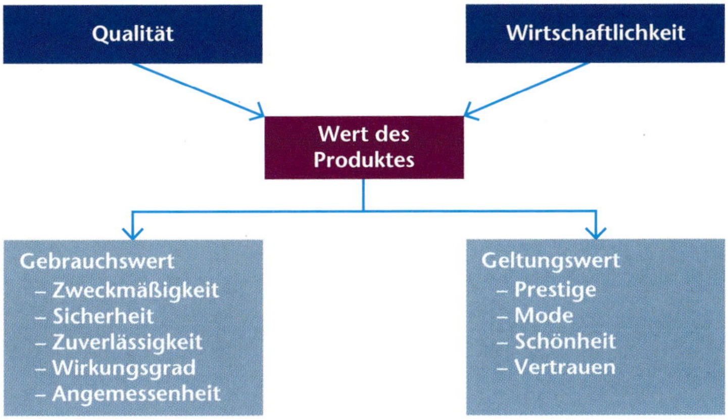

Zwei Beispiele für eine Wertanalyse:

1. *Bei der Wertanalyse einer Brotmaschine kam man auf die Idee, dass durch den Einsatz einer besonders geschliffenen, sehr scharfen Messerscheibe die Hauptfunktion „Brot schneiden" durch die Funktionen „Wurst und Käse schneiden" erweitert werden könnte. Ein verbessertes Lager und eine schärfere Scheibe konnten mit geringen Kosten realisiert werden, aber aus der Brotmaschine wurde dadurch ein „Allesschneider", den man zu einem wesentlich höheren Preis verkaufen konnte.*
2. *Die deutsche Armbanduhrenindustrie hatte in der zweiten Hälfte des vergangenen Jahrhunderts den Anschluss an den Weltmarkt verpasst, weil sie sich die Frage stellte: Wie können wir unsere Uhren mit den vielen komplizierten Rädchen billiger produzieren? Die japanische Uhrenindustrie stellte sich wertanalytisch die Frage: Was ist die Funktion einer Uhr? Die Antwort lautete: Zeit anzuzeigen. Die Frage, welches Teil oder welche Technik das günstiger machen könnte als ein kompliziertes Räderwerk, führte zur Anwendung der – sinnigerweise – in Deutschland entwickelten, sehr günstigen Quarztechnologie auf die Armbanduhr. 1969 produzierte Seiko in Japan mit der „Astron" die erste Quarz-Armbanduhr für den Massenmarkt; die Batteriekapazität reichte etwa ein Jahr. Damit wurde der Grundstein für eine weltweite japanische Marktdominanz gelegt.*

Die Vorgehensweise eines Wertanalyseprozesses wird durch eine Norm geregelt. Das ist keine Vorschrift, aber es ist ein bewährter Ablaufplan, der das gesamte Verfahren strukturiert und in der Regel zu einem Erfolg führt.

Wertanalyse-Arbeitsplan nach DIN 69910		
	Grundschritt	**Teilschritt**
1	**Vorbereitende Maßnahmen**	1. Auswählen des WA-Objektes und Stellen der Aufgabe 2. Festlegung des quantifizierten Zieles 3. Bilden der Arbeitsgruppe 4. Planen des Ablaufs

Wertanalyse-Arbeitsplan nach DIN 69910		
	Grundschritt	**Teilschritt**
2	**Ermitteln des Ist-Zustandes**	1. Informationen beschaffen und WA-Objekt genau beschreiben 2. Beschreiben der Funktionen 3. Ermittlung der Funktionskosten
3	**Prüfen des Ist-Zustandes**	1. Prüfen der Funktionserfüllung 2. Prüfen der Kosten
4	**Ermitteln von Lösungen**	1. Suchen nach allen denkbaren Lösungen (Kreativphase)
5	**Prüfen der Lösungen**	1. Prüfen der sachlichen Durchführbarkeit 2. Prüfen der Wirtschaftlichkeit
6	**Vorschlag und Verwirklichung der Lösung**	1. Auswählen der Lösung(en) 2. Empfehlen einer Lösung 3. Verwirklichen der Lösung

Zu einzelnen Schritten hier noch eine Reihe von Ergänzungen:

- **Grundschritt 1, Teilschritt 2 Festlegen eines quantifizierten Zieles:** Die Kostenziele eines WA-Projekts müssen beschrieben werden. Es hat sich als zweckmäßig herausgestellt, Kostenzielvorgaben nicht nur in Prozent (z. B. Kostenreduktion um 30 %), sondern in absoluten Zahlen zu nennen.
- **Grundschritt 1, Teilschritt 3 Bilden der Arbeitsgruppe:** Die WA-Arbeitsgruppe sollte vier bis sechs Mitarbeiter umfassen und sich aus den Personen zusammensetzen, die schwerpunktmäßig betroffen sind. Zweck der WA-Arbeitsgruppe ist es, das Wissen aller zu bündeln, um durch Überwindung von Ressortschranken eine Funktions- und Kostenoptimierung quer durch das Unternehmen zu erreichen („Wir ziehen alle an einem Strang"). Dabei sollten folgende Kompetenzen verteilt werden: Die Machtkompetenz hat der Hauptbetroffene, die Fachkompetenz bringen ein für die Zuliefererseite der Einkäufer, für die Abnehmerseite der Verkäufer, für die Kostenseite der Controller und für die Verhaltenskompetenz wird ein WA-Fachmann hinzugezogen. Das kann ein externer Berater sein oder ein Mitarbeiter, der dafür ausgebildet wurde.
- **Grundschritt 2, Teilschritt 3 Ermitteln der Funktionskosten:** Die Funktionskosten spielen – wie beschrieben – in der Wertanalyse eine besondere Rolle. Sie geben die Kosten wieder, die für die Bereitstellung einer Funktion eines Produktes aufgewendet werden müssen. Die Kostenanalyse gehört zu der Funktionsanalyse und führt einerseits zu neuen Ansätzen in der Funktionsoptimierung und andererseits zur Kosteneinsparung. Funktionskosten ermöglichen dem WA-Team eine tiefe Einsicht in die Wertstruktur eines Objektes. Sie fordern im WA-Team eine kritische Diskussion heraus, weil jedes Kostenelement zumindest einer Funktion zugeordnet ist. Deshalb muss seine Notwendigkeit erklärt werden. Kann sie das nicht, muss das Element entfernt oder mit wesentlich geringeren Kosten produziert werden. Die Funktionskostenmatrix hat folgendes Aussehen:

Kosten der Funktionsträger		
	Kosten	%
Bauteil 1		
Bauteil 2		
Bauteil 3		
Bauteil 4		
Gesamt		

Funktionen					
Funktion 1		Funktion 2		Funktion 3	
Kosten	%	Kosten	%	Kosten	%

- **Grundschritt 4, Teilschritt 1 Suchen nach allen denkbaren Lösungen (Kreativitätsphase):** Stets rational denkenden Menschen ist zumeist ein beträchtlicher Teil ihrer Kreativität abhanden gekommen. Deshalb sind in diesem Teilschritt Techniken anzuwenden, die durch den Abbau von Wahrnehmungsschwellen und von sozialen und kulturellen Hemmungen das schöpferische Potenzial einer Gruppe in einer Art von „Billiard-Prinzip" fördern können. Dazu gehören u. a. Brain-Storming, Brain-Writing, Delphi-Methode, Synektik, Bionik, Morphologischer Kasten, Methode 6-3-5 und andere.

Zusammenfassend kann festgehalten werden:

Wertanalyse = *WA-Team + WA-Projekt/Objekt + WA-Methodik*

1.5.3 Betriebsstatistiken als Entscheidungshilfe

Die Betriebsstatistik trägt Zahlenmaterial aus allen Bereichen des Betriebes zusammen, ordnet die Zahlen, stellt sie möglichst grafisch dar und bietet damit Möglichkeiten

- für den **Vergleich mit früheren Perioden** (z. B. Vergleich mit Vorjahreswerten, mit dem Vergleichsmonat des Vorjahres oder die zeitliche Entwicklung der letzten Jahre);
- für den **innerbetrieblichen Vergleich** (z. B. Umsätze nach Kunden, Produkten und Gebieten, Zusammensetzung der Kosten, Gewinnquote, Rentabilität usw.);
- den **außerbetrieblichen Vergleich** (z. B. eigene Kosten, Umsatzzahlen oder Personalbestandsdaten im Verhältnis zu Daten ähnlicher Unternehmen).

Die Daten der Statistik bilden die Grundlage für Planungen und Entscheidungen. Deshalb müssen sie bestimmten Anforderungen entsprechen: Sie sollten

- möglichst auf den Nutzer zugeschnitten sein und seine Bedürfnisse erfüllen,
- übersichtlich dargestellt sein und wesentliche Aussagen in wenigen Sekunden erfassbar machen,
- möglichst aktuell sein.

Die Auswertung des Zahlenmaterials kann in folgenden Formen vorgenommen werden:

- **Tabellen:** Zunächst wird das Zahlenmaterial in tabellarischer Form in Spalten und Zeilen dargestellt und zusammengefasst.
- **Grafische Darstellungen:** Die Tabellen können in anschauliche grafische Darstellungen in Form von Diagrammen umgeformt werden:
  - **Linien- oder Kurvendiagramme** dienen häufig zur Veranschaulichung von Entwicklungen;
  - **Balken- oder Säulendiagramme** eignen sich für Vergleiche absoluter oder relativer Werte;
  - **Kreis- oder Tortendiagramme** werden für die Struktur eines Gesamtwertes gewählt;
  - **Flächendiagramme** in Rechteck-, Dreieck- oder Quadratform dienen dazu, einige wenige Zahlenwerte miteinander zu vergleichen.

Sachverhalt

Für das vergangene Jahr legt das Rechnungswesen Ihnen eine Verkaufsstatistik und eine Personalstatistik vor. Sie sind aufgefordert, diese Zahlen nach verschiedenen Gesichtspunkten auszuwerten.

Verkaufsstatistik nach Vertretern:

Verkaufsgebiet	Jahresumsatz in TEUR (Berichtsjahr)	Jahresumsatz in TEUR (Vorjahr)	Anzahl verkaufte Artikel (Absatz)	Anzahl Kunden	Rohgewinn (TEUR)
Nord	2.350,4	2.281,9	60.278	164	802,4
Mitte	1.512,3	1.400,3	45.132	78	453,7
Ost	788,1	743,5	21.487	67	264,1
Süd	2.351,5	2.399,5	56.147	154	748,2
Gesamt	**7.002,3**	**6.825,2**	**183.044**	**463**	**2.268,4**

Personalstatistik nach Abteilungen:

Abteilung	Mitarbeiter gesamt	Anzahl Männer	Anzahl Frauen	Summe Personalkosten in TEUR	Krankheitstage gesamt
Produktion	35	20	15	882,0	280
Vertrieb	6	4	2	302,4	30
Verwaltung	4	3	1	175,2	39
Rechnungswesen	3	2	1	121,8	28
Gesamt	**53**	**33**	**20**	**1.678,9**	**434**

Folgende Fragen könnten für die Geschäftsführung und die jeweiligen Abteilungsleiter von besonderer Bedeutung sein:

Aus der Verkaufsstatistik:

- Welche Umsatzsteigerung gegenüber dem Vorjahr insgesamt und je Verkaufsgebiet wurde erzielt?
- Welcher durchschnittliche Umsatz wurde im Berichtsjahr in den einzelnen Verkaufsgebieten je Kunde erzielt?
- Welcher Rohgewinn wurde in Prozent vom Umsatz erzielt?

Aus der Personalstatistik:

- Welchen Anteil haben Männer und Frauen in den einzelnen Abteilungen (Personalstruktur)?
- Wie hoch sind die durchschnittlichen Personalkosten je Mitarbeiter in den einzelnen Abteilungen?
- Wie hoch ist die Krankenquote in den einzelnen Abteilungen?

Die Antworten zu diesen Fragen könnten wie folgt aussehen:

Welche Umsatzsteigerung wurde in den einzelnen Verkaufsgebieten und insgesamt erzielt?
Hierfür ist zunächst die Differenz zwischen dem Umsatz des laufenden Jahres und dem Vorjahresumsatz zu bilden. Diese Differenz, dividiert durch den Umsatz des Vorjahres und mit 100 multipliziert, ergibt die Umsatzsteigerung in Prozent.

Verkaufsgebiet	Umsatzsteigerung in %
Nord	3,0
Mitte	8,0
Ost	6,0
Süd	–2,0
Gesamt	2,6

Welcher durchschnittliche Umsatz wurde in den einzelnen Verkaufsgebieten je Kunde erzielt?
Der Umsatz des laufenden Jahres wird durch die Anzahl der Kunden geteilt. Das Ergebnis ist der durchschnittliche Umsatz je Kunde.

Verkaufsgebiet	Umsatz je Kunde in TEUR
Nord	14,33
Mitte	19,39
Ost	11,76
Süd	15,27
Gesamt	15,12

Es ist der Anteil des Rohgewinns an den Umsatzerlösen in Prozent vom Umsatz darzustellen. Der Wert der Umsatzerlöse steht dabei für 100 %.

Die Struktur unterschiedlich hoher Zahlen in ihrer relativen Aufteilung kann anhand von **Säulendiagrammen** dargestellt werden, wobei jede Säule 100 % entspricht. Um die Anteile auf diese Weise darzustellen, muss vorher noch der Differenzbetrag zwischen den Umsatzerlösen und dem Rohgewinn ausgerechnet werden.

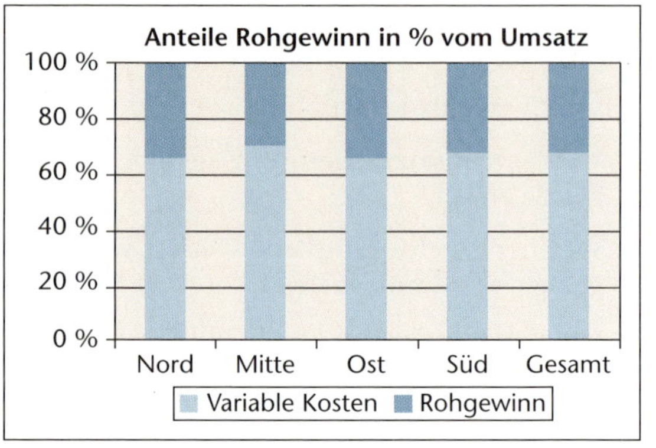

Säulendiagramm

Es sollen die Anteile der Umsätze in den Verkaufsgebieten als Kreisdiagramm dargestellt werden.

Anteile von einzelnen Werten an einem Gesamtwert lassen sich durch ein **Kreis- oder Tortendiagramm** darstellen. Dieses setzt die in absoluten Werten angegebenen Zahlen in vergleichbare Kreisabschnitte. In diesem Fall ist deutlich zu erkennen, dass die Bereiche Süd und Nord zusammen bereits 67 % und damit zwei Drittel des gesamten Umsatzes bringen.

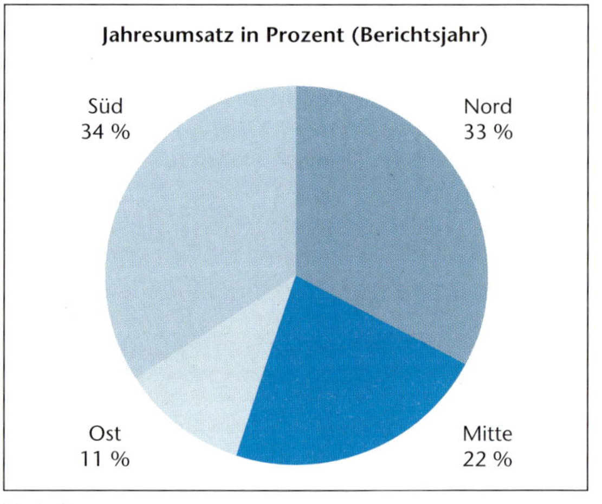

Kreisdiagramm

Die Personalstärke und die Personalstruktur nach Geschlechtern ist als Säulendiagramm darzustellen.

Der Vergleich unterschiedlich hoher Zahlen je Merkmal (Männer und Frauen je Abteilung) lässt sich gut mit einem **Säulendiagramm** durchführen.

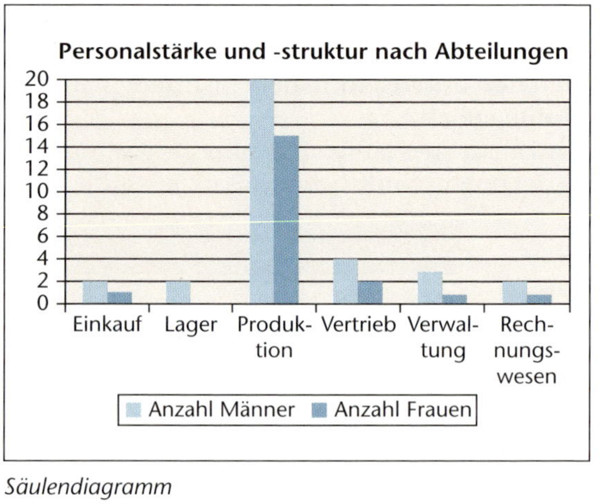

Säulendiagramm

Die Krankheitsquote soll in einem Balkendiagramm dargestellt werden.

Dabei ist davon auszugehen, dass jeder Mitarbeiter dem Unternehmen 220 Tage im Jahr zur Verfügung steht.

Vergleiche von mehreren Zahlen lassen sich gut mit übereinander liegenden Balken darstellen. Um die Krankheitsquote ausrechnen zu können, müssen die Krankheitstage mit 100 multipliziert werden und dann zu der Summe aller Arbeitstage (Mitarbeiter × Arbeitstage pro Jahr) in Beziehung gesetzt werden.

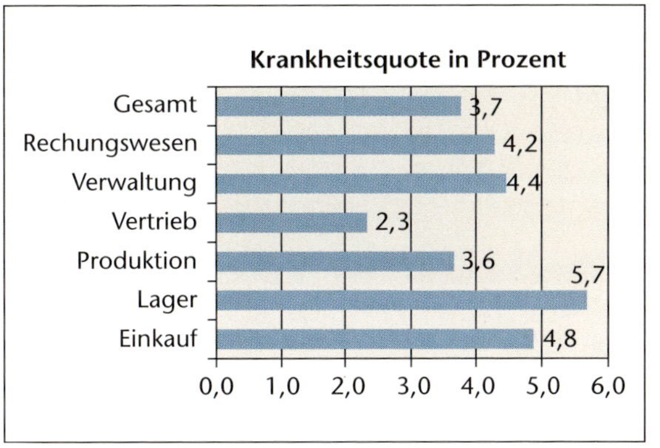

Balkendiagramm

Wiederholungsfragen zum Kapitel 1.5

1. *Methoden zur Ist-Aufnahme von organisatorischen Zuständen lassen sich grundsätzlich in Methoden der Befragung und der Beobachtung unterscheiden. Nennen Sie jeweils zwei Beispiele.*
2. *Unterscheiden Sie die Anwendungsmöglichkeiten von Fragebogen und Interview als Methoden der Ist-Aufnahme.*
3. *Beschreiben Sie die Vorgehensweise bei einer Multi-Moment-Aufnahme.*
4. *Welchem Zweck dient eine Dokumentenanalyse im Rahmen der Ist-Aufnahme von organisatorischen Prozessen?*
5. *Erläutern Sie die Notwendigkeit der Messung der Kundenzufriedenheit.*
6. *Anhand welcher Methoden kann nach einem Verkaufsvorgang die Kundenzufriedenheit gemessen werden? Nennen Sie drei Beispiele.*
7. *Was ist eine Wertanalyse?*
8. *Welche drei Begriffe spielen eine zentrale Rolle bei der Wertanalyse?*
9. *In welchen wesentlichen Schritten sollte ein Wertanalyseprozess ablaufen?*
10. *Unterscheiden Sie die Begriffe Gebrauchswert und Geltungswert eines Produkts anhand einiger Kriterien.*
11. *Welche Aufgaben hat die Betriebsstatistik?*
12. *In welchen beiden grundsätzlich unterschiedlichen Formen kann betriebliches Zahlenmaterial präsentiert werden?*
13. *Geben Sie drei Beispiele für Diagrammarten und deren Anwendungsbereich.*

2 Personalführung

2.1 Zusammenhang zwischen Unternehmenszielen, Führungsleitbild und Personalpolitik

Wie bereits im ersten Kapitel detailliert beschrieben, ist das Leitbild eines Unternehmens eine Zusammenstellung der drei wesentlichen Komponenten Mission, Vision und Werte, die in ihrer Gesamtheit die Unternehmensphilosophie verkörpern und damit das Selbstverständnis des Unternehmens konkretisieren. Der Wertekanon des Unternehmens sollte deshalb u. a. auch Antworten auf die Frage geben: Wie gehen wir mit unseren Mitarbeitern um? Worauf können sich unserer Mitarbeiter verlassen? Die Antworten auf diese Fragen gibt das Führungsleitbild.

2.1.1 Führungsleitbild

Das Führungsleitbild eines Unternehmens macht Aussagen darüber, von welchem Menschenbild das Unternehmen ausgeht, welcher Führungsstil gepflegt werden soll und mit welchen Führungstechniken gearbeitet wird. Das Führungsleitbild ist integraler Bestandteil des Unternehmensleitbilds.

Eine (willkürliche) Auswahl von vier Auszügen zeigt Elemente der Führungsleitbilder von zwei familiengeführten Unternehmen und zwei DAX-Konzernen:

Wilhelm Böllhoff GmbH & Co. KG, Verbindungselemente, Bielefeld: „Fairness bildet den Rahmen für die Gestaltung aller Beziehungen zu ... unseren Mitarbeitern. Sie ist für das tägliche Miteinander unserer Unternehmensangehörigen unabdingbar. Fairness entsteht aus gegenseitiger Achtung, Teamgeist, Offenheit und Entfaltungsmöglichkeit. So erfüllen wir die Wertvorstellungen unserer Mitarbeiter ...“

Quelle: Wilhelm Böllhoff GmbH & Co. KG, Website: http://www.boellhoff.de/de/de/joining-together/gesellschaftliches-engagement/leitbild.php, 8.07.2012

Miele & Cie. KG, Hersteller von Hausgeräten sowie gewerblichen Geräten für Wäschepflege, Spülen und Desinfektion, Gütersloh: „Zum Miele-Selbstverständnis gehört ein respektvoller und verantwortungsbewusster Umgang mit jedem Mitarbeiter. Zur Bekräftigung dieses Anspruches hat sich Miele im Jahr 2004 dazu verpflichtet, den internationalen Sozialstandard SA 8000 an den eigenen Produktionsstandorten zu erfüllen.“

Quelle: Miele & Cie. KG, Website: http://www.miele-nachhaltigkeit.de/international/de/nachhaltigkeit/2984.htm, 8.07.2012

Deutsche Bank AG, Frankfurt: Das Finanzwesen ist unser Geschäft. Doch hinter allem, was wir tun, steht gezieltes Engagement. Das Engagement für unsere Mitarbeiter, ihre Entlohnung, ihre Ausbildung und ihre Entwicklung. Das Engagement für Vielfalt – und die Kraft, die daraus erwächst. Das Engagement, unsere gesellschaftliche Verantwortung wahrzunehmen und soziales Kapital aufzubauen. Das Engagement, eine sichere und zukunftsfähige Umwelt für kommende Generationen zu schaffen.

Quelle: Deutsche Bank AG, Website: https://www.db.com/careers/content/de/unser_engagement.html, 8.7.2012

Volkswagen AG, Wolfsburg: „In diesem gesamten Prozess nimmt das Management eine entscheidende Rolle ein. Unser Prinzip muss „Führen und Fordern und Fördern“ heißen. Nur durch eine vorbildliche Führung und gute Zusammenarbeit zwischen Vorgesetzten und Mitarbeiten kann der Konzern seine Ziele erreichen. Dies schließt ebenso die gezielte und kontinuierliche Personalentwicklung wie auch die Arbeitsgestaltung ein, die wir durch den Volkswagen – Weg kontinuierlich weiterentwickeln.“

Quelle: Volkswagen AG, Website: http://www.volkswagenag.com/content/vwcorp/content/de/human_resources/basic_principles.html, 8.07.2012

Auf der Basis des Leitbilds und der darin formulierten Vision entwickelt jedes Unternehmen seine strategischen Ziele, aus denen im Rahmen des weiterführenden Planungsprozesses die operativen Ziele entwickelt werden.

Diese Ziele sind die Basis einer ganzheitlichen Unternehmenspolitik, deren wichtiger Bestandteil die Personalpolitik ist.

2.1.2 Personalpolitik

Die Personalpolitik beinhaltet das Setzen von Zielen im Personalbereich eines Unternehmens und die Festlegung von Maßnahmen, um die gesetzten Ziele zu erreichen.

Die Personalpolitik ist von einer ganzen Reihe von Interessengruppen und Einrichtungen abhängig, die von innen und von außen auf das Unternehmen einwirken:

Einwirkung von internen und externen Einflussfaktoren auf die Personalpolitik

Aber es sind nicht nur die internen und externen Interessengruppen und Einrichtungen, die mittelbar oder unmittelbar mit unterschiedlicher Stärke Einfluss auf die Personalpolitik ausüben. Es sind auch ökonomische und gesellschaftliche Einflüsse, auf welche die Personalpolitik sowohl kurz- als auch langfristig reagieren muss. Die Dynamik einer gesellschaftlichen und ökonomischen Umwelt lässt sich an zwei Beispielen festmachen.

Beispiel 1: *Als in Folge des Zusammenbruchs von Lehman Brothers im Herbst 2008 die Finanzkrise ausbrach, hatte das innerhalb von ca. sechs Monaten Auswirkungen auf den Konsum, die Nachfrage und damit den Absatz von zahlreichen Unternehmen. Die Produktion wurde quer durch alle Branchen zurückgefahren. Die Unternehmen mussten personalpolitisch darauf reagieren. Während einige Unternehmen betriebsbedingte Kündigungen aussprachen, reagierten andere Unternehmen weitsichtiger: Sie meldeten für große Teile der Belegschaft Kurzarbeit an. Wichtigster Grund: Das Potenzial, das in gut ausgebildeten Mitarbeitern steckte, sollte nicht aus dem Unternehmen gelassen werden. Als die Konjunktur wieder ansprang, waren die Mitarbeiter sofort wieder einsatzbereit. Nicht so in den anderen Unternehmen. Hier mussten die neu eingestellten Mitarbeiter zunächst wieder eingearbeitet werden. Ein unter wirtschaftlichen Gesichtspunkten falsches personalpolitisches Ziel führte hier zu zusätzlichen Personalkosten.*

Beispiel 2: *Der demografische Wandel hat dazu geführt, dass sich das Durchschnittsalter der Arbeitnehmer seit Jahren ständig nach oben bewegt. Zum ersten Mal gab es 2010 in der Europäischen Union weniger potenzielle Berufseinsteiger als Personen, die sich darauf vorbereiteten, in den Ruhestand zu gehen. Während in früheren Zeiten häufig ältere Arbeitnehmer durch jüngere Mitarbeiter ausgetauscht wurden, weil man der (irrigen) Meinung war, diese seien grundsätzlich leistungsfähiger, zeigen neue Arbeitsmodelle und Untersuchungen, dass es sich für Unternehmen lohnen kann, wirtschaftliche und soziale Ziele zu verbinden. Das geschieht in der Weise, dass Teams von Arbeitnehmern gebildet werden, in denen alte und junge Mitarbeiter gemeinsam arbeiten. Während junge Mitarbeiter vor allem ihre körperliche und geistige Leistungsfähigkeit einbringen, bringen die älteren Arbeitnehmer vor allem ihre Erfahrung, ihre betrieblichen Detailkenntnisse und ihr problemorientiertes Denken ein.*

Wie oben im Beispiel 1 deutlich zu sehen ist, spielen die ökonomischen Rahmenbedingungen eine große Rolle. Es ist zu bedenken, dass die menschliche Arbeit einen der drei elementaren Produktionsfaktoren darstellt. Deren Einsatz muss immer unter ökonomischen Gesichtspunkten erfolgen, darf aber gleichwohl soziale Perspektiven nicht aus dem Auge verlieren. Handelt es sich um eine lohnintensive Branche, in der das Unternehmen tätig ist, muss es sich der Herausforderung stellen, dass die Lohnkosten in Drittländern wie China oder Marokko nur einen Bruchteil dessen ausmachen, was in Deutschland und Europa gezahlt wird. Darauf kann das Unternehmen nur mit Produktionsverlagerungen oder extremer Rationalisierung und Automatisierung reagieren, um international konkurrenzfähig zu bleiben. Ebenso können konjunkturelle oder saisonale Einflüsse es erforderlich machen, dass die Personalausstattung des Unternehmens der Auftragslage angepasst werden muss. Hier hat die Personalpolitik kreative Lösungsansätze zu finden, um diese Anpassungsprozesse für Unternehmen und Mitarbeiter möglichst ohne Friktionen ablaufen zu lassen.

Ein weiteres Kraftfeld, dem sich die Personalpolitik ausgesetzt sieht, ist das gesamtgesellschaftliche Umfeld. Dies wird am Beispiel 2 deutlich. Der demografische Wandel ist gegenwärtig eines der zentralen Themen der Personalpolitik vieler Unternehmen. Hinzu kommt, dass sich gesellschaftliche Werte und politische Rahmenbedingungen verändern. Während z. B. vor mehr als 50 Jahren im Verhältnis zwischen Vorgesetztem und Mitarbeiter eher ein Unterordnungsverhältnis nur aufgrund der Funktion zu beobachten war, begegnen sich heute beide auf Augenhöhe. Liberalisierungs- und Aufklärungsprozesse haben dazu geführt, dass der Vorgesetzte sich durch persönliche und fachliche Kompetenz die Anerkennung seiner Mitarbeiter erarbeiten muss. Autoritäre Strukturen bröckeln, weil Mitarbeiter ein Mitspracherecht einfordern.

Die Personalpolitik definiert auf strategischer und operativer Ebene die Ziele und Methoden, nach denen das betriebliche Personalmanagement zu verfahren hat.

Wirtschaftliche Ziele	Soziale Ziele
Die wirtschaftliche Zielsetzung besteht darin, die menschliche Arbeitskraft so auszuwählen und zu gestalten, das die Arbeit im Rahmen der Kombination der Produktionsfaktoren eine möglichst hohe Effizienz ergibt. Im Ergebnis bedeutet dies die Bereitstellung der benötigten Arbeitskräfte nach quantitativen, qualitativen, zeitlichen und lokalen Erfordernissen sowie die Steigerung der menschlichen Arbeitskraft.	Die soziale Zielsetzung besteht darin, die materiellen und immateriellen Verhältnisse der Mitarbeiter unter Berücksichtigung ihrer individuellen Fähigkeiten, Neigungen, Erwartungen, Bedürfnisse und Forderungen zu verbessern. Im Detail gehören dazu die Sicherung der Arbeitsplätze, des Einkommens, der Qualifikation und der Arbeitsfähigkeit sowie die Gestaltung und Verbesserung des Betriebsklimas und der Führungskultur.

Dabei ist unmittelbar nachvollziehbar, dass wirtschaftliche und soziale Ziele und Prozesse zusammenhängen. Ein gutes Betriebsklima und eine hohe Mitarbeiterzufriedenheit wirken sich positiv auf Arbeitsproduktivität, Kreativität und Verantwortungsbewusstsein aus sowie auf eine längere Betriebszugehörigkeit. Auf diese Weise werden qualifizierte Mitarbeiter langfristig an das Unternehmen gebunden, der Krankenstand und die Fehlzeiten sind niedrig. All diese positiven Effekte einer durchgängigen Mitarbeiterzufriedenheit unterstützen aber auch wieder unmittelbar die Erfüllung der wirtschaftlichen Zielsetzung durch hohe Produktivität, niedrigere Personalstückkosten und kreative und schnelle Reaktionen auf Veränderungen am Markt. Die Durchsetzung der personalpolitischen Ziele obliegt dem Personalmanagement.

2.1.2.1 Personalmanagement

Das Personalmanagement basiert auf den Zielen der Personalpolitik und stellt die Summe aller personellen Gestaltungsmaßnahmen zur Verwirklichung der Unternehmensziele dar.

Für diesen Begriff wird neuerdings auch synonym der aus dem angelsächsischen Bereich stammende Begriff **Human Resource Management** verwendet.

Das Personalmanagement hat eine sehr breit gefächerte Aufgabenstruktur, die durch die folgende Übersicht verdeutlicht wird.

Personalmarketing		Personalentwicklung			Personalorganisation
Personalplanung	Personalbeschaffung	Personaleinsatz	Qualifikation	Motivation	Steuerung
▪ Marktanalysen ▪ quantitative Bedarfsermittlung ▪ qualitative Bedarfsermittlung	▪ Personalakquisition ▪ Personalauswahl ▪ Vertragswesen	▪ Einführung neuer Mitarbeiter ▪ Laufbahn- und Karriereplanung	▪ individuelles Lernen am Arbeitsplatz (Ausbildung) ▪ Lernen in Gruppen ▪ organisiertes Lernen	▪ Ziele vereinbaren ▪ Mitarbeiter-Beurteilungen ▪ Anreizsysteme	▪ Personal-Informations-System ▪ Personalverwaltung ▪ Personaleinsatzplanung

Aber es ist nicht allein das Personalmanagement, das sicherstellen kann, dass Mitarbeiter zufrieden sind. Hier ist auch die Personalführung gefragt.

2.1.2.2 Personalführung

Personalführung ist die ziel- und ergebnisorientierte Steuerung des Verhaltens von Mitarbeitern mit der Absicht, die Ziele des Unternehmens so weit wie möglich mit denen der Mitarbeiter in Übereinstimmung zu bringen.

Wie bereits beschrieben, ist es das Ziel eines Unternehmens, langfristig eine angemessene Rentabilität des eingesetzten Kapitals zu erreichen und dabei die Substanz des Unternehmens zu sichern. Das kann nur erreicht werden, wenn das Unternehmen langfristig am Markt erfolgreich ist. Die entscheidende Voraussetzung dafür ist, die Kunden zufriedenzustellen, sie langfristig an das Unternehmen zu binden und sie zu Multiplikatoren zu machen. Die Kundenzufriedenheit wird heute jedoch nicht nur über gute Produkte und ein vernünftiges Preis-Leistungs-Verhältnis erreicht, sondern in zunehmendem Maße durch die Qualität der Dienstleistung. Eine hoher Servicegrad ist wiederum in hohem Maß von der Bereitschaft der Mitarbeiter abhängig, sich für den Kunden einzusetzen, seine Wünsche zu erkennen und zu erfüllen. Wertschätzung und Freundlichkeit gehören neben Produktqualität und pünktlicher Lieferung zu den wesentlichen Erfolgsfaktoren von Unternehmen. Erfolge am Markt sind damit Verhaltenserfolge. Weil in Zeiten eines gravierenden demografischen Wandels die Mitarbeiter einer der wichtigsten Erfolgsfaktoren eines Unternehmens sind, kommt der Personalführung eine zunehmende Bedeutung zu.

Die zwei entscheidenden Fragen, die die Personalführung zu beantworten hat, sind folgende:

- Was motiviert einen Mitarbeiter, in ein Unternehmen einzutreten und dort zu bleiben?
- Was motiviert den Mitarbeiter, einen Beitrag zum Erreichen der Unternehmensziele zu leisten?

Das Personalmanagement ist in den meisten Unternehmen institutionalisiert durch die Abteilung Personalwesen. Die Personalführung ist institutionalisiert durch die Führungskräfte eines Unternehmens, insbesondere die direkten Vorgesetzten und die Geschäftsleitung.

Personalmanagement und Personalführung haben die Aufgabe, die Ziele der Personalpolitik, die durch das Unternehmensleitbild und die Unternehmenspolitik beeinflusst sind, unter Beachtung der ökonomischen und gesellschaftlichen Rahmenbedingungen zu realisieren.

Ein weiterer Teilhaber an der Aufgabe einer erfolgreichen Realisierung personalwirtschaftlicher Ziele ist der **Betriebsrat**. Auch er ist ein nicht zu unterschätzender Faktor in einer erfolgreichen Personalarbeit. Man denke hier etwa an seine Beteiligungsrechte in vielen personellen Angelegenheiten sowie seine Mitbestimmungsrechte in sozialen Angelegenheiten. Ein betriebliches Umfeld, in dem die Unternehmensleitung mit dem Betriebsrat langfristig auf „Kriegsfuß" steht, wird eine gedeihliche Personalarbeit zunichte machen. Dagegen gibt es zahlreiche Belege dafür, dass eine – übrigens im Betriebsverfassungsgesetz auch geforderte – vertrauensvolle Zusammenarbeit sowohl die Ziele des Unternehmens als auch die Interessen der Mitarbeiter sinnvoll und erfolgreich kombinieren kann.

Die Aufgaben der Personalarbeit sind vielfältig. Die folgende Tabelle gibt einen Überblick und zeigt gleichzeitig auf, wer in die Erledigung der Aufgaben mit eingebunden ist bzw. daran beteiligt ist.

Bereiche der Personalarbeit	Personalabteilung	Vorgesetzter	Betriebsrat
Personalplanung	x	x	x
Personalmarketing	x		
Personalbeschaffung	x	x	
Personalauswahl	x	x	x
Personaleinsatz		x	
Personalführung		x	
Personalentwicklung	x	x	x
Personalverwaltung	x		
Personalbetreuung	x	x	x
Personalentlohnung	x	x	x
Personalcontrolling	x		
Personalfreisetzung	x	x	x

Funktionendiagramm der Personalarbeit

Die folgende Darstellung fasst den Gesamtzusammenhang dieses Teilkapitels noch einmal zusammen:

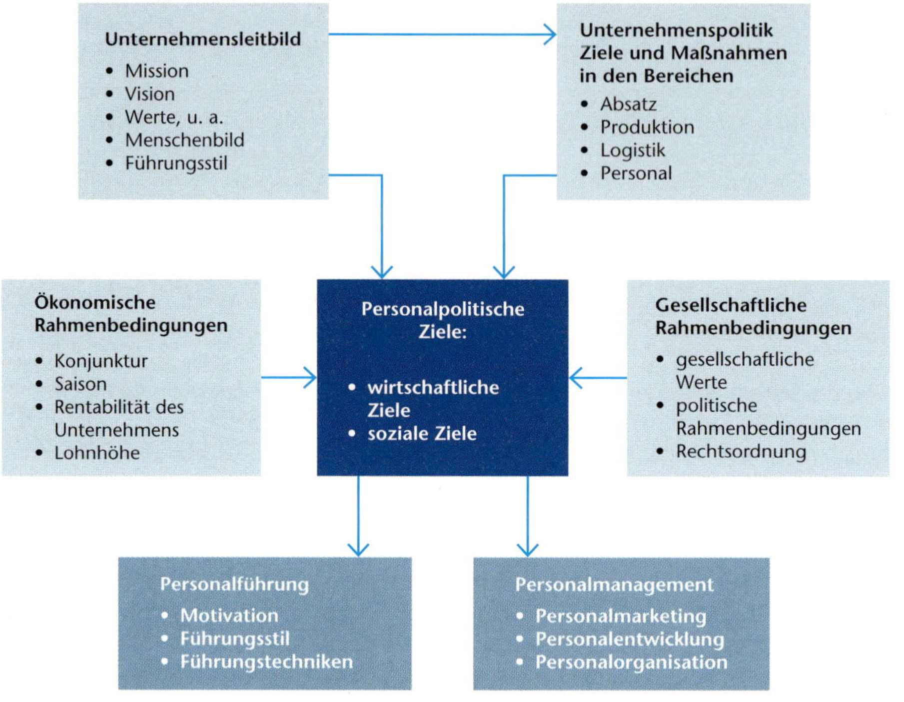

Zusammenhang von Leitbild, Unternehmenszielen und Personalpolitik

Wiederholungsfragen zum Kapitel 2.1

1. *Welche Aussagen macht das Führungsleitbild eines Unternehmens?*
2. *Welche Aufgabe hat die Personalpolitik?*
3. *Nennen Sie fünf Interessengruppen und Einrichtungen, die auf personalpolitische Entscheidungen Einfluss nehmen bzw. nehmen wollen.*
4. *Die Personalpolitik definiert wirtschaftliche und soziale Ziele. Erläutern Sie anhand von Beispielen diese Zielsetzungen.*
5. *Geben Sie einen Überblick über die Aufgaben des Personalmanagements.*
6. *Welche Aufgabe hat die Personalführung?*
7. *Stellen Sie den inneren Zusammenhang her zwischen den Unternehmenszielen, dem Führungsleitbild und der Personalpolitik eines Unternehmens.*

2.2 Arten von Führung

Unter Führung soll hier die zielorientierte, wechselseitige, interpersonelle bzw. soziale Einflussnahme von Personen zur Erfüllung gemeinsamer Aufgaben verstanden werden.

Die Führung von Mitarbeitern als eine soziale Interaktionsform weist folgende Besonderheiten auf:

Merkmale von Führung

- Jede Führungskraft hat eine Position inne, die mit formaler Autorität ausgestattet ist. Sie erlaubt es dem Vorgesetzten, Anweisungen zu geben und zu erwarten, dass diesen Anweisungen gefolgt wird.
- Führung beinhaltet das Anstoßen von Aktivitäten und das Steuern und Überwachen dieser Aktivitäten mit der Intention, die geplanten Ergebnisse zu erreichen.
- Führung erfordert damit die gezielte Steuerung und Gestaltung des Handelns anderer Personen in Bezug auf ein übergeordnetes Interesse.
- Führung erfolgt durch die Beeinflussung der Einstellung und des Verhaltens von Einzelpersonen, die Interaktion in Gruppen und zwischen Gruppen mit dem Zweck, gemeinsam die unternehmerischen Ziele zu erreichen.
- Führung soll Menschen dazu zu bringen, in Bezug auf die Zielerreichung zu kooperieren.
- Führung ist das erwartete und realisierte Ergebnis der sozialen Interaktion zwischen der Führungskraft und seinem Mitarbeiter.

Aufgaben der Führung

Jede Führungskraft, ob sie an der Spitze eines Unternehmens steht oder nur eine kleine Gruppe von Mitarbeitern auf der unteren Ebene führt, hat in mehr oder weniger weit reichendem Umfang die folgenden Managementaufgaben regelmäßig zu bewältigen:

- **Zielsetzung:** Die Formulierung von Zielen ist die vornehmste Aufgabe der Führung. Dabei ist das Sachziel („Was ist zu tun?“) ebenso zu formulieren wie die Formalziele („Wie wollen wir das tun?“). Damit die Zielerreichung kontrolliert werden kann, müssen die Ziele spezifisch, messbar, anspruchsvoll, realistisch und terminierbar sein. Siehe hierzu auch Kapitel 1.2 in diesem Modul.

  Beispiel: *„Wir wollen uns im kommenden Jahr im französischen Markt etablieren und dort im ersten Jahr einen Umsatz von 1,5 Mio. EUR erzielen.“*

- **Planung:** Planung bedeutet die gedankliche Vorwegnahme dessen, was im Unternehmen zukünftig gewollt ist. Im Detail bedeutet das die Festlegung von Maßnahmen, um die vorgegebenen Ziele zu erreichen. Ein Merkmal der Planung ist, dass nicht nur eine starre „eindimensionale“ Planung stattfindet, sondern dass sie Handlungsalternativen anbietet. Siehe hierzu auch das Kapitel 1.2.

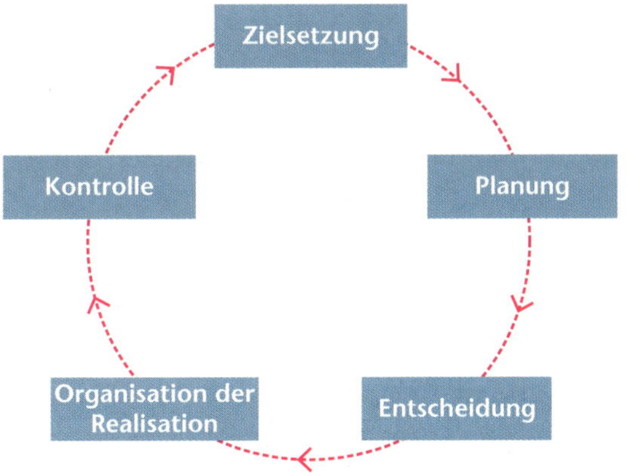

Management-Kreislauf

Beispiel: *Es werden fünf Niederlassungen in Frankreich geplant mit jeweils zwei Mitarbeitern und einem Gesamtbudget von 1,4 Mio. EUR.*

- **Entscheidung:** Entscheiden heißt, aus einer Reihe von realisierbaren Handlungsalternativen diejenige auszuwählen, die unter Beachtung geeigneter Kriterien und Gewichtungsfaktoren die Beste ist.

  Beispiel: *Mit welchen fünf der insgesamt zur Verfügung stehenden 15 französischen Handelsvertreter wollen wir zusammenarbeiten?*

- **Organisation der Realisierung:** Die Planung muss vollzogen werden. Gegenstand der Organisation der Realisierung ist die Verteilung der Aufgaben auf Menschen und Sachmittel, die Übertragung von Entscheidungskompetenzen und die Gestaltung der Abläufe zwischen den betroffenen Unternehmensbereichen. Siehe hierzu Kapitel 1.3 und 1.4 in diesem Modul.

  Beispiel: *Die Auftragsbearbeitungsprozesse zwischen den französischen Vertriebsbüros und dem deutschen Herstellerwerk sind abzustimmen und zu verbessern.*

- **Kontrolle/Feedback:** Die Kontrolle prüft, ob die angestrebten Ziele erreicht wurden, d. h. wie und in welcher Weise und in welchem Umfang die Zielerreichung stattgefunden hat. Grundvoraussetzung für die Kontrolle ist, dass die Ziele quantifiziert wurden. Denn nur, wenn Zielgrößen formuliert wurden, besteht die Möglichkeit, das Ausmaß der Zielerreichung zu messen.

  Beispiel: *Soll-Ist-Vergleich sowohl im Bereich Umsatzerreichung (Ist = 1,3 Mio. EUR) als auch im Bereich Budget (Ist = 1,45 Mio. EUR) mit Ursachenanalyse und Empfehlung von Maßnahmen.*

Abgrenzung von Führungsstil, Führungstechnik und Führungsmittel

Der Führungsstil ist eine für den Mitarbeiter verlässliche, d. h. dauerhaft gezeigte, grundsätzliche Verhaltensweise einer Führungskraft gegenüber ihren Mitarbeitern.

Es ist die Art und Weise, in der der Vorgesetzte seine Mitarbeiter führt.

Der Führungsstil eines Vorgesetzten ist gekennzeichnet durch:

- die Einstellung der Führungskraft gegenüber ihren Mitarbeitern,
- die Art seiner Willensbildung, Willensdurchsetzung und Kontrolle,
- das mit seinen Mitarbeitern gepflegte Informations- und Kommunikationssystem und
- das soziale Klima.

Die Führungstechniken (Managementtechniken) sind eine Reihe von Verfahren zum Zwecke der konkreten Ausgestaltung von Führung, die auch als Führungsprinzipien zu interpretieren sind.

Darunter werden mit ihrem Management-Bezug die „Management-by-Techniken“ verstanden. Mit diesen Führungstechniken werden vor allem zwei Ziele verfolgt:

- Die Führungskräfte sollen von Routineaufgaben entlastet werden und können sich dadurch mehr mit echten Führungsaufgaben befassen.
- Den Mitarbeitern werden je nach eingesetzter Führungstechnik mehr Aufgaben, mehr Eigeninitiative oder mehr Verantwortung übertragen mit der Folge einer erhöhten Motivation.

Die wesentlichen – wohl auch am häufigsten eingesetzten Managementtechniken – werden weiter unten im Detail behandelt. Es sind
- Management by Objectives
- Management by Delegation
- Management by Exception
- Management by Results

Die Führungsmittel oder Führungsinstrumente sind ein umfassender Ausdruck jener Mittel und Verfahren, die zur konkreten, häufig situativen Beeinflussung des Mitarbeiterverhaltens eingesetzt werden können.

Führungsmittel zeigen, **womit** konkret im Einzelfall geführt wird. Je nach Ausprägung von Führungsstil und angewendeter Führungstechnik wird das eine oder andere Mittel stärker zum Zuge kommen.

- **Kommunikation:** Dazu gehören Mitarbeitergespräche, Besprechungen, Arbeitsgruppen und Konferenzen, die dem direkten unmittelbaren Austausch von Gedanken und Ideen dienen und sich nach Zweck, Inhalt und Anzahl der Beteiligten unterscheiden.
- **Kooperation:** Förderung der Zusammenarbeit von Führungskraft und Mitarbeitern und Einbeziehung von Mitarbeitern in Arbeits- und Projektgruppen.
- **Information:** Nur ein informierter Mitarbeiter ist in der Lage, sein Arbeitsumfeld und seine Aufgabenerledigung sinnvoll in das Unternehmensganze einzufügen. Die Information kann auf vielfältige Weise erfolgen, z. B. durch ein Briefing, durch E-Mails, Unternehmensnewsletter, Rundschreiben etc.
- **Partizipation:** Mitarbeiter werden an Entscheidungen beteiligt und ihnen werden bestimmte anspruchsvolle Tätigkeiten übertragen. Ihnen werden zu diesem Zweck die Aufgaben sowie die dazu erforderlichen Kompetenzen, aber auch die Verantwortung übertragen.
- **Kritik:** Die Mitarbeiter benötigen für ihre geleistete Arbeit ein Feedback. Dieses kann regelmäßig in Form von konstruktiver, sachbezogener Kritik erfolgen. Eine besonders wichtige Rückmeldung aus motivationaler Sicht sind die Anerkennung und die Wertschätzung. In besonders negativen Fällen kann die Kritik aber auch formal in Form von Vorwürfen, Verweisen oder Abmahnungen erfolgen.
- **Beurteilung:** Eine langfristig angelegte Form von Rückmeldung ist die Beurteilung. Diese erfolgt periodisch im Rahmen eines Beurteilungsverfahrens anhand von Beurteilungsbögen und Beurteilungsgesprächen.
- **Entwicklung:** Verantwortungsvolle Führungskräfte sind am Wachstum ihrer Mitarbeiter interessiert. Sie fördern diese innerbetrieblich in Form von Job-Rotation und Job-Enrichment oder außerbetrieblich in Form von Seminaren.
- **Arbeitsbedingungen:** Der Vorgesetzte ist hier gemeinsam mit der Personalabteilung gefordert, die sogenannten Hygienefaktoren zu fördern. Dazu gehört die Gestaltung von Arbeitsplatz, Arbeitszeit, Entgelt und ggf. sozialen Komponenten.
- **Motivation:** Die Motivation versucht die Ziele der Mitarbeiter zu erfassen und darauf mit vielfältigen Anreizen zu reagieren, um die Mitarbeiter dazu zu bringen, die Ziele des Unternehmens zu verfolgen, weil sie selbst es wollen. Siehe dazu den folgenden Abschnitt.

2.2.1 Führen über Motivation

Im Kapitel 2.1. wurde bereits darauf hingewiesen, dass Vorgesetzte sich die Frage stellen müssen, was ihre Mitarbeiter nachhaltig dazu veranlasst, einen Beitrag zum Erreichen der Unternehmensziele zu leisten. Dies ist die Frage nach der Motivation der Mitarbeiter.

Motivation ist die wichtigste Voraussetzung für zielorientiertes Verhalten und deshalb aus der Perspektive der Führungskraft der Hauptansatzpunkt für die leistungssteigernde Beeinflussung der Mitarbeiter.

Die Motivation gibt Aufschluss über die Beweggründe des Verhaltens eines Menschen. Die verschiedenen Motivationstheorien versuchen deshalb stets, den Aufbau, die Aufrechterhaltung und den möglichen Abbau von Verhalten zu beschreiben und zu erklären. Die Motivation lässt sich allerdings nicht direkt messen, weil sie nur den Input (Anreize) und den Output (tatsächliches Verhalten) beobachten und beschreiben kann.

Führungskräfte, die vorwiegend über die Motivation führen wollen, sollten die wesentlichen Grundlagen der bekanntesten Motivationstheorien kennen. Dabei sind die beiden folgenden die am häufigsten dargestellten Theorien:

2.2.1.1 Die Bedürfnispyramide von Maslow

Die Theorie von Abraham Maslow unterscheidet fünf Bedürfnisgruppen, die im Hinblick auf ihre Dringlichkeit in Form einer Pyramide hierarchisch angeordnet sind.

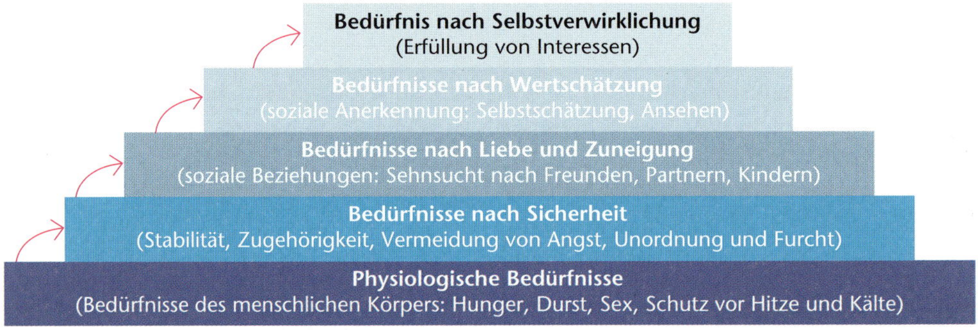

- **Physiologische Bedürfnisse:** Die Grundbedürfnisse drücken das existenzielle Verlangen nach Trinken, Essen, Bekleidung und Wohnung aus. Ihr Vorrang vor den übrigen Bedürfnisarten ergibt sich aus der Natur des Menschen.
- **Sicherheitsbedürfnisse:** Die Sicherheitsbedürfnisse ergeben sich aus dem Verlangen von jedermann nach Schutz vor Bedrohung oder Versehrtheit des Lebens und der Gesundheit, z. B. durch Unfälle, Überfälle, Krankheit.
- **Soziale Bedürfnisse:** Sie beinhalten das Streben nach Zusammengehörigkeit und Gemeinschaft.

- **Bedürfnisse nach Wertschätzung:** Sie drücken den Wunsch der Menschen nach Anerkennung und Achtung aus. Die Anerkennung kann sich auf andere Personen beziehen, es kann aber auch die Schaffung von Selbstvertrauen sein, z. B. durch die Lösung einer schwierigen Aufgabe. Im Wesentlichen ist es der Wunsch von Menschen, gebraucht zu werden und nützlich zu sein.
- **Bedürfnis nach Selbstverwirklichung:** Die höchste Gruppe der Bedürfnisse beziehen sich auf die Selbstverwirklichung des Menschen. Damit ist die Verwirklichung der kreativen und schöpferischen Anlagen des Menschen gemeint sowie sein Streben nach Unabhängigkeit und Entfaltung seiner gesamten Persönlichkeit.

Die hierarchische Anordnung der Bedürfnisse deutet darauf hin, dass die ersten drei Stufen im Entwicklungsprozess des Menschen früher in Erscheinung treten. Die Darstellung als Pyramide baut auf zwei wesentlichen Annahmen auf:

1. Menschen streben danach, unbefriedigte Bedürfnisse zu befriedigen. Solange diese unbefriedigt bleiben, gibt es kein Streben mehr nach höheren Bedürfnissen.
2. Sobald – von der unteren Stufe beginnend – die Bedürfnisse einer Stufe befriedigt sind, besteht kein Handlungsanreiz mehr, sodass die nächsthöhere Stufe nach Befriedigung drängt. Ist diese zufriedengestellt, rückt die wiederum nächste Stufe in den Fokus usw. Diese Entwicklung wird angehalten, wenn auf einer der bezeichneten Ebenen keine Befriedigung des Bedürfnisses erfolgt. Das nächsthöhere Bedürfnis kann dann nicht mehr das Verhalten bestimmen.

2.2.1.2 Die Zwei-Faktoren-Theorie von Herzberg

Die von Frederik Herzberg und seinen Mitarbeitern entwickelte Theorie geht davon aus, dass Zufriedenheit und Unzufriedenheit zwei unabhängige Dimensionen bzw. Faktoren des menschlichen Daseins darstellen:

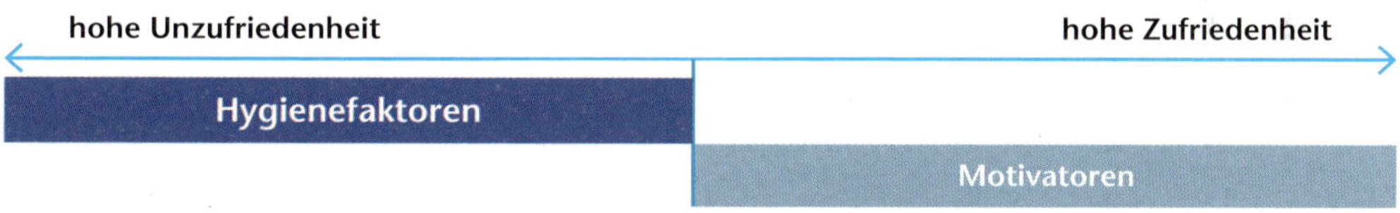

Unzufriedenheit wird durch das Fehlen von **extrinsischen Arbeitsbedingungen**, sogenannten Hygienefaktoren hervorgerufen. Dazu gehören z. B. eine leistungsgerechte Entlohnung, ein bestimmter Status, fachliche Kompetenz des Vorgesetzten, Höflichkeit, Respekt und Freundlichkeit, eine gute Beziehung zum Vorgesetzten, zu Kollegen und anderen Mitarbeitern. Die Hygienefaktoren werden von Mitarbeitern als selbstverständlich empfunden. Sind sie nicht oder nicht ausreichend erfüllt, führt das zu Unzufriedenheit. Sind sie in ausreichendem Maß vorhanden, führt das nur zum Fehlen von Unzufriedenheit. Der Mitarbeiter verspürt aber noch keine Zufriedenheit in seiner Arbeit. Hygienefaktoren wirken nur sehr kurzfristig.

Zufriedenheit kann nach Herzberg nur durch **intrinsische Motivation** erreicht werden. Die sogenannten Motivatoren beziehen sich auf den Inhalt der Arbeit und deren erfolgreiche Bewältigung mitsamt den positiven Reaktionen der Umwelt: Die wichtigsten Motivatoren sind deshalb die – möglichst anspruchsvolle – Arbeit selbst, Herausforderungen, Übernahme von Verantwortung, Erfolgserlebnisse, Aufstieg und möglichst vielfältige Chancen und Möglichkeiten zur Entwicklung der Persönlichkeit. Die Personalführung muss folglich zunächst dafür sorgen, dass die Hygienefaktoren in ausreichendem Maße vorhanden bzw. diesbezügliche Bedürfnisse zufriedengestellt sind, bevor die Motivatoren greifen können. Motivatoren haben eine langfristige Wirkung.

Ohne das Vorhandensein von Motivatoren kann es keine wirkliche Zufriedenheit und damit Motivation geben. Aus diesem Grunde wirken auch die häufig als Motivationsinstrumente missverstandenen Auszeichnungen von Mitarbeitern nach internen Wettbewerben in Form von Incentives und Prämien eher kurzfristig und haben keine nachhaltige Wirkung.

Selbst F. W. Taylor, der Begründer der Akkordarbeit, stellte bei seinen Untersuchungen fest, dass die beobachteten Arbeiter ihre Leistung durch höhere Geldeinheiten über ein bestimmtes Maß hinaus nicht steigern wollten und konnten.

Schaut man genauer hin, stellt man fest, dass die Maslowsche und Herzbergsche Theorie gar nicht so weit auseinanderliegen. Stellt man die beiden Theorien nebeneinander, stellt man fest, dass die Hygienefaktoren im Wesentlichen aus dem Basisbereich der Maslowschen Pyramide stammen, die Motivatoren hingegen dem oberen Bereich der Pyramide zuzuordnen sind.

Persönlichkeitsentwicklung Arbeitsinhalte Verantwortung	Motivatoren
Aufstieg Erfolgserlebnis Anerkennung	Motivatoren
Status interpersonale Beziehungen Respekt/Höflichkeit	Hygienefaktoren
Kompetenz des Vorgesetzten Arbeitssicherheit Gehalt	Hygienefaktoren
Arbeitsbedingungen, wie Klima, Licht, Geräusche	Hygienefaktoren

2.2.1.3 Konsequenzen für das Verhalten der Führungskraft

Welche Erkenntnisse lassen sich aus den beiden dargestellten Motivationstheorien für die praktische Arbeit einer Führungskraft gewinnen? Die Arbeit wird von Mitarbeitern dann als befriedigend und motivierend empfunden, wenn sie folgende Anforderungen erfüllt:

- Gut ausgebildete Mitarbeiter stellen heute hohe Anforderungen an eine ganzheitliche Tätigkeit. Soweit es möglich ist, sollten sie ihre Arbeit allein oder im Team selbst planen, ausführen und auch kontrollieren. Die Trennung von Planung und Vorbereitung von Arbeit einerseits und der reinen Durchführung mit anschließender Fremdkontrolle andererseits wird eher als fremdbestimmt empfunden.
- Engagierte Mitarbeiter wollen nicht einfach nur eine Arbeit erledigen, sondern durch die Arbeit sich selbst und möglichst auch ihre Arbeitsumwelt verändern. Um das kreative Potenzial von Mitarbeitern zu fördern, bedarf es Einrichtungen wie eines sinnvollen betrieblichen Vorschlagswesens und regelmäßiger Feedback-Gespräche, in denen auch der Vorgesetzte beurteilt werden kann.

- Das Verhältnis von Input und Output einer Arbeit muss stimmen. Zunehmend selbstbewusste Mitarbeiter empfinden es als unangenehm, wenn ihre Arbeit durch bürokratische Vorschriften eingeengt und reguliert wird oder ihr Engagement durch komplizierte Arbeitsprozesse aufgerieben wird.
- Die meisten Menschen suchen nicht nur in ihrem privaten Bereich, sondern auch in ihrem Arbeitsumfeld soziale Kontakte. Eine Führungskraft sollte den Mitarbeitern deshalb Gelegenheit geben, sich auszutauschen und im Team zusammenzuarbeiten.
- Den Mitarbeitern sollte generell ein hohes Maß an Ehrlichkeit, Glaubwürdigkeit und Offenheit entgegengebracht werden. Ehrliche Wertschätzung und echte Empathie können dazu führen, dass Mitarbeiter nicht nur gerne in das Unternehmen kommen, sondern auch gerne in ihre Abteilung und zu ihrem Vorgesetzten. Mitarbeiter, die sich ausgenutzt oder manipuliert fühlen, werden auf Dauer ihre innere Kündigung aussprechen und – schlimmer noch – damit beginnen, gegen das Unternehmen oder die Kollegen zu arbeiten. Die Fehlzeiten steigen und u. U. wird die gemeinsame Arbeit sabotiert.
- Wenn eine Führungskraft an einer dauerhaften und kooperativen Arbeitsbeziehung interessiert ist, muss sie durch regelmäßige Gespräche mit ihren Mitarbeitern herausfinden, welche Defizite vorhanden sind und bei welchen Mitarbeitern es notwendig ist, weitere Motivatoren einzusetzen.

2.2.2 Führen durch Zielvereinbarung

Die Führungstechnik „Führen durch Zielvereinbarung", auch bekannt als „Management by Objektives", basiert darauf, dass zwischen dem Vorgesetzten und den Mitarbeitern Ziele vereinbart werden; es erfolgt keine einseitige Zielvorgabe durch den Vorgesetzten.

Eine wichtige Voraussetzung dazu ist, dass der Vorgesetzte seinem Mitarbeiter die zur geplanten Aufgabenerledigung erforderlichen Kompetenzen überlässt. Im Gegenzug trägt der Mitarbeiter die Verantwortung für die Aufgabenerledigung.

Grundlegende Elemente des **Management by Objectives** sind:

- das gemeinsam zu erarbeitende Zielsystem, das aus Abteilungs- und Mitarbeiterzielen besteht;
- die Organisation, mit der die Kompetenz- und Verantwortungsbereiche klar festgelegt sind;
- das Kontrollsystem zur Ermittlung und Analyse von Soll-Ist-Abweichungen;
- ein regelmäßiger Austausch zwischen Mitarbeitern und Vorgesetzte durch Zielvereinbarungsgespräche.

Ziel dieser Managementtechnik ist es, sowohl die Ziele des Unternehmens als auch die der Mitarbeiter umzusetzen, indem Ziele für jede Abteilung, ein Team und auch die persönlichen Arbeitsziele des Mitarbeiters gemeinsam festgelegt werden.

Diese Ziele sollen nach der „SMART"-Regel folgenden Anforderungen genügen. Sie sollen

- S → spezifisch sein, d. h. bezogen auf die jeweilige Abteilung, das Team und die Mitarbeiter,
- M → messbar sein, d. h. durch klare quantifizierbare Vorgaben bestimmt,

- A → aktiv beeinflussbar sein, d. h. vom Mitarbeiter durch entsprechende Kompetenzen steuerbar,
- R → realistisch sein, d. h. vom Mitarbeiter in der vereinbarten Zeit mit den vereinbarten Mitteln erreichbar,
- T → terminiert sein, d. h. mit einem klaren Zeitlimit (Zeitraum oder Zeitpunkt) versehen.

Aus der Summe der Einzelziele der Mitarbeiter können die Abteilungsziele und darüber hinaus die Unternehmensziele zusammengesetzt werden. Die Mitarbeiter richten ihre tägliche operative Arbeit an ihren Zielen aus und arbeiten damit im Sinne der Zielsetzung des Gesamtunternehmens. Wenn die Vorgesetzten die Leistung ihrer Mitarbeiter beurteilen, prüfen sie, inwieweit die Mitarbeiter ihre vereinbarten Ziele erreicht haben.

Zentrales Instrument dieser Managementtechnik stellt das **Mitarbeitergespräch** dar, das viertel- oder halbjährlich stattfindet.

- Zu Beginn des Gesprächs werden die Ergebnisse der letzten Vereinbarungsperiode besprochen, auch die Gründe, warum die Ziele über- oder untererfüllt sind.
- Sodann werden die Zielsetzungen der Abteilung im Rahmen des ganzen Unternehmens hinsichtlich Zeitbezug (lang-, mittel-, kurzfristig) und Inhalt dargestellt.
- Dabei wird vom Vorgesetzten mitgeteilt, welche Absichten für die genannte Periode hinter den Zielen für die Abteilung oder das Unternehmen stehen.

Inhalte des Gespräches über die individuelle Zielvereinbarung

- Aufgaben des Mitarbeiters und Vereinbarung über Ziele und Schwerpunkte der Arbeit
- Intentionen des Mitarbeiters und seine persönlichen Ziele
- Darstellung von zukünftigen Anforderungen an den Arbeitsplatz
- Vereinbarung der Menge und Güte der Arbeitsergebnisse, Termine und Kosten
- Festlegung der Mittel, die dem Mitarbeiter für die Erledigung der Aufgabe zur Verfügung stehen
- Festlegung der Kompetenzen, die der Mitarbeiter für Entscheidungen benötigt
- Besprechung möglicher Schwierigkeiten bei der Zielerreichung
- Festlegung von sogenannten „Meilensteinen", also Zwischenüberprüfungen und -berichten
- Abklärung der notwendigen Kenntnisse und/oder Fertigkeiten des Mitarbeiters
- Erörterung von Möglichkeiten zusätzlich erforderlicher Qualifizierungen
- Festlegung der finanziellen Rahmenbedingungen (z. B. Gehalt oder Prämien)
- schriftliche Dokumentation der vereinbarten Punkte

Der Ablauf von Management by Objektives kann wie folgt dargestellt werden:

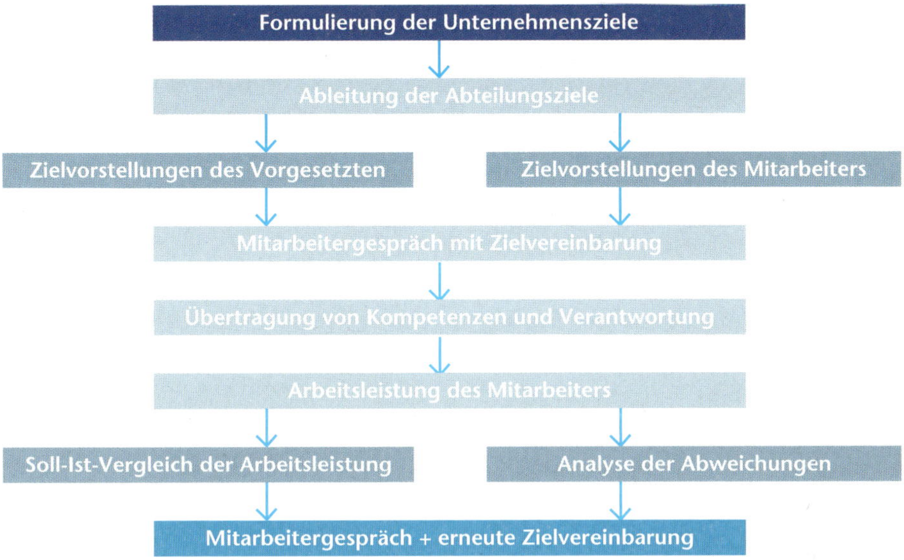

Vorteile	Nachteile
▪ Das System entspricht den Bedürfnissen von Mitarbeitern nach Gestaltungsspielraum. ▪ Ziele, Wünsche und Vorstellungen von Mitarbeitern werden einbezogen. ▪ Die Ziele der Mitarbeiter werden mit den Zielen des Unternehmens sinnvoll verknüpft. ▪ Leistungsbereitschaft, Verantwortungsbewusstsein und Teamgeist werden gefördert. ▪ Die Identifikation der Mitarbeiter mit den Zielen des Unternehmens wird gesteigert.	▪ Über einen längeren Zeitraum fehlt die Kontrolle des Mitarbeiters, was u. U. zu Fehlentwicklungen führen kann, die später nicht mehr rückgängig zu machen sind. ▪ Für noch nicht erfahrene Mitarbeiter wird subjektiv ein zu starker Druck aufgebaut. ▪ Es besteht die Gefahr, dass mehr quantitative Ziele verfolgt werden als qualitative.

2.2.3 Aufgabenbezogenes Führen

Liegt der Fokus des Vorgesetzten stärker auf der Erledigung der Aufgabe, stehen dem Vorgesetzten verschiedene Führungstechniken zur Verfügung.

2.2.3.1 Management by Delegation

Management by Delegation bedeutet zu Deutsch „Führung durch Bevollmächtigung" und ist eine Führungstechnik, bei der delegierbare Aufgaben durch einen Vorgesetzten an seine Mitarbeiter übertragen werden.

Welchen Umfang die übertragenen Aufgaben haben, liegt allein im Ermessen des Vorgesetzten. Er steht dem Mitarbeiter für Fragen zur Erledigung der Aufgabe zur Verfügung und nimmt am geplanten Ende einer Aufgabe oder periodisch die Erfolgskontrolle vor. Um die Aufgaben erledigen zu können, bedarf es der Übertragung von Kompetenzen und Vertretungsbefugnisse an den Mitarbeiter.

Delegation ist ein Mittel zur Dezentralisation, da nun eine größere Anzahl von Personen Entscheidungskompetenz haben und diese wiederum, wenn sie die Befugnis dazu haben, ihrerseits Aufgaben und Entscheidungen delegieren können. Die Mitarbeiter und mittleren Führungskräfte können allerdings nicht mitentscheiden und müssen deshalb die Ziele des Unternehmens zu ihren eigenen machen.

Vor der Entscheidung, bestimmte Aufgaben zu delegieren, muss die delegierende Person Überlegungen zu folgenden Details anstellen, um die Aufgaben und Entscheidungskompetenzen sinnvoll zu verteilen.

Inhalt	**Was soll getan werden?** ▪ Was ist zu tun und in welchen Schritten? ▪ Welches Ziel wird angestrebt?
Person	**Wer soll die Aufgabe erledigen?** ▪ Wer ist geeignet für diese Aufgabe? ▪ Wer könnte behilflich sein?
Motivation	**Warum soll diese Person die Aufgabe erledigen?** ▪ Welche Bedeutung hat die Aufgabe? ▪ Was muss man vom Hintergrund der Aufgabe wissen?
Details	**Wie soll die Aufgabe erledigt werden?** ▪ Welche Vorschriften und Verfahren sind zu beachten? ▪ Welche Stellen müssen einbezogen werden? ▪ Welche Kosten werden anfallen?
Sachmittel/ Informationen	**Womit soll die Aufgabe gelöst werden?** ▪ Welche Hilfsmittel werden benötigt? ▪ Welche Informationen sind erforderlich?
Zeit	**Wann soll die Aufgabe erledigt werden?** ▪ Welche Rahmentermine sind zu berücksichtigen? ▪ Wann muss die Arbeit spätestens begonnen werden?

Vorteile	Nachteile
▪ Eine Führungskraft kann nicht alle Aufgaben alleine erledigen. Delegieren ist deshalb ein wichtiges Führungsmittel. ▪ Mit dieser Führungstechnik kann sich der Vorgesetzte von Routineaufgaben befreien. ▪ Die Führungskraft kann sich auf die Erledigung ihrer zentralen Führungsaufgaben konzentrieren.	▪ Mitarbeiter sind unterfordert oder überlastet, weil sie ihre persönlichen Intentionen nicht eingebracht haben. ▪ Nur der Vorgesetzte entscheidet darüber, welche Aufgaben die Mitarbeiter erhalten. ▪ Mitarbeiter werden u. U. nicht vollständig informiert, damit fehlen ihnen wichtige Details zur Aufgabenerledigung.

2.2.3.2 Management by Exception

Die Führungstechnik Management by Exception bedeutet übersetzt „Führen nach dem Ausnahmeprinzip". Dabei überlässt die Führungskraft die Erledigung von Routinefällen den zuständigen Mitarbeitern zur eigenverantwortlichen Entscheidung und behält sich die eigene Entscheidung nur für Ausnahmefälle vor.

Diese Führungstechnik betont die **Entscheidung als Führungsfunktion**. Der Mitarbeiter bekommt ein Aufgabenfeld zugewiesen bzw. bestimmte Aufgaben werden an ihn delegiert. Zu diesem Zweck erhält er die erforderlichen Kompetenzen, die jedoch durch einen Ermessenspielraum begrenzt sind. Der Mitarbeiter weiß, dass er die über diesen Spielraum hinausgehenden Ereignisse an seinen Vorgesetzten zur Entscheidung oder Bearbeitung weiterleiten muss. Die Führungskraft muss also nach der Delegation nur noch dann in den Arbeitsprozess eingreifen, wenn Ausnahmesituationen auftreten, die nicht innerhalb des vorgegebenen Handlungsspielraums des Mitarbeiters liegen. Gleiches gilt für außergewöhnliche, bisher noch nicht aufgetretene Situationen oder im Arbeitsablauf auftretende Probleme.

Zur Definition der Ausnahmesituation muss der **Ermessensspielraum** des Mitarbeiters genau abgegrenzt werden. Fälle, die eine nur geringe Abweichung vom Normalfall aufweisen, regelt der Mitarbeiter selbst. Der Vorgesetzte wird nicht unterrichtet und muss nicht eingreifen.

Beispiel: *Ein Reklamationssachbearbeiter bekommt für die Bearbeitung der Reklamationen von Standardkunden einen Ermessensspielraum von 500,00 EUR. In diesem Bereich darf er über Gutschriften und Rücksendungen entscheiden. Darüber hinausgehende Beträge muss er vom Vorgesetzten „absegnen" lassen. Ferner darf er keinen Reklamationsfall bei einem Premiumkunden (Umsatz > 200.000,00 EUR) bearbeiten, sondern muss diesen gleich an den Verkaufsleiter weitergeben.*

Management by Exception ist als Führungstechnik vor allem in mittelständischen Unternehmen sehr weit verbreitet und hat in der Unternehmenspraxis eine nicht zu unterschätzende Bedeutung.

Vorteile	Nachteile
▪ Der Vorgesetzte wird von Routineaufgaben entlastet. ▪ Je nach Formulierung und Festlegung des Ermessensspielraums kann sich der Vorgesetzte in mehr oder weniger großem Umfang von „Kleinkram" und Routinetätigkeiten entlasten. ▪ Je nach Erfahrung mit den Fähigkeiten eines Mitarbeiters kann er für diesen den Ermessensspielraum erhöhen.	▪ Der Mitarbeiter kommt immer nur mit Ausnahmesituationen und Problemen zu seinem Vorgesetzten. Das kann zu einem Imageverlust des Mitarbeiters führen („Der Mitarbeiter ist problembehaftet.") ▪ Negative Auswirkungen auf die Motivation des Mitarbeiters bleiben nicht aus, weil ihm nachhaltig Erfolgserlebnisse fehlen. ▪ Informationen und Anregungen des Mitarbeiters in Richtung auf eine qualitative Verbesserung der Arbeit bleiben aus.

2.2.3.3 Management by Results

Der Begriff Management by Results bezeichnet eine ergebnisorientierte Führungstechnik, die dem Mitarbeiter klare Ziele und Leistungsergebnisse vorgibt, die anschließend überprüft werden.

Dem Mitarbeiter werden in einem Mitarbeitergespräch Aufgaben zugewiesen und gleichzeitig konkrete zu erzielende Ergebnisse vorgegeben. Die Führungstechnik ist gekennzeichnet durch einen systematischen Ausbau der Zielplanung zur Koordinierung dezentraler Entscheidungen. Die Ergebnisse sollen nach der SMART-Formel definiert werden, d. h. messbar, akzeptabel, realistisch und mit konkreten Terminen versehen sein. Sie sollten schriftlich fixiert werden

Dann findet regelmäßig viermal oder zweimal im Jahr eine Besprechung über den Soll-Ist-Vergleich statt. In diesem Gespräch werden nicht nur die positiven und negativen Abweichungen erörtert, sondern auch die möglichen positiven und negativen Konsequenzen für die Mitarbeiter. Für den Erfolg von Management by Results ist die Vereinbarung von Konsequenzen wichtig, z. B. zusätzliche Vergütung bei Erreichung der Ziele oder Vergütungskürzung bei Nicht-Erreichen der Zielvorgaben.

Management by Results ist eine, verglichen mit dem Management by Objectives, relativ autoritäre Führungskonzeption, bei der die Mitarbeiter nur geringe Mitbestimmungsmöglichkeiten haben. Dem Modell liegt eine skeptische Grundhaltung gegenüber dem Leistungswillen der Mitarbeiter zugrunde, die angeblich nur durch Kontrolle – statt durch Vertrauen – zu führen sind.

Vorteile	Nachteile
▪ Die Mitarbeiter können durch die klaren Zielvorgaben gut kontrolliert werden. ▪ Durch die Beschränkung auf wenige Aufgaben können sich die Mitarbeiter besser auf ihr Ziel konzentrieren.	▪ Die Zielvorgaben können unrealistisch sein, weil sie nicht vereinbart, sondern zugewiesen werden. ▪ Die fremdbestimmten Zielvorgaben, die damit verbundenen ständigen Kontrollen und die geringen Entfaltungsmöglichkeiten demotivieren die Mitarbeiter.

Die vier wesentlichen Führungstechniken lassen sich im Überblick wie folgt zusammenfassen:

	Beschreibung	bestimmendes Merkmal
Management by Objectives	**Führung durch Zielvorgabe:** Vorgesetzte und Mitarbeiter erarbeiten eine Zielvereinbarung. Die Mitarbeiter versuchen, das Ziel eigenständig umzusetzen.	Eindeutige Formulierung der Unternehmensziele wird vorausgesetzt. Mitarbeiter müssen von der Notwendigkeit der Ziele überzeugt sein.
Management by Exception	**Führung nach dem Ausnahmeprinzip:** Der Vorgesetzte greift nur ein, wenn Abweichungen vom Gesamtziel oder Probleme von herausragender Bedeutung auftreten.	Festlegung von Zielen für die Mitarbeiter; Kontrollspanne und Maßgrößen der Ausnahmeregelung sind entscheidend.

	Beschreibung	bestimmendes Merkmal
Management by Delegation	**Führung durch Aufgabendelegation:** Ein Aufgabenbereich wird mit Kompetenzen und Verantwortung übertragen.	Mitarbeiter müssen die Unternehmensziele akzeptieren und diese zu ihren eigenen machen.
Management by Results	**Führung durch Ergebnisse:** Dem Mitarbeiter werden Ziele und Arbeitsergebnisse vorgegeben und später deren Erreichung kontrolliert.	Entscheidungen werden nach dem Verhältnis von Aufwand und Ertrag zueinander in Beziehung gesetzt.

Wiederholungsfragen zum Kapitel 2.2

1. *Was versteht man allgemein unter Führung?*
2. *Nennen Sie vier Merkmale von Führung als einer besonderen sozialen Interaktionsform.*
3. *Nennen Sie die Aufgaben von Führung als Stationen des Management-Kreislaufs.*
4. *Grenzen sie Führungsstil, Führungstechnik und Führungsmittel voneinander ab.*
5. *Nennen Sie fünf Führungsmittel/Instrumente der Führung.*
6. *Was ist – allgemein ausgedrückt – unter Motivation zu verstehen?*
7. *Erläutern Sie den Aufbau der Bedürfnispyramide nach A. Maslow.*
8. *Erläutern Sie die Begriffe „Hygienefaktor" und „Motivator" und schildern Sie den Zusammenhang.*
9. *Erläutern Sie drei wesentliche Anforderungen, die u. a. erfüllt sein müssen, damit Arbeitnehmer motiviert sind.*
10. *Schildern Sie in Grundzügen das „Management by Objektives".*
11. *Welche Vorteile bietet das MbO?*
12. *Was bedeutet „Management by Delegation" und wie wird es angewendet?*
13. *Nennen Sie drei Fragen, die sich ein Vorgesetzter beantworten sollte, bevor er eine Aufgabe an Mitarbeiter delegiert.*
14. *Wie funktioniert die Führungstechnik „Management by Exception"?*
15. *Beschreiben Sie die Nachteile von „Management by Results".*

2.3 Führungsstile

Wie bereits an anderer Stelle ausgeführt, bezeichnet der Begriff Führungsstil ein verlässliches, von aktuellen Situationen unabhängiges Verhaltensmuster einer Führungskraft, das zugleich dessen Grundeinstellungen gegenüber den ihm unterstellten Menschen zum Ausdruck bringt.

Jedes Unternehmen benötigt für den langfristigen Erfolg zufriedene und treue Kunden. Dafür benötigt es zufriedene und treue Mitarbeiter. Eine alleinige Ausrichtung des

Unternehmens auf die Interessen des Marktes reicht langfristig nicht aus. Ziel einer erfolgreichen Unternehmensführung muss es sein, die Wünsche und Motive von Mitarbeitern zu kennen und zu befriedigen. Der Führungsstil hat in diesem Zusammenhang einen nicht unerheblichen Anteil am Erfolg eines Unternehmens. Gut geführte Mitarbeiter sind zumeist motiviert und engagiert. Das wirkt sich positiv auf ihre Leistung und letztlich damit auf ihr Leistungsverhalten gegenüber anderen Mitarbeitern und gegenüber den Kunden aus.

Jedes Unternehmen muss sich im Laufe der Zeit fragen, ob der gegenwärtig praktizierte Führungsstil noch zeit- und problemgemäß ist. Dieses Kapitel will einen Überblick über die heute im Wesentlichen diskutierten und praktizierten Führungsstile geben.

Unterscheidung der Führungsstile nach der Anzahl der Orientierungsmerkmale		
Eindimensionale Führungsstile	**Zweidimensionale Führungsstile**	**Mehrdimensionale Führungsstile**
betrachten einen einzigen Aspekt der Führung und unterscheiden danach die Führungsstile ▪ nach Lewin ▪ nach Weber ▪ nach Tannenbaum und Schmid	betrachten zwei Aspekte der Führung gleichzeitig und ordnen die Führungsstile ein ▪ Führungsgitter nach Blake und Mouton ▪ Polaritätenprofil nach Bleicher	untersuchen mehrere Aspekte der Führung und formen idealtypische Führungsstile ▪ situativer Führungsstil

Von den in diesem Überblick genannten Führungsstilen werden im Folgenden einige exemplarisch herausgegriffen und näher erläutert.

2.3.1 Eindimensionale Führungsstile

2.3.1.1 Klassische Führungsstile nach Lewin

Der amerikanische Sozialpsychologe Kurt Lewin legte mit seiner Untersuchung über die Frage des Verhaltens und der Arbeitsleistung in Gruppen unter Variation der Führungsstile den Grundstein für die heutige – weit verbreitete – Unterscheidung der folgenden Führungsstile. Die Dimension, anhand der hier die Führungsstile miteinander verglichen werden, ist der Entscheidungsanteil von Mitarbeitern und Vorgesetzten.

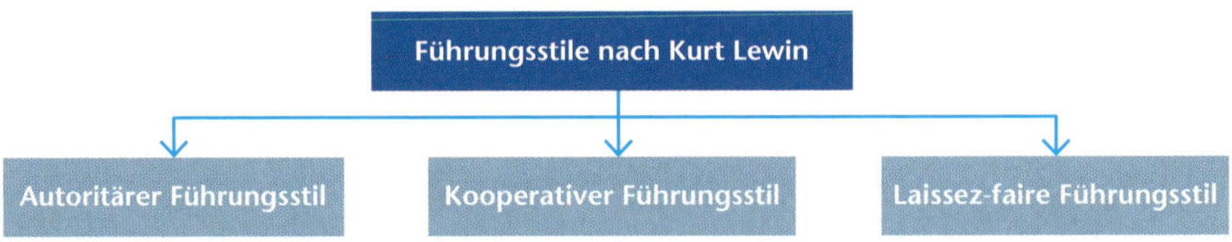

Autoritärer bzw. direkter/autonomer Führungsstil

Bei diesem Führungsstil werden die für die Abteilung relevanten Aktivitäten vom Vorgesetzten allein gestaltet. Er fragt die Mitarbeiter weder nach ihrer Meinung, noch bezieht er sie in den Entscheidungsprozess ein. Da der Vorgesetzte in allen Belangen alleine entscheidet, findet die Delegation nur in der Form statt, dass die Mitarbeiter zu reinen Befehlsempfängern werden. Der Vorgesetzte gibt vor, wer, was, wann, wo und wie zu tun hat. Die Mitarbeiter können bei diesem System naturgemäß ihre Fähigkeiten und Talente nicht entfalten.

Der Vorgesetzte traut seinen Mitarbeitern nur wenig zu. Die Mitarbeiter sind nicht selten demotiviert. Sie haben gegenüber dem Vorgesetzten keinerlei Kontrollrecht. Von seinen Untergebenen erwartet der Vorgesetzte Gehorsam, auch duldet er keinen Widerspruch oder gar Kritik. Macht der Mitarbeiter Fehler, wird das sanktioniert, statt ihm zu helfen.

Ein autoritärer bzw. hierarchischer Führungsstil ist dort vorherrschend, wo klare Entscheidungen schnell getroffen werden müssen.

Dies dürfte primär in Klein- und Mittelbetrieben der Fall sein, wo sich der Unternehmer und seine Führungskräfte um die Führung an sich keine Gedanken machen. Auch dort, wo über die auszuführenden Tätigkeiten nicht diskutiert werden kann, wird dieser Führungsstil häufiger anzutreffen sein, z. B. im Handwerk und im Produktionsbereich.

Fraglich ist, ob die Mitarbeiter, die autoritär geführt werden, darüber unglücklich sind. Das hängt wohl im Wesentlichen davon ab, welches Menschenbild der Vorgesetzte hat und welche Grundeinstellung zu seinen Mitarbeitern er hat.

Vorteile	Nachteile
▪ schnelle Entscheidungen ▪ Übersichtlichkeit der Kompetenzen ▪ gute Kontrollmöglichkeiten ▪ klare Zuordnung von Verantwortung ▪ kurzfristig ein hoher Einfluss auf die Arbeitsleistung	▪ fehlende Motivation der Mitarbeiter ▪ Einschränkung der freien Entfaltung von Mitarbeitern ▪ Gefahr von Fehlentscheidungen durch überforderte Vorgesetzte ▪ Risiko einer fehlenden Vertretung bei Ausfall des Vorgesetzten

Kooperativer (demokratischer) Führungsstil

Der Vorgesetzte bezieht seine Mitarbeiter in das Betriebsgeschehen mit ein. Er erlaubt nicht nur Diskussionen, er fördert sie sogar und verlangt die Meinung der Mitarbeiter. Er erwartet sachliche Unterstützung.

Ein kooperativer Führungsstil zeichnet sich dadurch aus, dass die Führungskraft und ihre Mitarbeiter sowohl an der Entwicklung von Ideen als auch an der Umsetzung gemeinsam arbeiten. Verantwortlichkeiten und Aufgaben werden gemeinsam aufgeteilt. Das Delegieren von Verantwortung und die Motivation der Mitarbeiter sind wichtige Bestandteile dieses Führungsstils. Die Eigeninitiative der Mitarbeiter wird gefördert. Durch die Verteilung der Verantwortung auf mehrere Personen und deren Kenntnis wichtiger Vorgänge wird der Ausfall eines Verantwortungsträgers besser bewältigt.

Die Aufgabe der Führungskraft ist es, die Aktivitäten der einzelnen Mitarbeiter zu steuern und dafür zu sorgen, dass „alle an einem Strang" ziehen. Fehler werden in diesem System nicht bestraft, sondern als Chance begriffen, daraus zu lernen und es zukünftig besser zu machen.

Vorteile	Nachteile
▪ niedriges Risiko einer Fehlentscheidung ▪ höhere Identifikation mit dem Unternehmen ▪ hohe Motivation der Mitarbeiter ▪ Entfaltung kreativen Potenzials ▪ höhere Selbstständigkeit der Mitarbeiter ▪ Entlastung des Vorgesetzten ▪ Vertretung des Vorgesetzten ist möglich ▪ angenehmes Arbeits- und Betriebsklima	▪ hoher Informations- und Kommunikationsbedarf ▪ Entscheidungen dauern u. U. lange ▪ Mitarbeiter müssen qualifiziert sein ▪ System ist u. U. kostenintensiver

Laissez-faire-Führungsstil

Der Laissez-faire-Führungsstil lässt den Mitarbeitern viele – man darf sagen: allzu viele – Freiheiten. Der Vorgesetzte verzichtet weitgehend auf das Eingreifen in die Arbeitsabläufe. Die Mitarbeiter bestimmen ihre Arbeit, die Aufgaben und die Organisation selbst. Sie sind keinen Regeln unterworfen und kontrollieren sich selbst innerhalb des Teams. Jedes Mitglied der Arbeitsgruppe kann sein Arbeitsumfeld nach eigenen Vorlieben gestalten. Die Informationen fließen mehr oder weniger zufällig. Der Vorgesetzte greift nicht in das Geschehen ein, er hilft oder bestraft auch nicht.

Vorteile	Nachteile
▪ hoher Freiheitsgrad bei der Arbeit ▪ eigenständige Arbeitsweise der Mitarbeiter ▪ Entscheidungen werden eigenständig getroffen ▪ Individualität der Mitarbeiter wird gewährt	▪ mangelnde Disziplin ▪ Kompetenzstreitigkeiten und Rivalitäten zwischen Mitarbeitern ▪ Unordnung und Durcheinander ▪ Bildung konkurrierender informeller Gruppen ▪ Außenseiter werden benachteiligt

Der Laissez-faire-Führungsstil wird in der Praxis kaum gepflegt. Häufiger anzutreffen sind dagegen der autoritäre und der kooperative Führungsstil. Sie werden in der folgenden Darstellung anhand verschiedener Kriterien noch einmal gegenübergestellt und damit vergleichbar gemacht:

Merkmal	Autoritärer Führungsstil	Kooperativer Führungsstil
Entscheidungsfindung	Der Vorgesetzte entscheidet alleine ohne Rücksprache mit Mitarbeitern.	Der Vorgesetzte und seine Mitarbeiter entscheiden gemeinsam unter Koordination des Vorgesetzten.
Qualität der Entscheidung	Der Vorgesetzte kann nur auf seine eigenen Kenntnisse zurückgreifen.	Die vielfältigen Kenntnisse der Mitarbeiter können genutzt werden.
Dauer der Entscheidungsfindung	Entscheidungen können im Bedarfsfall zügig durch den Vorgesetzten getroffen werden.	Entscheidungen benötigen u. U. mehr Zeit, weil sie zeitraubend diskutiert werden.
Entscheidungsdurchsetzung	Die Anordnungen werden „befehlsmäßig" an die Mitarbeiter verteilt.	Die Mitarbeiter erhalten Entscheidungsbefugnisse, um die Aufgaben zu erledigen.
Form der Arbeitsanweisung	Die Durchführung der Arbeit ist bis in kleinste Details geregelt.	Es bestehen globale Rahmenregelungen mit Zielvorgaben.
Art der Kontrolle	Der Vorgesetzte kontrolliert bis in die Details.	Die Mitarbeiter kontrollieren selbst oder untereinander.
Handlungsmotive des Mitarbeiters	Zwang, Anpassung, Druck, Frustvermeidung	Bereitschaft zur Realisation gemeinsam getroffener Entscheidungen
Auswirkungen auf die Arbeitsbereitschaft der Mitarbeiter	Die Mitarbeiter arbeiten stets auf Anweisung. Das fördert u. U. die Abneigung gegen die Arbeit.	Die Freude an der Arbeit wird gefördert. Die Mitarbeiter entwickeln mehr Eigeninitiative.
fachliche Anforderungen an die Mitarbeiter	Es sind nur geringe Fachkenntnisse erforderlich.	Qualifizierte Fachkenntnisse der Mitarbeiter sind erforderlich.
Kommunikationsbeziehungen	Die Informationen beziehen sich nur auf das Notwendigste. Darüber hinausgehende Informationen, z. B. über das Warum, fehlen.	Information und Kommunikation werden als wesentliche Voraussetzungen für das Lösen der Aufgaben eingesetzt.
Einstellung Vorgesetzter -> Mitarbeiter	Der Vorgesetzte traut den Mitarbeitern und ihren Leistungen wenig zu.	Der Vorgesetzte hat eine positive Meinung von seinen Mitarbeitern.
Einstellung Mitarbeiter -> Vorgesetzter	Die Mitarbeiter sind dem Vorgesetztem gegenüber eher skeptisch und/oder abwehrend.	Die Mitarbeiter vertrauen dem Vorgesetzten, weil sie seine positive Einstellung ihnen gegenüber kennen.
Betriebsklima	Im Wesentlichen ist das Klima gespannt, im besten Fall ist es durch eine nüchterne, kühle Atmosphäre gekennzeichnet.	Das Betriebsklima ist offen, verträglich und lebendig. Es ist von gegenseitiger Wertschätzung geprägt.

2.3.1.2 Tradierte Führungsstile nach Weber

Die folgenden Führungsstile gehen auf die idealtypischen Formen der Herrschaft zurück, die von dem Soziologen Max Weber identifiziert wurden. Die zentrale Frage lautete: „Warum lassen sich Menschen beherrschen?“ Anhand der Gründe, die er erkennt, formuliert Weber verschiedene Formen der Herrschaft.

Die Führungslehre hat diese Grundformen aufgegriffen, sie hinsichtlich der Führung in Unternehmen und Organisationen modifiziert und vier grundlegende Führungsstile definiert:

- **Patriarchalischer Führungsstil:** Dieser Führungsstil ist gekennzeichnet durch eine „Vaterfigur“. Der Vorgesetzte als Vater führt seine Mitarbeiter mit Autorität und Güte. Es besteht ein klares Über- und Unterordnungsverhältnis. die Mitarbeiter haben jederzeit Zugang zu ihrer Führungskraft und können mit ihren Sorgen und Problemen zu ihm kommen. Er hat viel Verständnis, kann aber auch streng sein und bestrafen, wenn eine Leistung nicht so erbracht wird, wie er sich das vorstellt.

  Sein Herrschaftsanspruch wird mit seinem Alters-, Wissens- oder Erfahrungsvorsprung begründet. Dieser Führungsstil ist sicher nicht mehr zeitgemäß, aber immer noch in einigen, meistens kleineren oder mittelständischen Familienunternehmen anzutreffen.

- **Charismatischer Führungsstil:** „Charisma“ bedeutet die Fähigkeit eines Vorgesetzten, andere Menschen allein durch die persönliche Ausstrahlungskraft zu führen. Bei diesem Führungsstil sind starke Emotionen im Spiel. Solche Vorgesetzte sind in der Lage, ihre Mitarbeiter zu begeistern. Sie empfinden eigene Emotionen als sehr stark und sind in der Lage, andere Menschen diese starken Gefühle erleben zu lassen.

  Der Charismatiker verlangt von seinen Mitarbeitern Opfer, er erwartet, dass sie für ihn „durch´s Feuer gehen“. Er fühlt sich den Mitarbeitern gegenüber jedoch im Gegenzug zu nichts verpflichtet. Die charismatische Führung kann Zuversicht vermitteln und Dinge nach vorne bringen. Die Untergebenen werden vom Vorgesetzten in emotionaler Hinsicht abhängig. Dieser Führungsstil ist in heutiger Zeiten kaum noch beobachtbar und aufgrund der zunehmend aufgeklärten und selbstbewussten Mitarbeiter auch kaum noch anwendbar.

- **Bürokratischer Führungsstil:** Der Führungsanspruch beim bürokratischen Führungsstil leitet sich aus bürokratischen Regeln ab. Die Funktion ist nicht an eine Person gebunden, sondern auf Zeit verliehen und übertragbar.

  Der Führungsstil betont Regularien sowie bürokratische Instanzen und Dienststellenbefugnisse. Der Vorgesetzte hat ein „Amt“ verliehen bekommen und leitet seinen Führungsanspruch aus der ihm zugewiesenen Vorgesetztenposition ab. Er verwaltet seine Abteilung mehr, als dass er die ihm zugewiesene Position mit einem natürlichen Führungsanspruch ausfüllt. Führungsinstrumente dieses Führungsstils sind genaue Tätigkeitsbeschreibungen und Verwaltungsabläufe, Richtlinien und Dienstanweisungen.

  Dieser Führungsstil ist heute in modernen, wirtschaftlich orientierten Unternehmen nicht mehr vertreten. Allenfalls ist er noch in Verwaltungen zu finden, aber bereits auch dort nur noch selten.

2.3.2 Zweidimensionale Führungsstile

Richtungsbezogener Führungsstil (nach Blake und Mouton)

Um den Zusammenhang zwischen Führung und Verhalten theoretisch darstellen zu können, haben die amerikanischen Wirtschaftswissenschaftler Robert Blake und Jane Mouton das sogenannte Führungsgitter (Managerial Grid) entwickelt.

Dabei handelt es sich um ein Verhaltensgitter als ein wissenschaftliches Modell, durch das das Verhalten von Führungskräften in zwei Dimensionen beschrieben werden kann.

- Die **Dimension Aufgabenorientierung** gibt an, wie ziel- und leistungsorientiert sich ein Vorgesetzter verhält. Eine starke Aufgabenorientierung trägt zum ökonomischen Erfolg des Unternehmens bei. Der Vorgesetzte kann sich mehr oder weniger intensiv um die Erledigung der Aufgaben durch seine Mitarbeiter kümmern. Diese Intensität kann auf einer Skala von 1 bis 9 dargestellt werden.
- Die **Orientierung an den Mitarbeitern** stellt die zweite Dimension dar. Auch sie ist ein wesentliches Element des unternehmerischen Erfolgs, denn nur zufriedene und motivierte Mitarbeiter tragen zur Zielerreichung bei. Außerdem ist der Arbeitsalltag neben der Arbeit auch durch menschliche Beziehungen geprägt. Sind die zwischenmenschlichen Beziehungen positiv gestaltet, fällt auch der Austausch über Aufgaben und Prozesse leichter. Das gilt natürlich auch für das Verhältnis der Vorgesetzten zu ihren Mitarbeitern. Die Intensität, mit der sich ein Vorgesetzter um seine Mitarbeiter kümmert, kann ebenfalls auf einer Skala von 1 bis 9 dargestellt werden.

Durch die Darstellung beider Dimensionen ergibt sich ein Verhaltensgitter, auf dem verschiedene – idealtypische – Führungsstile sowie deren Zwischenformen dargestellt werden können. Fünf Positionen – die vier „Ecken“ und das Zentrum – des zweidimensionalen Verhaltensgitters werden hier exemplarisch beschrieben:

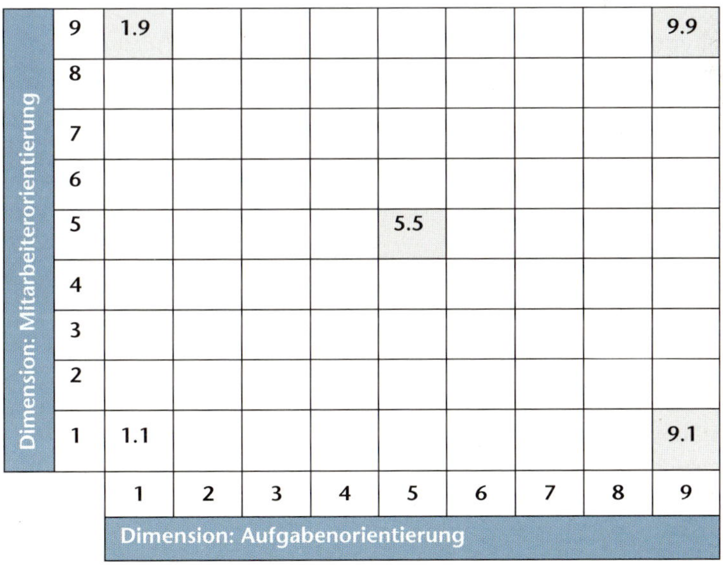

Verhaltensgitter nach Blake/Mouton

1.1 Überlebens-Management	Geringstmögliche Einwirkung auf die Arbeitsleistung mit geringen Zielvorgaben und wenig Kontrolle und andererseits eine geringe Beachtung zwischenmenschlicher Bedürfnisse führt – vermutlich – zu geringen Arbeitsergebnissen.
1.9 Glacéhandschuh-Management	Eine sorgfältige Beachtung der zwischenmenschlichen Beziehungen führt zu einer angenehmen Arbeitsleistung und einem niedrigen Arbeitstempo. Den Mitarbeitern geht es gut, die betriebliche Ziele sind untergeordnet.
9.1 Befehl-Gehorsam-Management	Eine hohe Arbeitsleistung wird erwartet, ohne viel Rücksicht auf die zwischenmenschlichen Beziehungen zu legen. Die zwischenmenschlichen Beziehungen beschränken sich nur auf die Erreichung der betrieblichen Ziele.
5.5 Organisations-Management	Eine mittlere Arbeitsleistung wird erzeugt durch die Herstellung eines Gleichgewichts zwischen der Notwendigkeit zur Arbeitsleistung und der Aufrechterhaltung der Betriebsmoral.
9.9 Team-Management	Eine hohe Arbeitsleistung wird von begeisterten Mitarbeitern erbracht. Die Verfolgung des gemeinsamen Ziels motiviert und führt zu guten zwischenmenschlichen Beziehungen und einem guten Betriebsklima.

2.3.3 Mehrdimensionale Führungsstile

Situativer Führungsstil

Die bisher gezeigten Führungsstile gehen von einer relativ homogenen Mitarbeitergruppe aus. Das ist jedoch nicht immer der Fall: Siehe den Abschnitt „Führen von Gruppen“ (S. 285).

Aus dieser Erkenntnis heraus entstand die Forderung, die Führungskraft müsse ihren Führungsstil situativ nicht nur der einzelnen Situation, sondern auch dem einzelnen Mitarbeiter gegenüber anpassen. Das ist unmittelbar einleuchtend:

Beispiel: *Es kann Krisensituationen geben, in denen auch ein ansonsten kooperativ führender Vorgesetzter gefordert ist, in relativ kurzer Zeit Entscheidungen zu treffen und diese mit den vorhandenen Mitarbeitern in kurzer Zeit umzusetzen, z. B. eine bevorstehende Geschäftseröffnung eines Verbrauchermarktes, bei der Probleme auftreten.*

Ein Modell geht auf diese Besonderheiten ein: Das Reifegradmodell des situativen Führens nach Hersey und Blanchard. In diesem Modell wird angenommen, dass jeder Mitarbeiter nach seinem individuellen Reifegrad geführt werden muss, um seine Potenziale auszuschöpfen. Die Führungskraft passt ihren Führungsstil im Rahmen der Grenzen ihrer eigenen Erfahrungen und Persönlichkeit an den Bedarf des Mitarbeiters an. Der Reifegrad wird bestimmt durch

- die **Kompetenz des Mitarbeiters**, die sich aus seinen Kenntnissen und Fertigkeiten zusammensetzt, die durch Ausbildung, Übung und Erfahrung erworben wurden,
- das **Engagement des Mitarbeiters** als Kombination aus Selbstvertrauen und Motivation; wobei sich die Motivation aus dem Interesse und der Begeisterung für die gestellten Aufgaben zusammensetzt.

Der Reifegrad der Mitarbeiter ist naturgemäß nicht statisch, sondern er verändert sich mit der Zeit und er kann zusätzlich bei verschiedenen Aufgaben unterschiedlich ausgeprägt sein. Es werden vier Reifegradstufen der Mitarbeiter unterschieden:

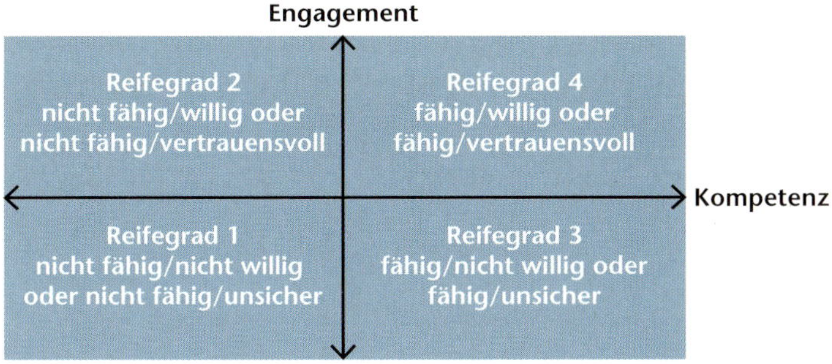

Zu den vier Reifegraden der Mitarbeiter gibt es entsprechend vier situative Führungsstile:

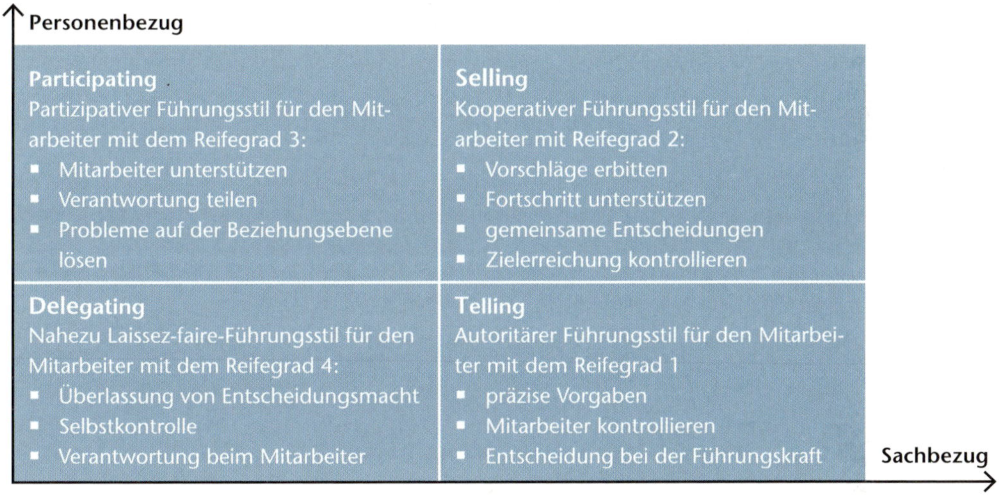

Der Vorgesetzte ist beim situativen Führungsstil gefordert, seine Mitarbeiter richtig einzuschätzen. Das setzt voraus, dass er sich mit ihnen intensiv auseinandersetzt. Problematisch erscheint, dass der Vorgesetzte seinen Führungsstil in der Bandbreite von Laissez-faire über kooperativ bis autoritär variieren soll. Der Vorgesetzte ist durch seine Erfahrungen geprägt. Sich an Führungsstilen zu versuchen, die ihm selbst nicht liegen oder hinter denen er nicht steht, ist für ihn schwierig und wirkt unter Umständen unglaubwürdig.

Es hat Versuche gegeben, die Gültigkeit der Theorie von Hersey und Blanchard empirisch zu untermauern. Diese Versuche sind gescheitert. Wie bereits oben angedeutet, ist es schwierig, wenn nicht unmöglich, für eine Führungskraft, ihren Führungsstil wie ein Chamäleon situationsbedingt anzupassen. Sicher braucht eine Führungskraft einen gewissen Grad an Flexibilität im Umfang mit ihren Mitarbeitern, sie sollte aber ihren Führungsstil als durchgängige Konstante ihrer Persönlichkeit behalten und sich dabei treu bleiben.

Die neuere Forschung befasst sich kaum noch mit der Suche nach dem „optimalen" Führungsstil, sondern konzentriert sich auf messbare, für zukünftige Strategien erforderliche Persönlichkeitsmerkmale und Führungskompetenzen sowie deren Verbesserung.

Wiederholungsfragen zum Kapitel 2.3

1. *Was ist ein Führungsstil?*
2. *Nach welchen Kriterien lassen sich die verschiedenen Führungsstile unterscheiden?*
3. *Grenzen Sie den autoritären und den kooperativen Führungsstil voneinander ab.*
4. *Nennen Sie die Nachteile eines Laissez-faire-Führungsstils.*
5. *Was versteht man unter einem patriarchalischen, was unter einem charismatischen Führungsstil?*
6. *Beschreiben Sie das Verhaltensgitter nach Blake und Mouton.*
7. *Was versteht man unter einem situativen Führungsstil?*

2.4 Führen von Gruppen

Was ist eine Gruppe? Wodurch zeichnet sie sich aus und welche Strukturen bestehen in einer Gruppe?

Beispiel 1: *Sehen wir uns eine Reihe von Menschen an, die an einer Straßenbahnhaltestelle stehen und auf die Bahn warten. Ist das bereits eine Gruppe?*

Die Personen, die hier warten, haben nur eines gemeinsam: Sie wollen alle mit der Bahn fahren. Sie benutzen die Bahn als Fortbewegungsmittel. Aber sie haben weder ein gemeinsames Ziel noch gibt es irgendwelche Beziehungen zwischen den einzelnen Personen. Es handelt sich eher um eine lose Ansammlung von Menschen.

Beispiel 2: *Plötzlich geschieht vor der Haltestelle ein Unfall. Ein Mensch liegt auf dem Pflaster, das Auto versperrt den Verkehr und der Fahrer hat offensichtlich einen Schock.*

Die Personen, die auf die Straßenbahn warten, werden nun aktiv. Zwei Personen kümmern sich um den Verletzten, eine Person ruft per Handy die Polizei und den Krankenwagen, eine andere Person kümmert sich um den Fahrer. Zwei weitere Personen regeln provisorisch den Verkehr. Eine oder zwei Personen behalten einen kühlen Kopf und koordinieren diese Tätigkeiten, verteilen u. U. sogar Aufgaben.

Allgemein ausgedrückt: Die Menschen an der Haltestelle stehen plötzlich in einer Beziehung zueinander und sie haben ein gemeinsames Ziel. Die Menschen, die mithelfen, die anstehenden Aufgaben in Zusammenhang mit dem Unfall zu erledigen, treten zueinander in Interaktion, sie kommunizieren miteinander und lösen anstehende Probleme. Dabei sind sie sich auch der anderen mithelfenden Menschen bewusst.

Mit anderen Worten: Die Personen, die bisher völlig zusammenhanglos miteinander auf die Bahn warteten, werden – natürlich nur für einen relativ kurzen Zeitraum – zu einer Gruppe.

Eine Gruppe ist eine erkennbare, strukturierte, andauernde Gesamtheit von Personen, die gemäß sozialen Normen, Interessen und Werten im Streben nach gemeinsamen Zielen wechselseitig aufeinander abgestimmte Rollen spielen.

Merkmale einer Gruppe:

- eine Sammlung von mehreren Personen (3 bis max. 25 Personen);
- diese Personen verfolgen bestimmte gemeinsame Ziele;
- die Mitglieder stehen zueinander in einer Beziehung;
- zwischen den Mitgliedern muss eine Interaktion möglich sein;
- die Interaktion folgt bestimmten Regeln;
- die Gruppe besteht relativ dauerhaft;
- die Gruppe entwickelt gemeinsame Normen und Werte;
- den Gruppenmitgliedern werden bestimmte Rollen zugewiesen;
- die Gruppe entwickelt ein mehr oder weniger starkes Wir-Gefühl.

Jemand gehört einer Gruppe an, wenn er sich der Gruppe zugehörig fühlt und wenn dies von der Gruppe akzeptiert wird.

Wenn eine Gruppe in der Vorstellung eines Mitglieds besteht, dann ist das seine „Bezugsgruppe". Ein Mensch kann durchaus Mitglied mehrerer Bezugsgruppen sein. Jede Gruppe entwickelt eine Gruppenidentität, ein „Wir-Gefühl". Das Wir-Gefühl ist ein wesentlicher Faktor für den Erhalt und Bestand von Gruppen. Je stärker das Wir-Gefühl ist, desto stärker ist der Zusammenhalt in der Gruppe, die Gruppenkohäsion.

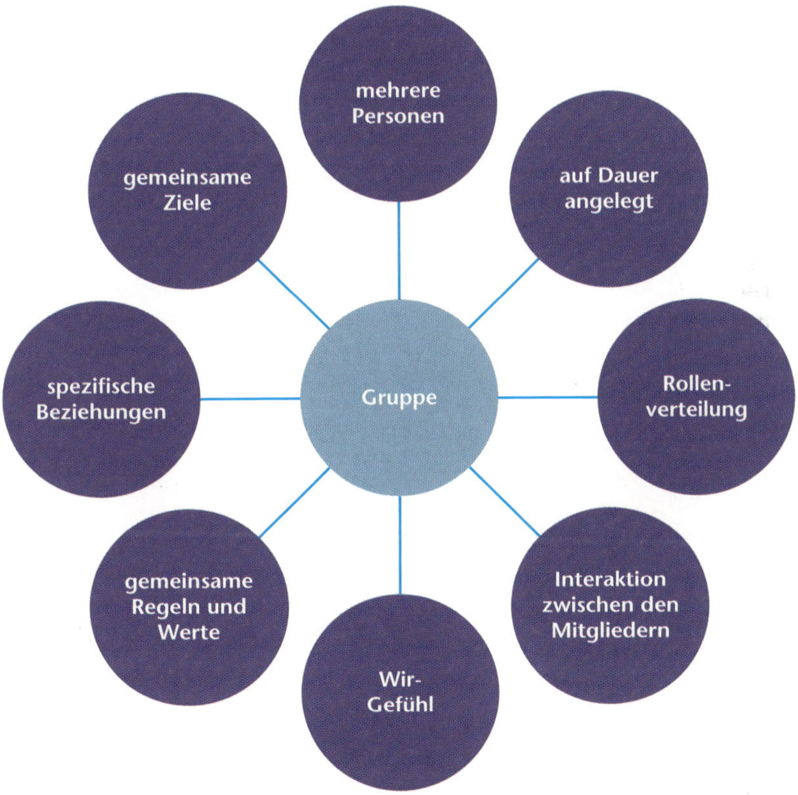

2.4.1 Gruppenstrukturen und deren Merkmale

2.4.1.1 Gruppenbildung

Das Zusammenleben und Zusammenarbeiten innerhalb einer Gruppe ist geprägt durch dauerhafte soziale Beziehungen und Kontakte der Mitglieder untereinander. Sie handeln gemeinsam auf der Basis von gemeinsamen Werten und Normen. Sie nehmen sich wechselseitig wahr durch ihre dauernde Anwesenheit, durch ihre direkte Interaktion und durch ihre aufeinander abgestimmten sozialen Rollen.

Bevor eine Ansammlung von Personen zu einer Gruppe wird, ist ein Anpassungsprozess erforderlich.

Nach Tuckman durchläuft eine Gruppe die folgenden vier Phasen, bis sie eine relativ stabile Struktur aufweist:

Forming = Orientierungsphase	Die Orientierungsphase ist die Entstehungsphase der Gruppe. Die Mitglieder finden aufgrund bestimmter Erwartungen ihre Rolle. Diese Phase ist geprägt von einer vorsichtigen Orientierung, dem Streben nach Sicherheit und gegenseitigem Kennenlernen. Die Gruppenmitglieder entwickeln noch kein Vertrauen zueinander und vermeiden Konfrontationen. Man konzentriert sich auf die zu lösenden Probleme oder die zu erledigenden Aufgaben und orientiert sich an der Führungskraft, welche die Gruppe in dieser Phase führt.
Storming = Konfrontationsphase	Die Konfrontationsphase ist eine Entscheidungsphase, die für das weitere Bestehen von großer Bedeutung ist: Entweder das Team besteht weiter oder es zerfällt aufgrund unüberbrückbarer Differenzen. In dieser Phase kommt es zu Machtkämpfen zwischen einzelnen Gruppenmitgliedern um die informelle Führung und um den Status in der Gruppe. Dazu müssen Meinungen und Gefühle ausgedrückt werden, jedes Gruppenmitglied stellt sich gewissermaßen selbst dar und damit den anderen vor („Ich-Orientierung"). Werden die dabei entstehenden Konflikte von der Gruppe gelöst, kommt es zur Abgrenzung und Bestimmung der Aufgaben und Rollen. Danach hat sich ein Grundkonsens der Gruppe gebildet. Die Gruppenmitglieder stehen „unter Beobachtung", es werden Vergleiche angestellt, wodurch sich die Orientierung von der Führungskraft weg hin zum gesamten Team bewegt. In dieser Phase muss die eingesetzte Führungskraft die Ziele der Gruppe bestimmen und deutlich machen.
Norming = Kooperationsphase	Die Kooperations- oder Regelphase prägt die „Wir-Orientierung". Ideen und Gedanken werden offen ausgetauscht. Es entsteht langsam ein Klima des Vertrauens. Die Interaktion findet in der ganzen Gruppe statt. Alle Gruppenmitglieder werden einbezogen. Das Team hat einen Konsens gefunden, eine gemeinsame Basis, auf der es arbeiten kann und die weiter ausgebaut werden kann. Die Gruppe wächst zusammen und die Führungskraft hat nur noch koordinierende Funktion in Bezug auf die Gruppenmitglieder und die Aufgaben.
Performing = Wachstumsphase	In der letzten Phase, der Wachstums- oder Arbeitsphase, fließt die gesamte Teamenergie in Lösung der Probleme oder die Bewältigung der gestellten Aufgaben. In Abhängigkeit von der Gruppenkohäsion und der Gruppenidentität sind nun auch gute Leistungen möglich. Die Führungskraft kann ihre Energie vor allem auf die Vorgabe von Zielen und Aufgaben legen und weniger auf die Lösung zwischenmenschlicher Probleme.

Wie gesehen, sind die bedeutenden Einflüsse auf die Gruppenbildung die Führungsperson, die Gruppenmitglieder, die Aufgabe und die Umwelt.

Sobald ein neues Mitglied in die Gruppe eintritt, sich die Aufgabe verändert oder die Gruppe organisatorisch eine neue Zuordnung bekommt, werden die einzelnen Phasen u. U. erneut durchlaufen. Jede Gruppenbildung oder Gruppenneubildung ist mit Stress und hoher persönlicher Betroffenheit verbunden. Es gibt Gruppen, die aufgrund eines hohen Konfliktpotenzials das Stadium der Arbeitsphase gar nicht erreichen, zumindest keine kontinuierliche Leistung erbringen, weil viel Energie aufgewendet wird, um Konflikte zu lösen. Die Gruppe beschäftigt sich nicht mit der Aufgabe, sondern mit sich selbst. Andererseits gibt es Gruppen, die nur eine kurze oder u. U. gar keine Konfliktphase benötigen, um zu harmonieren.

2.4.1.2 Gruppenstruktur

Zusammensetzung der Gruppe: Die Gruppenstruktur ergibt sich zunächst durch die Zusammensetzung der Gruppe. Es gibt homogene Gruppen, hier sind die Eigenschaften der Gruppenmitglieder gleich, z. B. vergleichbares Alter, gleiches Geschlecht oder gleicher Bildungsstand. Umgekehrt sind bei heterogenen Gruppen die Eigenschaften weit gefächert. Die Zusammensetzung einer Gruppe beeinflusst den Gruppenbildungsprozess nicht unerheblich. So haben homogene Teams zumeist geringere Koordinationskonflikte, verfügen jedoch nur über eine geringere Ressourcenvielfalt. Heterogene Teams weisen zwar Leistungsvorteile auf, sind jedoch eher instabil. In einer gut funktionierenden Gruppe übersteigt die Gemeinschaftsleistung die Summe der Einzelleistungen.

Gruppenkohäsion: Eine weitere strukturbildende Komponente ist die Gruppenkohäsion. Damit wird der innere Zusammenhalt der Gruppe beschrieben. Die Gruppenkohäsion hängt von folgenden Faktoren ab:
- der Attraktivität der Gruppe nach außen
- der Art der Aufgabe (z. B. kreativ oder repetitiv)
- den Beziehungen der Gruppenmitglieder untereinander
- dem Klima in der Gruppe

Die Gruppenkohäsion ist umso größer, je eher die Gruppenmitglieder sich Vorteile im Hinblick auf die Erreichung persönlicher Ziele versprechen, z. B. im Hinblick auf das Ansehen, das mit der Zugehörigkeit zu dieser Gruppe verbunden ist oder auf die Möglichkeiten, bestimmte Bedürfnisse (z. B. nach Status) zu befriedigen. Allerdings geht eine hohe Gruppenkohäsion in der Regel einher mit einer starken Normierung des Verhaltens der Gruppenmitglieder (sogenannter „Korpsgeist"). Das führt dazu, dass ein Mitglied u. U. einer in der Gruppe gefassten Meinung nicht widersprechen will und kann. Eine hohe Gruppenkohäsion führt zu einer hohen Leistung, allerdings nur dann, wenn die Leistungsnorm der Gruppe besonders hoch ist.

Außenverhältnis: Ein weiterer wesentlicher Faktor für die Struktur einer Gruppe ist das Verhältnis der Gruppe nach außen. Hier wird die Frage beantwortet, wie sich die Gruppe von ihrem Umfeld und von anderen „Fremdgruppen" abgrenzt. Das ist wiederum abhängig von den in der Gruppe geprägten Werten und Normen.

Gruppenart: Je nach Aufgabe und Organisationsgrad werden folgende Gruppen unterschieden:

- Die **formelle Gruppe** ist gekennzeichnet durch die erkennbare Organisationsstruktur. Es handelt sich zumeist um Gruppen mit einer vorgegebenen, dauerhaften Aufgabe.

Die Mitgliedschaft in einer solchen Gruppe ist nicht freiwillig. Der Leiter legt die Gruppenbildung, die Aufgabenverteilung und die Organisation der Gruppenprozesse von außen fest.

***Beispiele** für formelle Gruppen sind: Die Mitarbeiter einer Abteilung, die Gruppe der Abteilungsleiter, eine Klasse in einer Schule oder ein Fußballteam.*

- Die **informelle Gruppe** entsteht ohne ausdrückliche Absprachen. Menschen mit gleichen Einstellungen und Zielen treten miteinander in Kontakt, sodass ein Zusammengehörigkeitsgefühl entsteht. Informelle Gruppen können sich auch innerhalb einer formellen Gruppe entwickeln oder zwischen Mitgliedern unterschiedlicher Gruppen.

  Informelle Gruppen sind in der Lage, die formale Organisation zu unterlaufen und zu schädigen, andererseits können sie in labilen Organisationen in der Lage sein, die formale Organisation zu stützen und zur Aufgabenerledigung beizutragen, so z. B. durch den sogenannten „kleinen Dienstweg".

  ***Beispiele:** Vier Abteilungsleitersekretärinnen treffen sich mittags zum Essen. Fünf Mitarbeiter der Wertpapierabteilung einer Bank verabreden sich regelmäßig zum Joggen.*

Gruppengröße: Die Gruppengröße hat zum einen Auswirkungen auf die Leistungsfähigkeit, zum anderen darauf, wie die Mitglieder sich in der Gruppe fühlen. Während kleine Gruppen eher leistungsfähig, aber auch konfliktträchtiger sind, sind große Gruppen u. U. durch eine zu große Kontrollspanne durch den Vorgesetzten nicht mehr wirkungsvoll zu führen. Eine mittlere Gruppengröße von fünf bis sieben Mitarbeitern wird von Fachleuten als ideal bezeichnet.

Gruppennorm: Die Gruppe entwickelt im Laufe der Zeit durch die Mehrheit der Mitglieder Vorstellungen über das erwünschte Verhalten der Gruppenmitglieder. Diese Verhaltensnorm schreibt den Gruppenmitgliedern für bestimmte Situationen ihre Denk- und Handlungsweisen vor. Der Norm liegen eigene Werte und Gesetze zugrunde, die sich die Gruppe als Spielregeln gegeben hat. Meist sind diese Regeln nicht schriftlich fixiert, sondern informell entwickelt und weitergegeben. Auf diese Weise wird eine reibungslose Zusammenarbeit geregelt und es werden Leistungskriterien entwickelt.

Gruppenrollen: Von besonderer Bedeutung für die Gruppenstruktur sind die von den einzelnen Gruppenmitgliedern übernommenen Rollen. Eine Rolle ist die Gesamtheit der einem Gruppenmitglied innerhalb der Gruppe zugeschriebenen Erwartungen, Werte und Verhaltensweisen. Diesen Anforderungen muss sich ein Gruppenmitglied entsprechend seiner Rolle stellen. Man erwartet diese oder jene Handlungsweise von ihm. Eine Reihe von sogenannten „Stereotypen" kann helfen, das Rollenverständnis zu beleuchten.

- Der **informelle Gruppenführer** hat die Aufgabe, die Gruppe zusammenzuhalten. In Gruppen, in denen es einen formalen Gruppenleiter gibt, ist dies zumeist der Beliebteste in der Gruppe („emotional leader"). Er hat die Aufgabe, die Gruppe auch in schwierigen Situationen zusammenzuhalten; er ist sympathisch und wird von vielen gemocht.
- Der **Macher**, in einer Gruppe ohne formelle Gruppenführung zumeist auch der Gruppenführer, vertritt die Leistungsziele der Gruppe („instrumental leader").
- Der **Organisator** oder **Stratege** tritt immer dann auf den Plan, wenn komplizierte Abläufe zu regeln oder Pläne aufzustellen sind. Er übernimmt dabei für die Planungsphase kurzfristig die geistige Führung, ansonsten hält er sich auch mal gerne im Hintergrund auf.

- Der **Mitläufer** orientiert sich an dem Gruppenführer oder anderen starken Personen in der Gruppe. Er schließt sich jedoch nicht aus innerer Überzeugung der Gruppe an, sondern folgt einem Gruppenzwang. Er nimmt auch keine tragende Rolle ein, sondern sucht nur die soziale Umgebung.
- Der **Vermittler** sieht seine Aufgabe darin, zwischen Meinungsmachern und Außenseitern, aber auch bei sonstigen Meinungsverschiedenheiten, zu vermitteln.
- Der **Opponent** oder **Kritiker** hat als starkes Mitglied ebenfalls Leitungsqualitäten, ist jedoch nicht zum Führer gemacht worden und macht deshalb dem Gruppenführer dessen Position streitig. Der Opponent ist auch derjenige, der verdeckte Konflikte bewusst macht und deren Lösung einfordert. Er kann auch durch sein Verhalten für das Entstehen von sozialen Konflikten verantwortlich sein.
- Der **Clown** versucht, sich durch Späße und Lacher beliebt zu machen. Häufig hat er die Funktion, bei Stresssituationen das Gruppenklima aufzulockern und Spannungen durch Späße abzubauen. Häufig steckt dahinter allerdings die Angst, ohne die Aufmerksamkeit zum Außenseiter zu werden.
- Der **Opportunist** versucht, es jedem in der Gruppe recht zu machen. Es ist verständlich, dass er damit nicht besonders beliebt in der Gruppe ist und auch kein hohes Ansehen genießt.
- Der **Sündenbock** (häufig auch als "Hannemann" bezeichnet) ist das schwächste Gruppenmitglied. Er wird häufig für eine Minderleistung der Gruppe verantwortlich gemacht.
- Der **Außenseiter** gehört nicht zum inneren Kern der Gruppe, die ihn u. U. sogar kollektiv als unsympathisch einstuft. Nicht selten antwortet er auf eine erfolgte Ausgrenzung mit einer Selbstausgrenzung. Es gibt verschiedene Ausprägungen der Außenseiterrolle: Es kann der Trottel, der unerwünschte Mitläufer oder einfach ein nicht beachtetes Gruppenmitglied sein.

Sozialer Status: Der soziale Status bezeichnet die soziale Position, die ein Gruppenmitglied innerhalb einer Gruppe bekleidet, und die Zuordnung dieser Position zu einer sozialen Rangordnung. Die Gesamtheit der sozialen Statuspositionen ergibt die soziale Struktur einer Gruppe. Die Kriterien, nach denen sich ein sozialer Status bemisst, sind das Können, der Machtumfang, der Einfluss auf die Gruppe, das Einkommen und das Prestige. Der soziale Status eines Gruppenmitglieds ist eng verknüpft mit seiner Rolle.

2.4.2 Gruppenverhalten und dessen Auswirkungen

Eine Gruppe, einmal gebildet, ist kein starres Gebilde, das sich nicht verändert. Vielmehr werden externe Einflüsse, wie wirtschaftliche Probleme des Unternehmens oder eine Umorganisation des Unternehmens, sowie interne Einflüsse, wie neue Mitarbeiter, der Wechsel des Vorgesetzten und neue Aufgaben, gruppendynamische Prozesse auslösen, welche die Struktur, die Kohäsion und die Rollenverteilung einer Gruppe verändern.

2.4.2.1 Gruppendynamik

Als Gruppendynamik bezeichnet man die Kräfte, die in Gruppen entstehen und die von Gruppen auf deren Mitglieder und andere Gruppen ausgeübt werden.

Will eine Führungskraft mit ihrer Arbeitsgruppe auf Dauer Erfolg haben, muss sie die gruppendynamischen Prozesse im Auge behalten, denn die Gruppe ist eine der drei wesentlichen Komponenten, die den Führungserfolg möglich machen.

In jeder Gruppe kann eine Reihe von Problemen auftreten, die durch unterschiedliches Gruppenverhalten ausgelöst werden:

2.4.2.2 Gruppenzwang und Gruppendenken

Ein Gruppenzwang oder Gruppendruck liegt immer dann vor, wenn einzelne Gruppenmitglieder ihr ursprüngliches Verhalten (vor Eintritt in die Gruppe) ändern oder sich ungewohnt verhalten.

Sie passen sich dem Gruppendruck an und ändern – meistens nur in der Gruppe – ihre Einstellungen und ihr Verhalten, weil sie glauben, damit besser bei der Gruppe anzukommen, nicht anzuecken oder keine Probleme in der Gruppe zu bekommen. Dieses Konformitätsverhalten ist u. a. abhängig von Alter, Geschlecht, Status, Intelligenz, Kreativität und Persönlichkeit der jeweiligen Person.

Beispiel: *Ein neues Mitglied mit niedrigem Status, geringer Intelligenz, schwacher Persönlichkeit, das zudem noch relativ jung ist, wird es schwer haben, sich dem Gruppendruck zu entziehen. Dagegen wird ein „alter Hase" mit starker persönlicher Ausstrahlung und relativ hohem Ansehen dem Gruppendruck standhalten können und eine eigene Meinung vertreten.*

Gruppendenken bezeichnet einen Vorgang, bei dem eine Gruppe mit einem starken Zusammenhalt (Gruppenkohäsion), in der durchaus kompetente Mitglieder agieren, dennoch falsche, schlechte oder realitätsferne Entscheidungen trifft.

Der Grund liegt darin, dass die Gruppenmitglieder ihre eigene Meinung hintanstellen und an die – vermeintliche – Gruppenmeinung anpassen. Im Ergebnis kann das dazu führen, dass die Gruppe eine Entscheidung fällt oder eine Handlung vornimmt, die jeder Einzelne aus der Gruppe unter normalen Umständen abgelehnt hätte. Folgende Symptome sind ein Indiz für Gruppendenken: Die Gruppe schiebt Warnungen und Bedenken einzelner Mitglieder mit scheinrationalen Argumenten beiseite. Kritiker werden als böse, kontraproduktiv oder schwach abqualifiziert. Schwache Gruppenmitglieder haben von vornherein in solchen Situation eine „Schere im Kopf" und zensieren ihre eigene Meinung. Schweigen wird von der Gruppe kurzerhand als Zustimmung deklariert. Die Gruppe hat die Illusion der „Unverwundbarkeit", die zu großem Optimismus dahingehend führt, dass die Entscheidung richtig ist. Gruppendenken ist häufig auch die Ursache für falsche politische Entscheidungen.

Beispiel: *Die Führungsmannschaft eines Industrieunternehmens (Geschäftsführung plus Abteilungsleiterrunde) ist fest davon überzeugt, dass es gut sei, einen sehr wichtigen Zulieferanten, der von der Bilanzsumme, dem Umsatz und der Mitarbeiterzahl her dreimal so groß ist, durch eine feindliche Übernahme unter ihre Kontrolle zu bringen. Das Vorhaben scheitert grandios. Das Unternehmen gerät in Zahlungsschwierigkeiten. Die Mehrheit der Gruppenmitglieder, alles intelligente und kompetente Ökonomen, hätte – individuell befragt – dieses Ziel als zu riskant abgelehnt. Das Gruppendenken führt hier jedoch zu einer falschen Entscheidung.*

Zur Vermeidung von Gruppenzwang und Gruppendenken empfehlen sich folgende Verhaltensweisen:

- Die Gruppenmitglieder werden über die Gefahren des Gruppendenkens aufgeklärt.
- Die Gruppenmitglieder werden dazu ermutigt, bei Zweifeln ihre Einwände zu äußern.
- Im Bedarfsfall übernimmt ein Gruppenmitglied eine künstliche Gegenposition, er spielt den sogenannten „advocatus diaboli".
- Zur konkurrierenden Bearbeitung eines wichtigen Teilproblems werden Untergruppen gebildet.
- Zur Beurteilung der Situation werden externe Beobachter und Gutachter herangezogen.
- Die vorläufige Einigung auf eine Lösung wird noch einmal sorgfältig überdacht.
- Es wird eine zweite Gruppe eingesetzt, die parallel am gleichen Problem arbeitet.

2.4.2.3 Gruppenkonflikte

Gruppenkonflikte sind Konflikte zwischen Personen (= interindividuelle Konflikte) oder zwischen Gruppen (= intergruppale Konflikte). Solche Konflikte liegen vor, wenn eine Situation entsteht, in der mindestens zwei (Konflikt-)Parteien, die voneinander abhängig sind, mit Nachdruck versuchen, unvereinbare Ziele oder Pläne zu verwirklichen und sich dabei ihrer Gegnerschaft bewusst sind.

Die Parteien versuchen, die Kontrolle über knappe Mittel oder über bestimmte Positionen zu gewinnen. Folgende Konflikte sind denkbar:

- Bei einem **Zielkonflikt** streitet man über das richtige Ziel. Häufige Ursachen für Zielkonflikte sind mangelnde Absprache und mangelnde Koordination sowie ein in sich nicht logisches oder konsistentes Zielsystem der Unternehmung.

  Beispiel: *Ein typischer Zielkonflikt kann zwischen Vertrieb und Fertigung entstehen. Während der Vertrieb sich eine möglichst schnelle Durchlaufzeit und die damit verbundene kurze Lieferzeit für die Kunden wünscht, besteht die Produktion auf einer Auslastung der Kapazitäten, um die Kosten zu senken. Das verhindert aber kurze Durchlaufzeiten.*

- Ein **Bewertungskonflikt** liegt vor, wenn verschiedene Parteien die Effektivität oder die Wirkung verschiedener Methoden zur Zielerreichung unterschiedlich bewerten. Die Tatsache, dass bestimmte Ergebnisse erwartet werden können, wird nicht in Frage gestellt.

  Beispiel: *Betriebsrat und Geschäftsführung sind sich darüber einig, dass zur Leistungssteigerung in der Produktion ein Leistungslohn eingeführt werden soll. Der Betriebsrat ist für den Prämienlohn, die Geschäftsleitung will aber den Akkordlohn einführen.*

- Ein **Verteilungskonflikt** liegt vor, wenn beide Parteien die Vorteile (oder die Vermeidung der Nachteile) und die Wahrscheinlichkeit des Eintretens einer bestimmten Situation gleich einschätzen. Beide wissen jedoch, dass nur eine Partei in den Genuss des Nutzens kommen kann. Letztlich kann eine Partei ihr Ziel nur auf Kosten der anderen Partei erreichen. Man spricht deshalb auch von einem Nullsummenspiel: Der Vorteil der einen Partei entspricht dem Nachteil der anderen Partei.

  Beispiel: *Ein Unternehmen aus München will einen neuen Standort in Leipzig eröffnen und einen Teil der Vertriebsabteilung dorthin verlegen. Alle Mitarbeiter wollen in München bleiben, wissen aber, dass nur die Hälfte bleiben kann.*

- Bei einem **Beziehungskonflikt** erleben die Beteiligten störende zwischenmenschliche Spannungen in der Zusammenarbeit. Ursachen für Beziehungskonflikte sind Vorurteile, Antipathie aufgrund bestimmter persönlicher Merkmale sowie vorausgegangene andere Konflikte.

  Beispiel: *In einer Abteilung gibt es einen jungen dynamischen Mitarbeiter, der die zu erledigenden Dinge rasch abarbeitet. Dabei unterlaufen ihm regelmäßig Fehler aufgrund der mangelnden Erfahrung. Dafür wird er von einem älteren Mitarbeiter gerügt, der zwar nicht so schnell arbeitet, dafür gründlich und aufgrund seiner Erfahrung fehlerfrei. Zwischen beiden entstehen ständig Reibereien.*

Wenn Konflikte nicht gelöst werden, hat das verschiedene, mitunter schwerwiegende Konsequenzen:

- Ein **intergruppaler Konflikt** zwischen zwei Gruppen führt im Allgemeinen dazu, dass der Zusammenhalt innerhalb der Gruppe wächst. Die Bereitschaft, einen autoritären Führungsstil zu akzeptieren, nimmt zu. Kontakte innerhalb der Gruppe werden zu Lasten der Außenkontakte intensiviert, die Gruppe schließt sich enger zusammen und entwickelt eine „Bunkermentalität". Es kommt schlimmstenfalls zu Grabenkriegen mit der anderen Gruppe, was für das ganze Unternehmen schädlich ist.

- Ein **interpersoneller Konflikt** beschädigt vor allem das Klima und das Arbeitsergebnis der Gruppe. Minderleistungen, Unzufriedenheit und schlechte Stimmung im Team sind die Folge. Es kommt zu ansteigenden Krankenständen einzelner Mitarbeiter, offenen Zornausbrüchen, bei lang anhaltenden, schwelenden Konflikten sogar zu inneren oder tatsächlichen Kündigungen.

Konflikte gehören dazu, wenn unterschiedliche Menschen miteinander arbeiten müssen. Sicherlich werden Konflikte von den betroffenen Parteien als unangenehm empfunden, aber jede Auseinandersetzung, wenn sie richtig geführt wird, trägt die Chance in sich, dass sich die Verhältnisse verbessern oder dass sogar kreative Lösungen herauskommen. Dazu gehört es, die Ansichten und Denkweisen der anderen Person oder Gruppe kennenzulernen und die eigenen Positionen zu überdenken. Der Konflikt kann aber nur dann zu positiven Lösungen führen, wenn es eine Kultur der Auseinandersetzung gibt und diese bei Streitigkeiten berücksichtigt wird. Führungskräfte sollten das in der Gruppe oder zwischen Gruppen bestehende Konfliktpotenzial schon in den Anfängen erkennen und ggf. ansprechen.

Zur Konfliktvermeidung können folgende Maßnahmen bzw. Verhaltensweisen dienen:

- Das Unternehmen entwickelt einen Verhaltenskodex, in dem bestimmte Verhaltensweisen gefordert oder untersagt sind.
- Mitarbeiter sollten nicht – und schon gar nicht vor Kollegen – miteinander verglichen werden.
- Die Mitarbeiter sollten in Entscheidungsfindungen einbezogen werden.
- Die Führungskraft sollte sich stets gesprächsbereit zeigen.
- Aufgabenbereiche müssen klar definiert und voneinander erkennbar abgegrenzt werden.
- Abläufe sollten möglichst störungsfrei organisiert werden.
- Alle Mitarbeiter sollten immer ausreichend informiert werden.
- Positive und negative Rückmeldungen sollten immer angemessen sein.
- Jeder Mitarbeiter sollte an der richtigen Stelle arbeiten. Dazu sind die Aufgaben der Stelle mit den Fähigkeiten und Interessen des sie ausführenden Mitarbeiters aufeinander abzustimmen.
- Interpersonale und intergruppale Konflikte können durch folgende Verhaltensweisen des Vorgesetzten oder der Unternehmensleitung vermieden oder gering gehalten werden.
- Einzelne Gruppen und Mitarbeiter nehmen an Schulungen teil, in denen sie lernen, mit Konflikten umzugehen. Dazu gehören z. B. folgende Verhaltensweisen:
  - Jeder Mitarbeiter hat das Recht auf eine eigene Meinung und darf diese vortragen.
  - Wertschätzende Aussagen über Kollegen sind willkommen.
  - Die Gruppenmitglieder lassen sich gegenseitig aussprechen.
  - Störungen in der Kommunikation werden sofort behoben. Sie haben Vorrang.
  - Kritik ist wichtig, sogar erwünscht, muss aber sachlich und konstruktiv geäußert werden!

2.4.2.4 Gruppenbezogener Führungsstil

Grundlage dieses im Prinzip kooperativen Führungsstils ist die Bereitschaft des Vorgesetzten, offen auf seine Gruppe zuzugehen, gesprächsbereit zu sein und die Gruppe in Entscheidungen einzubinden. Darüber hinaus betrachtet der Vorgesetzte jeden Mitarbeiter in der Gruppe und stellt dessen Stärken und Schwächen fest. Seine Aufgabe ist es, die Persönlichkeit und die Kompetenzen eines jeden Mitglieds in die Arbeitsgruppe zu integrieren. Dazu wird jeder Mitarbeiter entsprechend seinem Verhalten und seinem Ansehen in der Gruppe behandelt. Folgende, an der jeweiligen Rolle orientierten Verhaltensweisen der Führungskraft bieten sich dabei an:

- **Neulinge und Außenseiter** haben zumeist Ängste, die abgebaut werden müssen. Sie werden vorsichtig an die Gruppe herangeführt und bekommen das Angebot von Hilfen zum Einstieg. Dies kann z. B. erfolgen, indem ein Gruppenmitglied die Rolle des Mentors und Begleiters übernimmt.
- **Leistungsschwache Mitarbeiter** sollten durch gezieltes Aktivieren ihrer Ressourcen und klar definierte, stetig zu steigernde Ziele aktiviert werden. Erfolgserlebnisse werden besonders betont.
- **Leistungsstarke Mitglieder** können durch die Übertragung von Kompetenzen und Verantwortung weiter motiviert werden.
- **Opponenten und Clowns** testen ihre Grenzen aus und sollen diese auch deutlich gezeigt bekommen. Hier sind klare und deutliche Anweisungen notwendig. Insbesondere durch Opponenten kann die Autorität des Vorgesetzten untergraben werden. Deshalb muss ihr Verhalten durch gütige Strenge und klare Leistungsziele gebremst werden.
- **Vorsichtige und problembeladene** Gruppenmitglieder sollten ermuntert werden, ihnen ist mit Verständnis und Anteilnahme zu begegnen. Sie brauchen gelegentlich einen Zuhörer, der für ihre Probleme Verständnis zeigt. Hier ist die Empathie der Führungskraft gefragt.

Wiederholungsfragen zu Kapitel 2.4

1. *Was versteht man unter einer Gruppe?*
2. *Nennen Sie vier Merkmale einer Gruppe.*
3. *Nennen Sie die vier Phasen, die bei einer Gruppenbildung durchlaufen werden.*
4. *Durch welche verschiedenen Merkmale ist eine Gruppenstruktur gekennzeichnet?*
5. *Was versteht man unter einer Rolle innerhalb einer Gruppe?*
6. *Schildern Sie vier typische Rollen, die Personen innerhalb einer Gruppe innehaben.*
7. *Was kennzeichnet einen gruppendynamischen Prozess?*
8. *Wodurch ist ein Gruppendenken gekennzeichnet?*
9. *Was ist Gruppenzwang und was passiert dabei mit den einzelnen Gruppenmitgliedern?*
10. *Was ist ein Gruppenkonflikt?*
11. *Nennen Sie drei Arten von Gruppenkonflikten.*
12. *Geben Sie ein Beispiel für einen Bewertungskonflikt zwischen zwei Gruppen.*
13. *Wie kann eine Führungskraft gruppenbezogen führen?*

2.5 Personalplanung

Die Personalplanung ist ein integraler Teil der Unternehmensplanung. Diese wird – wie bereits zum Thema Planung ausgeführt – nicht nur von betrieblichen Faktoren bestimmt, sondern auch von zahlreichen externen Entwicklungen, unter denen die Konjunktur einen hohen Stellenwert einnimmt.

Ziel der Personalplanung ist es, das für das Unternehmen zu festgelegten Zeitpunkten erforderliche Personal nach Anzahl und Qualität bereitzustellen und es möglichst ökonomisch einzusetzen.

Die Personalplanung steht dabei immer wieder vor dem Zielkonflikt, auf der einen Seite die Kosten des Personals zu minimieren, andererseits Personalengpässe stets zu vermeiden.

Die obige Zieldefinition gibt bereits die Trennung in die quantitative und die qualitative Personalplanung vor. Es sind grundsätzlich folgende Bereiche der Personalplanung zu unterscheiden:

Teilbereiche der Personalplanung

- Die **Personalbedarfsplanung** stellt fest, wie viele Mitarbeiter mit welcher spezifischen Qualifikation zu welchem Zeitpunkt und an welcher Stelle eines Unternehmens gebraucht werden.
- Die **Personalbeschaffungsplanung** legt fest, in welcher Weise das erforderliche Personal definiert, umworben und ausgewählt wird.
- Die **Personaleinsatzplanung** legt fest, wie die vorhandenen Mitarbeiter möglichst optimal eingesetzt werden können. Dazu zählt z. B. in einem Kaufhaus die an der Kundenfrequenz orientierte Besetzung mit Verkäufern.
- Die **Personalanpassungsplanung** hat die Aufgabe, festzulegen, wie ein überschüssiges Potenzial an Mitarbeitern unter Vermeidung von sozialen Härten abgebaut bzw. angepasst werden kann.
- Die **Personalentwicklungsplanung** hat die Aufgabe, für die vorhandenen Mitarbeiter Perspektiven für deren berufliche Entwicklung im Unternehmen zu suchen und dazu ggf. systematisch angemessene Weiterbildungsmaßnahmen zu entwickeln oder zu veranlassen.
- Die **Personalkostenplanung** ist dafür zuständig, die gesamten Personalkosten unter Berücksichtigung der Bruttoentgelte und der Personalnebenkosten zu ermitteln.

Diese planenden Tätigkeiten des Personalwesens greifen mehr oder weniger ineinander und ergänzen sich. Insbesondere größere Unternehmen sind ohne eine umfassende und wirkungsvolle Personalplanung nicht mehr denkbar. Selbst in einem Handwerksbetrieb können Teilbereiche der Personalplanung bereits sinnvoll einsetzbar sein, z. B. die Personalbedarfs- und die Personaleinsatzplanung.

Voraussetzung für eine umfassende Personalplanung ist jedoch eine detaillierte Planung der anderen Teilbereiche des Unternehmens. Dazu gehören mindestens der Absatz- und der Produktionsplan sowie der Investitionsplan; aber auch die Budgets der einzelnen Abteilungen sind von Bedeutung.

Bei den **Fristen der Personalplanung** wird unterschieden in

- einen kurzfristigen Zeitraum bis zu einem Jahr **(operative Planung)**,
- einen mittelfristigen Zeitraum, der bis zu drei Jahre umfassen kann **(taktische Planung)**,
- einen langfristigen Zeitraum, der bis zu fünf Jahre umfasst **(strategische Planung)**.

Diese Einteilung ist aber immer von der Größe und dem Leistungsprogramm des Unternehmens abhängig. Je größer der Planungszeitraum ist, umso unsicherer wird die Planung.

Gleichwohl gibt es eine Reihe von Anlässen, die es notwendig machen, sich über die langfristige Entwicklung Gedanken zu machen.

Beispiel: *Gegenwärtig dürfte das Personalwesen in Großunternehmen sich im langfristigen Bereich vor allem Gedanken über die demografische Entwicklung machen. Ihnen ist die damit verbundene Problematik bewusst, dass einerseits wichtiges Know-how und Erfahrung die Unternehmen in Gestalt der älteren Arbeitnehmer verlässt, gleichzeitig aber vor allem in den Disziplinen Ingenieurwissenschaften, Mathematik, Physik, Chemie und Informatik zu wenig wissenschaftlich ausgebildetes Personal nachrückt. Gleichzeitig geht auch die Anzahl der Bewerber für Ausbildungsplätze dramatisch zurück und ein großer Teil der Schulabgänger ist für klassische Ausbildungsberufe aufgrund fehlender Kenntnisse in den Fächern Deutsch und Mathematik nicht einsetzbar.*

Der Personalbedarf eines Unternehmens ist die Gesamtheit des Personals, das zur Wahrnehmung aller Aufgaben benötigt wird (Brutto-Personalbedarf). Der genaue Personalbedarf lässt sich als Stellenbedarf für einen bestimmten Zeitpunkt bzw. als Mengenbedarf (z. B. Mitarbeiter-Monate) für einen Zeitraum oder für eine bestimmte Aufgabe feststellen.

Folgende Personalbedarfsarten lassen sich unterscheiden:

- Der **Personaleinsatzbedarf** ist die Summe der Mitarbeiter, die zu einem bestimmten Zeitpunkt oder in einem bestimmten Zeitraum für das Erreichen der Unternehmensziele zur Verfügung gestellt werden muss.
- Ein **Personalreservebedarf** entsteht regelmäßig wegen der unvermeidlichen und vermeidlichen Ausfälle wie Krankheit, Unfall und sonstiger Fehlzeiten, wie z. B. Personalentwicklungszeiten.
- Der **Bruttopersonalbedarf** setzt sich aus dem Personaleinsatzbedarf und dem Personalreservebedarf zusammen.
- Ein **Personalersatzbedarf** entsteht durch Veränderungen im Ist-Bestand durch Abgänge wegen Pensionierung, Kündigung, Tod, etc.
- Ein **Personalneubedarf** liegt vor, wenn der zukünftige Bestand höher sein soll als der gegenwärtige Personalbestand. Dies wird notwendig durch die Erhöhung des Outputs, durch organisatorische Änderungen oder durch die Einführung neuer Arbeitsmittel.
- Der **Nettopersonalbedarf** ergibt sich aus der Summe von Personalersatzbedarf und Personalneubedarf.
- Ein **Personalfreisetzungsbedarf** tritt immer dann auf, wenn der gegenwärtige Bestand größer ist als der Soll-Bestand, d. h. wenn Personal abgebaut werden muss.

Durch den Vergleich von Soll- und Ist-Personalbestand ergibt sich
- eine ausreichende Deckung,
- eine Überdeckung oder
- eine Unterdeckung.

Bei einer Unterdeckung müssen Maßnahmen zur Personalbeschaffung, bei Überdeckung Maßnahmen zur Personalfreisetzung ergriffen werden.

2.5.1 Quantitative Personalbedarfsplanung

Das Ziel der quantitativen Personalbedarfsplanung ist die Berechnung der Menge an Arbeitskräften nach den benötigten Kategorien, die zu bestimmten Zeitpunkten vorhanden sein muss, um die geplante Leistung des Unternehmens realisieren zu können.

Zu diesem Zweck müssen entweder die Arbeitsmengen (Produkte, Arbeitsvorgänge und Arbeitsschritte), die durch Arbeitszeit gemessen werden können, ermittelt werden, oder aber die Stellen, die für erwartete, aber gegenwärtig noch ungewisse Arbeitsmengen bereitgehalten werden müssen.

Die quantitative Personalbedarfsplanung läuft im Prinzip nach folgendem Schema ab:

2.5.1.1 Methoden zur Ermittlung des Bruttopersonalbedarfs

- **Schätzverfahren** sind nicht wissenschaftlich, aber in der betrieblichen Praxis, vor allem in Klein- und Mittelbetrieben, weit verbreitet. Beim einfache Schätzverfahren schätzen die Führungskräfte anhand ihrer Erfahrungen, ihres Wissens aus der Vergangenheit und aus ihrer Einschätzung der zukünftigen Entwicklung die geplanten Zahlen für die Zukunft. Beim verfeinerten Schätzverfahren wird eine Gesprächsrunde angesetzt, an der alle Führungskräfte teilnehmen. Zusätzlich können Führungskräfte und Experten befragt werden, die nicht direkt zur Linie gehören.

- Die **Delphi-Methode** basiert letztlich auch auf Schätzungen, ist aber wesentlich differenzierter und bringt genauere Ergebnisse. Es handelt sich um eine Expertenbefragung, bei der die Führungskräfte anhand eines standardisierten und systematisch aufgebauten Fragebogens zur Abgabe einer Schätzung des zukünftigen Personalbedarfs befragt werden. Diese Schätzungen werden ausgewertet, verdichtet und mit zusätzlichen Informationen an die Führungskräfte zurückgegeben, die dann eine erneute, vermutlich genauere Schätzung vornehmen.
- Die **Kennzahlenmethode** stellt den Personalbedarf in einen direkten Bezug zur konkreten Arbeitsmenge aufgrund der Auftrags- und Produktionslage. Dazu muss je nach Bereich und Stellenkategorie eine geeignete Bezugsgröße gefunden und eine einfache Kennzahl formuliert werden. Eine gebräuchliche Kennzahl ist die Produktivität der Arbeit. Dabei wird eine bestimmte Erfolgsgröße, z. B. der Umsatz oder Produktionsstückzahlen, in eine Beziehung zur Zahl der Beschäftigten oder der Arbeitszeit gesetzt. Durch das Kennzahlenverfahren ist es einfach, einen Zusammenhang zwischen der Bezugsgröße und dem Personalbedarf herzustellen.

  Beispiel: *Bei einem Industrieunternehmen beträgt der Anteil der Personalkosten der Vertriebsmitarbeiter am Umsatz 6 %. Ist für das Folgejahr eine Umsatzausweitung von 1,5 Mio. EUR geplant, würde das eine Erhöhung des Personalbudgets im Vertrieb von 90.000,00 EUR bedeuten. Angenommen, ein Vertriebsmitarbeiter kostet durchschnittlich 45.000,00 EUR, so könnte man zwei zusätzliche neue Stellen schaffen.*

- Bei der **Trendextrapolation** werden die Entwicklungsdaten aus der Vergangenheit in die Zukunft fortgeschrieben. Wenn die abgelaufene Zeitperiode nach Möglichkeit lang und betrieblich stabil war, dann ist dieses Verfahren von großer Sicherheit. Voraussetzung ist jedoch, dass sich die Verhältnisse der Vergangenheit auch in der Zukunft nicht ändern. Allerdings müssen zur höheren Genauigkeit auch Einflussfaktoren wie die tarifliche Arbeitszeit berücksichtigt werden.
- Die **Stellenplanmethode** wird häufig in Verwaltungsbereichen angewendet. Anhand des bestehenden Stellenplans wird unter Berücksichtigung zukünftiger zusätzlicher Aufgaben ermittelt, ob ein zusätzlicher Personalbedarf oder ein Personalüberhang besteht.

2.5.1.2 Ermittlung des Personalbestands

Nachdem der Bruttopersonalbedarf feststeht, muss der voraussichtliche künftige Personalbestand unter Berücksichtigung der bekannten Veränderungen ermittelt werden. Die Zahlen des künftigen Personalbestands sind in der Regel geringer als der aktuelle Bestand, da es zu natürlichen Abgängen durch Renteneintritte, Mutterschaft oder Kündigungen durch Arbeitnehmer kommen kann. Andererseits müssen feststehende Zugänge wie die Übernahme von Auszubildenden oder die Rückkehr aus einem Erziehungsurlaub berücksichtigt werden. Wichtiges Instrument für die Ermittlung des voraussichtlichen zukünftigen Personalbestands ist die Abgangs-Zugangs-Tabelle. Sie ist wie folgt aufgebaut:

Abgangs-/Zugangs-Tabelle		Abteilung:		
		Januar 201..	Februar 201..	März 201..
01	**Bestand am Anfang der Periode**			
	– geplante (feststehende) Abgänge			
02	Rente			
03	Bundeswehr/Soziales Jahr			
04	Beförderung innerhalb der Abteilung			
05	Versetzung in eine andere Abteilung			
06	Ausbildung, Fortbildung, Studium			
07	Entlassung durch den Betrieb, Zeitverträge			
08	Krankheit			
09	Kündigung durch Arbeitnehmer			
10	Mutterschutz, Elternzeit			
11	Sonstige Abgänge			
12	**Summe der Abgänge (2–11)**			
13	**Bestand nach Abgängen (1–12)**			
	+ geplante (feststehende) Zugänge			
14	Rückkehr aus Bundeswehr oder Sozialem Jahr			
15	Beförderung innerhalb der Abteilung			
16	Versetzung in die Abteilung			
17	Rückkehr aus Ausbildung, Studium etc.			
18	Übernahme aus Ausbildungsverhältnis			
19	Rückkehr aus Mutterschutz bzw. Elternzeit			
20	Sonstige Zugänge (Einstellungen)			
21	**Summe der Zugänge (14–20)**			
22	**Personalbestand Ende der Periode (13 + 21)**			

2.5.1.3 Nettobedarfsrechnung/Abgleich

Wenn der künftige voraussichtliche Personalbestand und der errechnete Bruttopersonalbestand gegenübergestellt werden, entsteht der Nettopersonalbestand. Aus diesem werden entweder ein Personalüberhang oder ein Personalbedarf sichtbar. Wird anhand des

Nettopersonalbestands eines von beiden festgestellt, führt das zu weiterem Handlungsbedarf.

Beispiel: *Personalbedarfsplanung für die Produktion eines Industrieunternehmens*	
Ausgangsdaten für die Planung	
geplante Produktionsmenge	*500.000 Stück*
geplante ∅ Fertigungszeit je Stück	*15 Minuten*
∅ Mitarbeiterzahl aktuelles Jahr	*74 MA*
∅ tägliche Arbeitszeit	*7,5 Std.*
Feiertage	*11 Tage*
Urlaub	*30 Tage*
∅ Krankheitstage je Mitarbeiter	*10 Tage*
∅ zusätzliche Fehlzeiten (Weiterbildung, Sonderurlaub, etc.)	*5 Tage*

Planung des Personaleinsatzbedarfs	
Bruttoproduktionszeit 500.000 Stück × 0,25 Stunden	*125.000 Std*
geteilt durch Soll-Arbeitsstunden/Mitarbeiter *365 – 104 Tage (Sa./So.) – 11 Feiertage – 30 Urlaubstage = 220 · 7,5*	*1.650 Std.*
= Personaleinsatzbedarf	*75,75 MA*

Planung des Personalreservebedarfs	
Krankheitstage	*10 Tage*
+ zusätzliche Fehlzeiten	*5 Tage*
= weitere Abwesenheit gesamt	*15 Tage*
Reservebedarf 15 ÷ 220 · 100	*6,8 %*

Ermittlung des Bruttopersonalbedarfs	
Personaleinsatzbedarf	*75,75 MA*
Reservebedarf = 75,75 · 6,8 %	*5,15 MA*
= Bruttopersonalbedarf	*80,90 MA*
Ermittlung des Nettopersonalbedarfs	
Bruttopersonalbedarf	*81 MA*
– gegenwärtiger ∅ Personalbestand	*74 MA*
= Nettopersonalbedarf (noch einzustellende Mitarbeiter)	*7 MA*

Folgende Instrumente dienen als Hilfsmittel der quantitativen Personalplanung und der Personaleinsatzplanung:

- Im **Stellenplan** sind alle Stellen aufgeführt, gleichgütig ob sie besetzt sind oder nicht. Damit hat der Stellenplan immer einen Soll-Charakter. Im Gegensatz zum Organigramm, das häufig nur Abteilungen und deren Leitungen ausweist, enthält der Stellenplan jede Stelle und damit auch den Bedarf an Personal, der für die Erfüllung der Aufgaben benötigt wird. Dargestellt wird der Stellenplan entweder als erweitertes Organigramm oder als Liste.
- Der **Stellenbesetzungsplan** hat den Stellenplan als Grundlage. Hier werden nur die tatsächlich besetzten Stellen als Ist-Situation dargestellt und mit den Mitarbeitern genannt, die die Stelle aktuell besetzen. Eine Differenz zwischen dem Stellenplan und dem Stellenbesetzungsplan zeigt einen Personalüberhang oder einen Personalbeschaffungsbedarf an.
- Die **Personalstatistik** sammelt alle Informationen über das vorhandene Personal und wertet diese unter bestimmten Gesichtspunkten aus. Dazu gehören u. a. die Altersstruktur, die Qualifikationsstruktur, die Fehlzeitenquote, die Fluktuationsrate und die Entwicklung der Personalkosten.

2.5.2 Qualitative Personalbedarfsplanung

Das Ziel der qualitativen Personalbedarfsplanung ist die Ermittlung der fachlichen und persönlichen Eigenschaften, über welche die Mitarbeiter in der Zukunft verfügen müssen, um das geplante Leistungsprogramm des Unternehmens erfolgreich realisieren zu können.

Zu diesem Zweck befasst sich die qualitative Personalbedarfsplanung mit der Ableitung von Anforderungen an Kenntnisse, Fähigkeiten und Verhaltensweisen aus den geplanten Aufgaben.

Die Erfassung des qualitativen Personalbedarfs ist Voraussetzung für erfolgreiche Personalentwicklungsmaßnahmen. Dieser Themenbereich wird im Kapitel 3 behandelt.

Die Bestimmung der Anforderungen in Form von Anforderungsprofilen kann erfolgen über:

- die **Gliederung nach Berufsbildern**, z. B. Elektroniker, Bankkaufmann, Feinmechaniker
- die **Gliederung nach Berufsgruppen**, z. B. gewerbliche Arbeitnehmer, technische Angestellte und kaufmännische Angestellte, Auszubildende
- die **Gliederung nach Qualifikationsgruppen**, z. B. Facharbeiterausbildung mit Berufserfahrung, Hochschulausbildung ohne Berufserfahrung, Industriemeisterausbildung mit Betriebserfahrung
- die **Gliederung nach Tätigkeiten**, z. B. Einkaufen, Handeln mit Wertpapieren, Verwalten, Hilfsarbeiten, kreative Tätigkeiten, repetitive Verwaltungsarbeiten
- die **Gliederung nach der hierarchischen Ebene**, z. B. Führungstätigkeiten der oberen, mittleren und unteren Ebene, ausführende Tätigkeiten

Folgende **Hilfsmittel** werden als Instrumente der qualitativen Personalplanung eingesetzt:

- Die **Stellenbeschreibung** enthält alle wesentlichen Beschreibungsmerkmale einer Stelle. Dazu gehören im Wesentlichen: Ziel der Stelle, Aufgaben, Kompetenzen, organisatorische Einordnung, Über- und Unterstellung, Vertretungsregelungen und das Anforderungsprofil für den ausführenden Stelleninhaber. Die Stellenbeschreibung wurde ausführlich im Kapitel 1.3.2.1 beschrieben.
- Der **Laufbahnplan** enthält alle Positionen, die ein Mitarbeiter im Laufe der Zeit in einem Unternehmen durchlaufen soll, um in der Hierarchie nach oben zu kommen. Er bezieht sich immer auf konkrete Personen.
- Der **Nachfolgeplan** ist das Gegenstück zum Laufbahnplan. Er macht stellenbezogene Angaben über die Personen, die in der Zukunft eine frei werdende Stelle besetzen sollen.

Das **Anforderungsprofil** ist das zentrale Instrument der qualitativen Personalbedarfsplanung. Hier werden alle Fähigkeiten, Fertigkeiten und ggf. auch Belastungen zusammengefasst, denen ein Stelleninhaber gerecht werden muss. Anforderungsprofile sind immer auf die Stelle bezogen und nicht auf die Person, die sie ausfüllt. Anforderungsprofile sind einerseits einfacher zu erstellen als Stellenbeschreibungen und können auch dort eingesetzt werden, wo keine Stellenbeschreibungen existieren. Ein Anforderungsprofil enthält für jeden Arbeitsplatz die typischen Arbeitsanforderungen nach Art und Ausprägungsgrad. Das Anforderungsprofil ist quasi das Gegenstück zum personenbezogenen Qualifikationsprofil eines Stelleninhabers oder eines Bewerbers um eine Stelle. Während das Anforderungsprofil aufzeigt, was eine Stelle an Anforderungen von einem Stelleninhaber verlangt bzw. fordert (Soll-Qualifikation), zeigt das Qualifikationsprofil auf, was der Stelleninhaber oder ein Bewerber an Fähigkeiten mitbringt (Ist-Qualifikation). Legt man beide Profile übereinander, erhält man die Defizite und die Überqualifikationen des Stelleninhabers.

Die Anforderungen einer Stelle können in absolut notwendige (Muss-Anforderungen) und wünschenswerte Merkmale (Soll- und Kann-Anforderungen) untergliedert werden.

- **Notwendige Anforderungen** sind Kriterien, die vom Stelleninhaber unbedingt erfüllt sein müssen, wenn er den Arbeitsplatz überhaupt ausfüllen möchte, z. B. der Lkw-Führerschein eines Kraftfahrers oder die Englischkenntnisse einer Chefsekretärin.
- **Wünschenswerte Anforderungen** sind Fähigkeiten des Stelleninhabers, die für den Arbeitsplatz auch typisch sind, die jedoch mit unterschiedlichen Ausprägungsgraden erfüllt werden.

Je nach Aufgabenstellung und Zielsetzung des Arbeitsplatzes kann zwischen verschiedenen Anforderungsmerkmalen ausgewählt werden:

Merkmalsgruppen für Anforderungsprofile

- **Allgemeine Anforderungen** stellen auf persönliche Eigenschaften von Mitarbeitern ab, z. B. Freundlichkeit, Sauberkeit oder Pünktlichkeit.
- **Kenntnismerkmale** beschreiben Anforderungen an die schulische und berufliche Ausbildung, an das notwendige Fachwissen und Fachkönnen sowie die verlangte Berufserfahrung, z. B. DV-Kenntnisse, Sprachen, Kenntnisse des Steuer- bzw. Arbeitsrechts oder Steuerungstechnik.

- **Geistige Anforderungen** beinhalten die an die Intelligenz der Mitarbeiter gestellten Anforderungen, z. B. Auffassungsgabe, Abstraktionsvermögen oder logisches Denken.
- **Verhaltensmerkmale** können sowohl in Bezug auf das Arbeits- als auch auf das Sozialverhalten festgelegt werden, z. B. Konzentrationsfähigkeit, Teamfähigkeit oder Kommunikationsverhalten.
- **Körperliche Anforderungen** berücksichtigen alle von der Arbeitsausführung und Arbeitsumgebung ausgehenden Belastungen. Sie werden vorwiegend im gewerblichen Bereich benötigt, z. B. Ausdauer, Feinmotorik oder Toleranz gegenüber Umgebungseinflüssen (Hitze, Lautstärke).
- **Vorgesetzteneigenschaften** legen die an Führungskräfte zu stellenden Anforderungen fest, z. B. Delegations- oder Kritikfähigkeit.

Anforderungsprofil: Bilanzbuchhalter	gering			mittel			hoch		
	1	2	3	4	5	6	7	8	9
Berufs- und Weiterbildung						x			
Kenntnisse Steuer- und Handelsrecht									x
Kenntnisse Kostenrechnung								x	
Sprachkenntnisse Englisch				x					
EDV-Kenntnisse						x			
Branchenerfahrung		x							
Auffassungsgabe							x		
Analytisches Denkvermögen								x	
Phantasie		x							
Urteilsfähigkeit							x		
Sprachliche Ausdrucksfähigkeit					x				
Zuverlässigkeit								x	
Selbstständigkeit								x	
Teamfähigkeit						x			
Durchsetzungsvermögen					x				

Die Anfertigung von Anforderungsprofilen erfolgt durch die Personalentwicklung (Personalwesen) in Zusammenarbeit mit dem zuständigen Vorgesetzten und/oder dem Stelleninhaber selbst. Das Profil kann in den folgenden drei Schritten angefertigt werden:

1. **Schritt: Erhebung der Informationen**
   Die Informationen können in Form von Beobachtungen, Befragungen, Sichtung von Unterlagen, Zählungen, Messungen oder Systemanalysen erhoben werden.
2. **Schritt: Katalog der Merkmale**
   Auf Basis der Informationen wird der Katalog der aufzunehmenden Merkmale fixiert. Dabei werden alle notwendigen und die wesentlichen wünschenswerten Kriterien berücksichtigt.
3. **Schritt: Gewichtung der Kriterien**
   Es reicht nicht aus, die ausgewählten Merkmale zu nennen, sie müssen mit ihrem jeweiligen Ausprägungsgrad gewichtet werden. Nur durch die Festlegung der Ausprägung der einzelnen Merkmale wird der spätere Vergleich des Anforderungsprofils mit dem Qualifikationsprofil möglich.

Wiederholungsfragen zu Kapitel 2.5

1. *Welche Aufgabe hat die Personalplanung in einem Unternehmen?*
2. *Nennen Sie vier Teilbereiche der Personalplanung.*
3. *Unterscheiden Sie Brutto-Personalbedarf und Netto-Personalbedarf.*
4. *Welche internen und externen Faktoren wirken auf den quantitativen Personalbedarf ein?*
5. *Nennen Sie drei übliche Verfahren zur Ermittlung des Bruttopersonalbedarfs.*
6. *Wie ist eine Abgangs-Zugangstabelle aufgebaut?*
7. *Welche Hilfsmittel stehen der quantitativen Personalbedarfsplanung zur Verfügung?*
8. *Was ist das Ziel einer qualitativen Personalbedarfsplanung?*
9. *Was ist ein Anforderungsprofil?*
10. *Nennen Sie drei Merkmalsgruppen eines Anforderungsprofils.*

2.6 Personalbeschaffung und -auswahl

Die Personalbeschaffung hat die Aufgabe, den im Rahmen der Personalplanung ermittelten Personalbedarf dem Unternehmen zum richtigen Zeitpunkt und in der richtigen Qualifikation möglichst kostengünstig zur Verfügung zu stellen.

Die Personalbeschaffung – in manchen Unternehmen auch als Recruiting bezeichnet – steht dabei vor einer mitunter schwierigen Aufgabe. Ein Beispiel mag dies verdeutlichen:

Sachverhalt

Ein Unternehmen sucht einen neuen Gruppenleiter im Einkauf und wählt aus 50 Personen einen scheinbar geeigneten Bewerber aus. Die Personaleinstellungskosten betragen 8.000,00 EUR. Der neue Mitarbeiter, der monatliche Personalkosten von 5.000,00 EUR verursacht, stellt sich gegen Ende der sechsmonatigen Probezeit als Fehlgriff heraus. Inzwischen sind damit durch die Fehleinstellung 38.000,00 EUR Kosten verursacht, und das Unternehmen steht wieder am Anfang. Wenn dieses Unternehmen über ein Eigenkapital von 2,0 Mio. EUR verfügt so bedeutet diese Fehlentscheidung bereits eine Minderung der Eigenkapitalrendite von fast 2 %.

Diverse Untersuchungen und Befragungen von Personalleitern haben zutage gefördert, dass bei einer Fehlbesetzung eines normalen Angestellten mit Kosten zu rechnen sind, die zwischen 50 % und 75 % der Jahrespersonalkosten dieser Stelle ausmachen. Die Personalauswahl von Führungskräften ist wegen der dann häufig involvierten Personalberater weitaus teurer. Allein schon aus Kostengesichtspunkten erscheint es daher sinnvoll, bei der Suche und der Auswahl von neuen Mitarbeitern besonders sorgfältig vorzugehen.

Aber ein zweiter Grund sollte auch zu Denken geben. Aufstrebende Unternehmen wollen langfristig ihre Ziele erreichen und Märkte erobern. Dazu benötigen sie geeignete Mitarbeiter, die sich mit dem Unternehmen identifizieren, die loyal sind, die gewillt sind, ihr Know-how einzubringen und ihre Fähigkeiten langfristig zu verbessern.

Jedes Unternehmen muss sich vor einer Neueinstellung zwei Fragen beantworten:

- **Wo kann ich die Menschen finden, die ich brauche?** Die Beantwortung dieser Frage führt zu den internen und externen Beschaffungsmöglichkeiten und der Ansprache geeigneter Bewerber.
- **Wie wähle ich den für mich am besten geeigneten Mitarbeiter aus den Bewerbern aus?** Diese Frage richtet sich auf die richtige Personalauswahl und den sinnvollen Einsatz geeigneter Auswahlverfahren.

2.6.1 Personalbeschaffungsplanung

Bevor sich ein Unternehmen auf die Suche nach neuen Mitarbeitern macht, sollten folgende Fragen beantwortet sein:

- Wie viele Mitarbeiter werden benötigt?
  Quantitative Dimension: Anzahl der Mitarbeiter, Stellenumfang (halbe, ganze Stellen)
- Welche Qualifikationsanforderungen müssen die Bewerber mitbringen?
  Qualitative Dimension: Anforderungsprofile der Stellen
- Ab wann soll der neue Mitarbeiter anfangen und wie lange wird er benötigt?
  Zeitliche Dimension: Einstellungsdatum und Zeitdauer
- Wo soll der neue Mitarbeiter eingesetzt werden?
  Räumliche Dimension: Arbeitsplatz/Region/Betriebsteil

Vor der Suche nach neuen Mitarbeitern sollte natürlich geprüft werden, ob es sich wirklich um einen langfristig auftretenden Personalbedarf handelt. Ein kurzfristig auftretender Arbeitsmehrbedarf kann sehr gut durch Überstunden, Mehrarbeit oder Urlaubsverschiebungen gedeckt werden.

Jeder Personalabteilung stehen, je nach Größe des Unternehmens, verschiedene Quellen zur Verfügung.

Interne Personalbeschaffung	Externe Personalbeschaffung
	passiv
▪ interne Stellenausschreibung	▪ Bundesagentur für Arbeit
▪ Versetzung von Mitarbeitern	▪ private Arbeitsagenturen
▪ Umbesetzung von Mitarbeitern	▪ Auswertung von Initiativbewerbungen
▪ Ausbildung	▪ Nutzung des vorhandenen Bewerberpools
▪ Übernahme von Auszubildenden	▪ Durchforsten von Stellengesuchen
▪ Umwandlung von Teilzeit- in Vollzeitarbeitsverhältnisse	▪ Empfehlungen von Mitarbeitern, Kunden oder Lieferanten
▪ Umwandlung von befristeten in unbefristete Arbeitsverhältnisse	**aktiv** ▪ klassische Stellenanzeigen
▪ Übernahme von bisher beschäftigten Zeitarbeitnehmern	▪ Internet-Stellenportale
▪ gezielte Personalentwicklung	▪ Zeitarbeitsfirmen (Personal-Leasing)
	▪ Hochschulmarketing
	▪ Hinzuziehen von Personalberatern
	▪ Öffentlichkeitsarbeit
	▪ Abwerbung (über Headhunter)

Beurteilung der internen Personalbeschaffung	Beurteilung der externen Personalbeschaffung
Vorteile	**Vorteile**
▪ geringe zeitliche und finanzielle Aufwendungen der Personalauswahl	▪ Es gibt eine größere Auswahlmöglichkeit durch die Vielzahl an Bewerbern.
▪ geringes Risiko von Fehlbesetzungen, weil der Bewerber und seine Fähigkeiten bekannt sind	▪ Externe Bewerber bringen neues Wissen, neue Ideen und u. U. wertvolle Marktinformationen über Wettbewerber und Kunden mit.
▪ Der Bewerber kennt das Unternehmen, die Branche, die Prozesse und vielfach auch die Personen, wodurch eine schnelle Einarbeitung gewährleistet ist.	▪ Externe Bewerber haben bei Mitarbeitern und Vorgesetzten eine höhere Akzeptanz.

Beurteilung der internen Personalbeschaffung	Beurteilung der externen Personalbeschaffung
Nachteile ▪ Problem der Nachbesetzung ▪ „Betriebsblindheit" bei internen Bewerbern ▪ Demotivation nicht genommener Bewerber ▪ Unterstützung der Förderung nach dem „Senioritätsprinzip"	**Nachteile** ▪ hohe Personalbeschaffungskosten ▪ längere Einarbeitungszeiten durch mangelnde Kenntnis der Branche, des Betriebes und der Prozesse ▪ Risiko einer Fehlbesetzung oder Fluktuation des Bewerbers

Stellenanzeigen

Wirkungsvolle Stellenangebote im Internet oder in Tageszeitungen können helfen, dem Unternehmen eine bestimmte Menge von interessierten Bewerbern zuzuführen, aus denen dann ausgewählt werden kann. Dazu sind einige Dinge zu beachten:

Wahl des Mediums: Es versteht sich von selbst, dass junge Leute heute besser über das Internet angesprochen werden, weil viele keine Tageszeitung mehr lesen. Sachbearbeiter bis Gruppenleiter lassen sich gut in Internet-Jobbörsen und regionalen Tageszeitungen umwerben. Ab Abteilungsleitern aufwärts bieten sich jedoch überregionale Tageszeitungen (z. B. FAZ, Süddeutsche Zeitung, Handelsblatt) oder Fachzeitschriften an.

Inhalte: Die Stellenanzeige sollte so aufgebaut sein, dass ein Bewerber sich ein ausführliches Bild machen und entscheiden kann, ob er mit seiner Qualifikation für die Stelle geeignet ist oder nicht. Dazu gehört auch, dass das Unternehmen seinen Namen preisgibt. Stellenanzeigen unter Chiffre sind unseriös. Empfehlenswert ist folgender Aufbau:

Wir sind:	Informationen über das werbende Unternehmen mit: Firmenname, Branche, Größe, Anschrift, Position in der Branche
Wir haben:	Informationen über die freie Stelle mit: Grund der Stellenausschreibung, Beschreibung der Aufgaben, Verantwortung und Kompetenzen, Entwicklungsmöglichkeiten
Wir suchen:	Angabe der erforderlichen Voraussetzungen: Berufsausbildung, Anforderungen der Stelle lt. Stellenbeschreibung
Wir bieten:	Leistungen des Unternehmens: Arbeitszeit, Angaben zu Lohn und Gehalt
Wir erbitten:	Bewerbungsart und Unterlagen: Online-Bewerbung oder klassische Bewerbung mit gewünschten Unterlagen

Allgemeines Gleichbehandlungsgesetz: Nach dem im Jahr 2006 in Kraft getretenen AGG sollte die Stellenanzeige so formuliert sein, dass kein Tatbestand der Ungleichbehandlung in Bezug auf das Geschlecht, das Alter, den Gesundheitszustand oder die Staatsangehörigkeit erfüllt wird.

Beispiele: *Wir suchen einen männlichen Bewerber. Junge, dynamische Buchhalterin gesucht. Wir suchen einen deutschen Koch. usw.*

2.6.2 Personalauswahl

Nachdem durch die Aktivitäten der Personalbeschaffung erste Bewerbungen eingegangen sind, geht es im Rahmen der Personalauswahl darum, den oder die richtige BewerberIn auszusuchen. Der Auswahlprozess verläuft dabei etwa in folgenden Schritten:

Personalanforderung	Auslöser eines Bewerbungsverfahrens ist die Anforderung eines bzw. mehrerer Mitarbeiter durch die Abteilung, in der Personalbedarf besteht.
Stellenbeschreibung oder Anforderungsprofil	Diese beinhalten die erforderliche Berufsausbildung und Anforderungen der zu besetzenden Stelle.
Interne bzw. externe Personalwerbung	Einleitung des Bewerbungsverfahrens durch innerbetriebliche Stellenausschreibung bzw. durch Anzeigen in Tageszeitungen/Fachzeitschriften oder online, Auswertung von Anzeigen von Stellensuchenden oder Vermittlung durch die Agentur für Arbeit
Bewerbungseingang und 1. Vorauswahl	Eingegangene Bewerbungsunterlagen werden zunächst gesammelt und sodann in einer ersten Vorauswahl gesichtet. Ungeeignet erscheinende Bewerber erhalten sofort eine Absage.
Zusätzliche Informationsbeschaffung	Alle restlichen Bewerber erhalten eine Bestätigung, dass ihre Bewerbung eingegangen ist. Zudem erhalten sie einen einheitlichen Personalfragebogen mit der Bitte, diesen unverzüglich und wahrheitsgemäß auszufüllen und an das Unternehmen zurückzuschicken.
2. Vorauswahl Einladung zu Tests	Die Bewerbungsunterlagen und die Personalfragebogen der verbliebenen Bewerber werden analysiert und eine weitere Auswahl getroffen. Dieser Bewerberkreis wird zu einem Einstellungstest und/oder einem Assessment-Center eingeladen. Nicht berücksichtigte Bewerber erhalten eine Absage.
Tests und Assessment-Center	Die Bewerber nehmen an den Tests und/oder dem Assessment-Center teil. Leistungstests, Intelligenztests und Persönlichkeitstests geben ein genaueres Bild über die Bewerber. Die Ergebnisse werden gesammelt.
3. Vorauswahl Einladung zum Bewerbungsgespräch	Die Ergebnisse der Tests werden analysiert und weitere Bewerber in die engere Wahl genommen. Diese erhalten eine Einladung zum Vorstellungsgespräch.
Vorstellungsgespräch	Interviews durch Personal- und/oder Abteilungsleiter, ggf. mit externen Beratern
Entscheidung und Vorläufige Einstellung (Probezeit)	Das Unternehmen wählt den aus seiner Sicht am besten geeigneten Bewerber aus. Ggf. wird zur genaueren Klärung (z. B. über Gehaltsfragen) noch mit zwei oder drei Bewerbern ein zweites Gespräch geführt. Danach wird entschieden und dem ausgewählten Bewerber ein Arbeitsvertrag angeboten. Der Bewerber entscheidet, ob er den Vertrag annimmt. Über die geplante Einstellung muss der Betriebsrat unterrichtet werden.

Oberster Grundsatz der Personalauswahl muss sein, dass Bewerber streng nach der Übereinstimmung zwischen Anforderungsprofil und Qualifikationsprofil ausgesucht werden müssen.

2.6.2.1 Bewerbungseingang und 1. Vorauswahl

Die eingehenden Bewerbungen werden über einen gewissen Zeitraum je nach Dringlichkeit der Stellenbesetzung gesammelt und zunächst auf Mindestkriterien überprüft. Dazu gehören Vollständigkeit, Sauberkeit, Rechtschreibung und sachlicher Bezug zur Stelle. Alle Unterlagen, die nicht diesen Kriterien entsprechen, gehen zurück an die Absender. Das muss so sein, weil das Anschreiben zwar in das Eigentum des Unternehmens übergeht, aber die beigefügten Unterlagen (Zeugniskopien, Foto, Mappe) Eigentum des Bewerbers bleiben, wenn er abgelehnt wird.

Personalfragebogen

Die Abforderung eines Personalfragebogens ist sinnvoll. Zum einen kann das Unternehmen auf diese Weise besser zwischen den Bewerbern vergleichen, zum anderen können so die Daten des Bewerbers vervollständigt werden, weil im Fragebogen auch Informationen abgefragt werden können so die im Normalfall nicht in einer Bewerbung enthalten sind. Generell setzt ein Fragerecht des Arbeitgebers ein berechtigtes und schutzwürdiges Interesse voraus und besteht grundsätzlich nur zur Klärung aller für das konkrete Arbeitsverhältnis erforderlichen Tatsachen. Fragen, die darüber hinausgehen, sind unzulässig und verpflichten den Arbeitnehmer nicht zu wahrheitsgemäßer Beantwortung. So darf selbstverständlich nach Führerscheinen und Fremdsprachenkenntnissen gefragt werden, nicht aber nach einer Schwangerschaft, nach einer Behinderung, nach dem allgemeinen Gesundheitszustand, der Religionszugehörigkeit oder der Zugehörigkeit zu einer Partei oder Gewerkschaft.

Bewerbungsunterlagen

Bei der Analyse der Bewerbungen werden in drei Schritten das Bewerbungsschreiben, der Lebenslauf und die beigefügten Arbeitszeugnisse geprüft.

Um das **Anschreiben** zu analysieren, sollten folgende Fragen gestellt werden:
- Ist das Anschreiben logisch aufgebaut und klar gegliedert?
- Wird die Motivation für die Bewerbung deutlich?
- Ist der Grund für die Bewerbung glaubhaft und nachvollziehbar?
- Gibt es eine gezielte Auseinandersetzung mit dem Unternehmen?
- Wird die aktuelle Beschäftigung erwähnt?
- Ist die Sprache klar und verständlich?
- Hat der Bewerber sich für die Bewerbung angestrengt und sorgfältig gearbeitet?

Die **Lebenslauf** sollte formal klar und logisch gegliedert sein (persönliche Daten, Schul- und Berufsausbildung, beruflicher Werdegang, besondere Kenntnisse) und einen zeitlich richtigen Überblick über die persönliche und berufliche Entwicklung des Bewerbers geben. Dabei ist in Bezug auf die Zeitfolge, die Positionen und die Branchen zu prüfen, ob der Lebenslauf in seiner beruflichen Entwicklung auf die ausgeschriebene Stelle hin ausgerichtet ist und logisch dazu passt.

Beispiel: *Ein Einkäufer aus dem Bereich Einzelhandel Textilien passt schlecht zu einer Stelle eines Verkäufers in einem Industrieunternehmen, das Maschinenteile herstellt.*

Vorsicht ist stets bei Lücken von mehr als zwei Monaten geboten. Dahinter kann sich eine verschwiegene Arbeitslosigkeit (was an sich nicht schlimm ist), ein in der Probezeit abgebrochenes Arbeitsverhältnis oder – im schlimmsten Fall – die Verbüßung einer Haftstrafe verstecken. Zumindest mangelt es hier an Ehrlichkeit.

Die **Arbeitszeugnisse** sollen Informationen geben über die Dauer der Tätigkeit, die Stelle, die Aufgaben dieser Stelle, das Leistungsverhalten und das Sozialverhalten des Bewerbers sowie den Grund des Ausscheidens. Während die ersten drei Inhalte objektiv bestimmbar sind und keine unwahren Angaben enthalten dürfen, unterliegen die Aussagen zum Leistungsverhalten und zum Sozialverhalten verklausulierten Formulierungen und damit einer häufig nur von Insidern zu lesenden Zeugnissprache. Dazu gehört etwa die *Formulierungsskala zum Leistungsverhalten*:

Formulierung	Bedeutung
„Hat die ihr/ihm übertragenen Aufgaben...	
... stets zu unserer vollsten Zufriedenheit erledigt."	–1– sehr gut
... stets zu unserer vollen Zufriedenheit erledigt."	–2– gut
... zu unserer vollen Zufriedenheit erledigt."	–3– befriedigend
... zu unserer Zufriedenheit erledigt."	–4– ausreichend
„Hat sich bemüht, die ihr/ihm übertragenen Aufgaben zu unserer Zufriedenheit zu erledigen."	–5– mangelhaft

Eine weitere Kategorie sind sogenannte *„Spezialformulierungen"*. Diese können sowohl zum Leistungsverhalten als auch zum Sozialverhalten Aussagen machen:

Formulierung	Bedeutung
Er hat sich im Rahmen seiner Fähigkeiten eingesetzt.	Er hat getan, was er konnte, aber es ist nicht viel dabei herausgekommen.
Er hat alle Aufgaben ordnungsgemäß erledigt.	Er ist ein Bürokrat, der keine Initiative entwickelt.
Sie zeigte für ihre Arbeit Verständnis.	Sie war faul und hat nichts geleistet.
Durch seine Geselligkeit trug er sehr zum Betriebsklima bei.	Er neigt zu übertriebenem Alkoholgenuss.
Für die Belange der Belegschaft bewies er stets großes Einfühlungsvermögen.	Er suchte Sexkontakte bei Betriebsangehörigen.

Eine weiteres Mittel, um nicht direkt auf die Arbeit und das Sozialverhalten eingehen zu müssen, ist die „Methode des vielsagenden Verschweigens". Bestimmte, vor allem nichtssagende Merkmale wie etwa Pünktlichkeit und Korrektheit werden überbetont, aber über die wirklich substanziellen Leistungsmerkmale wie Fachkönnen, Kreativität und Teamfähigkeit wird nichts gesagt.

Das **Bewerberfoto** sollte sorgfältig hergestellt sein und nicht aus einem Automaten stammen. Die auf dem Foto abgebildete Kleidung sollte zu der Stelle passen. Ein Auszubildender, der sich im Businessanzug bewirbt passt genauso wenig wie ein Leiter des Finanzressorts, der sich im T-Shirt präsentiert.

2.6.2.2 Testverfahren

Testverfahren sind besonders bei größeren Unternehmen üblich, da sie die Personalabteilung in die Lage versetzen, eine größere Anzahl von Bewerbern ohne größeren Personalaufwand auf ihre Fähigkeiten hin prüfen zu können. Die Tests sind abhängig von der ausgeschriebenen Stelle (technisch/kaufmännisch) und dem Anspruch an die Bewerber (repetitive Tätigkeit/kreative Tätigkeit). Folgende Tests sind üblich:

- **klassische Intelligenztests**, die sprachliches, logisches und räumliches Vorstellungsvermögen untersuchen
- **Tests über das Allgemeinwissen**, in denen das Wissen über politische, wirtschaftliche, soziale und kulturelle Fakten und Sachverhalte abgefragt wird
- **Leistungs- bzw. Belastungstests**, die auf die Erfassung der geistigen Dauerbelastbarkeit, Ermüdbarkeit und Konzentrationsfähigkeit gerichtet sind
- **psychologische Tests**; sie erlauben Rückschlüsse über die Persönlichkeit der Bewerber. Sie dürfen nur von geschultem Beraterpersonal durchgeführt werden und kommen nur dann zum Einsatz, wenn die Anforderungen im Berufsalltag von den Bewerbern ganz spezielle Eigenschaften verlangen, z. B. hohe psychische Belastbarkeit wie bei Piloten oder Sicherheitspersonal.
- **fachbezogene Tests**, die Fachkenntnisse und Fertigkeiten der Bewerber überprüfen sollen, z. B. im Handwerk, bei Elektroberufen, medizinischen Hilfsberufen etc.

2.6.2.3 Assessment-Center

Ein Assessment-Center (englisch: to assess = beurteilen) ist ein diagnostisches Beurteilungsverfahren, bei dem das Verhalten mehrerer Teilnehmer durch mehrere Beobachter in verschiedenen beruflichen Anforderungssituationen beobachtet und hinsichtlich der Anforderungskriterien bewertet wird.

Je nach Position und Funktion kann es auch ein Einzelassessment-Center geben. Ein solches Setting hat folgende Ziele:

- **Diagnose** der aktuellen fachlichen und persönlichen Kompetenz (Was ist vorhanden?)
- **Prognose** der zukünftig ausbaufähigen Potenziale des Bewerbers (Was wird möglich sein?)

Das Grundprinzip der Verfahrensauswahl ist es, festzustellen, ob die Qualifikationen des Bewerbers mit den im Anforderungsprofil ermittelten Anforderungen übereinstimmen. Bewerber, bei denen die höchste Übereinstimmung festgestellt wird, kommen in die engere Wahl.

Folgende Bausteine können in einem Assessment-Center eingesetzt werden:

- **Präsentation** als Vortrag nach einer kurzen Vorbereitungszeit zu einem selbst gewählten oder anforderungsbezogenen (Fach-)Thema oder eine Selbstpräsentation
- **Gruppendiskussion** zu einem vorgegebenen Problem, das i. d. R. zu einem Wahlkonflikt zwischen Wettbewerb oder Kooperation führt, mit einem – wie auch immer gestalteten – Diskussionsziel
- **Postkorbübung** als Simulation der Bearbeitung eines typischen Postkorbs einer Fach- oder Führungskraft mit diversen Inhalten, zu denen vom Bewerber Aktionen erwartet werden, z. B. Termine vereinbaren, Probleme strukturieren, Briefe entwerfen, Anweisungen für Mitarbeiter formulieren etc. Es versteht sich von selbst, dass diese Übung unter Zeitdruck durchgeführt wird.
- **Rollenspiel** als Simulation von alltagstypischen Problemsituationen, bei dem die Teilnehmer jeweils eine Rolle mit Vorgaben bekommen, die in dem Gespräch zu vermitteln oder durchzusetzen sind. Das können Verhandlungs-, Mitarbeiter-, Verkaufs- oder Kollegengespräche sein.
- **Stressinterviews,** bei denen Bewerber durch kritische Gesprächssituationen massiv unter Druck gesetzt werden. Hier soll geprüft werden, ob der Bewerber in der Lage ist, sich elastisch und flexibel zu verhalten und Fehler zuzugeben, oder ob er lieber „mit dem Kopf durch die Wand geht".

2.6.2.4 Vorstellungsgespräche

Das Einstellungsinterview ist zumeist das letzte Glied in der Kette der Auswahlverfahren. Es soll dem Fachvorgesetzten und dem Personalreferenten einen persönlichen Eindruck von dem Bewerber verschaffen. Ein solches Gespräch sollte sinnvollerweise folgenden Verlauf haben.

Der überwiegende Gesprächsanteil liegt in dieser Phase beim....				
		Der überwiegende Gesprächsanteil liegt in dieser Phase beim....		
empfohlene Teilschritte	**mögliche Inhalte**	**Arbeitgeber**	**AG/ Bewerber**	**Bewerber**
1. Schritt: **Begrüßung**	Der Bewerber wird begrüßt. Durch einen einführenden Small-Talk wird die Situation entkrampft und dem Bewerber die Nervosität genommen, um eine entspannte Gesprächsatmosphäre herzustellen.		X	
2. Schritt **Persönlicher Werdegang**	Zunächst lässt man den Bewerber seinen persönlichen Werdegang erläutern mit Herkunft, Elternhaus, familiärer Situation und seinen Hobbys. Rückfragen sind hilfreich.			X

empfohlene Teilschritte	mögliche Inhalte	Der überwiegende Gesprächsanteil liegt in dieser Phase beim....		
		Arbeitgeber	AG/ Bewerber	Bewerber
3.Schritt **Beruflicher Werdegang**	Der Bewerber berichtet über seinen beruflichen Werdegang mit Berufsausbildung, kurzer Beschreibung der bisherigen Stellen sowie absolvierten Weiterbildungen.			X
4. Schritt **Klärung der beruflichen Entwicklung**	Der Bewerber berichtet ausführlich über Position, Aufgaben und Verantwortung der letzten beiden Stellen sowie seinen Berufsplänen und der Motivation zur Bewerbung.			X
5. Schritt **Informationen über das Unternehmen**	Der Fachvorgesetze gibt Informationen über das Unternehmen, die Branche, die Abteilung und die Stelle mit detaillierten Angaben zu den Aufgaben. Rückfragen des Bewerbers sollten ausführlich beantwortet werden.	X		
6. Schritt **Klärung der Arbeitsbedingungen**	Hier tauschen sich die zukünftigen Vertragspartner über die wesentlichen Arbeitsbedingungen, wie Entlohnung, Arbeitszeit und Weiterbildungsmöglichkeiten aus.		X	
7. Schritt **Abschluss des Gesprächs**	Das Gespräch wird abgeschlossen, ohne dem Bewerber eine konkrete Zusage zu machen, aber mit Hinweis auf das weitere Vorgehen.		X	

Der Arbeitgeber sollte sich durch möglichst viele offene Fragestellungen einen möglichst umfassenden Eindruck über die fachlichen und persönlichen Fähigkeiten und Fertigkeiten des Kandidaten verschaffen.

Typische Fragen in Vorstellungsgesprächen können sein:

- Wie gut kennen Sie sich in unserer Branche aus? Wie gut kennen Sie unsere Produkte?
- Welche besonderen Fähigkeiten haben Sie?
- Was ist Ihre größte Schwäche?
- Was würden Ihre Freunde Positives über Sie sagen?
- Warum haben Sie sich bei unserem Unternehmen beworben?
- Warum wollen Sie wechseln? Was sind Ihre Motive für den Arbeitsplatzwechsel?
- Wie gehen Sie mit Stress bzw. kurzfristig hoher Arbeitsbelastung um?
- Welche Hobbys üben Sie aus und warum?
- Wo wollen Sie in fünf Jahren beruflich stehen?

Zu beachten ist auch hier, dass eine Reihe von Fragen vom Gesetzgeber oder der Rechtsprechung als nicht zulässig eingestuft wurden (vgl. oben unter Personalfragebogen).

Das Gespräch sollte möglichst offen an einem ruhigen, ungestörten Ort mit genügend Zeit durchgeführt werden. Der Arbeitgeber sollte daran denken, dass auch ein – u. U. guter Bewerber – kritisch prüft, wie sich das Unternehmen ihm gegenüber verhält, denn es gibt folgende Erfahrung: So, wie sich ein Arbeitgeber im Rahmen des Bewerbungsverfahrens gibt, so wird er sich auch später im Rahmen des Arbeitsverhältnisses verhalten.

Sollte sich im Vorstellungsgespräch schon herausstellen, dass der Bewerber ungeeignet ist, kann ihm dies während des Gesprächsverlaufs vermittelt werden, noch bevor Informationen über das Unternehmen preisgegeben werden. Zusagen sollten erst nach Abschluss aller Bewerbungsgespräche gemacht werden. Bei Absagen sind auch hier die Vorschriften des AGG zu berücksichtigen.

2.6.2.5 Probearbeit und Vorstellung in der Arbeitsgruppe

In manchen Situationen bietet es sich an, dem Bewerber die Möglichkeit zu geben, sein Können für einen begrenzten Zeitraum unter Beweis zu stellen. Der Arbeitgeber kann dann feststellen, welches Arbeits- und Sozialverhalten der Bewerber an den Tag legt. Eine solche Gelegenheit ist auch für den Bewerber von Vorteil.

Bei Führungskräften oder herausgehobenen Fachkräften, z. B. im kreativen Bereich, erscheint es sinnvoll, dem Bewerber die Möglichkeit zu geben, in einem Gespräch mit den zukünftigen Mitarbeitern diese kennenzulernen und umgekehrt die Gelegenheit zu bieten, seinerseits Fragen zu beantworten. Diese Maßnahme dient vorwiegend der Beantwortung der Frage, ob „die Chemie stimmt".

2.6.2.6 Personalberater

Ein Wort noch zu den Personalberatern. Sie haben zum einen das Know-how, für das Unternehmen ein strukturiertes Bewerbungsverfahren zu modellieren, nach dem das Unternehmen dann grundsätzlich vorgeht.

Ein wesentlich wichtigeres Tätigkeitsgebiet liegt jedoch darin, komplette Bewerbungsverfahren, insbesondere für Fach- und Führungskräfte, durchzuführen, Assessment-Center zu organisieren und Unternehmen in personalpolitischen Grundsatzfragen zu beraten.

Wiederholungsfragen zu Kapitel 2.6

1. *Welche Aufgabe hat die Personalbeschaffung?*
2. *Nennen Sie je drei interne und externe Quellen der Personalbeschaffung.*
3. *Welche Informationen sollte eine Stellenanzeige mindestens enthalten?*
4. *Nennen Sie die wesentlichen Stationen eines Personalauswahlverfahrens.*
5. *Welchen Sinn hat ein Personalfragebogen?*
6. *Welche wesentlichen Informationen sollte ein Bewerbungsschreiben enthalten?*
7. *Was sollte eine Personalabteilung an einem eingereichten Lebenslauf prüfen?*

8. *Mithilfe von Tests wird die Kompetenz von Bewerbern geprüft. Nennen Sie drei übliche Arten von Testverfahren.*
9. *Was ist ein Assessment-Center?*
10. *Nennen Sie drei mögliche Bausteine eines Assessment-Centers.*
11. *Wozu dient ein Vorstellungsgespräch?*
12. *Welche Sachverhalte dürfen in einem Vorstellungsgespräch grundsätzlich nicht abgefragt werden?*

2.7 Personalanpassungsmaßnahmen

Personalanpassungsmaßnahmen werden dann notwendig, wenn die erforderliche Beschäftigung im Unternehmen aufgrund konjunktureller, saisonaler oder branchenbezogener Auftragsrückgänge kleiner wird als die aktuellen oder absehbaren personellen Ist-Kapazitäten in einem Unternehmen.

Inhaltlich sind die erforderlichen Maßnahmen auch unter den Begriffen Personalfreisetzung, Personalabbau oder Personalentlassung bekannt. Die denkbaren Möglichkeiten müssen in zwei Gruppen unterschieden werden. Im Überblick sind folgende Maßnahmen denkbar.

Strategien der Personalanpassung

Personalbestand wird nicht reduziert	Personalbestand wird reduziert
Ziel: Der Mitarbeiterbestand und das damit verbundene Potenzial bleiben in ihrer Substanz und Anzahl dem Unternehmen erhalten.	Ziel: Der Mitarbeiterbestand wird reduziert. Das Unternehmen muss sich in Bezug auf Mitarbeiterzahl und Kompetenzen der Mitarbeiter verkleinern.
▪ Abbau von Überstunden ▪ Einstellungsstopp ▪ Flexibilisierung der Arbeitszeit ▪ vorgezogener Urlaub ▪ Reduzierung der Arbeitszeit ▪ Angebot von Teilzeit/Sabbatzeit ▪ Insourcing ▪ Kurzarbeit ▪ innerbetriebliche Versetzungen	▪ vorzeitiger Ruhestand ▪ Ausnutzung der natürlichen Fluktuation ▪ Aufhebungsverträge ▪ Abbau Personalleasing ▪ Auslauf von Teilzeitarbeitsverträgen und Probearbeitszeitverhältnissen ▪ Beschäftigungsgesellschaften ▪ Kündigung ▪ Outplacement

Landläufig werden unter den Begriffen Personalanpassung oder Personalfreisetzung nur Kündigungen verstanden. Sich in Krisenzeiten so zu verhalten, wäre betriebswirtschaftlich außerordentlich kurzsichtig:

Jedes Unternehmen hat mit seinem Personalbestand ein mehr oder weniger großes Polster an fachlichem und persönlichem Know-how, an gewachsenen sozialen Strukturen und letztlich auch an Vertrauen der Mitarbeiter in die Geschäftsführung hinsichtlich des Erhalts ihrer Arbeitsplätze. Diese wesentliche Basis des Firmenwertes durch überstürzte

Kündigungen zu vernichten, wäre unklug. Es ist mehrfach bestätigt worden, dass eines der Erfolgsgeheimnisse der besonders von Familien geführten Unternehmen darin liegt, den vorhandenen Personalbestand auch in Krisenzeiten besonders gut zu pflegen.

Insofern ist vor dem Aussprechen von Kündigungen eine große Zahl von intelligenten und die Bedürfnisse der Mitarbeiter berücksichtigenden Maßnahmen zu prüfen.

2.7.1 Personalanpassung ohne Reduzierung des Personalbestandes

Personalanpassungsmaßnahamen werden häufig durch einen saisonal oder konjunkturell bedingten Nachfragerückgang ausgelöst. Hier können je nach Fristigkeit folgende Maßnahmen ergriffen werden, die den Erhalt des Personalbestandes sichern:

- **Überstundenstopp und Abbau von Überstunden:** Diese Maßnahme hat eine direkte Wirkung im Produktionsbereich und bei auftragsbezogenen Tätigkeiten. Es werden keine Sonderschichten mehr gefahren. Für die Rücknahme der Mehrarbeit muss der Betriebsrat nicht beteiligt werden.
- **Einstellungsstopp:** Das Unternehmen entschließt sich, keine neuen Arbeitnehmer mehr einzustellen. Ein etwaiger Personalbedarf muss durch Umsetzung zufriedengestellt werden.
- **Flexibilisierung der Arbeitszeit/Arbeitszeitkonten:** Sofern das Unternehmen bereits eine Betriebsvereinbarung über die Flexibilisierung vereinbart hat, ist es denkbar, dass über Arbeitszeitkonten und Arbeitszeitkorridore der Jahresarbeitszeit kurzfristige Kapazitätsanpassungen und Reduzierungen unproduktiver Arbeitszeiten erreicht werden können.
- **Vorgezogener Urlaub:** Kurzfristig ist eine Beschäftigungsanpassung ohne Personalabbau möglich, indem Mitarbeiter den Urlaub unter Beachtung der rechtlichen Vorschriften (Bundesurlaubsgesetz) vorziehen. Ferner sind von Mitarbeitern gewünschter unbezahlter Urlaub, Sonderurlaub oder die Verlegung der Betriebsferien denkbar. Hierbei hat der Betriebsrat ein Mitbestimmungsrecht.
- **Reduzierung der Arbeitszeit:** Über Betriebsvereinbarungen lässt sich die tägliche, wöchentliche, monatliche oder jährliche Arbeitszeit der gesamten Belegschaft reduzieren und damit der Personalbestand erhalten.
- **Angebot von Teilzeit/Sabbatzeiten:** Hier werden den vom Auftragsrückgang betroffenen Mitarbeitern unter Garantie des Arbeitsplatzes Teilzeitarbeitsverträge angeboten. Auch die Gewährung von Langzeiturlauben in Form von Sabbatzeiten können weitere wirkungsvolle Maßnahmen sein.
- **Kurzarbeit:** Die Arbeitszeit wird nach vorheriger Ankündigung generell für alle Mitarbeiter verkürzt. Die Lohnkosten werden kurzfristig reduziert und der Lohnausfall der Mitarbeiter durch das Kurzarbeitergeld der Bundesanstalt für Arbeit nach dem III. Sozialgesetzbuch begrenzt.

Bewertung dieser Maßnahmen

Zu den sicherlich effektivsten und unmittelbar wirkenden Mitteln gehören die Arbeitszeitgestaltung und der vorgezogene Urlaub. Für die Arbeitnehmer sind diese Maßnahmen auch weitgehend sozial zumutbar. Ein Einstellungsstopp kann über einen längeren

Zeitraum gesehen zu einer Überalterung des Personals führen, verbunden mit einem Qualifikationsengpass. Die Kosten für diese Maßnahme sind gering, genauso wie die Risiken für Arbeitgeber und Arbeitnehmer. Dennoch müssen für echte Lücken im Personalbestand Anpassungsschulungen bei Umbesetzungen erfolgen.

Die Reduzierung der Wochenarbeitszeit ohne Lohnausgleich setzt die Bereitschaft von Mitarbeitern und Betriebsrat voraus, führt aber ebenfalls direkt zur Einsparung bei den Personalkosten.

2.7.2 Personalanpassung mit Reduzierung des Personalbestandes

Angesichts eines sich stetig verschärfenden Wettbewerbs, ausgelöst durch steigende Anforderungen von Kunden und die zunehmende Globalisierung, sind nahezu alle Unternehmen gezwungen, ihre Leistungsfähigkeit ständig zu verbessern. Unternehmen, Teile von Unternehmen und Geschäftsprozesse werden auf ihre Effektivität hin untersucht und Schwachstellen identifiziert. Die Folgen sind Fusionen mit der Nutzung von Synergie-Effekten, Standortwechsel, Stilllegungen von unrentablen Abteilungen oder Betriebsteilen, Outsourcing von Funktionen sowie Produktionsverlagerungen.

In diesen Fällen werden zwangsläufig auch langfristig wirkende Personalanpassungen notwendig, die zu einer Reduzierung des Gesamtpersonalbestandes führen. Ein wesentliches Ziel solcher Anpassungsprozesse sollte es sein, Alternativen zu Entlassungen zu finden und – wenn dieses Mittel nicht zu verhindern ist – Entlassungen sozialverträglich durchzuführen. Folgende Maßnahmen sind denkbar:

- **Abbau Personalleasing:** Hierbei werden die bestehenden Personalleasingverträge gekündigt oder nicht verlängert.
- **Auslauf von befristeten Arbeitsverträgen und Probearbeitszeitverhältnissen:** Diese Arbeitsverträge sind zeitlich befristet und enden automatisch mit Fristablauf.
- **Ausnutzung der natürlichen Fluktuation:** Hierbei wird durch Verzicht auf Ersatzeinstellungen bei Ausscheiden von Mitarbeitern durch Arbeitgeberwechsel, Tod, Invalidität oder Regelruhestand angestrebt, die Anzahl der Mitarbeiter im Unternehmen zu reduzieren.
- **Aufhebungsverträge:** Hierbei werden gezielt bestimmten Mitarbeitern Aufhebungsverträge mit dem Anreiz der Abfindung angeboten. Der Vertrag basiert auf Freiwilligkeit, es gibt dafür keine Kündigungsschutzregelungen und der Betriebsrat ist nicht eingebunden.
- **Vorzeitiger Ruhestand:** Diese freiwillige Maßnahme führt dazu, dass die betroffenen Mitarbeiter vor Erreichen ihrer gesetzlich vorgesehenen Altersgrenze in den Ruhestand gehen. Für jeden Monat, in dem die gesetzliche Rente vor Erreichen der Altersgrenze bezogen wird, wird sie für die gesamte Dauer der Zahlung um 0,3 % pro Monat des vorzeitigen Bezugs gekürzt. Für die aus den Abschlägen resultierenden Einbußen des Arbeitnehmers gewähren manche Arbeitgeber zusätzlich zu den sonstigen Leistungen noch Abfindungszahlungen.
- **Altersteilzeit** Eine weitere Form des vorzeitigen Ruhestandes ist die Altersteilzeit nach dem Altersteilzeitgesetz von 1996. Die Altersteilzeit gibt älteren Mitarbeitern ab Vollendung des 55. Lebensjahrs die Möglichkeit, gleitend in den Ruhestand überzuwechseln.

Diese Maßnahme läuft jedoch aus. Aktuell können Mitarbeiter, die nach 1951 geboren sind, diese Maßnahme nicht mehr in Anspruch nehmen.

- **Kündigung:** Betriebsbedingte Kündigungen sind die härtesten Maßnahmen der Personalanpassung. Sie sollten immer nur dann ausgesprochen werden, wenn die oben beschriebenen sozialverträgliche Alternativen von Personalanpassungen nicht realisierbar oder zu unwirtschaftlich sind. Die grundlegenden rechtlichen Regelungen zur Kündigung werden im Modul Recht im Kapitel 1.5.1 behandelt. Massenentlassungen liegen nach § 17 Kündigungsschutzgesetz vor, wenn innerhalb eines Monats in Betrieben mit
  - 21 bis 59 Arbeitnehmern mindesten 6 Arbeitnehmer
  - 60 bis 499 Arbeitnehmern 10 % oder mindestens 26 Arbeitnehmer,
  - 500 oder mehr Arbeitnehmern mindestens 30 Arbeitnehmer entlassen werden.

  Massenentlassungen sind gegenüber der Bundesagentur für Arbeit anzeigepflichtig.

  Um Kündigungen, insbesondere Massenentlassungen, sozial abzufedern, können Unternehmen die folgenden beiden Maßnahmen ergreifen.

- **Beschäftigungsgesellschaften:** Große und mittlere Unternehmen, die sich ihrer sozialen Verantwortung bewusst sind und die Kosten dafür tragen können, gründen für die entlassenen Arbeitnehmer eine Beschäftigungs- und Qualifizierungsgesellschaft mit dem Ziel, den Personalabbau für die Mitarbeiter sozialverträglich zu gestalten. Das kündigende Unternehmen zahlt seinen früheren Mitarbeitern nicht nur eine Abfindung, sondern bietet ihnen über Transfer- und Qualifizierungsleistungen neue Beschäftigungschancen auf dem ersten Arbeitsmarkt an.

- **Outplacement:** Hier wird versucht, Mitarbeitern, die das Unternehmen verlassen müssen, bei der beruflichen Neuorientierung zu helfen. Dies kann erfolgen durch Veränderungsberatung, psychologischer und praktischer Hilfestellung in Form des Coachings sowie der Vermittlung von Kontakten. Outplacement wird primär bei Führungskräften angewendet, insbesondere um hohe Abfindungen, Klagen und den damit verbundenen Imageverlust zu verhindern.

Bewertung dieser Maßnahmen

Das Auslaufenlassen von befristeten Arbeitsverträgen führt praktisch nicht zu Kosten und verursacht auch keine arbeitsrechtlichen Risiken. Beim Arbeitnehmer entsteht allerdings das Risiko, auf dem freien Arbeitsmarkt keine gleichwertige Stelle zu bekommen und in die Arbeitslosigkeit entlassen zu werden.

Die Ausnutzung der natürlichen Fluktuation ist ebenfalls nicht mit Kosten verbunden, entspricht aber in ihrer Wirkung dem Einstellungsstopp, weil u. U. Mitarbeiter mit technischer oder betriebswirtschaftlicher Kompetenz nicht ersetzt werden, was insgesamt zu einem Verlust von Know-how führen kann.

Aufhebungsverträge stellen in Einzelfällen eine wirksame Maßnahme dar, sind jedoch in Abhängigkeit von der Betriebszugehörigkeit u. U. sehr kostenintensiv.

Sofort wirksam und damit effektiv, dafür aber ebenfalls mit Kosten verbunden sind die vorzeitige Verrentung von Mitarbeitern und die Altersteilzeit. Mit dieser Maßnahme kann ein überaltertes Unternehmen erreichen, dass die Altersstruktur des Unternehmens wieder ausgeglichen wird.

Eine besondere Härte stellt die Kündigung von Mitarbeitern dar, ob es sich nun um Einzelkündigungen oder um Massenentlassungen handelt. Aus diesem Grunde sollte diese Maßnahme die ultima ratio, die letzte Maßnahme sein. Die Kündigung hat – insbesondere für ältere Arbeitnehmer ohne besondere Qualifikationen – meistens schwerwiegende finanzielle und soziale Folgen.

Aus diesem Grunde bieten Unternehmen mit sozialer Verantwortung Beschäftigungsgesellschaften und Outsourcing sowie bezahlte Qualifizierungen an, um den betroffenen Mitarbeitern neue Chancen auf dem regulären Arbeitsmarkt zu bieten.

Wiederholungsfragen zu Kapitel 2.7

1. *Welche beiden unterschiedlichen Strategien kann ein Unternehmen bei Personalanpassungsmaßnahmen verfolgen?*
2. *Welche Maßnahmen sind denkbar, wenn das Unternehmen den Personalbestand nicht reduzieren will?*
3. *Kündigungen sind das letzte Mittel zur Reduzierung des Personalbestandes. Welche anderen – sozialverträglicheren – Maßnahmen kann das Unternehmen ergreifen?*
4. *Beschreiben Sie drei übliche Maßnahmen der Personalanpassung ohne Reduzierung des Personalbestandes.*
5. *Was versteht man unter einer Beschäftigungsgesellschaft?*
6. *Welche Maßnahmen ergreift ein Unternehmen beim Outsourcing?*

2.8 Entgeltformen

2.8.1 Bestimmungsgrößen

Um es gleich vorwegzunehmen: *Eine gerechte Entlohnung gibt es nicht!* Gerechtigkeit ist ein Begriff, der sich einer objektiven Bewertung entzieht. Für den Arbeitgeber zählt die Entlohnung der Mitarbeiter zu den Kosten. Er wird versuchen, einen möglichst niedrigen Lohn zu zahlen. Für den Arbeitnehmer stellt der Lohn eine Existenzgrundlage dar. Je nach seinen persönlichen Ansprüchen würde er sich eine hohe Entlohnung wünschen, um für sich und seine Familie möglichst viele Bedürfnisse befriedigen zu können.

In Bayern wird in einem Handwerksbetrieb mehr gezahlt als in Schleswig-Holstein, in der Chemieindustrie wird mehr gezahlt als in der Nahrungsmittelindustrie, ein Akkord-Arbeiter verdient tendenziell mehr als ein nach Stunden entlohnter Arbeitnehmer. Ein IT-Spezialist kann ein höheres Gehalt verlangen als ein Bauingenieur. Langjährig beschäftigte Mitarbeiter in einer Verwaltung verdienen mehr als junge Kollegen.

Durch diese Feststellungen wird deutlich, dass das Entgelt von sehr vielen Einflussfaktoren abhängig ist. Der Arbeitgeber kann und sollte im Rahmen seiner Entgeltpolitik versuchen, hinsichtlich des Gerechtigkeitsempfindens der Mitarbeiter und in Bezug auf seine Eigenkapitalrentabilität Kriterien zu finden, die für den einzelnen Mitarbeiter transparent und nachvollziehbar sind und ihm die Möglichkeit geben, sich mit anderen Arbeitnehmern innerhalb und außerhalb des Betriebes zu vergleichen.

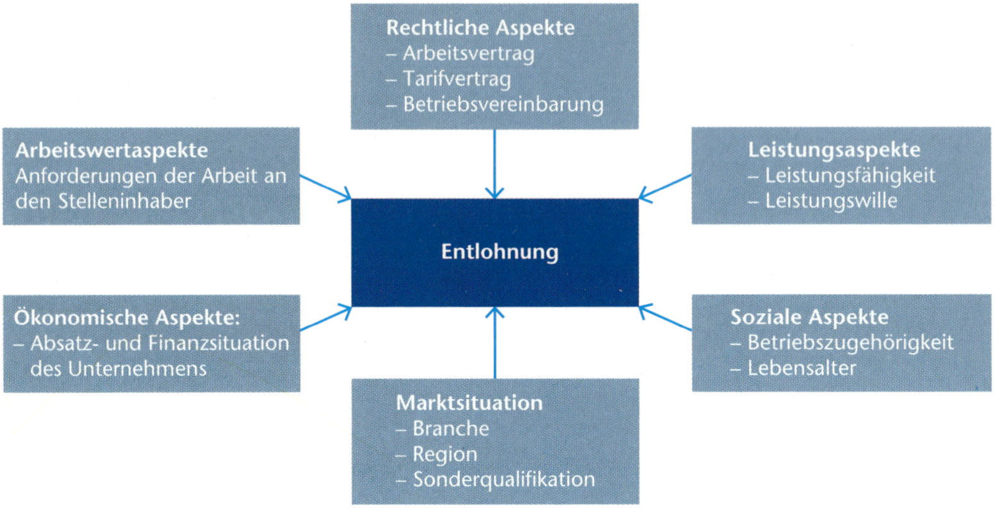

Bestimmungsgrößen der Entlohnung

2.8.1.1 Rechtliche Aspekte

Als Rechtsgrundlagen für die Personalentlohnung gelten folgende Quellen:

- Zunächst ist das **BGB** zu beachten. Darin wird im § 611 Abs. 1 der arbeitsrechtliche Zusammenhang zwischen dem zu zahlenden Arbeitsentgelt und der Arbeitsleistung begründet. Der Arbeitgeber wird gegenüber dem Arbeitnehmer zur Zahlung des vereinbarten Arbeitsentgelts verpflichtet.
- Der **Tarifvertrag** ist ein Vertrag zwischen Arbeitgeberverbänden bzw. einzelnen Arbeitgebern und Gewerkschaften, in dem die Entgeltbedingungen für einen bestimmten Zeitrahmen für beide Seiten verbindlich festgelegt werden, z. B. ein längerfristiger Manteltarifvertrag mit Angaben zu Urlaubszeiten und Urlaubsgeld bzw. ein- bis zweijährige Lohn- und Gehaltstarifverträge, die die Stunden- und Monatslöhne sowie die Gehälter und Ausbildungsvergütungen regeln. Die Gruppe außertariflich bezahlter Arbeitnehmer bleibt von diesen Bestimmungen unberührt. Für sie gilt nur der individuelle Arbeitsvertrag (s. u.).
- Die **Betriebsvereinbarung** ist eine vertragliche Regelung zwischen einem Arbeitgeber und dem Betriebsrat, die auch Bestimmungen zur Entlohnung enthält. So hat der Betriebsrat nach § 87 BetrVG ein qualifiziertes Mitbestimmungsrecht bei der Einführung und Anwendung technischer Einrichtungen sowie bei Fragen der betrieblichen Lohngestaltung und bei der Festsetzung von Akkord- und Prämiensätzen.
- Der **Arbeitsvertrag** ist ein privatrechtlicher Vertrag, in dem sich der Arbeitgeber zur Lohnzahlung und der Arbeitnehmer zur Arbeit verpflichtet. Hier können beide Parteien von Tarifvertrag und Betriebsvereinbarung abweichende Vereinbarungen treffen, z. B. über die Lohnhöhe. Dies gilt allerdings nur, wenn diese Vereinbarungen für den Arbeitnehmer günstiger sind.

2.8.1.2 Arbeitswertaspekte

Was ist eine Arbeit wert? Selbst zwischen den Mitarbeitern eines Unternehmens kann es umstritten sein, wie viel Lohn für eine bestimmte Tätigkeit gerecht ist.

Beispiele: *Soll ein Bilanzbuchhalter mit der Verantwortung für richtige Bilanzen mehr verdienen als ein Kranfahrer mit der Verantwortung für Menschen und Material? Soll ein Arbeiter an einem Hochofen mit einer extremen körperlichen Belastung mehr verdienen als ein Transportdisponent mit einer hohen geistigen Belastung?*

Jeder Arbeitsplatz stellt ganz bestimmte Anforderungen an den diese Arbeit ausführenden Arbeitnehmer. Die Anforderungen bestimmen den Schwierigkeitsgrad der Arbeit. Der Schwierigkeitsgrad einer Arbeit kann durch **Arbeitswertstudien** ermittelt werden. Sie dienen der Bewertung eines Arbeitsplatzes und stellen damit eine Säule für die Bestimmung der Lohnhöhe dar. Im Rahmen solcher Arbeitswertstudien werden die vorhandenen Arbeitsplätze analysiert, beschrieben und anschließend anhand von Anforderungsarten bewertet. Solche Anforderungsarten bietet das sogenannte „Genfer Schema“.

Genfer Schema		
Merkmale	**Anforderungsarten**	
	Können	**Belastung**
Geistige Anforderungen	① Fachwissen, Denkfähigkeit, Fertigkeiten, Berufserfahrung im ausgeübten Beruf z. B. Buchen, Zeichnungen lesen, Winkel berechnen	② Belastung der Nerven, der Aufmerksamkeit und der Sinne z. B. simultan Signale verarbeiten, Tätigkeiten parallel abwickeln, Stress
Körperliche Anforderungen	③ Feinmotorik, Geschicklichkeit, Handfertigkeit als Fähigkeiten z. B. Metall formen, Uhren reparieren, Holzverbindungen herstellen (sägen)	④ Belastung des muskulären Systems und der Gelenke durch körperliche Arbeit z. B. Lasten heben, über Kopf arbeiten, statische Muskelbelastung
Umgebungseinflüsse		⑤ Beanspruchung durch äußere Einflüsse wie Hitze, Kälte, Lärm, Krankheitsrisiko z. B. Arbeiten am Hochofen, im Tiefkühllager, Außenarbeiten
Verantwortung	⑥ Verantwortung für Menschen, Maschinen, Produkte, Prozesse z. B. Behälter sicher verschließen, richtige Buchungen durchführen, Material rechtzeitig bereitstellen, Kollegen bei Außenarbeiten absichern	

Es gibt einen ähnlichen Anforderungskatalog nach REFA, der im Prinzip auf den gleichen Anforderungsmerkmalen und Anforderungsarten aufbaut.

Die genaue Beschreibung der Arbeitsbewertung würde den Rahmen dieser Ausführungen sprengen; es kann jedoch folgender Überblick gegeben werden, wobei zu erkennen ist, dass die verschiedenen Methoden der Arbeitsbewertung sich nach zwei Merkmalen unterscheiden lassen:

	Summarische Verfahren Hierbei erfolgt eine Bewertung der Arbeit als Ganzes. Die einzelnen Anforderungsarten finden nur global Berücksichtigung.	**Analytische Verfahren** Hierbei erfolgt eine detaillierte Bewertung nach den verschiedenen Anforderungsarten des Arbeitsplatzes.
Prinzip der Reihung Die Bewertung erfolgt, indem eine fortlaufende Reihe gebildet wird.	**Rangfolgeverfahren** Die einzelnen Stellen werden paarweise verglichen. Wenn jede Stelle mit jeder anderen verglichen ist, gibt es eine Rangfolge aller im Betrieb bestehenden Stellen.	**Rangreihenverfahren** Auch wird hier paarweise eine Einordnung von der einfachsten bis zur schwierigsten Verrichtung vorgenommen, allerdings für jede Anforderungsart getrennt
Prinzip der Gruppierung Die Bewertung erfolgt, indem Lohngruppen oder Lohnklassen gebildet werden.	**Lohngruppenverfahren** Hierbei werden Lohn- oder Gehaltsgruppen) gebildet und diese in allgemeiner Form nach Schwierigkeitsgraden abgestuft und mit Beispielen versehen. Dieses Verfahren wird von den meisten geltenden Tarifverträgen genutzt.	**Stufenwertzahlverfahren** Jede Wertzahl des Anforderungskatalogs wird einzeln mit der Dauer der jeweiligen Anforderung/Belastung multipliziert. Die erhaltenen Punkte werden addiert. Die Summe erlaubt dann die Einordnung in eine Lohngruppe.

2.8.1.3 Leistungsaspekte

Es ist nachvollziehbar, dass eine alleinige Einstufung einer Tätigkeit in einer Lohn- oder Gehaltsgruppe noch nicht ausreicht, um eine für die Mitarbeiter zufriedenstellende Entlohnung zu gestalten.

Generell sollten im Personalbereich gelten:

- **Anforderungsgerechtigkeit:** Die schwierigere und anstrengendere Arbeit muss höher entlohnt werden als die einfachere bzw. leichtere.
- **Leistungsgerechtigkeit:** Bei einer gleich schwierigen oder anstrengenderen Arbeit muss der Mitarbeiter höher entlohnt werden, der die bessere Leistung erbringt.

Beispiel: *Ein Industrieunternehmen entwickelt zum Zweck der Transparenz folgendes Entlohnungssystem: Im Unternehmen existierten insgesamt 20 Gehaltsgruppen. Jeder Mitarbeiter wird nach den Arbeitswertzahlen seiner Stelle in eine dieser Gruppen eingeordnet. Es besteht völlige Transparenz im Unternehmen, welcher Mitarbeiter in welche Gruppe eingeordnet wird. Es wissen neben der Personalabteilung allerdings nur der Vorgesetzte und der Mitarbeiter, wie hoch die individuelle Leistungskennziffer des Mitarbeiters ist, ausgedrückt in Prozent von 100. Diese wird ermittelt durch die jährliche Leistungsbeurteilung durch den Vorgesetzten. Der Leistungsgrad eines jeden Mitarbeiters gibt nun an,* *wo er im Rahmen des Intervalls seiner Gehaltsgruppe einzuordnen ist. Ist z. B. ein Mitarbeiter in der Gehaltsgruppe 12 eingestuft (3.500,00 EUR bis 4.000,00 EUR) und beträgt sein aktuell gültiger, individueller Leistungsgrad 60 %, so verdient er 3.500,00 EUR + 60 % von 500,00 EUR = 3.800,00 EUR. Sein Kollege, der mit einem Leistungsgrad von 80 % bewertet wird, verdient 3.500,00 EUR + 80 % von 500,00 EUR = 3.900,00 EUR.*

Die Leistung der Mitarbeiter ist von zwei Komponenten abhängig, die bei der Leistungsbeurteilung durch den Vorgesetzten zu erkennen sind.

Leistungsfähigkeit	Leistungswille
Die Leistungsfähigkeit der Mitarbeiter ist von folgenden Faktoren abhängig: ▪ Begabung ▪ allgemeine und fachliche Bildung ▪ Berufserfahrung ▪ soziale Kompetenz	Trotz prinzipieller Leistungsfähigkeit ist der Leistungswille von weiteren Faktoren abhängig: ▪ Struktur und Dringlichkeit der Bedürfnisse ▪ Arbeitsbedingungen/Arbeitsorganisation ▪ Güte des Betriebsklimas

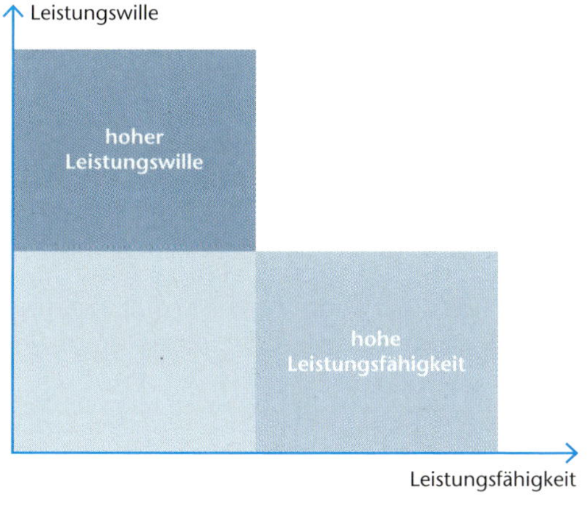

Leistungsfähigkeit und Leistungswille haben folgenden Zusammenhang.

Der Mitarbeiter (dunkelblau) kompensiert seine niedrige Leistungsfähigkeit durch einen hohen Leistungswillen, während der Mitarbeiter (hellblau) mit einer hohen Leistungsfähigkeit und einem relativ niedrigen Leistungswillen – volumenmäßig – die gleiche Leistung erzielt.

Die Messung der Leistung ist bei repetitiven Tätigkeiten relativ leicht, z. B. gesägte Raummeter Holz, Anzahl der Buchungen pro Tag, lackierte Metallteile pro Stunde oder verbrauchte Minuten je Metallteil. Hier wird die beobachtete Leistung zu einer definierten Normalleistung in Beziehung gesetzt:

$$\textbf{Leistungsgrad} = \frac{\text{Istleistung}}{\text{Normalleistung}} \cdot 100$$

Beispiel: *Hat ein Mitarbeiter in einer Stunde 69 Metallstücke lackiert und beträgt die Normalleistung 60 Stück pro Minute, so beträgt sein Leistungsgrad: 69 : 60 · 100 = 115 %*

Bei verwaltenden, komplexen oder kreativen Tätigkeiten greift man auf Beurteilungsverfahren zurück, an deren Ende aufgrund der Bewertung in verschiedenen Leistungskategorien ebenfalls ein Leistungsgrad ermittelt werden kann. Die Mitarbeiterbeurteilung als Grundlage der Leistungsbeurteilung wird im Kapitel 3.1.3 beschrieben.

2.8.1.4 Marktsituation und andere ökonomische Aspekte

Es versteht sich von selbst, dass der Arbeitsmarkt – mit tariflichen und arbeitsrechtlichen Einschränkungen – den Gesetzen des Marktes unterworfen ist.

Während in bestimmten Branchen aufgrund der dort nachhaltig hohen Wertschöpfungen relativ hohe Löhne und Gehälter gezahlt werden (z. B. der Chemiebereich), gibt es andere Branchen, die ihre Arbeiter und Angestellten traditionell niedriger entlohnen.

Ein gleicher Aspekt gilt für bestimmte Regionen. Während in Bayern und Baden-Württemberg das Lohnniveau relativ hoch ist, ist es in den neuen Bundesländern relativ niedrig.

Das liegt im Wesentlichen an dem Verhältnis von Angebot und Nachfrage. Ein Blick auf die Arbeitslosenstatistiken in bestimmten Regionen und deren Vergleich mit den durchschnittlich gezahlten Löhnen und Gehältern pro Stunde zeigt, dass ein Angebotsüberschuss an Arbeit auf das Lohnniveau drückt. Eine weitere Komponente stellen die Qualifikationen der Bewerber und die Sonderqualifikationen dar.

Beispiel: *Wenn es im physikalisch-technischen Bereich bei der komplizierten Herstellung eines Rohstoffs nur etwa 15 Personen in Deutschland gibt, die als Wissenschaftler in der Lage sind, den Herstellungsprozess vollständig zu definieren und zu gestalten, dann werden diese Personen aufgrund ihres Spezialwissens hohe Gehälter fordern können. Anders die gegenwärtig hohe Anzahl von Architekten, Bauingenieuren und Rechtsanwälten, die aufgrund ihrer Marktsituation nur „normale"Gehälter fordern können und bezahlt bekommen.*

Hinzu kommt die Situation des Unternehmens. Zeigt sich die Absatzsituation aufgrund guter Produkte gegenwärtig und zukünftig stabil, wird das Unternehmen eher geneigt sein, seine Mitarbeiter mit außertariflichen Zulagen am Erfolg des Unternehmens zu beteiligen. Gleiches gilt für eine zufriedenstellende finanzielle Situation. Gerät ein Unternehmen in Schieflage und ist die ökonomische Situation nur durch dramatische Kostensenkung zu retten, so kann es sein, dass die Unternehmensleitung Lohn- und Gehaltskürzungen durchsetzen muss, um wirtschaftlich zu überleben.

Ein eigenes Diskussionsfeld ist die Frage von Mindestlöhnen.

Ein Mindestlohn ist das meistens pro Stunde festgelegte, niedrigste rechtlich zulässige Arbeitsentgelt. Der Mindestlohn kann durch eine gesetzliche Regelung oder durch die Festschreibung in einem für allgemein verbindlich erklärten Tarifvertrag erfolgen.

Neben nationalen und regionalen Mindestlöhnen gibt es auch auf Branchen bezogene Mindestlöhne.

Die Verfechter von Mindestlöhnen vertreten die Meinung, dass von Mindestlöhnen positive Kaufkraftimpulse ausgehen, die die Binnennachfrage stärken (Kaufkrafttheorie), während die Gegner anführen, dass von Mindestlöhnen durch Wettbewerbsnachteile der betroffenen Unternehmen sowie durch Produktionsverlagerungen ins Ausland und den damit verbundenen Entlassungen negative Beschäftigungseffekte ausgehen.

2.8.1.5 Soziale Aspekte

Der Grundsatz „Gleicher Lohn für gleiche Arbeit!“ wird durch soziale Komponenten durchbrochen.

Als soziale Bestimmungsfaktoren könnten folgende Aspekte herangezogen werden:
- Lebensalter
- Familienstand
- Kinder
- Betriebszugehörigkeit

Hier lautet die – berechtigte – Frage: Warum soll jemand, der älter oder verheiratet ist oder Kinder hat, mehr verdienen als jemand der jung, ledig und kinderlos ist?

In der Tat sollten soziale Aspekte bei der Lohnfindung nur eine untergeordnete Rolle spielen, zumal sie bereits durch einkommensteuerrechtliche Regeln berücksichtigt sind (z. B. Splittingtarif, Kindergeld, Altersfreibetrag). Sie kommen jedoch immer wieder vor.

In einigen Tarifverträgen, vor allem im öffentlichen Dienst, ist das Senioritätsprinzip in den Lohn- und Gehaltstabellen partiell eingearbeitet. So sind dort Stufenlaufzeiten enthalten, nach denen jemand, der eine gewisse Zeit in der Stufe X einer Entgeltgruppe tätig ist, nach einer bestimmten andauernden Tätigkeit in dieser Entgeltgruppe die nächsthöhere Stufe erreicht.

Manche Unternehmen honorieren auch durch einmalige Zahlungen die Familiengründung oder die Geburt von Kindern. Andere wiederum stellen ihren Mitarbeitern ohne Gegenleistung bestimmte Warenkontingente zur Verfügung oder gewähren Personalrabatte.

2.8.2 Entgeltformen

Folgende Darstellung bietet einen Überblick über die verschiedenen Entgeltformen:

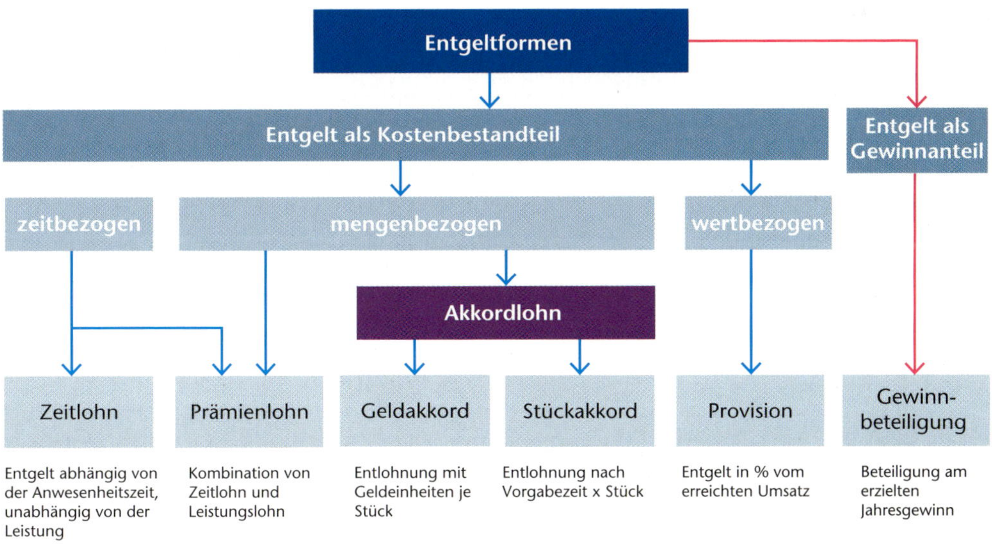

2.8.2.1 Zeitlohn

Beim Zeitlohn erhält der Arbeitnehmer seinen Lohn für die geleistete Arbeitszeit. Die Messgröße für das auszuzahlende Entgelt ist die Stunde (Stundenlohn) oder das Gehalt (Monatsgehalt).

Wochen- oder Tagelohn sind kaum noch verwendete Zeitlohnarten. Die Entlohnung nach Zeit darf nicht darüber hinwegtäuschen, dass vom Arbeitnehmer auch hier eine definierte Normalleistung erwartet wird. Bei Angestellten bemisst sie sich nach der Stellenbeschreibung und den dort aufgeführten Aufgaben, im gewerblichen Bereich wird eine bestimmte Stückleistung in Abstimmung mit oder aufgrund von Vorgaben durch die Arbeitsvorbereitung erwartet.

Der Zeitlohn ist vor allem anwendbar für Tätigkeiten, die Sorgfalt, Genauigkeit und Qualität erfordern, sowie für alle nicht messbaren Tätigkeiten.

Die Berechnung erfolgt nach der Formel: Zeiteinheiten · Lohnsatz = Bruttolohn

Vorteile	Nachteile
▪ einfache Abrechnung ▪ überschaubar für den Arbeitnehmer ▪ Qualitätsarbeit und Dauerleistung bei niedrigem Arbeitstempo	▪ kein Leistungsanreiz ▪ Unternehmer trägt allein das Risiko der Minderleistung ▪ Arbeitskontrollen notwendig

2.8.2.2 Prämienlohn

Der Prämienlohn verbindet den Zeitlohn mit Elementen des Leistungslohns. Zu einem vereinbarten Grundlohn, der nicht unter dem Tariflohn liegen darf, wird planmäßig ein zusätzliches Entgelt als Prämie gewährt, dessen Höhe auf einer messbaren Mehrleistung des Arbeitnehmers beruht.

Die Mehrleistung kann sich auf verschiedene Bezugsgrößen beziehen. Folgende Prämienarten werden je nach Anwendungsbereich unterschieden:

- **Mengenleistungsprämie** für eine über der festgelegten Norm liegende Zusatzmenge
- **Qualitätsprämie** für eine über der Norm liegende Güte der Produkte bzw. für eine unter der Norm liegende Anzahl von Reklamationen oder Rückläufern
- **Terminprämie** für eine unter der Vorgabe liegende Produktionszeit
- **Nutzungsprämie** für unter der Norm liegenden Warte-, Reparatur- und Rüstzeiten
- **Ersparnisprämie** für einen unter der Vorgabe liegenden Verbrauch an Energie oder Material

Eine Kombination dieser verschiedenen Prämienarten ist möglich, wenn die zu erbringende Leistung von mehreren Faktoren abhängt. Der Prämienlohn ist damit wesentlich breiter und flexibler einsetzbar als der reine Leistungslohn.

Im Gegensatz zum Akkordlohn kommt die Vergütung für die Mehrleistung dem Arbeitnehmer nicht in voller Höhe zugute. Sie wird nach bestimmten Schlüsseln zwischen Arbeitgeber und Arbeitnehmer geteilt.

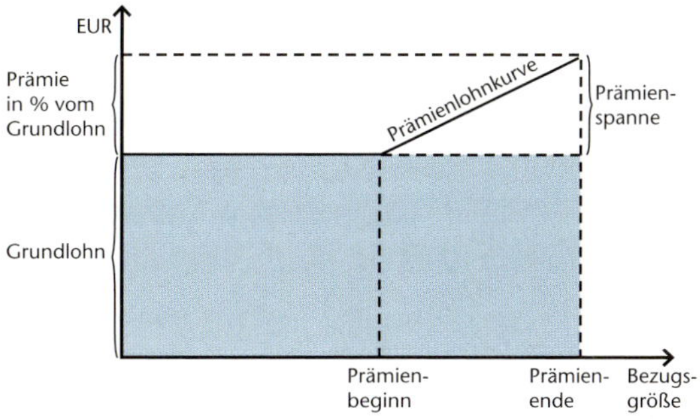

Aufbau eines Prämienlohnsystems

Dem Prämienlohn kommt eine stetig wachsende Bedeutung zu, da der Arbeitnehmer durch den zunehmenden Anteil an automatisierten Fertigungsprozessen und Fließfertigung einen immer geringer werdenden Einfluss auf das Produktionsergebnis hat, dafür aber umso mehr zu organisieren, zu steuern, zu überwachen und für eine hohe Qualität zu sorgen hat.

2.8.2.3 Akkordlohn

Der Akkordlohn ist eine rein an der Leistung orientierte Lohnform. Er wird für ein Stück/eine Verrichtung bezahlt, ohne dabei die benötigte Arbeitszeit zu berücksichtigen.

Folgende Voraussetzungen müssen für die Akkordfähigkeit gegeben sein:

- Die Tätigkeit muss bewertbar sein.
- Die Tätigkeit muss sich regelmäßig wiederholen.
- Der Arbeitnehmer muss sein Arbeitstempo und damit die Ausbringung selbst bestimmen können.

Hinzu kommt, dass die Tätigkeit *akkordreif* sein muss, d. h. frei von organisatorischen Mängeln, die die Zeiten des Arbeitnehmers behindern könnten.

Der Akkord tritt in zwei möglichen Formen auf:

- dem Stückzeitakkord, bei dem die Entlohnung in Abhängigkeit von der vorgegebenen Zeit je produziertem Stück gerechnet wird;
- dem Stückgeldakkord, bei dem je produziertem Stück ein bestimmter Geldbetrag vergütet wird.

Grundlegende Berechnung	tariflicher Mindestlohn → entspricht dem Mindestlohn bei Zeitlohn, es wird eine bestimmte Mindestleistung erwartet + Akkordzuschlag → beträgt 10 bis 25 % des Mindestlohns = Akkordrichtsatz → Stundenverdienst bei Normalleistung; liegt über dem Zeitlohn für vergleichbare Arbeit
Stückzeitakkord	$\underbrace{\frac{\text{Akkordrichtsatz}}{\text{60 Minuten}}}_{\textbf{Minutenfaktor}} \cdot \underbrace{\frac{\text{60 Minuten}}{\text{Normalleistung}}}_{\textbf{Vorgabezeit}} \cdot \text{geleistete Stück} = \text{Bruttolohn}$ Normalleistung = produzierte Stückzahl bei einem Leistungsgrad von 100 % Sofern das Unternehmen mit Dezimalminuten rechnet, wird statt der 60 Minuten 100 eingesetzt. Eine Dezimalminute hat dann 36 Sekunden.

Beispiel	*Tariflicher Mindestlohn: 12,00 EUR* *Akkordzuschlag: 20 %* *Normalleistung: 120 Stück Platten bohren/Std.* *Istleistung: 138 Platten* *Akkordrichtsatz = 12,00 + (12,00 · 0,20) = 14,40 EUR* *Minutenfaktor = 14,40 : 60 = 0,24 EUR* *Vorgabezeit je Platte = 60 : 120 = 0,5 Minuten* *Bruttolohn = 0,24 · 0,5 · 138 = 16,56 EUR*
Stückgeldakkord	$\underbrace{\frac{\text{Akkordrichtsatz}}{\text{Normalleistung}}}_{\textbf{Stückgeldsatz}} \cdot \text{geleistete Stück} = \text{Bruttolohn}$
Beispiel	*Daten wie oben:* *Stückgeldsatz = 14,40 : 120 = 0,12 EUR* *Bruttolohn = 0,12 · 138 = 16,56 EUR*

Es wird deutlich, dass beide Berechnungen zum gleichen Ergebnis führen. Üblich ist heute der Stückzeitakkord, da beim Stückgeldakkord bei einer Lohnerhöhung für alle Tätigkeiten ein neuer Stückgeldsatz ermittelt werden muss. Beim Stückzeitakkord ändert sich lediglich der Minutenfaktor je Tätigkeit bzw. Mitarbeiter.

Vorteile	Nachteile
▪ Leistungsanreiz ▪ bei Minderleistungen des Arbeitnehmers trägt der Betrieb kein Risiko ▪ konstante Lohnkosten je Stück/Verrichtung	▪ Gefahr der Überbeanspruchung von Mensch und Maschine ▪ umfangreiche Vorarbeiten zur Ermittlung der Vorgabezeiten

2.8.2.4 Provision

Die Provision ist eine regelmäßig in Prozent einer Wertgröße, meistens vom Umsatz oder Deckungsbeitrag eines Produkts, berechnete Form der Vergütung für die verkäuferische oder vermittelnde Tätigkeit von Arbeitnehmern. Sie wird meist neben einem festen Grundgehalt gezahlt.

Beispiel: *Ein angestellter Immobilienmakler hat mit seinem Arbeitgeber im Arbeitsvertrag ein Grundgehalt von 2.000,00 EUR zuzüglich 5 % der für das Unternehmen hereingeholten Maklercourtage vereinbart. Hat der Mitarbeiter im Monat März eine Courtage von 60.000,00 EUR für das Unternehmen erwirtschaftet, so steht ihm für diesen Monat zusätzlich zum Grundgehalt von 2.000,00 EUR eine Provision von 5 % von 60.000,00 EUR = 3.000,00 EUR zu. Sein Bruttoentgelt würde dann 5.000,00 EUR betragen und wäre in dieser Höhe zu versteuern und zu versichern.*

Provisionen sind aus dem Außendienst von Vertriebsmitarbeitern der Industrie, aber auch aus dem vermittelnden Geschäft der Finanzdienstleistungen von Banken und

Versicherungen nicht mehr wegzudenken. Je nach geforderter Zielerreichung, zu bearbeitendem Kundenkreis und zu vermittelnden Produkten sind die Systeme von unterschiedlichen Größen abhängig und mehr oder weniger ausgeklügelt.

2.8.2.5 Gewinnbeteiligung der Arbeitnehmer

Bei der Gewinnbeteiligung nehmen die Mitarbeiter eines Unternehmens teil am Gewinn des Unternehmens, ggf. verbunden mit einer Kapitalbeteiligung. Grundlage ist eine freiwillige Vereinbarung. Die Bezugsgröße für die Gewinnbeteiligung ist zumeist der Bilanzgewinn.

Die in der Praxis auftretenden Unterschiede ergeben sich aus der Funktion der Gewinnbeteiligung und dem Auszahlungs- und Verfügungsmodus.

Es werden folgende Beteiligungsformen unterschieden:

- Auszahlung eines bestimmten **Anteils des Bilanzgewinns** an die Arbeitnehmer (Gewinnausschüttung in bar)
- Beteiligung der Arbeitnehmer am **Eigenkapital** des Unternehmens durch die Ausgabe von Belegschaftsaktien oder Kommanditbeteiligungen
- Beteiligung der Arbeitnehmer am **Fremdkapital** durch die Ausgabe von Genussscheinen und Obligationen (Anleihen) oder durch das Belassen der Gewinnanteile im Unternehmen

Folgende **Gründe** sprechen für eine Gewinnbeteiligung:
- Anreiz zur Leistungssteigerung
- Senkung der Fluktuation und Bindung der Arbeitnehmer an das Unternehmen
- bessere Zusammenarbeit zwischen Arbeitgeber und Arbeitnehmer

Probleme, insbesondere in der Auseinandersetzung mit dem Betriebsrat, ergeben sich aufgrund unterschiedlicher Auffassungen regelmäßig bei der

- Wahl der Bemessungsgrundlage (z. B. Umsatz, Gewinn),
- Wahl des Verteilungsschlüssels (z. B. nach Durchschnittslohn, Betriebszugehörigkeit, Lebensalter),
- Wahl der Beteiligungsform.

Wiederholungsfragen zu Kapitel 2.8

1. *Die Entlohnung von Mitarbeitern ist von zahlreichen Einflussgrößen abhängig. Nennen Sie vier dieser Bestimmungsgrößen.*
2. *Welche Rechtsgrundlagen hat ein Arbeitgeber bei der Lohngestaltung zu berücksichtigen?*
3. *Was versteht man allgemein unter Arbeitswertstudien?*
4. *Welche Inhalte hat das Genfer Schema?*
5. *Bei den Arbeitswertstudien unterscheidet man summarische Verfahren und analytische Verfahren. Was ist der Unterschied?*

6. *Welches Arbeitswertverfahren ist die Grundlage für die meisten Tarifverträge?*
7. *Von welchen beiden Faktoren ist die Leistung eines Mitarbeiters abhängig?*
8. *Was versteht man unter einem Leistungsgrad?*
9. *Welche Vorteile hat ein Zeitlohn?*
10. *Wie ist ein Prämienlohn grundsätzlich aufgebaut?*
11. *Nennen Sie vier Arten von Prämienlohnsystemen.*
12. *Was ist ein Akkordrichtsatz, und wie wird er ermittelt?*
13. *Welche beiden Akkordsysteme werden unterschieden?*
14. *Welche Vorteile bietet ein Akkordlohnsystem?*
15. *Für welche Mitarbeiter eignet sich ein Provisionssystem?*
16. *Nennen Sie drei Möglichkeiten für die Gestaltung einer Gewinnbeteiligung von Arbeitnehmern.*
17. *Was verspricht sich ein Unternehmen von einer Gewinnbeteiligung?*

3 Personalentwicklung

Personalentwicklung ist die systematische Gestaltung von Prozessen, die es ermöglichen, das Lern- und Leistungspotenzial einzelner Mitarbeiter und Gruppen zu erkennen, zu erhalten und zu fördern, damit diese in der Lage sind, ihre aktuellen und zukünftigen Aufgaben quantitativ und qualitativ erfolgreich zu bewältigen.

Personalentwicklung umfasst alle Maßnahmen der Ausbildung, der Fortbildung und der Förderung von Mitarbeitern und damit indirekt der Weiterentwicklung der gesamten Organisation. Die Personalentwicklung ist im Personalbereich angesiedelt, im Detail jedoch eine elementare Führungsaufgabe.

Die Personalentwicklung zielt darauf ab, einerseits die Mitarbeiter dazu zu befähigen, die Ziele des Unternehmens zu erreichen, und dabei andererseits deren Interessen soweit wie möglich zu berücksichtigen. Sie unterstützt und entwickelt die Fähigkeiten und Potenziale der Mitarbeiter und versetzt sie in die Lage, die Leistungsfähigkeit und die Wirtschaftlichkeit des Unternehmens zu verbessern, die Kundenorientierung zu steigern und die Anpassungsfähigkeit der Mitarbeiter im Umgang mit neuen Anforderungen zu erhöhen.

Eine erfolgreiche Personalentwicklung muss

- mit dem Zielsystem des Unternehmens, insbesondere mit den strategischen Zielen harmonieren;
- mit der voraussichtlichen Entwicklung von Kosten und Finanzen abgestimmt werden;
- von den verantwortlichen Führungskräften in ihrer Bedeutung erkannt werden;
- die Mitarbeiter und die Führungskräfte bei der Erarbeitung von Konzepten beteiligen;
- die erforderlichen Ressourcen zur Verfügung stellen.

Ziele der Personalentwicklung

Die Personalentwicklung ist kein kurzfristiges Instrument der Personalpolitik eines Unternehmens, vielmehr sind Art und Umfang der Maßnahmen abhängig von den strategischen Zielen des Unternehmens. Sie dienen allerdings nicht nur den Zielen des Unternehmens mit der gewünschten Verbesserung der zukünftigen Wettbewerbsfähigkeit und des Unternehmenserfolgs, sondern sie kommen auch den Zielen der Mitarbeiter entgegen. Darüber hinaus erfüllen sie eine Reihe von gesellschaftlichen Zielen.

Ziele der Personalentwicklung	
PE-Ziele des Unternehmens	**PE-Ziele der Mitarbeiter**
▪ Verbesserung und Aufrechterhaltung der fachlichen und persönlichen Qualifikationen ▪ Training von Nachwuchskräften ▪ Sicherung des zukünftigen Fach- und Führungskräftebestandes und Bindung von Mitarbeitern ▪ Sicherung der Wettbewerbsfähigkeit ▪ Erkennen von Talenten ▪ Anpassung an zukünftige Entwicklungen ▪ Aufdecken von Defiziten und Fehlbesetzungen ▪ Erhöhung der Motivation der Mitarbeiter ▪ Vermittlung von Schlüsselqualifikationen ▪ Erleichterung von Change-Management ▪ Unabhängigkeit vom externen Arbeitsmarkt ▪ Verminderung der Personalbeschaffungskosten	▪ Verbesserung und Aufrechterhaltung der fachlichen und persönlichen Qualifikation ▪ Ausübung einer neigungsnahen Tätigkeit ▪ Aktivierung bisher ungenutzter Potenziale ▪ Übertragung neuer, interessanter Aufgaben ▪ verbesserte Karrierechancen ▪ Senkung des Risikos des Arbeitsplatzverlustes ▪ Verbesserung der Chancen am Arbeitsmarkt ▪ Steigerung der individuellen Mobilität auf dem internen und externen Arbeitsmarkt ▪ Entfaltung der Persönlichkeit ▪ bessere Chancen auf Selbstverwirklichung ▪ Erhöhung des persönlichen Prestiges ▪ Einkommensverbesserung
Gesellschaftliche Ziele, die mit Personalentwicklung erreicht werden können	
▪ langfristige Befähigung von Menschen für den Arbeitsmarkt (Employability) ▪ Unterstützung des Grundrechts auf freie Entfaltung der Persönlichkeit ▪ Förderung von Chancengleichheit und der beruflichen und sozialen Mobilität	

3.1 Arten der Personalentwicklung

Die Gewinnung, Förderung und Entwicklung von Mitarbeitern gewinnt vor dem Hintergrund einer Reihe von wirtschaftlichen und sozialen Entwicklungen zunehmend an Bedeutung. Folgende Aspekte sind zu berücksichtigen:

- Der demografische Wandel verursacht in den kommenden 20 Jahren einen permanenten Abfluss von Wissen und Erfahrung durch die Verrentung von Mitarbeitern.
- Es ist ein anhaltender und zunehmender Fachkräftemangel auf dem Arbeitsmarkt zu beobachten.
- Die permanente Verkürzung der Halbwertzeit von Wissen fordert eine immer raschere Anpassung der Mitarbeiter an den Stand des technischen und ökonomischen Wissens.

- Die zunehmende Globalisierung verursacht eine Verlagerung der Produktion in Billiglohnländer und damit im Gegenzug notwendige Investitionen in Forschung, Entwicklung und neue Technologien in den „alten“ Industriestaaten.
- Die oben beschriebene Arbeitsmarktsituation macht es erforderlich, die Mitarbeiter in ihrer professionellen und persönlichen Entwicklung zu unterstützen und die Leistungs- und Kernkompetenzträger langfristig an das Unternehmen zu binden.

Die Personalentwicklung nur auf das Entwickeln von bereits eingearbeitetem Personal zu reduzieren,wäre deshalb zu kurz gedacht. Vielmehr muss eine erfolgreiche Personalentwicklung ein Bündel von aufeinander abgestimmten und an den Zielen des Unternehmens ausgerichteten Maßnahmen ergreifen.

Das Baukastensystem von Maßnahmen der Personalentwicklung umfasst

- die Durchführung und Förderung der **Ausbildung,** insbesondere der beruflichen Ausbildung,
- die Durchführung und Förderung von **Fort- und Weiterbildungsmaßnahmen,**
- die individuelle **Förderung von Mitarbeitern und Gruppen,**
- die **Weiterentwicklung der Organisation** auf der Basis der Strategien und Bedürfnisse des Unternehmens.

Diese Maßnahmenbündel bauen wie folgt aufeinander auf:

3.1.1 Ausbildung

Unternehmen, die in der heutigen Zeit einen Bedarf an Fachkräften haben, können sich nicht allein auf den Arbeitsmarkt verlassen, sondern sie müssen selbst solche Fachkräfte ausbilden.

Beispiel: *Ein Funktionär einer regionalen Arbeitgeberorganisation im metallverarbeitenden Bereich bemängelte vor geraumer Zeit das Fehlen von 150 Werkzeug- und Maschinenschlossern in seiner Branche. Dieser Mangel wäre nicht entstanden, hätten die betroffenen Unternehmen auf der Basis ihrer langfristigen Personalplanungen im Rahmen ihrer Personalentwicklung den entsprechenden Bedarf selbst ausgebildet.*

Die berufliche Erstausbildung stellt die Basis der betrieblichen Personalentwicklung dar. Hier werden für die staatlich anerkannten Berufe die notwendigen Fachkenntnisse und Fähigkeiten vermittelt, die zu einer beruflichen Handlungsfähigkeit führen.

Die berufliche Ausbildung erfolgt im Rahmen einer dualen Ausbildung im handwerklichen, kaufmännischen oder industriell-gewerblichen Bereich, aber auch in der öffentlichen Verwaltung, im Gesundheits- und Sozialwesen und anderen Dienstleistungsbereichen, z. B. bei Banken und Versicherungen.

Die berufliche Ausbildungszeit dauert je nach Ausbildung und Schulabschluss zwischen zwei und vier Jahren und endet mit einer theoretischen und praktischen Prüfung vor der zuständigen Stelle, z. B. der IHK oder der Handwerkskammer. Die duale Berufsausbildung ist aufgeteilt in einen praktischen und einen schulischen Teil. Während seiner Berufsausbildung steht der Auszubildende in einem Beschäftigungsverhältnis mit dem Ausbildungsbetrieb und bezieht in dieser Zeit eine Ausbildungsvergütung. Es darf nur in geeigneten Ausbildungsstätten ausgebildet werden. Dazu gehören eine entsprechende Ausstattung des Betriebs und ausreichend qualifiziertes Ausbildungspersonal.

Ausbildender ist der Betrieb oder die Ausbildungsstätte; Ausbilder/Ausbilderinnen sind die Mitarbeiterinnen und Mitarbeiter, die im Betrieb die Ausbildung vermitteln.

Auszubildende darf nur einstellen, wer persönlich dazu geeignet ist.
Ausbilden darf nur, wer persönlich und fachlich dazu geeignet ist.

- **Persönlich nicht geeignet** ist, wer nach dem Jugendarbeitsschutzgesetz (§ 25 JArbSchG) Kinder und Jugendliche nicht beschäftigen darf, weil er z. B. innerhalb der letzten fünf Jahre wegen eines Verbrechens zu einer Freiheitsstrafe von mindestens zwei Jahren oder wegen eines Sittlichkeitsdelikts verurteilt worden ist. Außerdem ist persönlich ungeeignet, wer wiederholt oder schwer gegen das Berufsbildungsgesetz, die Handwerksordnung oder die aufgrund dieser Gesetze erlassenen Vorschriften verstoßen hat.
- **Fachliche Eignung** liegt vor, wenn die erforderlichen beruflichen und arbeitspädagogischen Fertigkeiten, Kenntnisse und Fähigkeiten vorhanden sind, die für die Vermittlung der Ausbildungsinhalte erforderlich sind. Grundsätzlich muss der Ausbilder die Abschlussprüfung in einer dualen Berufsausbildung bestanden haben, die dem zu vermittelnden Ausbildungsberuf entspricht. Bei der Ausbildung von Fachangestellten in Arztpraxen, Apotheken und Rechtsanwaltskanzleien müssen die Ausbilder und Ausbilderinnen als Arzt, Apotheker oder Rechtsanwalt zugelassen sein. Im Handwerk ist als Ausbilder auf jeden Fall fachlich geeignet, wer die Meisterprüfung in dem Handwerk, in dem ausgebildet werden soll, bestanden hat.

Ausbilder haben in der Regel die berufs- und arbeitspädagogischen Fertigkeiten, Kenntnisse und Fähigkeiten durch eine Prüfung nach der Ausbilder-Eignungsverordnung (AEVO) nachzuweisen.

Über die Eignung der Ausbildungsstätte wie auch die persönliche und fachliche Eignung der Ausbildenden und der Ausbilder wachen die zuständigen Stellen, z. B. die Kammern.

Die folgende Tabelle gibt einen Überblick über die Details der dualen Berufsausbildung.

Lernort	Betrieb	Schule
	Hierzu gehören alle Betriebe der Industrie, des Handwerks sowie Betriebe aus dem Bereich Handel und Dienstleistungen, die eine Ausbildungsberechtigung besitzen.	Hierzu gehören alle staatlichen oder von Unternehmen gegründeten berufsbildenden Schulen, die entsprechend ihrer Größe eine unterschiedliche Zahl von Berufen ausbilden.
Aufgabe	Vermittlung von fachpraktischen Kenntnissen und Fertigkeiten entsprechend der Ausbildungsordnung und dem Ausbildungsberufsbild in den verschiedenen Abteilungen des Betriebes	Vermittlung von fachtheoretischen, berufsbezogenen (Fächer: z. B. Betriebswirtschaftslehre, Rechnungswesen) und berufsübergreifenden Lerninhalten (Fächer: z. B. Deutsch, Gesellschaftslehre mit Geschichte, Religion, Sport)
Rechtsquellen und deren Inhalte	**Ausbildungsordnung**	**Rahmenlehrplan**
	▪ Ausbildungsdauer ▪ Berufsbild ▪ Ausbildungsrahmenplan ▪ Ausbildungsplan ▪ Prüfungsanforderungen	▪ Unterrichtsfächer ▪ Anzahl der Unterrichtsstunden Lernziele und Lerninhalte ▪ zeitliche Zuordnung der Lerninhalte (Unterstufe, Mittelstufe, Oberstufe der Berufsschule)

Die zentrale rechtliche Grundlage für die duale Berufsausbildung ist die Ausbildungsordnung. Sie enthält alle Vorschriften, die für einen speziellen Ausbildungsberuf von Bedeutung sind. Die Ausbildungsordnung ist im Rechtsrang eine Verordnung und legt bundeseinheitliche Standards für die betriebliche Ausbildung fest. Sie regelt die sachliche und zeitliche Gliederung der Ausbildung. Grundlage für die Ausbildungsordnung ist das Berufsbildungsgesetz (BBiG).

Nach § 5 BBiG und § 26 HwO muss eine Ausbildungsordnung mindestens folgende Inhalte besitzen:

1. Dauer der Ausbildung: sollte nicht mehr als drei und nicht weniger als zwei Jahre betragen
2. Bezeichnung des Ausbildungsberufes, der anerkannt wird
3. Berufsbild: Überblick über die Kenntnisse, Fähigkeiten und Fertigkeiten, die erworben werden
4. Ausbildungsrahmenplan als nähere Beschreibung des Berufsbilds und des zeitlichen Ablaufs
5. Prüfungsanforderungen mit Inhalten der Zwischen- und Abschlussprüfung bzw. Gesellenprüfung

Die rechtlichen Regelungen über den Berufsausbildungsvertrag werden im Modul Recht im Kapitel 1.5.1.4 behandelt.

Neben der beschriebenen beruflichen Ausbildung sind folgende besondere Formen möglich:

- **Verbundausbildung:** In einem Ausbildungsverbund können zwei oder mehrere Betriebe zusammenwirken und gemeinsam die von der Ausbildungsordnung festgelegten Ausbildungsinhalte vermitteln. Die Verantwortlichkeit der beteiligten Betriebe für die Ausbildungszeit insgesamt, wie auch für die einzelnen Abschnitte, muss sichergestellt sein.
- **Teilzeitausbildung:** Bei berechtigtem Interesse können Auszubildende und Ausbildende einvernehmlich bei der zuständigen Stelle die Durchführung der Berufsausbildung in Teilzeitform unter Beibehaltung der regulären Gesamtausbildungsdauer beantragen.
- **Ausbildung von behinderten Menschen:** Behinderte Menschen sollen grundsätzlich in anerkannten Ausbildungsberufen ausgebildet werden. Ist dies wegen Art und Schwere der Behinderung nicht möglich, erlassen die zuständigen Stellen Ausbildungsregelungen, die auf die individuellen Bedürfnisse der behinderten Menschen abgestimmt sind.

Ein besonderes Problem vieler Ausbildungsbetriebe ist es heute, dass nicht genügend geeignete Schulabgänger zur Verfügung stehen. So bemängelten in einer Umfrage des DIHK im Jahre 2011 mehr als 40 % der befragten Unternehmen Mängel im Ausdrucksvermögen und im Rechnen sowie Mängel in der Leistungsbereitschaft, in der Disziplin und der Belastbarkeit. Zahlreiche Ausbildungsbetriebe gehen deshalb im Rahmen ihrer Personalentwicklung dazu über, bereits im Vorfeld der beruflichen Ausbildung zu handeln.

Beispiel: *Ein Industriebetrieb, der einen Mangel an geeigneten Bewerbern für seine Ausbildungsplätze im gewerblichen Bereich feststellt, kooperiert mit Hauptschulen, indem er Schüler aus den letzten beiden Klassen tageweise in seinem Unternehmen mit den beruflichen Grundlagen verschiedener Tätigkeitsbereiche vertraut macht. Die Motivation dieser Schüler aufgrund der praktischen Einblicke in den Berufsalltag und die beruflichen Entwicklungsmöglichkeiten führten zu einem signifikanten Anstieg der Hauptschulabschlüsse und der anschließenden Übernahme in ein Ausbildungsverhältnis.*

Neben der dualen Ausbildung werden Ausbildungsgänge mit einem integrierten Praxisteil angeboten, die zu einem Berufsabschluss führen, z. B. Erzieher/in. Im tertiären Ausbildungsbereich führt ein Studium mit dem Abschluss des Bachelors oder Masters zu einem Beruf.

Auch hier sind die Unternehmen gefordert, sich bereits weit im Vorfeld des Abschlusses von geeigneten Studiengängen zukünftige Mitarbeiter zu sichern. Dies gelingt durch Kooperationen mit Fachschulen, Fachhochschulen und Universitäten.

So gibt es bundesweit mehr als 500 duale Studiengänge an Fachhochschulen, Berufsakademien und einigen Universitäten. Diesen Ausbildungsangeboten ist ein ständiger Wechsel zwischen theoretischem Unterricht an der Hochschule und praktischen Phasen im Ausbildungsbetrieb gemeinsam. Die enge Verzahnung von Theorie und Praxis setzt ein gut organisiertes Studium voraus. Hinzu kommt, dass sich zahlreiche Unternehmen inzwischen dazu entschieden haben, diejenigen Studenten finanziell zu unterstützen und in Problemsituationen zu beraten, die sich im Gegenzug verpflichten, nach dem Studium in das betreuende Unternehmen einzusteigen.

3.1.2 Fortbildung

Während die berufliche Ausbildung die Grundlagen für die berufliche Handlungsfähigkeit schafft, hat die Fort- und Weiterbildung darüber hinausgehende Ziele.

Die berufliche Fortbildung soll die in einem Ausbildungsberuf erworbenen Qualifikationen erhalten, erweitern, der technischen Entwicklung anpassen oder so ausbauen, dass ein beruflicher Aufstieg möglich wird.

Nach dem Ziel der Fortbildung werden folgende Fortbildungen unterschieden:

- **Erhaltungsfortbildung:** Sie dient der Reaktivierung und Auffrischung von beruflichen Fertigkeiten und Fähigkeiten, z. B. nach längerer Berufsuntätigkeit. Ziel ist es dabei, die Fähigkeiten für die auszuübende Tätigkeit auf den aktuellen Stand zu bringen.

  Beispiel: *Eine Buchhalterin lernt nach ihrer Elternzeit die Arbeit mit einem inzwischen neu eingeführten Buchhaltungsprogramm.*

- **Erweiterungsfortbildung:** Hierbei handelt es sich um Fortbildungen, die zusätzliche Kenntnisse und Fähigkeiten vermitteln und zumeist auf Initiative des Unternehmens inner- oder überbetrieblich erfolgen, jedoch nicht zwangsläufig mit einem beruflichen Aufstieg verbunden sind.

  Beispiel: *Einer Auswahl von Technikern und Ingenieuren werden zur Verbesserung der Kommunikation mit den Kaufleuten des Unternehmens betriebswirtschaftliche und kostenrechnerische Grundlagen vermittelt.*

- **Anpassungsfortbildung:** Sie dient der Aktualisierung der individuellen beruflichen Fähigkeiten und Fertigkeiten an technische, wirtschaftliche und rechtliche Entwicklungen. Sie erfolgt deshalb zumeist im Rahmen betrieblicher oder überbetrieblicher Veranstaltungen.

  Beispiel: *Die Sicherheitsbeauftragten mehrerer Unternehmen besuchen ein Seminar zu einer neuen Rechtsverordnung nach dem Arbeitsschutzgesetz über Gesundheit und Sicherheit am Arbeitsplatz.*

- **Aufstiegsfortbildung:** Sie erfordert mehrjährige überbetriebliche Lehrgänge zum Erwerb höherer beruflicher Qualifikationen als Grundlage für einen beruflichen Aufstieg. Solche Fortbildungen werden im Normalfall mit einer Prüfung von der zuständigen Kammer abgeschlossen und mit einem Zertifikat versehen. Die meisten dieser Fortbildungen sind hinsichtlich der Inhalte und der Durchführung der Prüfung durch bundesweit gültige Rechtsverordnungen geregelt.

  Beispiele: *Lehrgänge zum Fachwirt, Fachkaufmann, Meister oder Techniker oder Lehrgänge nach der Ausbildereignungsverordnung*

Die Begriffe berufliche Fortbildung und berufliche Weiterbildung werden häufig irrtümlich synonym verwendet. Der Begriff der beruflichen Weiterbildung ist umfassender. Er umschließt die berufliche Fortbildung, daneben aber auch Umschulungen, informelle Weiterbildung durch Alltags- und Erfahrungslernen und bestimmte betriebliche Weiterbildungsmaßnahmen, die alle nicht zur Fortbildung im Sinne des BBiG zählen.

3.1.3 Innerbetriebliche Förderung

Die berufliche Aus- und Fortbildung sind im wesentlichen Bildungsmaßnahmen, die nicht betriebsspezifisch angelegt sind, sondern darauf abzielen, die Kompetenzen der Teilnehmer dieser Maßnahmen überbetrieblich zu entwickeln und sie für einen Beruf, eine Branche oder eine spezielle Anwendung zu qualifizieren. Damit bleiben die Besonderheiten einzelner Betriebe häufig unberücksichtigt.

Beispiel: *Ein überbetriebliches Seminar für Verkäufer in Konsumgüterunternehmen fördert zwar deren Basisqualifikationen, kann aber nur bedingt auf die speziellen Anforderungen der Vertriebsabteilungen einzelner Unternehmen eingehen, weil diese unterschiedliche Produkte an u. U. andere Kundenkreise verkaufen.*

Die nächste Stufe der Personalentwicklung setzt genau hier an und passt die Kompetenzen der Mitarbeiter den Anforderungen des eigenen Unternehmens an.

Die innerbetriebliche Förderung beinhaltet alle Maßnahmen zur Intensivierung der Handlungskompetenzen von Mitarbeitern und Gruppen unter Berücksichtigung der individuellen Bedürfnisse des Unternehmens. Um die Handlungskompetenz der Mitarbeiter zu verbessern, stehen dem Unternehmen folgende Instrumente zur Verfügung.

Mitarbeiterbezogene Instrumente	Teamfördernde Instrumente
▪ Leistungsbeurteilungen ▪ Potenzialanalyse ▪ Mitarbeitergespräche ▪ Job-Enrichment ▪ Job-Enlargement ▪ Job-Rotation ▪ Counseling ▪ Coaching ▪ Mentoring	▪ Teamentwicklung ▪ Teamcoaching ▪ Teammentoring ▪ Projektmanagement ▪ Wertanalyse ▪ Gruppenarbeit

Auf die Leistungsbeurteilung in Verbindung mit der Potenzialanalyse wird in Kapitel 3.2 eingegangen, ebenso auf die Mitarbeitergespräche.

3.1.3.1 Job-Enrichment

Der Begriff stammt aus dem Englischen und bedeutet Arbeitsbereicherung. Damit ist eine Maßnahme der Arbeitsgestaltung gemeint, mit der die Tätigkeit eines Mitarbeiters interessanter und abwechslungsreicher gemacht werden soll. Eine Ausweitung des Arbeitsbereichs kann durch zusätzliche Kompetenzen und qualitativ höherwertige Aufgaben erreicht werden. Der Mitarbeiter wird in die Lage versetzt, in höherem Maße eigenverantwortlich zu arbeiten. Man spricht daher auch von einer Maßnahme der vertikalen Umstrukturierung von Tätigkeiten.

Beispiel: *Ein Mitarbeiter aus dem Bereich Kosten- und Leistungsrechnung bekommt zusätzliche Aufgaben übertragen, die in den Bereich Controlling hineingehen.*

3.1.3.2 Job-Enlargement

Dieser Begriff lässt sich mit Arbeitserweiterung oder Arbeitsfeldvergrößerung übersetzen. Es ist eine Maßnahme der Arbeitsgestaltung, bei der einer ursprünglich von einem Mitarbeiter ausgeübten Tätigkeit noch weitere Arbeitselemente mit dem gleichen Anforderungsniveau angegliedert werden, die ihr bisher vor- oder nachgelagert waren. Der Tätigkeitsspielraum wird damit erweitert, nicht die Arbeitsbelastung. Es handelt sich um eine Maßnahme der horizontalen Umstrukturierung von Tätigkeiten. Ziel des Job Enlargements ist es, durch eine bewusst herbeigeführte Vielfältigkeit der Einzelverrichtungen eine eventuell eintretende Eintönigkeit der Arbeit zu vermeiden. Job Enlargement wird häufig auch im gewerblichen Bereich eingesetzt, z. B. durch einen Wechsel von statischer zu dynamischer Muskelbelastung oder einen Wechsel von sitzender zu stehender Tätigkeit.

Beispiel: *Einem Mitarbeiter im Verkauf werden neben der Angebotsbearbeitung auch noch Aufgaben der Auftragsbearbeitung und der Stammdatenverwaltung übertragen.*

3.1.3.3 Job-Rotation

Allgemein ist mit diesem Begriff ein systematischer Arbeitsplatz- oder Aufgabenwechsel gemeint. Darunter lassen sich zwei Bedeutungsinhalte subsumieren:

1. Zunächst ist darunter ein systematischer Arbeitsplatzwechsel *zur Vermeidung von Arbeitsmonotonie und einseitiger Belastung* zu verstehen. Dabei werden in Wechselrhythmen von einer halben bis zu zwei Stunden die Arbeitsplätze verschiedener Mitarbeiter untereinander gewechselt. Ziel ist ein Belastungsausgleich der Mitarbeiter.

   Beispiel: *Die vier Arbeiter einer autonomen Arbeitsgruppe in der Polsterei eines Möbelherstellers wechseln jede halbe Stunde ihren Arbeitsplatz innerhalb der Gruppe und erledigen eine andere Arbeit. Im Endeffekt hat bei einer 8-Stunden-Schicht jeder Arbeiter die vier verschiedenen Tätigkeiten jeweils zwei Stunden lang ausgeführt. Diese Maßnahme soll die unterschiedliche muskelmäßige Belastung ausgleichen und Eintönigkeit verhindern.*

2. Die zweite Bedeutung meint einen systematischen und geplanten Arbeitsplatzwechsel zur Entfaltung und Vertiefung der Fachkenntnisse und Erfahrungen von Mitarbeitern, zur Einarbeitung des *Führungsnachwuchses* und zur Weiterbildung betrieblicher Führungskräfte. Der Wechsel erfolgt in Intervallen von Wochen oder Monaten. Der Mitarbeiter erlangt auf diese Weise Kenntnisse von Arbeitsbereichen, mit denen er später zu tun haben wird oder für die er als Führungskraft zuständig ist.

   Beispiele: *Ein neu eingestellter Junior-Controller eines Unternehmens durchläuft planmäßig für jeweils einen Monat Stellen in Verkauf, Einkauf und Logistik, um die Kernprozesse des Unternehmens kennenzulernen. Der gegenwärtige Leiter „Vertrieb Deutschland" als Anwärter auf den Posten des Leiters „Vertrieb Europa" hält sich planmäßig für jeweils eine Woche im Monat in den Vertriebszentren von Frankreich, Spanien, Italien, England und Skandinavien auf.*

Im Extremfall findet dieses Instrument z. B. in einer Trainee-Ausbildung Anwendung. Diese könnte über einen Zeitraum von ein bis zwei Jahren laufen und mit einem quartalsweisen Wechsel der Abteilung verbunden sein.

3.1.3.4 Counseling

Counseling bedeutet ursprünglich die Initiierung, Steuerung und Begleitung von Veränderungsprozessen. Dem Mitarbeiter soll durch eine geplante und überwachte Form der Arbeitsdurchführung die Möglichkeit gegeben werden, eigene Erfahrungen zu sammeln.

Die Aufgabe des Counselors ist hier darauf gerichtet, durch Hilfestellung und Anregung das Hineinwachsen in eine neue Aufgabenstellung zu erleichtern.

Beim Counseling geht also nicht darum, das der Vorgesetzte sein Fachwissen an den Mitarbeiter weitergibt, sondern darum, gemeinsam mit dem Mitarbeiter
- dessen Potenziale zu erschließen,
- vorhandene und neu gewonnene Erkenntnisse zu realisieren,
- neue Optionen zu entwickeln.

Der Fokus liegt dabei auf der Aufgabe, anhand der eine Weiterentwicklung des Einzelnen oder einer Gruppe erfolgt. Dabei werden alle wichtigen Faktoren, die auf das Beratungsergebnis Einfluss haben, in Beziehung gesetzt und berücksichtigt.

Beispiel: *Ein Junior-Controller hat sich in einem externen Seminar Kenntnisse des „Zero Base Budgeting" angeeignet. Er ist von dieser Technik angetan und will sie im Unternehmen versuchsweise einsetzen. Sein Vorgesetzter Senior-Controller begleitet und betreut ihn dabei.*

3.1.3.5 Coaching

Das Coaching ist ein Konzept zur Persönlichkeitsentwicklung, bei dem ähnlich wie bei einem Sport-Trainer („Coach") die Aufgabe einer dazu bestimmten Person darin besteht, durch eine individuelle Betreuung der Mitarbeiter auf deren Leistungsverhalten einzuwirken.

Durch Coaching soll ein Ausgleich zwischen den Anforderungen des Unternehmens und den Bedürfnissen der Mitarbeiter erreicht werden. Coaching ist zwar lösungs- und zielorientiert, jedoch steht hier im Gegensatz zum Counseling der Mitarbeiter oder das Team im Fokus. Zu diesem Zweck wird einzelnen Mitarbeitern oder einem Team die Gelegenheit zur Selbstreflexion gegeben, um die eigene Wahrnehmung und das Verhalten positiv zu verändern. Diese geschieht immer im Kontext ihrer beruflichen Entwicklung.

Coaching ist ein Instrument der Personalentwicklung, bei dem der Klient oder das Team das Ziel vorgibt und der Coach eine Art Begleiter auf dem Weg zu diesem Ziel darstellt. Der Coach gibt gezieltes Feedback, vermeidet aber Ratschläge oder Handlungsanweisungen. Coaching ist zumeist zeitlich auf wenige Sitzungen begrenzt, wird aber zum Teil auch berufsbegleitend über eine längere Periode durchgeführt. In sehr seltenen Fällen kann das Coaching auch dazu führen, dass ein Mitarbeiter eine andere Position im Unternehmen übernimmt, oder sich bei einem anderen Unternehmen bewirbt.

Beispiel: *Ein neuer hochdynamischer Gruppenleiter im Vertrieb eines Investitionsgüterunternehmens muss auf die Gepflogenheiten seines neuen Arbeitsfeldes eingestimmt werden. Zu diesem Zweck stellt man ihm einen erfahrenen Abteilungsleiter aus dem Vertrieb als Coach zur Seite.*

3.1.3.6 Mentoring

Zuweilen ist es erforderlich, einen neuen Mitarbeiter oder eine angehende Führungskraft mit speziellem Wissen über das Unternehmen und seine Strukturen zu versorgen, um seine beruflichen, betriebliche und persönliche Entwicklung zu unterstützen. Hier kann ein Mentor helfen.

Mentoring ist die Funktion einer erfahrenen Person, des Mentors, die ihre organisatorischen Erfahrungen und ihr fachliches Wissen über das Unternehmen oder die Branche an eine unerfahrene Person, den Mentee oder Protegé, weitergibt.

Mentoring kann sowohl in der Ausbildung, in der Förderung des Führungskräftenachwuchses als auch bei der Einarbeitung neuer Mitarbeiter eingesetzt werden. Praktisch erfolgt das Mentoring in der Weise, dass ein Ratgeber oder erfahrener Berater mit seiner Erfahrung und seinem Wissen die Entwicklung des Mentees fördert. Im Unterschied zum Coach ist der Mentor allerdings nicht speziell für diese Funktion ausgebildet, sondern verfügt lediglich über einen für diese Rolle geeigneten Erfahrungs- und Wissensvorsprung. Mentoring wird eingesetzt, um den Wissenstransfer über innerbetriebliche Strukturen wie die formelle und informelle Organisation zu fördern. Die inhaltlichen Schwerpunkte von Mentoring-Beziehungen sind grundsätzlich abhängig von der jeweiligen Form und dem Einsatzbereich des Mentorings. Grundsätzlich steht allerdings stets die Vermittlung von Erfahrungswissen im Vordergrund.

Formen des Mentoring	
Institutionalisiertes Mentoring: Mentoren werden den betreuten Mitarbeitern von einer zentralen Stelle zugeteilt und bei Zielvereinbarung und Gesamtablauf unterstützt.	**Informelles Mentoring:** Der Mentor wird außerhalb von institutionalisierten Strukturen auf der Basis von persönlichen Beziehungen oder Netzwerken vermittelt.
Internes Mentoring: Der Mentor wird innerhalb einer Unternehmung ausgesucht und einem Mitarbeiter zugeordnet.	**Externes Mentoring:** Der Mentor kommt aus einem anderen Unternehmen oder einer anderen Branche.
Individuelles Mentoring: Ein Mentor betreut einen Mitarbeiter.	**Team-Mentoring:** Ein Mentor betreut ein Team von Mitarbeitern.
Cross-Gender Mentoring: Es handelt sich um ein gemischtgeschlechtliches Mentoring-Tandem.	**Equal-Gender Mentoring:** Es handelt sich um ein gemischtgeschlechtliches Mentoring-Tandem.

Betreute Mitarbeiter bekommen die Möglichkeit, Einblicke in die Strukturen des Unternehmens und der Branche zu erhalten, entsprechende Kontakte zu knüpfen, ein Netzwerk zu knüpfen und darin neue Kooperationsmöglichkeiten zu gewinnen, Unterstützung bei der neuen Tätigkeit zu erhalten und Mut zur eigenen Karriere im Unternehmen zu entwickeln, diese richtig einzuschätzen und zielstrebig anzugehen.

Aber auch für Mentoren kann sich das Mentoring auszahlen. Sie haben die Chance, soziale und kommunikative Kompetenzen zu trainieren, ihre eigene Tätigkeit zu reflektieren und neue, unverbrauchte Ideen vom betreuten Mitarbeiter zu erhalten.

3.1.3.7 Teamentwicklung

Auf die Gruppenbildung und die Führung von Gruppen wurde im Kapitel 2.4 ausführlich eingegangen.

Teams bieten mit ihrem Fundus an Fähigkeiten und Ideen ein hohes Leistungspotenzial. Die Leistung für ein funktionierendes Team aus vier Köpfen kann deshalb wie folgt aufgestellt werden: 1 + 1 + 1 + 1 = 5. Denn ein Team ist nicht einfach die Summe aus den Leistungen von vier Einzelpersonen, sondern es entwickelt in der Regel mehr Ideen, Lösungsansätze und Gesamtleistungen, weil sich die Teammitglieder untereinander stützen, gegenseitig inspirieren und – wo es notwendig ist – auch Fehler korrigieren. Allerdings gilt für Teams auch das, was bereits zu den Gruppen gesagt wurde: Es handelt sich um Persönlichkeiten mit unterschiedlichen Erfahrungen, Bildungswegen und Werten. Deshalb kann es in Teams zu gruppendynamisch verursachten Krisen kommen. Diese entstehen zumeist durch veränderte Rahmenbedingungen, neue Zielsetzungen oder eine neue Teamzusammensetzung.

Hier greift die Teamentwicklung ein. Sie kann zur aktuellen Beseitigung von Krisen eingesetzt werden; sollte aber auch bereits im Vorfeld der Teamgründung eingesetzt werden, um sich für zu lösende Aufgaben gut aufzustellen. Je nach Teamhistorie, Zielsetzung und aktuellem Anlass bedarf es einer anderen Maßnahme. Dabei kann es sich um einen eintägigen Workshop, ein Warm-up oder um eine mehrtägige Veranstaltung mit Coaching, Teamevent oder ein Problemlösungs-Setting mit kreativem Ansatz handeln.

Die Komponenten des Erfolgs zeigt die folgende Übersicht. Sie zu verbessern und zu fördern ist das Ziel der Teamentwicklung.

Ziel- und Leistungsorientierung: Hierzu gehört zunächst die Art und Weise der Zielsetzung, die Überprüfung der Zielerreichung und deren Auswirkung auf das Leistungsverhalten.

Kommunikation im Team: Intensität und Offenheit der Kommunikation in der Gruppe sind Indikatoren für die zwischenmenschlichen Beziehungen im Team. Dazu zählen allgemeine Verhaltensweisen und der Umgang mit Konflikten.

Teamorganisation: Hierzu zählt, wie das Team seine Arbeit organisiert. Dazu gehört die Verteilung der Aufgaben, die Absprachen, die Art und Weise der Entscheidungsfindung, die Besprechungen und das Berichtswesen.

Teamerfolg

Engagement und Verantwortung: Diese Komponenten beschreiben die Kohäsion in der Gruppe und die Identifikation mit der Aufgabe. Dazu zählen auch die gegenseitige Unterstützung, Selbstverantwortung, Eigeninitiative und Entwicklungsperspektiven.

Teamführung: Damit wird die aufgabenbezogene und soziale Einflussnahme durch den Teamleiter beschrieben. Sie beinhaltet das Führungsverhalten und die Akzeptanz des Teamleiters. Dazu gehört auch, wie der Teamleiter das Team nach außen vertritt.

Organisatorische Einbettung: Sie beinhaltet die Einbettung des Teams in die Gesamtorganisation, den Umfang der bereitgestellten Ressourcen, die Autonomie des Teams und die Schnittstellen zu anderen Ebenen und zu anderen Teams.

Typische Inhalte von Teamentwicklungen sind:

- Vertrauen untereinander schaffen
- Wirksamkeit vorhandener Spielregeln überprüfen
- Zusammenarbeit reflektieren und optimieren
- Zuordnung von Aufgaben und Verantwortlichkeiten klären
- Erwartungen an Führung und Teammitglieder klären
- gemeinsame Ziele transparent machen
- Selbstverständnis im Rahmen des Unternehmens klären
- Wirksamkeit genutzter Instrumente und Problemlösungsprozesse überprüfen
- Umgang mit Konflikten und Meinungsverschiedenheiten lernen
- aktuelle Themen und Herausforderungen bearbeiten

Typische Anlässe für eine Teamentwicklung sind

- Start eines neuen Teams
- Vorbereitung für besondere Aufgaben
- Start eines neuen Geschäftsjahres mit Rückblick und Vorschau
- Wechsel des Vorgesetzten oder Veränderungen in der Organisation
- Veränderungen in der Ausrichtung oder Arbeitsmethodik
- Störungen in der Zusammenarbeit
- inhaltliche Konflikte

Die folgende Tabelle gibt einen Überblick über fünf wahrscheinliche Typen von Teamentwicklungen:

Typ oder Anlass	Definition/Ziel	Charakteristika/mögliche Maßnahmen und Inhalte
Start eines Teams	Teams bei Beginn der Zusammenarbeit	Maßnahme vor dem Arbeitsbeginn einer Gruppe, um die Grundlagen und Spielregeln für die Teamarbeit festzulegen. Diese Art der Teamentwicklung ist präventiv und eignet sich u. U. für die Dynamisierung und Verkürzung der Storming- und Forming-Phase einer Gruppenbildung. Die Maßnahmen sollten zu einem Standard bei der Implementierung von Teams gehören.
Rückblick („Manöverkritik")	Betrachtung des Teamgeschehens aus der Metaebene und Kritik des Verhaltens und der Abläufe	Maßnahme nach Bewältigung einer Aufgabe oder eines Teilziels einer Teamarbeit. Folgende Inhalte sollten behandelt werden: ▪ Qualität der Teamkommunikation ▪ Review auf die Teamziele ▪ Teamerfolge und Schwierigkeiten Setting: Alle Teammitglieder sollten teilnehmen, die Sitzung sollte abseits des Arbeitsplatzes erfolgen und durch einen Prozessberater (Supervisor) begleitet werden.

Problemlösung (aufgabenbezogen)	Problemlösungs-Workshop mit einem zugrundeliegenden, klar umrissenen Problem	Ein bestehendes Team nimmt eine Auszeit, um ein besonderes, genau umrissenes Problem zu bearbeiten oder um Verbesserungsmaßnahmen zu planen. Gegenstand des Workshops sind nicht interne Prozesse des Teams, sondern sachliche Probleme, z. B. die Vermittlung von Total Quality Management (TQM), Wertanalyse oder KVP-Techniken (KVP = Kontinuierlicher Verbesserungsprozess) durch Experten.
Probleme im Team (personenbezogen)	Intervention, gerichtet auf die Diagnose personenbezogener Probleme	Nach der Feststellung, dass das Team nicht effektiv arbeitet und die Gründe hierfür nicht bekannt sind, wird versucht, das Problem im Team zu identifizieren und nach den möglichen Ursachen zu suchen. Anschließend können geeignete Strategien durch das Team erarbeitet werden.
Soziale Prozesse verbessern	Schaffung eines positiven sozialen Klimas und Sicherung des Wohlbefindens der Teammitglieder	Hierbei sollen die interpersonalen Beziehungen im Team betrachtet werden. Verbessert werden sollen: ▪ die soziale Unterstützung ▪ das Teamklima ▪ die Unterstützung für die Entwicklung der Fähigkeiten der Teammitglieder ▪ die Techniken der Konfliktbewältigung

Wiederholungsfragen zu Kapitel 3.1

1. *Nennen Sie drei wesentliche Ziele der Personalentwicklung aus Sicht des Unternehmens.*
2. *Nennen Sie drei wesentliche Aufgabenbereiche der Personalentwicklung.*
3. *Was ist die wesentliche Aufgabe der Berufsausbildung?*
4. *Wer darf Auszubildende einstellen?*
5. *Welche Personen dürfen nicht ausbilden?*
6. *Was versteht man unter dem dualen System der Berufsausbildung?*
7. *Welche Inhalte muss eine Ausbildungsordnung mindestens enthalten?*
8. *Was versteht man unter einer Verbundausbildung?*
9. *Welches Ziel verfolgt die berufliche Fortbildung?*
10. *Unterscheiden Sie drei Arten der beruflichen Fortbildung nach deren Zielsetzung.*
11. *Unterscheiden Sie Job-Enrichment und Job-Enlargement.*
12. *Zu welchen beiden unterschiedlichen Zwecken wird das Instrument Job-Rotation eingesetzt?*
13. *Unterscheiden Sie die Förderungsinstrumente Counseling und Coaching.*
14. *Was ist Mentoring und zu welchem Zweck wird es eingesetzt?*

15. *Welche Faktoren machen den Erfolg eines Teams aus?*
16. *Zu welchen Anlässen können Teamentwicklungen als Fördermaßnahme eingesetzt werden?*
17. *Nennen Sie vier mögliche Inhalte von Maßnahmen zur Teamentwicklung.*

3.2 Potenzialanalyse

Die Personalentwicklung erfolgt in einem stetigen Wirkungskreislauf, dessen einzelne Stationen nacheinander durchlaufen werden:

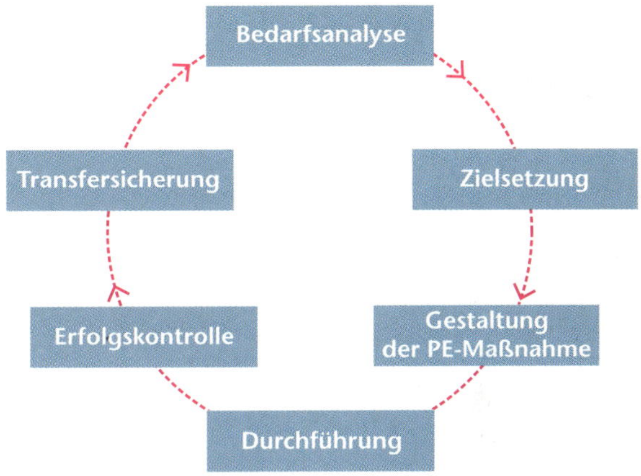

Die Bedarfsanalyse steht am Beginn jeglicher Personalentwicklung. In diesem Zusammenhang sind folgende Fragen zu klären, um später die erforderlichen Maßnahmen zu ergreifen:

- **Wissen:** Hier ist zu fragen, ob die Mitarbeiter über das, was sie an Aufgaben zu erledigen haben, auch genügend informiert sind und ob sie das, worüber sie informiert wurden, auch verstanden haben.
- **Wollen:** Hier lautet die Frage, ob die Mitarbeiter bereit sind, die Aufgaben, die ihnen zugewiesen wurden, auch mit Engagement zu erledigen, und, wenn ja, aus welchen Gründen? Hier stellt sich die Frage nach der Motivation oder Demotivation der Mitarbeiter.
- **Können:** Hier ist zu untersuchen, ob die Mitarbeiter mit den nötigen Fachkenntnissen und Fertigkeiten ausgestattet sind und ob sie ausreichend mit den Aufgaben und Prozessen vertraut gemacht wurden, sodass sie diese auch beherrschen.
- **Dürfen:** Wissen, Wollen und Können reichen nicht aus, um Aufgaben mutig anzugehen. Die Bedarfsanalyse muss auch erheben, ob die Mitarbeiter es sich zutrauen, zupackend, kreativ und kollektiv die Spielräume zu nutzen, die eine Stelle ihnen bietet.

Die Bedarfsanalyse führt unmittelbar zur Potenzialanalyse, die sich an den Ressourcen der Mitarbeiter orientiert. Hier wird untersucht, über welche Fähigkeiten, welches Wissen, welche Kenntnisse und welche Fertigkeiten die Mitarbeiter verfügen.

Die Potenzialanalyse (PA) umfasst alle Verfahren zur Ermittlung und Erfassung bestimmter persönlicher Eigenschaften, Verhaltensmuster und Fähigkeiten. Mit verschiedenen Methoden wird das individuelle Muster aus Stärken, Schwächen, Interessen und vorhandenen Talenten analysiert.

Die Potenzialanalyse versucht folgende Fragen zu beantworten:

- Was für ein Mensch ist der Mitarbeiter?
- Welche Fähigkeiten hat er?
- Was und wohin will er?

Die Personalentwicklung erhält so ein möglichst objektives Bild der individuellen Persönlichkeitseigenschaften und Qualifizierungsmerkmale der Mitarbeiter. Oft wird dabei auch Verborgenes zu Tage kommen, wodurch sich bisher unentdeckte Möglichkeiten und neue Handlungsspielräume ergeben können.
Ein wichtiger Teil der Potenzialanalyse ist die Untersuchung der Handlungskompetenzen des Mitarbeiters.

Die berufliche Handlungskompetenz ist die Fähigkeit des einzelnen Mitarbeiters, sich in beruflichen und gesellschaftlichen Situationen sachgerecht, angemessen und sozial verantwortlich zu verhalten.

Die **Handlungskompetenz** setzt sich aus folgenden Teilkompetenzen zusammen:

Fachkompetenz	Hierunter sind alle Fähigkeiten zusammengefasst, um die für den Beruf typischen Aufgaben anforderungsgerecht, selbstständig und eigenverantwortlich zu erledigen. Die hierzu erforderlichen Fähigkeiten bestehen aus den Lerninhalten der Berufsausbildung sowie etwaiger Fortbildungen, der Berufserfahrung, dem Verständnis fachspezifischer Zusammenhänge sowie der Fähigkeit, Probleme einwandfrei zu lösen.
Methodenkompetenz	Hierunter ist die Fähigkeit zu verstehen, den Umgang mit fachlichem Wissen zu ermöglichen. Dazu gehört es, Gemeinsamkeiten und Unterschiede wahrzunehmen, Regeln zu erkennen, gelernte Strategien auf neue Situationen zu übertragen, kreativ zu sein, Arbeitstechniken zweckmäßig zu handhaben, sich angemessen auszudrücken und Informations- und Kommunikationstechnologien sachgerecht zu nutzen.
Sozialkompetenz	Hiermit sind alle Fähigkeiten gemeint, die es einem Mitarbeiter möglich machen, in positiver Weise auf das Verhalten und die Einstellungen anderer Mitarbeiter einzugehen und diese zu beeinflussen. Dazu gehört z. B. die Fähigkeit, zuzuhören, empathisch und offen auf andere Menschen zugehen zu können und teamfähig zu sein.
Reflexionskompetenz	Hierunter ist die Fähigkeit zu verstehen, das eigene Handeln in unterschiedlichen Situationen kritisch zu analysieren und zu bewerten. Zu einer Reflexion gehört die Beschreibung ▪ der Situation mit Ort, Zeit, Tätigkeiten und Verlauf; ▪ der an ihr teilnehmenden Menschen und ihres Verhaltens; ▪ des eigenen Verhaltens vor und in der Situation; ▪ der Rückschlüsse für zukünftige ähnliche Situationen.
Veränderungskompetenz	Hiermit ist die Fähigkeit gemeint, auf neue Situationen flexibel zu reagieren und seine eigene Einstellung und sein Verhalten an die neue Situation oder das neue Umfeld anzupassen. Im Prinzip wird hier gefragt, ob ein Mitarbeiter eher statisch ist oder ob er in der Lage ist, neue Situationen dynamisch zu verarbeiten und zu meistern und damit zu einem lebenslangen Lernen bereit ist.

Auf der Basis der Ergebnisse der erfassten Merkmale kann ein Potenzialprofil erstellt werden. Dieses wird den betrieblichen Anforderungen, insbesondere den Anforderungen der aktuellen oder möglichen neuen Stelle, gegenübergestellt. In darauf folgenden

Personalentwicklungsmaßnahmen können die festgestellten Schwächen abgebaut und die Stärken gezielt gefördert werden. Das Eignungsprofil des Mitarbeiters sollte möglichst dem Anforderungsprofil der Stelle entsprechen.

Es liegt auf der Hand, dass die Potenzialanalyse auch ein Instrument zur Personalbindung ist. Eine wesentliche Forderung im Rahmen des Personaleinsatzes ist es, dass eine Stelle immer im angemessenen Verhältnis der Anforderungen der Stelle zu dem Profil des Mitarbeiters besetzt werden muss. Geschieht das nicht, ist Unter- oder Überforderung von Mitarbeitern die Folge, die beide zu Demotivation führen können.

Die Potenzialanalyse ordnet jeder Kompetenz bestimmte Kriterien zu, die sich besser erfassen lassen.

Beispiele:

Kriterien für		
Fachkompetenz	***Methodenkompetenz***	***Soziale Kompetenz***
▪ berufsspezifisches Wissen ▪ Fachkenntnisse ▪ Fertigkeiten ▪ Arbeitstempo ▪ Leistungsbereitschaft ▪ analytisches Denken	▪ Innovationsfreude ▪ Präsentationsfähigkeit ▪ Ausdrucksfähigkeit ▪ Führungskompetenz ▪ Kostenbewusstsein ▪ Handhabung von Hilfsmitteln	▪ Selbstbewusstsein ▪ Selbstmanagement ▪ Engagement in der Gruppe ▪ Kooperationsfähigkeit ▪ Konflikt- und Kritikfähigkeit ▪ Fairness

Die Qualität der Potenzialanalyse hängt entscheidend von der Anzahl und Auswahl der Kriterien ab, die verwendet werden. Es werden verschiedene Arten der Potenzialanalyse unterschieden:

- **Sequentielle Analyse:** Hier wird untersucht, ob ein Mitarbeiter für eine nächsthöhere Stelle in der Hierarchie geeignet ist. Es versteht sich von selbst, dass hier stärker soziale Kompetenzen im Fokus stehen.
- **Absolute Analyse:** Hier wird untersucht, welche Kompetenzen absolut vorhanden sind, welche davon Mängel aufweisen und verbesserungsbedürftig sind und welche voll ausgebildet sind und keiner weiteren Förderung mehr bedürfen.

Potenzialanalysen können rein individuell für eine Person erstellt werden, was in der Personalentwicklung die Regel ist, aber es können auch Profile für Gruppen erstellt werden, um deren Entwicklungspotenzial zu erkennen.

Um einen konkreten PE-Bedarf festzustellen, kommen üblicherweise folgende Instrumente zum Einsatz:

- Erstellen von Anforderungsprofilen der zu besetzenden Stelle
- Intelligenztests
- Persönlichkeitstests
- Assessment-Center
- Interview/Fördergespräche
- Leistungserfassung
- Leistungsbewertung
- systematische Beurteilungsverfahren

Die Testverfahren wurden im Wesentlichen bereits im Kapitel 2.6 Personalbeschaffung besprochen, da sie der Auswahl eines geeigneten Menschen aus einer größeren Anzahl von Bewerbern dienen.

Sehr gut geeignet für die Potenzialanalyse des bestehenden Mitarbeiterstamms sind Beurteilungen. Sie sind in vielen mittelständischen und großen Unternehmen verbreitet.

Unter einer Personalbeurteilung (auch: Mitarbeiterbeurteilung) versteht man ein Verfahren, mit dem Informationen über die Leistungen (= Leistungsbeurteilung) und/oder die Potenziale (= Potenzialbeurteilung) von Mitarbeitern gewonnen, verarbeitet, ausgewertet und besprochen werden.

Im Personalbereich von Unternehmen gibt es viele Situationen, in denen es notwendig ist, Mitarbeiter möglichst objektiv zu beurteilen. Insofern unterscheidet man zwischen

- **Beurteilungen aus konkretem Anlass**, z. B. bei Beförderungen, Weiterbildungen oder Kündigungen oder Entlassungen von Mitarbeitern zwecks Zeugniserstellung;
- **periodischen Beurteilungen**, die am Ende einer Periode (Jahr oder Halbjahr) von den Führungskräften für ihre Mitarbeiter erstellt werden.

Die Personalbeurteilung sollte in folgenden Phasen ablaufen:

- **Festlegung von Beurteilungskriterien:** Zunächst sollten die wichtigen Beurteilungsmerkmale festgelegt und den Mitarbeitern bekannt gegeben werden. Die Anzahl der Kriterien sollte begrenzt sein, damit die Beurteilung nicht zu umfangreich und damit unhandlich wird.
- **Planung der Beobachtungen:** Hier muss festgelegt werden, zu welchen Zeiten und Gelegenheiten der Mitarbeiter beobachtet werden soll, z. B. die Arbeitsergebnisse, Gespräche und Teamsitzungen. Damit ist ausgeschlossen, dass die Beobachtung dem Zufall überlassen bleibt und nicht etwa kurz vor dem Beurteilungstermin die größte Anzahl an Beobachtungen erfolgt.
- **Sammeln von Beobachtungsdaten und deren Beschreibung:** Zu bestimmten, vorher festgelegten Zeitpunkten werden die Leistungen des Mitarbeiters und sein Verhalten registriert. Das beobachtete Verhalten und die Leistungsergebnisse werden nach den einzelnen Kriterien getrennt fixiert. Die Beschreibung dieser Beobachtungen sollte möglichst objektiv sein.
- **Bewerten der Daten und Erstellen einer Beurteilung:** Hier werden die Einzelbeobachtungen im Rahmen der verschiedenen Kriterien bewertet, ggf. gewichtet und eine Beurteilung des Mitarbeiters erstellt.
- **Beurteilungsgespräch:** Die Beurteilung wird mit dem Mitarbeiter in einem Mitarbeitergespräch mitgeteilt und besprochen.

Folgende **Beurteilungskriterien** mit den sie beschreibenden Inhalten eignen sich für eine Beurteilung:

- **Arbeitsgüte:** Genauigkeit der Arbeit, fehlerlose Briefe und E-Mails, geringe Abweichungen von den Planzahlen, präzise Ausführung von Vorgängen
- **Arbeitsmenge:** Anzahl von bearbeiteten Vorgängen, Menge der beantworteten E-Mails und Briefe, Anzahl der Telefonate, Summe des Einkaufsvolumens
- **Organisation und Planung:** Planung des Tagesablaufs, Organisation der eigenen Arbeitsabläufe, übersichtliche Terminplanung
- **Engagement/Selbstständigkeit:** liefert Anregungen für Verbesserung von Arbeitsabläufen, ergreift die Initiative beim Wechsel von Materialien oder Lieferanten, stellt selbstständig Verbindung zu neuen Lieferanten her
- **Zusammenarbeit/Teamfähigkeit:** stimmt sich mit anderen Mitarbeitern der Gruppe ab, hält Kontakt zu anderen Abteilungen, hilft Kollegen bei Problemen, nimmt erfolgreich an Ausschüssen teil
- **Ergebnis des Arbeitsbereichs:** Zufriedenheit bei anderen Abteilungen über die Leistung dieser Stelle, keine Reibungsverluste, hohe Einsparungen
- **Personalführung:** motiviert Mitarbeiter, delegiert Tätigkeiten, führt sachgerecht

Jede dieser Beurteilungskriterien wird mit einem Skalenwert bewertet. Dazu eignen sich zum einen die bekannten Schulnoten von 1 bis 6, wobei 1 die beste Note, 6 die schlechteste Note darstellt. Im Ergebnis sollte der Mitarbeiter ähnliche einem Schulzeugnis je Kriterium eine Note erhalten.

Da Problem dieser Bewertung liegt darin, dass der Beurteiler nur eine sehr enge Skala zur Verfügung hat. Besser geeignet erscheint für Beurteilungen ein System, in dem das Mittelfeld in Anlehnung an eine Gauß'sche Normalverteilung der Leistungen besser ausdifferenziert werden kann und in dem der höchste Wert auch der höchsten Leistung entspricht:

Skalenwerte	Bedeutung
9	Beste Leistung, wird nur von einer sehr kleinen Anzahl der Beurteilten erreicht
7 und 8	Gute Leistung, wird von einer etwas größeren Anzahl von Beurteilten erreicht, eine Binnendifferenzierung kann in zwei Gruppen erfolgen
4 und 5 und 6	Zufriedenstellende Leistung, wird von einer großen Zahl von Beurteilten erreicht; hier ist deshalb eine weitere Binnendifferenzierung in drei Gruppen möglich
2 und 3	Ausreichende Leistungen, eine Binnendifferenzierung in zwei Gruppen ist möglich
1	Nicht ausreichende, mangelhafte Leistungen, wird nur bei einer kleinen Anzahl von Beurteilten festgestellt

Ziel der Mitarbeiter sollte es hierbei sein, einen möglichst hohen Punktwert je Kriterium zu erzielen sowie eine möglichst hohe Summe aller Punktwerte.

Eine weitere Verfeinerung kann durch Gewichtungsfaktoren erfolgen. Wenn ein Beurteilungssystem für ein ganzes Unternehmen einheitlich verwendet wird, liegt es auf der Hand, dass in unterschiedlichen Tätigkeiten unterschiedliche Kriterien besonders wichtig sind.

Beispiel: *So spielt die Arbeitsmenge bei einem vorwiegend kreativ arbeitenden Werbetexter eine geringere Rolle als bei einem Debitorenbuchhalter. Bei einem Produktmanager spielt die Zusammenarbeit eine größere Rolle als die Organisation und Planung.*

Die Gewichtungsfaktoren können beliebig gewählt werden, z. B. 1 bis 5 oder 1 bis 10, und werden dann den einzelnen Kriterien nach Bedeutung zugeordnet.

Eine Beurteilung kann dann auch durch den Vergleich der maximal möglichen Punkte mit den tatsächlich erreichten Punkten einen Prozentwert als Zielerreichungsgrad des Mitarbeiters auf dieser Stelle ausweisen. Eine Beurteilung könnte dann wie folgt aussehen:

S. Althoff GmbH	**Beurteilungsbogen**			
Abteilung:	Einkauf	**Tarifeinstufung:**	K 5	
Name:	Mira Sophie Klein	**Effektivgehalt:**	2.320,00	
Personal-Nr.:	E 06-045			
Beurteilungsmerkmale	**Gewichtungsfaktor (G)**	**max. gewichtete Punktzahl (G * 9)**	**erreichte Punktzahl**	**erreichte gewichtete Punktzahl**
1. Arbeitsgüte	10	90	7	70
2. Arbeitsmenge	8	72	8	64
3. Organisation und Planung	6	54	6	36
4. Engagement/Selbstständigkeit	8	72	7	56
5. Zusammenarbeit/Teamfähigkeit	6	54	7	52
6. Ergebnis des Arbeitsbereiches	9	81	6	54
7. Personalführung	-	-	-	-
	Summe 1 =	**423**	Summe 2 =	**332**
Prozentzahl:	**78,5**	= Summe 2 * 100 / Summe 1		
Beurteilung erstellt am:	15.10.20..			
Beurteilung besprochen am:	20.10.20..			
Unterschriften:	Klein	Petersen		Frölich
	Mitarbeiter	Beurteilender		Bereichsleiter

In diesem Beispiel werden die Arbeitsgüte und das Ergebnis des Arbeitsbereichs relativ hoch bewertet, Organisation und Planung und Zusammenarbeit dagegen eher niedrig. Von den Mitarbeitern erreichbar sind je Kategorie maximal 9 Punkte. In der der Spalte

„maximale gewichtete Punktzahl“ werden die Gewichtungsfaktoren je Kriterium mit der maximal erreichbaren Punktzahl (= 9) multipliziert. Die Summe ergibt hier 423. Ein Einkäufer, der diese Punktzahl erreichen würde, hätte 100 Prozent Zielerreichung bzw. Leistung erbracht. Tatsächlich wird die erreichte Punktzahl mit den Gewichtungsfaktoren multipliziert und die Summe (332) zu der maximal erreichbaren Punktzahl ins Verhältnis gesetzt. Das Ergebnis ist hier 78,5 %, ein befriedigender Wert.

Über die Beurteilung muss nun mit dem Mitarbeiter ein Gespräch geführt werden. In diesem Gespräch wird das Beurteilungsergebnis besprochen, es werden Konsequenzen für die Zukunft gezogen und ggf. neue Ziele besprochen und Vereinbarungen getroffen. Dem Mitarbeiter wird transparent gemacht, nach welchem System, wie und warum er so bewertet wurde. Ein solches Gespräch hat eine Reihe von Vorteilen:

- Es können unterschiedliche Sichtweisen und Meinungsverschiedenheiten besprochen und schriftlich festgehalten werden.
- Wiederholte Beurteilungsfehler durch den Vorgesetzten werden damit vermieden.
- Es sind Ziele und Vorgaben als Basis für die nächste Beurteilungsperiode vorhanden.

Ziele des Beurteilungsgesprächs

- Der Mitarbeiter soll eine Rückmeldung über die Einschätzung seiner Vorgesetzten und über die bisher gezeigte Arbeitsleistung erhalten.
- Der Vorgesetzte kann erfahren, ob der Mitarbeiter mit seiner derzeitigen Tätigkeit einverstanden und zufrieden ist.
- Die Zielerreichung für die abgelaufene festgelegte Periode kann überprüft werden und neue Ziele für die kommende Periode können festgelegt werden.
- Da die Beurteilungsgespräche zumeist einmal im Jahr erfolgen, kann auch über eine Anpassung der Vergütung an die veränderten Anforderungen, Fähigkeiten und Leistungen des Mitarbeiters gesprochen werden.
- Die gegenwärtigen und zukünftigen Anforderungen in Bezug auf die Aufgaben des Mitarbeiters und Maßnahmen für die Personalentwicklung können besprochen werden. Gleichzeitig kann der Mitarbeiter seine Wünsche in Bezug auf Weiterbildungsmaßnahmen äußern.
- Positive Beurteilungsergebnisse motivieren den Mitarbeiter und spornen ihn zu neuen Leistungen an. Aber es muss auch über negative Ergebnisse und Leistungen offen gesprochen werden, da sich der Mitarbeiter sonst auch in Zukunft nicht ändern wird.

Da es um ein sensibles Thema geht, sollten folgende Überlegungen bei der Anbahnung und Durchführung eines erfolgreichen Beurteilungsgesprächs eine Rolle spielen:

- **Vor dem Gespräch:** Zeit und Raum für das Gespräch sollten vorher festgelegt werden. Dazu gehört ein ungestörter Raum und es sollte genügend Zeit eingeplant werden.
- **Gesprächseröffnung:** Gerade bei einem Beurteilungsgespräch kann bei einem oder beiden Gesprächsbeteiligten Nervosität und eine gespannte Erwartungshaltung auftreten. Ein freundlicher, persönlicher Einstieg trägt zu einer Lockerung der Atmosphäre bei und prägt das Klima des Gesprächs gleich zu Beginn positiv.

- **Positive Ergebnisse:** Der Beurteilende sollte immer mit einer positiven Rückmeldung beginnen. Dem Beurteilten wird dann vermittelt, dass er als Person geschätzt wird und nicht nur das zu ändernde Verhalten im Vordergrund steht. Hier bietet sich an, die Verbesserungen des Mitarbeiters gegenüber der letzten Beurteilung anzusprechen. Die verbesserten Leistungen sollten nicht global, sondern detailliert angesprochen werden und mit einem Dank für die erbrachten Leistungen verbunden werden.
- **Negative Ergebnisse:** Zu einem Beurteilungsgespräch gehört auch eine konstruktive Kritik. Der Vorgesetzte sollte die kritischen Punkte klar und deutlich, aber immer sachbezogen und nie pauschalisierend vortragen. Die Kritik sollte mit anschaulichen Beispielen untermauert werden.
- **Stellungnahme des Mitarbeiters:** Hier erhält der Mitarbeiter die Gelegenheit, sowohl zu den positiven wie negativen Aspekten der Beurteilung Stellung zu beziehen, Begründungen abzugeben, Selbstkritik zu äußern, aber auch externe oder organisatorische Einflüsse auf eine mögliche Minderleistung anzusprechen. Der Vorgesetzte ist hier gefordert, aktiv zuzuhören, damit der Mitarbeiter das Gefühl bekommt, verstanden zu werden.
- **Ursachenanalyse:** Gemeinsam können die Gesprächspartner diskutieren, worin die Gründe für die negativen Ergebnisse liegen. Dabei sollte klar werden, wo Unterschiede in den Meinungen oder Einschätzungen bestehen, und es können die Gründe für eventuelle Unklarheiten besprochen werden. Wenn bei unterschiedlichen Auffassungen eventuell vorhandene Fronten geklärt werden und die Standpunkte herausgearbeitet werden, lassen sich auch Gegensätze überbrücken.
- **Lösungsmöglichkeiten diskutieren:** In dieser Phase sollten die Gesprächspartner dazu übergehen, Maßnahmen zu besprechen, wie vorhandene Defizite ausgeglichen werden könnten und welche Personalentwicklungsmaßnahmen sich dazu eignen, die Leistungspotenziale des Mitarbeiters auszubauen. Der Mitarbeiter kann persönliche Ziele formulieren und Wünsche für Veränderungen in seinem Aufgabengebiet äußern. In dieser Phase kann ggf. auf der Basis von nachvollziehbaren Kritikpunkten des Mitarbeiters die Beurteilung entsprechend angepasst werden.
- **Abschluss des Gesprächs:** Hier werden die wesentlichen Inhalte des Gesprächs noch einmal zusammengefasst, die Gemeinsamkeiten und Unterschiede festgehalten und ggf. protokolliert. Das Gespräch endet mit einem positivem Ausblick auf die Zukunft, dem Dank an den Mitarbeiter und der Unterschrift beider Seiten unter die Beurteilung und das Gesprächsprotokoll.

Im Lauf des hier geschilderten Beurteilungsprozesses sind eine Reihe von Beurteilungsfehlern möglich, die die Objektivität der Beurteilung negativ beeinflussen können. Beim Beurteilten wird das dazu führen, dass er sich ungerecht behandelt fühlt. Dadurch wird der im Prinzip positive Ansatz einer Beurteilung zunichte gemacht. Der Beurteilte lehnt sich gegen die Beurteilung auf und lehnt diese ab.

Typische Beurteilungsfehler

- **Halo- oder Überstrahlungseffekt:** Einzelne Eigenschaften einer Person erzeugen einen Gesamteindruck, der die Wahrnehmung weiterer Eigenschaften der beurteilten Person „überstrahlt".
- **Fehler des ersten Eindrucks:** Der erste Eindruck, den der Vorgesetzte von dem Mitarbeiter hatte, ist so stark, dass die anderen Eigenschaften übersehen werden.
- **Vorurteile:** Ähnlich dem Fehler des ersten Eindrucks; der Vorgesetzte hat einmal etwas beobachtet und sucht zukünftig immer die Bestätigung dieses „Urteils".
- **Tendenzfehler:** Der Beurteiler selbst hat eine Tendenz zur Milde, eine Tendenz zur Strenge oder eine Tendenz zur Mitte.
- **Egoismus des Vorgesetzten:** Der Vorgesetzte will nicht wahrhaben, dass ein Mitarbeiter in bestimmten Kategorien besser ist als er selbst.
- **Situative Beurteilungsfehler:** Der Vorgesetzte hat eine Situation beobachtet, die er falsch eingeschätzt hat, oder er selbst ist in dieser Situation nicht unvorbelastet und es folgt eine falsche Einschätzung.
- **Selektive Wahrnehmung:** Der Vorgesetzte registriert nur bestimmte Verhaltensweisen oder Leistungen, andere werden „selektiert", d. h. gar nicht wahrgenommen.
- **Sympathie oder Antipathie:** Die persönliche Haltung zum Mitarbeiter kann die objektive Beurteilung verhindern.

Wiederholungsfragen zu Kapitel 3.2

1. *Was bezeichnet man als Handlungskompetenz eines Mitarbeiters?*
2. *Aus welchen Teilkompetenzen setzt sich die Handlungskompetenz zusammen?*
3. *Nennen Sie je drei Kriterien zur Beurteilung der Fachkompetenz und der Methodenkompetenz.*
4. *Unterscheiden Sie sequentielle Analyse und absolute Analyse der Personalentwicklung.*
5. *Über welche Instrumente verfügt die Potenzialanalyse? Nennen Sie vier Instrumente.*
6. *Was wird mit einer Personalbeurteilung angestrebt?*
7. *In welchen Phasen sollte ein Beurteilungsverfahren ablaufen?*
8. *Nennen Sie vier Kriterien, anhand derer eine Beurteilung eines Mitarbeiters erfolgen kann.*
9. *In welchen wesentlichen Phasen sollte ein Beurteilungsgespräch ablaufen?*
10. *Nennen Sie vier typische Fehlerquellen im Rahmen der Personalbeurteilung.*

3.3 Kosten- und Nutzenanalyse der Personalentwicklung

An die Planung der Personalentwicklung und ihre Umsetzung sollte sich eine Kosten-Nutzen-Analyse anschließen, denn nur durch eine regelmäßige Überprüfung kann festgestellt werden, ob bzw. inwieweit die angestrebten Ziele erreicht wurden. Die Personalentwicklung muss sich – wie alle Bereiche eines Unternehmens – an der Maxime einer Optimierung der Kosten und Leistungen ausrichten, also an der Wirtschaftlichkeit.

3.3.1 Personalentwicklungskosten

Zu diesem Zweck ist zunächst eine möglichst genaue und vollständige Kostenerfassung nach Art und Höhe erforderlich. Solche Kostenpositionen sind im Wesentlichen folgende:

- Ausbildungsvergütungen der beruflichen Erstausbildung
- Arbeitsentgelt für die ausgefallene Arbeitszeit der Teilnehmerinnen und Teilnehmer
- Arbeitsentgelt für die als Vertretung eingesetzten Mitarbeiter
- bei externen Seminaren: Teilnahmegebühren und Reisekosten
- bei Inhouse-Seminaren oder geschlossenen Veranstaltungen: Kosten für Räume, Verpflegung, Arbeitsunterlagen sowie Honorare für Referenten
- Prüfungsgebühren
- Kosten der Erhebung des PE-Bedarfs
- Kosten für die Planung und die Umsetzung von PE-Maßnahmen

Durch eine vollständige Kostenerfassung ist es zunächst möglich, den Gesamtumfang der Personalentwicklungskosten zu erheben. Bei Vorliegen einer Betriebsabrechnung können die Kosten den Kostenstellen bzw. Abteilungen, deren Mitarbeiter qualifiziert werden, mit den für sie angefallenen Kosten belastet werden.

Die erfassten und planbaren Kosten sind zugleich eine gute Planungs- und Entscheidungsgrundlage für zukünftige PE-Maßnahmen. Bei Entscheidungen zwischen alternativen Personalentwicklungsangeboten und zwischen internen oder externen Maßnahmen können diese Daten neben qualitativen Erkenntnissen berücksichtigt werden. Sie spielen für die Budgetierung der PE-Maßnahmen der Folgeperiode eine wichtige Rolle.

3.3.2 Personalentwicklungserfolg

Bei manchen PE-Maßnahmen ist der Erfolg offensichtlich, z. B. bei planmäßigen Unterweisungen.

Beispiel: *Die Personalabteilung verfügt aufgrund der schlechten Ergebnisse der Auszubildenden eine Prüfungsvorbereitung durch einen externen Lehrer. Man stellt fest, dass sich die Durchfallquote entscheidend verringert und das Durchschnittsergebnis der Prüfungsergebnisse um eine Note verbessert hat.*

Bei anderen Maßnahmen gestaltet sich die Erfolgskontrolle schwierig. Man kann dabei zwischen dem Zufriedenheitserfolg, dem Lernerfolg und dem Verhaltenserfolg der Teilnehmer von PE-Maßnahmen unterscheiden:

Zufriedenheits-erfolg	Hierbei geht es um die Reaktionen der Teilnehmer einer PE-Maßnahme. Unmittelbar nach der Maßnahme bewerten die Teilnehmer die Trainingsinhalte, die Methoden, das Arbeitsmaterial, die Anwendbarkeit der Maßnahme und die Rahmenbedingungen. Die Zufriedenheit kann sehr leicht mit Feedback-Bewertungen gemessen werden. Diese Stufe der Beurteilung sollte auf jeden Fall durchgeführt werden. Ein positives Feedback ist allerdings keine Garantie für einen guten Lernerfolg, umgekehrt ist jedoch ein negatives Feedback für den Lernerfolg hinderlich.
Lernerfolg	Der Lernerfolg einer PE-Maßnahme zeigt sich in der Erweiterung von Wissen, Fertigkeiten und Fähigkeiten. Was die Teilnehmer gelernt haben, lässt sich über Tests, Simulationen, Beurteilungen oder Probearbeiten ermitteln. Es erscheint sinnvoll, solche Messungen jeweils vor und nach einer PE-Maßnahme vorzunehmen. Der Lernerfolg ist dann sofort erkennbar.
Verhaltens-erfolg	In diesem Teil der Evaluation wird gefragt, ob und wie sich das Verhalten von Teilnehmern einer PE-Maßnahme verändert hat und was im Arbeitsalltag konkret umgesetzt wird. Der Transfererfolg von PE-Maßnahmen ist nicht leicht zu ermitteln, zumal nicht immer sofort Veränderungen im Arbeitsverhalten eintreten. Regelmäßige Mitarbeitergespräche und Supervision in der Gruppe sind geeignete Methoden, mit denen Führungskräfte feststellen können, inwieweit Trainingsinhalte erfolgreich umgesetzt werden.

3.3.3 Personalentwicklungsrentabilität

Mit der Überprüfung der Rentabilität der Personalentwicklung versucht man, den Erfolg der Investition Personalentwicklung zu messen.
Die Rentabilität ist – allgemein ausgedrückt – das Verhältnis des Erfolgs als Differenz von Ertrag und Aufwand zu dem eingesetzten Kapital. Angewendet auf eine PE-Maßnahme ergibt sich folgende Formel:

Rentabilität einer PE – Maßnahme

$$= \frac{(\text{Ertrag der Maßnahme} - \text{Kosten der Maßnahme}) \times 100}{\text{Kosten der Maßnahme}}$$

Als Problem stellt sich hier dar, welche Größen verwendet werden sollen. Stellt man z. B. den Gewinnzuwachs von einem zum anderen Jahr in ein Verhältnis zu der Summe der Personalentwicklungskosten, spielen in diese Kennzahl dermaßen viele Faktoren hinein (z. B. Kostenentwicklung in anderen Bereichen, Marktverhalten, Attraktivität der Produkte, Preisentwicklung der Produkte), dass der Aussagewert dieser Kennzahl gleich Null wäre bzw. bei konkreter Anwendung in die Irre führen würde.

Insofern verwendet man nicht die gesamten Personalentwicklungskosten, sondern nur die Kosten einzelner PE-Maßnahmen. Als Grundlage für die Rentabilitätsrechnung würde man hier die PE-Kosten einer Maßnahme ansetzen und als Ertrag den Wert der Maßnahme, der entweder dem erzielten Ertrag oder den vermiedenen Verlusten entspricht.

Die Problematik einer derartigen Rentabilitätsrechnung liegt auf der Hand: Zunächst ist es im Einzelfall schwierig, PE-Kosten einer Einzelmaßnahme genau zu bestimmen. Sodann kann ein eindeutiger Zusammenhang zwischen dieser Maßnahme und dem Erfolg der Maßnahme kaum hergestellt werden. Schließlich ist es nahezu unmöglich, den Wert der Qualifizierung von Mitarbeitern eindeutig zu bestimmen.

Beispiel: *Wenn für die Verkäufer eines Unternehmens im Dezember des Jahres 01 eine intensive Verkaufsschulung durchgeführt wurde, die 10.000,00 EUR gekostet hat, so kann die im Laufe des Jahres 02 erreichte Umsatzsteigerung keinesfalls nur auf die Schulung zurückgeführt werden, sondern es spielen auch zahlreiche weitere Faktoren eine Rolle; so z. B. konjunkturelle oder branchenspezifische Entwicklungen, Personalwechsel im Verkaufspersonal, interne Motivationsmaßnahmen etc.*

Aus den genannten Gründen müssen andere Erfolgsfaktoren herangezogen werden, um den Erfolg von PE-Maßnahmen zu bewerten. Dazu gehören u. a.
- die erlangte Zeitersparnis bei Arbeitsprozessen,
- eine verbesserte Arbeitsqualität,
- eine verminderte Unfallquote,
- ein geringerer Krankenstand,
- die Verkürzung von Entscheidungsprozessen,
- verbesserte und effektivere Meetings,
- eine geringere Anzahl von Konflikten.

An dieser Stelle werden die Grenzen einer exakten Kosten-Nutzen-Analyse der Personalentwicklung deutlich. Ähnlich wie bei anderen betrieblichen Maßnahmen, in denen multikausale Zusammenhänge eine Rolle spielen, wie beispielsweise der Erfolg von Marketing-Maßnahmen, können hier nur Annäherungswerte und Tendenzen beobachtet bzw. ermittelt werden.

Wiederholungsfragen zu Kapitel 3.3

1. *Geben Sie eine Begründung ab für die Durchfuhrung einer Kosten-Nutzen-Analyse der Personalentwicklung.*
2. *Nennen Sie vier Kostenpositionen, die bei der Durchführung von PE-Maßnahmen anfallen können.*
3. *Wie lässt sich der Zufriedenheitserfolg als Reaktion der Teilnehmer einer PE-Maßnahme messen?*
4. *Worin zeigt sich der Lernerfolg einer PE-Maßnahme?*
5. *Worin liegt die Schwierigkeit, den Transfererfolg einer PE-Maßnahme zu messen?*
6. *Was versteht man unter der PE-Rentabilität?*
7. *Aus welchen Gründen ist die exakte Messung der PE-Rentabilität unmöglich?*
8. *Welche Erfolgsfaktoren können ersatzweise herangezogen werden, um den Erfolg von PE-Maßnahmen langfristig zu messen? Nennen Sie drei Kenngrößen.*

Sachwortverzeichnis